Umbrüche

Die Region Aachen
vom Roer-Départment zur Städteregion

Matthias Pape

Umbrüche

Die Region Aachen

vom Roer-Département zur Städteregion

Thouet Verlag 2009

ISBN 978-3-930594-35-1

1. Auflage

Herausgeber:
Kreis Aachen, Redaktion Heimatblätter (Heinz Frenz)
Zollernstr. 10, 52070 Aachen
im Rahmen der Serie „Heimatblätter des Kreises Aachen"
in Zusammenarbeit mit der Stabsstelle 13
(Hans-Josef Heinen und Holger Benend).

Redaktion: Heinz Frenz

Register: Sanya Arief

Gestaltung: THOUET Verlag, Aachen

Lithographie und Satz: Weiss-Druck, Monschau-Imgenbroich

Druck in Deutschland

MATTHIAS PAPE

Umbrüche

Die Region Aachen vom Roer-Département zur Städteregion

Aachen 2009

Eine Region im Umbruch

Die Region Aachen ist seit dem frühen 19. Jahrhundert durch Industrialisierung, Herrschaftswechsel, Revolutionen und Auseinandersetzungen zwischen Staat und Kirche gekennzeichnet, im 20. Jahrhundert durch zwei Weltkriege, wirtschaftliche Depression, Grenzverschiebungen und Flüchtlingsströme, schließlich durch eine lange Periode von Frieden, Sicherheit und wachsenden Wohlstand, jüngst von einer völligen Umgestaltung der alten Industrieregion und einem wahrnehmbaren kulturellen Wandel. Die Publikation hebt die Umbrüche hervor und fragt, wie sich frühere Generationen diesen für ihre Zeit nicht geringen Herausforderungen gestellt haben und wie sie damit umgingen.

Im Mittelpunkt der Darstellung steht das Gebiet des heutigen Kreises Aachen, der jedoch als Teil einer größeren Region, von Rheinland und mittlerem Maasland, begriffen wird, mit denen er vielfach verflochten ist. Dem Leser wird noch mehr als bisher bewußt, wie sehr die Entwicklung im Aachen-Monschauer Raum abhängig von äußeren Voraussetzungen und Gegebenheiten war: zunächst im großen Roer-Département der französisch-napoleonischen Zeit, das weit über die heutigen Kreisgrenzen hinausgriff, dann im Regierungsbezirk Aachen als Teil der preußischen Rheinprovinz in Hohenzollernmonarchie und Weimarer Republik sowie in der nationalsozialistischen Diktatur, die als bisher tiefster Einschnitt erlebt, erfahren und erlitten wurde. Schließlich haben sich mit Gründung der Bundesrepublik die Rahmenbedingungen noch einmal verändert, weil nun erstmals die wirtschaftliche, politische und militärische Verknüpfung mit den Staaten Westeuropas gefunden wurde und dies den Aachen-Monschauer Grenzraum wiederum in ein neues Verhältnis zu seinen bisherigen Nachbarn Niederlande und Belgien versetzt hat.

Matthias Pape, der an der Rheinisch-Westfälischen Technischen Hochschule Aachen neuere Geschichte lehrt, zeichnet zwei Jahrhunderte regionaler Geschichte in prägnanter Sprache nach, führt die Ergebnisse einer weitverzweigten heimatgeschichtlichen und überregionalen Literatur zusammen und beleuchtet manche bisher wenig oder noch nicht beachtete Aspekte.

Das Buch möchte als Orientierung vor einer weiteren anstehenden Veränderung dienen, in die der Kreis Aachen mit der „Städteregion Aachen" im Herbst dieses Jahres eintreten wird. Auch dabei gilt, daß Zukunft nur gestalten und gewinnen kann, wer die Tiefenkräfte einer Region kennt, die in Namen und Bezeichnungen, Milieus und Mentalitäten, Bauwerken und Traditionen leben und zu uns sprechen.

Aachen, im Mai 2009

Carl Meulenbergh
Landrat des Kreises Aachen

Inhaltsverzeichnis

Einleitung: Region Aachen – ein Begriff und seine Problematik

Regionen können durch geographische bzw. topographische Lage, weltliche und kirchliche Herrschaft, Sprache und Konfession, Mundart und Mentalität definiert sein und sind weniger scharf abgegrenzt als politische Gebilde, wie Gemeinde, Stadt, Kreis, Provinz oder Bundesland. Wenn im Folgenden von der Region Aachen die Rede ist, so ist damit das Gebiet der früheren Landkreise Aachen und Monschau gemeint, doch wird auch der nähere und weitere Raum miteinbezogen. Die „Region Aachen" ist die kleinere Einheit im Verhältnis zu Rheinland und mittlerem Maasland, mit denen sie geschichtlich verwoben ist.

Ein Blick auf die Region Aachen geht oft über die Bundesgrenze und zeigt die Vielfalt des Aachener Dreiländerecks, die sich in der Landschaft aber auch den Menschen ausdrückt.

70

Luftrettung

StädteRegion
Aachen
Hier sind wir
zu Hause.

Geographisch kennzeichnen den Raum Aachen große Unterschiede. Die nördlichen und mittleren Teile gehören zur Niederrheinischen Bucht, die südlichen zur Mittelgebirgslandschaft der Eifel. Das Hohe Venn schiebt sich zwischen den Raum Aachen-Monschau und die südlich gelegenen Gebiete von Eupen, Malmedy und St. Vith. Mit der „Wespentaille" von sechs Kilometern an der schmalsten Stelle ist der Kreis Aachen vielleicht sogar eine ‚Landkartenschönheit'. Ein kleiner Teil des durch Landschaft und Kultur relativ geschlossenen Eifelraumes von insgesamt 6000 Quadratkilometern ragt in Form des früheren Landkreises Monschau, der im Zuge der Kommunalreform im Jahr 1972 in den Kreis Aachen integriert worden ist, in das Kreisgebiet hinein.

Die Gliederung des Monschauer Raumes hat römerzeitliche Wurzeln[1], im späteren Kreis Monschau kamen Landschafts-, kommunale und Dekanatsgrenzen zur Deckung. Dies hat neben der ripuarischen Mundart die Eigenart der Menschen tief geprägt, gilt aber nicht für den Kreis Aachen insgesamt; in ihm müssen die Gegensätze von Natur und Landschaft, Sozial- und Industriestrukturen seit zweihundert Jahren im Rahmen eines Verwaltungsraumes austariert werden.

Römerzeitliche Wurzeln hat auch Aachen als Mittelpunkt der Region[2]. Wegen der Thermalquellen bauten es die Römer im zweiten Viertel des ersten Jahrhunderts n. Chr. zu einer städtischen Siedlung aus, aber ohne jede Namensbezeichnung; sie wurde später als „Aquae Gran(n)i" bezeichnet, nach dem Beinamen des Apoll „granus", den die Römer bei solchen Gewässern verehrten[3]. Die Römer vernachlässigten die alte Provinz „Germania inferior" seit den Angriffen der Germanen im Jahr 410. Am Ende des 5. Jahrhunderts eroberten die Franken das römische Reich am Rhein[4]. Der merowingische Grenzdukat „Ripuarien", was dem Sinne nach „Rheinuferland" bedeutet, ist das früheste Beispiel einer sprachlich und räumlich auf den Rheinstrom

---

1 Vgl. Elmar Neuß: Historische Raumbildung im St. Vither und im Monschauer Land im Vergleich. In: Historische Streifzüge zwischen Rhein und Maas. Löwen 2004, S. 227-252.

2 Der Lehrstuhl für Alte Geschichte an der RWTH Aachen und die Aachener Stadtarchäologie rückten in einer Vortragsreihe (2006-2009) das römische Aachen in den Blickpunkt und mehr als bisher Infrastruktur, Siedlungstopographie, Badewesen, Kult und Umland. Die Ergebnisse werden in einem Sammelband gedruckt erscheinen.

3 Vgl. Heinz Cüppers: Beiträge zur Geschichte des römischen Kur- und Badeortes Aachen. In: Beiträge zur Archäologie von Aachen. Köln 1982, S. 1-75. – Christoph Keller: Archäologische Forschungen in Aachen. Mainz 2004.

4 Dazu anschaulich Anton Sterzl: Der Untergang Roms an Rhein und Mosel. Köln 1978.

bezogenen Provinz, bei der geschichtlich die römische „civitas Ubiorum" mit Köln als Mittelpunkt Pate gestanden hat[5].

Aachen wurde unter Karl dem Großen und Ludwig dem Frommen Mittelpunkt des Fränkischen Reichs zwischen Seine und Rhein, wo die Stadt nicht zufällig als zweites Rom – als „sedes regni principalis", so die Sequenz zum liturgischen Karlsfest – ausgebaut wurde. Im Karolingerreich und in Aachen, nicht erst in der Renaissance, kam es zur schöpferischen Begegnung mit der römischen Spätantike[6], ihrer Literatur und Philosophie: mit Cicero, Vergil, Ovid, Plinius dem Älteren, Vitruv und den spätantiken Kirchenvätern. Vermutlich in Aachen verfaßte Einhard, der Biograph Kaiser Karls, nach dessen Begegnung mit Papst Leo III. im Jahr 799 in Paderborn das berühmte Epos „Karolus magnus et Leo papa". In dieser Lobrede wird der Kaiser als „Europae venerandus apex", „Europae pharus" und „rex, pater Europae" (Europas Zierde, überragender Leuchtturm, König und Vater) tituliert[7] – worauf sich Aachen im Zuge der Einigung Westeuropas nach 1950 gerne berufen hat. Karl beseitigte das ungeordnete Nebeneinander verschiedener Schriften, die er in der formschönen sogenannten karolingischen Minuskel vereinheitlichte, ebenso Liturgie[8] und Recht. Darin liegt das Bleibende seiner Herrschaft.

Aachen wurde im frühen Mittelalter „aquis villa", „aquis palatium" und „aquis granum" genannt. Kaiser Friedrich Barbarossa bekundete in seinem berühmten Privileg am 8. Januar 1166 die Heiligsprechung Karls des Großen[9], bestätigte Aachen als Hauptstadt des Reiches das Privileg Karls des Großen, das er wörtlich einrückte, und erläuterte die Freiheiten der Aachener Bürger[10]. So war Aachen seit 1166 Reichsstadt, erneuert durch das Privileg Rudolfs von Habsburg im Jahr 1273[11], und blieb bis 1531 Krönungsstadt der deutschen Könige.

---

5 So Eugen Ewig: Die Civitas Ubiorum, die Francia Rinensis und das Land Ribuarien. In: Rhein. Vjbll. 19 (1954) S. 1-29.

6 Vgl. Paul Egon Hübinger: Spätantike und frühes Mittelalter. In: Deutsche Vierteljahrsschrift für Literaturwissenschaft und Geistesgeschichte 26 (1952) S. 1-48, hier Kap. II.

7 Verse 93, 12, 504. – Vgl. Dieter Schaller: Das Aachener Epos für Karl den Kaiser. In: Frühmittelalterliche Studien 10 (1976) S. 134-168.

8 Vgl. Angelus A. Häußling: Das Erbe Karls des Großen in der abendländichen Liturgie. In: ZAGV 104/105 (2002/2003) S. 561-575.

9 Vgl. Dietrich Lohrmann: Politische Instrumentalisierung Karls des Großen durch die Staufer und ihre Gegner. In: ZAGV 104/105 (2002/2003) S. 95-112.

10 Vgl. Erich Meuthen (Bearb.): Aachener Urkunden 1101-1250. Bonn 1972, S. 81-119.

11 Vgl. Regesten der Reichsstadt Aachen, Bd. 1: 1251-1300. Bonn 1961, S. 146f.

Darauf bezog sich Friedrich Schillers Ballade „Der Graf von Habsburg" (1803), die frühere Schülergenerationen überall in Deutschland auswendig gelernt haben: „Zu Aachen in seiner Kaiserpracht / Im altertümlichen Saale / Saß König Rudolphs heilige Macht / Beim festlichen Krönungsmahle ..."[12]. Rudolf von Habsburg wurde bekanntlich nie zum römisch-deutschen Kaiser gekrönt, aber Schiller wollte mit dem Aachen-Motiv an die Königskrönungen erinnern, die sich mit der Reichsstadt wie mit nur wenigen anderen Städten verbinden und zum Zeitpunkt der Entstehung des Gedichts an ihr Ende kamen. Die Stadt besaß mit dem umliegenden „Aachener Reich" – den Quartieren Laurensberg, Orsbach, Soers und Vaals sowie den drei Quartieren „over Worms" (jenseits der Wurm) Würselen, Haaren und Weiden – ausgedehntes Hinterland innerhalb der städtischen Bannmeile. Daraus entstanden 1816 Stadt- und Landkreis Aachen[13].

Orientierung bietet, kreisweit sichtbar, das Kraftwerk in Eschweiler-Weisweiler, hier vom Lousberg in Aachen aus über den Stadtteil Haaren gesehen.

Die folgende Darstellung schließt Aachen zwar mit ein, weil die Region aus den Aachener Verhältnissen seit jeher Vorteil zu ziehen wußte – sei es aus den „Aachener Wirren" in der Reformationszeit, sei es aus der Aachener Innovationskraft in Industrie, Technik und in den Ingenieurwissenschaften; und als einer der geistigen Richtpunkte Europas und die nach Köln größte Stadt im Rheinland hat Aachen selbstverständlich in die nähere Region ausgestrahlt. Die Stadt steht aber nicht im Mittelpunkt der vorliegenden Darstellung, vielmehr

12 Die Aachen-Szene und die Identität des auftretenden Sängers mit dem Priester, dem der Graf von Habsburg zuvor in der Schweiz sein Pferd überlassen hat, ist Schillers Erfindung. Das übrige beruht auf Tschudis Chronicon Heleveticum (1570), neben Johannes von Müllers Geschichten schweizerischer Eidgenossenschaft (1786-1808) auch Hauptquelle für Schillers „Wilhelm Tell" (1804).

13 Vgl. Dieter P. J. Wynands: Kleine Geschichte Aachens. Aachen 2000.

tritt das Spannungsverhältnis zwischen der zentralörtlichen Funktion Aachens und der umgebenden Region hervor. Diese lebte bis nahezu in die Gegenwart aus der gestaltgebenden Kraft von Tuch-, Messing-, Buntmetall-, Nadelindustrie und vom Kohlebergbau[14]. Wirtschaft und Handel suchten je nach Wirtschaftszweig Anbindung über die Kreisgrenzen hinaus: Kohle und Stahl im Norden und in der Mitte, Land- und Forstwirtschaft sowie in jüngerer Zeit als „weicher Standortfaktor" der Tourismus im Süden des Kreises bzw. in der Nordeifel.

Hier entsteht seit 2004 der Nationalpark Eifel, der erste Nationalpark in Nordrhein-Westfalen: 30 Kilometer südlich von Aachen und 50 Kilometer südwestlich von Köln erstreckt er sich über 100 Quadratkilometer und schließt die Kommunen Monschau, Simmerath, Nideggen, Heimbach und Schleiden mit ein. Sein größter Teil liegt jedoch im Kreis Euskirchen[15].

Den größeren Raum Aachen-Monschau-Eupen-Malmedy-St.Vith umschlossen wirtschaftliche, kirchliche und kulturelle Bande; er war aber mundartlich[16] und bis ins 20. Jahrhundert hinein auch politisch überaus zersplittert. Der Raum war bis in die Generation der noch Lebenden hinein von Grenzverschiebungen, durchziehenden Truppen und Verwüstungen, Besatzungstruppen und verbündeten Armeen, Flüchtlingen und Vertriebenen geprägt, gegenwärtig von zehntausenden von Migranten und Bürgerkriegsflüchtlingen aus weit entfernten Ländern. Die Erfahrung mit landfremden Herrschern, Beamten und Menschen und einer großen Fluktuation der Bevölkerung zieht sich wie ein roter Faden durch die regionale Geschichte.

Stadt und Region Aachen bezogen ihr Selbstverständnis seit den von der Französischen Revolution ausgelösten Kriegen und seit der Neuordnung Deutschlands und Europas von 1814/15 daraus, als „Grenzstadt" und „Grenzgebiet" im gefährdeten deutschen Westen zu liegen, nachdem sich Österreich aus den angrenzenden Niederlanden zurückgezogen hatte, um jede gemeinsame Grenze mit Frankreich zu vermeiden[17]. Dieses regionale Selbstverständnis blieb für anderthalb Jahrhunderte lebensbestimmend und änderte sich erst im Zuge der Westintegrationspolitik der Bundesrepublik. Seit den 1970er Jahren ergriff die Kommunalpolitik die Chance,

14 Vgl. Reihe „Aachener Studien zur älteren Energiegeschichte", hg. v. Historischen Institut der RWTH Aachen, Lehrstuhl für Mittlere Geschichte.

15 Vgl. Maria A. Pfeifer [u. a.]: ThemenTouren im Nationalpark Eifel. Köln 2004. – Wolfram Wartenberg: Nationalpark Eifel. Sankt Augustin 2006.

16 Vgl. Jürgen Macha [u. a.]: Rheinisch-Westfälische Sprachgeschichte. Köln 2000.

17 Vgl. dazu die Methode des Grenzlinienvergleichs bei Walther Hubatsch: Deutsche Grenzprobleme 1813-15. In: Die Welt als Geschichte 16 (1956) S. 179-195.

mit der Beschwörung eines vereinigten (West-)Europa und der aktualisierten Erinnerung an das fränkische Großreich aus der Randlage in eine Brückenfunktion am „Dreiländereck" zu gelangen. Die alte „Metropole" Aachen[18] verstand sich nun wieder als europäische Stadt, die sie als Pilgerziel einstmals in Mittelalter und früher Neuzeit, vor dem Aufkommen des Nationalismus und seiner Grenzziehungen, gewesen war.

Eine der Visionen Europas und seiner zukünftigen politischen Gestalt beruht auf der Konzeption eines „Europa der Regionen". Diese Konzeption betont die Integration unterhalb der nationalen Ebene und begreift die Regionen als eigene politische Akteure, womöglich gestärkt durch regionale Verfaßtheit und regionale Parlamente – nicht in Konkurrenz, sondern ergänzend zu nationalen und supranationalen Entscheidungsebenen[19].

Daraus ging 1976 die „Euregio Maas-Rhein" hervor, an deren Gründung der Kreis Aachen beteiligt war. Sie ist mit 3,88 Millionen Menschen eine der über hundert „Euregionen" mit grenzüberschreitenden regionalen Zusammenschlüssen, gefördert aus dem „Interreg"-Programm der Europäischen Union[20]. In den Bereichen von Handel und Verkehr, Wissenschaft und Umweltschutz, Tourismus und „polizeilicher Rechtshilfe"[21] kooperieren die belgischen Provinzen Limburg (810.000 Einwohner), Stadt und Provinz Lüttich (963.000), der Süden der niederländischen Provinz Limburg (748.000), die Deutschsprachige Gemeinschaft in Belgien (74.500) sowie die „Regio Aachen"[22], bestehend aus Stadt und Kreis Aachen sowie den Kreisen Düren, Euskirchen und Heinsberg (1,3 Mio.). Zur Euregio Maas-Rhein gehören die immer wichtiger werdenden Flughäfen Maastricht und Lüttich. Die ursprüngliche Grenz- und Randlage soll zum Vorteil gewendet und mit den Ballungsräumen Ruhrgebiet, Rotterdam/Amsterdam und Brüssel/Antwerpen – alle sind Teil des Europäischen Binnenmarkts – verknüpft werden.

18 Vgl. Eugen Ewig: Résidance et capitale pendant le haut Moyen Age. In: Revue historique 230 (1963) S. 25-72, bes. S. 58-62.

19 Zur theoretischen Diskussion Bernd Groß, Peter Schmitt-Egner: Europas kooperierende Regionen. Baden-Baden 1994, S. 17-20. – Forschungsbilanz bei Peter Schmitt-Egner: Handbuch zur Europäischen Regionalismusforschung. Wiesbaden 2005.

20 Vgl. den synoptischen Überblick ebd. S. 44f.

21 Grundlage bildet das Schengener Durchführungsabkommen von 1990, dem mehrere bilaterale Abkommen der Länder der „Euregio Maas-Rhein" folgten. Vgl. Serge Brammertz: Grenzübergreifende polizeiliche Zusammenarbeit am Beispiel der Euregion Maas-Rhein. Freibugr i. Br. 1999.

22 Mit eigener Geschäftsstelle in Aachen.

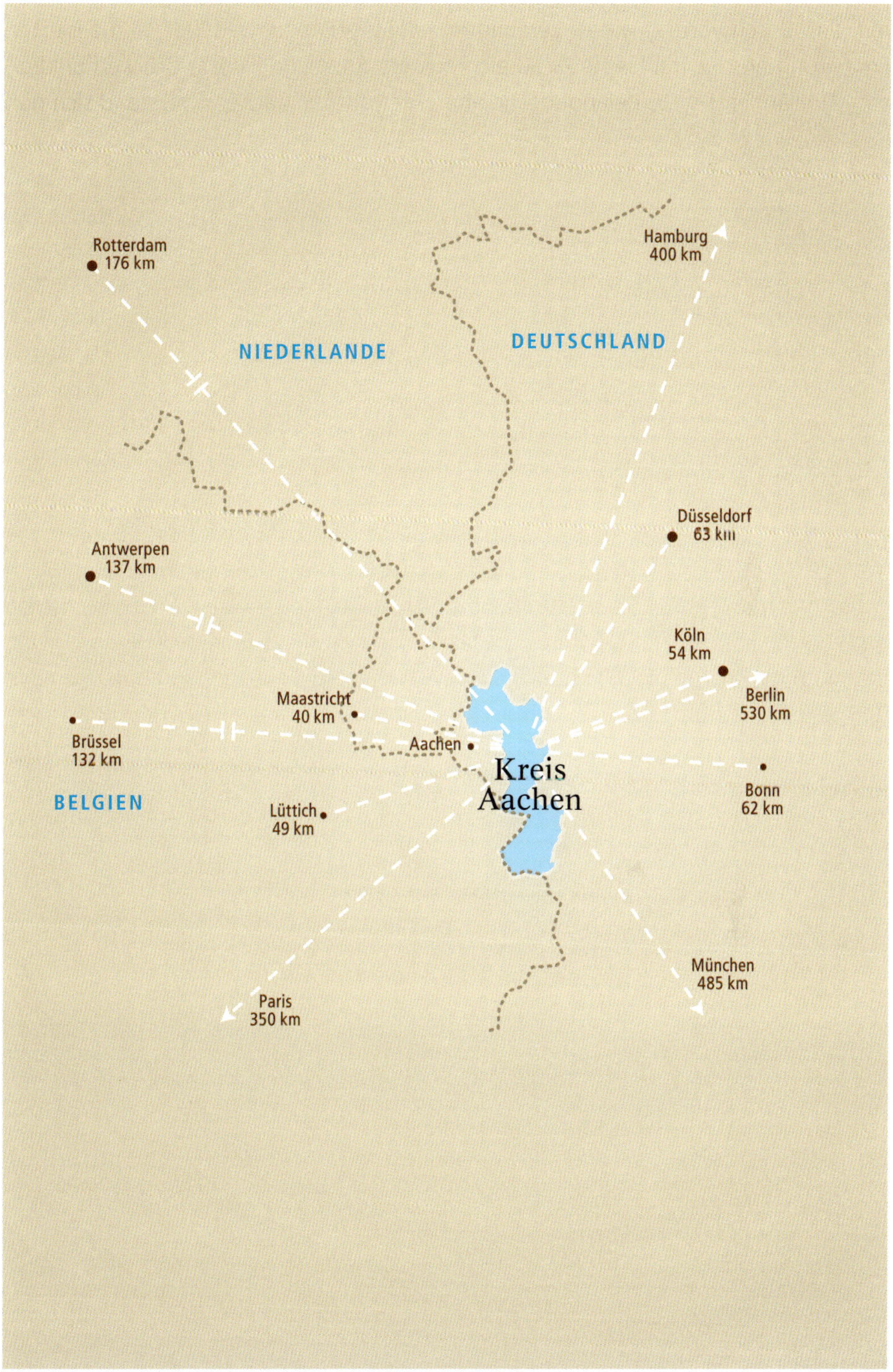
Rotterdam
176 km
NIEDERLANDE
DEUTSCHLAND
Hamburg
400 km
Düsseldorf
63 km
Antwerpen
137 km
Köln
54 km
Berlin
530 km
Maastricht
40 km
Brüssel
132 km
Aachen
Kreis
Aachen
Bonn
62 km
BELGIEN
Lüttich
49 km
München
485 km
Paris
350 km

Den Großraum Aachen verbindet gemeinsame geschichtliche Erfahrung, der sich bisher jede Generation unter anderen politischen Vorzeichen aufs Neue vergewissert hat; sie ist unter verschiedenen Gesichtspunkten durchleuchtet worden, wozu die ortsgeschichtliche Forschung nicht wenig beigetragen hat und immer noch beiträgt[23]. Die Erschließung lokaler und regionaler Quellen ist auch für die allgemeine Geschichtsforschung von besonderem Wert[24]. Dazu möchte dieser Überblick nicht in Konkurrenz treten; er sucht vielmehr Aspekte der neueren Spezialforschung zusammenzuführen: der politischen und Verwaltungsgeschichte, der Wirtschafts- und Kulturgeschichte. Da das politisch-soziale und kulturelle Leben durch Religion und Konfessionen geprägt war, ist die Darstellung mit den innerkirchlichen Entwicklungen verwoben.

Die Darstellung bleibt methodisch in den Bahnen der interdisziplinären, den Kulturraum erfassenden empirischen landesgeschichtlichen Forschung[25], wie sie am Institut für geschichtliche Landeskunde der Rheinlande an der Universität Bonn schulbildend entwickelt worden ist[26]. Zu den wertvollen, von der Lokalforschung nicht immer genügend genutzten Hilfsmitteln zählen der laufend erweiterte Geschichtliche Atlas der Rheinlande mit Karten und Beiheften zur Geschichte von Siedlung, Politik, Verfassung und Recht, Wirtschaft und Verkehr, Bevölkerung, Kirchen, Sprache und Volkskunde[27] sowie der Rheinische Städteatlas, in dem aus dem Aachener

23 Quellennah Will Hermanns: Heimatchronik des Landkreises Aachen. Köln 1953. – Das Monschauer Land historisch und geographisch gesehen. Monschau 1955 (letzte auf die Altkreise bezogene Darstellungen). – Außerdem viele Aufsätze in ZAGV, Heimatblätter des Kreises Aachen (seit 1931), Heimatkalender Kreis Monschau (1953-1972, zeitweilig u. d. T. Heimatkalender Landkreis Monschau; Gesamtregister 1972), Das Monschauer Land 1 (1973)ff.

24 Vgl. etwa Quellen und Materialien zur Alsdorfer Ortsgeschichte 1191-1991. Alsdorf 1991. – Angelika Pauels: Die Chronik der Bürgermeisterei Burtscheid 1814-1886. Aachen 1997. – Helga Giersiepen: Die Inschriften des Aachener Doms. Wiesbaden 1992; dies.: Die Inschriften der Stadt Aachen. Ebd. 1993.

25 Der von einem Teil der jüngeren Forschung bevorzugte Begriff der „Regionalgeschichte" soll sich von der räumlich weiter gefaßten, nach dem Ersten Weltkrieg ausgestalteten Disziplin der „Landesgeschichte" absetzen, doch sind die Unterschiede nicht eindeutig zu definieren. Vgl. Dieter Geuenich: Landesgeschichte – Regionalgeschichte – „Rheinische Geschichte". In: „Rheinisch". Zum Selbstverständnis einer Region. Stuttgart 2001, S. 9-21.

26 Hier sind entstanden: Franz Petri, Georg Droege (Hg.): Rheinische Geschichte, Bd. 2: Neuzeit. Düsseldorf 1980, darin Horst Lademacher: Die nördlichen Rheinlande 1815-1953, S. 475-866; Bd. 3: Wirtschaft und Kultur im 19. und 20. Jahrhundert. Ebd. 1979. – Wilhelm Janssen: Kleine Rheinische Geschichte. Düsseldorf 1997 (ohne Belege).

27 Besonders hinzuweisen ist auf Günter Löffler: Verwaltungsgliederung 1820-1980 (1982); Herbert u. Elke Schwedt: Jahresfeuer, Kirchweih- und Schützenfest (1989); dies.: Gesang- und Musikvereine 1800-2000. Zur Geschichte und Verbreitung laienmusikalischer Vereinigungen (2002); Dieter P. J. Wynands: Wallfahrten 1000-2000 (2002); Lothar Weiss: Wahlen im 19. und 20. Jahrhundert (2006).

Kreisgebiet bisher Eschweiler, Monschau und Würselen bearbeitet worden sind, während Aachen und Stolberg noch ausstehen[28]. Hinzu kommen die im Auftrag des Landeskonservators verfaßten Darstellungen zu den Kunstdenkmälern[29].

Diese Darstellung soll einerseits die Verflechtung der Region mit dem alten Bistum Lüttich, dem Bistum Aachen und Erzbistum Köln, andererseits mit der Entwicklung im napoleonischen Frankreich, in der preußischen Rheinprovinz, im Staat Preußen der Weimarer Republik und im Bundesland Nordrhein-Westfalen erkennbar machen. Die Entwicklung ist nicht zu verstehen ohne die alten Verbindungen mit dem westfälischen Landesteil[30], sei es durch Verfassung und Verwaltung, Konfession und Kirche, Infrastruktur und Industrie, wenn auch die Provinzialhistoriker in Rheinland und Westfalen eher selten über ihre territorialen Grenzen hinaussehen[31].

Der folgende Überblick kann und will die regionale Geschichte nicht lückenlos erfassen. Er konzentriert sich auf Wendepunkte und Umbrüche, in denen sich Neues anbahnte und vollzogen wurde, und verbindet dies mit Rückblicken und Ausblicken, um größere Zusammenhänge herzustellen. Hervorgehoben werden die Umbrüche beim Übergang von der napoleonischen zur preußischen Herrschaft, vom Ersten Weltkrieg in die Weimarer Republik und der doppelte Umbruch nach dem Zweiten Weltkrieg – Phasen, in denen Grenzverschiebungen und Änderungen der Industrie- und Sozialstrukturen die Region Aachen in besonderer Weise betroffen haben.

Die Umbrüche, auch der Aachener Region, wurden zumeist durch schlagartige Ereignisse ausgelöst – durch Kriege und Revolutionen, Epidemien und Seuchen, kurz: krisenhafte Entwicklungen, denen die Menschen hilflos ausgesetzt waren. Aber untergründig wirkten die naturräumlichen, soziokulturellen, religiösen und wirtschaftlichen Strukturen weiter, die sich gar nicht oder nur langsam ändern und die Lebensbedingungen nach wie vor beeinflussen. Beides, plötzliche Ereignisse und regionalspezifisch beharrende Kräfte der „langen Dauer", sollen in der folgenden

28 Instruktiv durch die Kombination von Karten und Erläuterung: Irmgard Hantsche: Atlas zur Geschichte des Niederrheins. Bottrop, Essen 2004 (daraus sind für diese Darstellung auf S. 31, 36, 63, 129, 187 die Karten entnommen).

29 Heribert Reiners: Die Kunstdenkmäler der Landkreise Aachen und Eupen. Düsseldorf 1912. – Karl Faymonville: Die Kunstdenkmäler des Kreises Monschau. Ebd. 1927.

30 Diese reichen bis 1180 zurück, als das Herzogtum Westfalen um die Hauptstadt Arnsberg von den Welfen an das Kölner Erzstift fiel. Daran erinnerte die Ausstellung Köln-Westfalen 1180-1980. Katalog, 2 Bde., Münster 1980 (mit anschaulichen Karten). – Vgl. auch Gerhard Kallen: Das Kölner Erzstift und der „ducatus Westfalie et Angarie" (1180). Köln 1957.

31 Dazu Wilhelm Ribhegge: Nordrhein-Westfalen als historische Landschaft. In: Ders.: Europa – Nation – Region. Darmstadt 1991, S. 21-47, hier S. 31f.

Darstellung hervortreten. Diese unternimmt es, im Rahmen der zeitlichen Abfolge systematische Aspekte einzubeziehen, um die Probleme kenntlich zu machen, mit denen sich die Menschen über Generationen hinweg konfrontiert sahen. Als einem Leitgedanken soll dabei der Frage nachgegangen werden, wie die Menschen die Veränderungen, die sie eingeleitet hatten, die sie aber auch erleiden mußten, bewältigt haben, zumal das Leben im Aachener Grenzraum mehr als andernorts von tiefen Brüchen geprägt war.

Der Schlußteil beleuchtet die Strukturprobleme im letzten halben Jahrhundert, einerseits der alten Industrien, andererseits der Kommunal- und Gebietsreform und auch den Wandel an den Hochschulen, die noch nie so viele junge Menschen besucht haben wie heute. Dabei greifen verfassungs- und verwaltungsrechtliche sowie historische Gesichtspunkte ineinander, die bisher vorwiegend unter funktionalem Aspekt gesehen worden sind[32].

Die Geschichte des Kreises Aachen endet nach fast zweihundert Jahren im Jahr 2009, wenn dieser in der „Städteregion Aachen" aufgeht. Insofern mag ein Rückblick auf die Umbrüche, die frühere Generationen zu verkraften hatten, den Blick für zukünftige Aufgaben klären helfen: nicht im Sinne eines einfachen Lernens an Fallbeispielen aus der Geschichte, sondern des Klügerwerdens für künftige Zeiten.

32 Verf. bezieht Ergebnisse von zwei Seminaren zur Aachener Regionalgeschichte im 19./20. Jahrhundert am Historischen Institut der RWTH Aachen (2005/06) ein. Förderliche Hinweise auf lokale Quellen und Überlieferung werden den Teilnehmern Sanya Arief, Manuel Jung, Marcel Oeben, Martin Peters, Nina Reip und Jan Richarz verdankt. Die Darstellung konnte nicht zuletzt dank der vielfältigen Hilfe der Mitarbeiter der Universitäts- und Landesbibliothek Bonn mit ihrem für die rheinische Geschichte unerschöpflichen Fundus verfaßt werden.

Umbrüche zur Neuzeit

Alter und neuer Glaube

Den großen Einschnitt an der Schwelle zur Neuzeit bildet für Stadt und Region Aachen, wie für Deutschland insgesamt, die Reformation. Diese hielt durch den Strom von Flüchtlingen und Auswanderern aus den spanischen Niederlanden, wo sie dem Schreckensregiment des Statthalters Herzog Alba entkommen wollten, nach 1567 und nach 1585 Einzug in die Reichsstadt. Darunter waren viele flämische Tuchwirker und wallonische Kupferschläger. In der lutherischen Gemeinde aus Antwerpener Flüchtlingen wurde der Gottesdienst nach der Antwerpener bzw. Zweibrücker Agende in niederländischer Sprache gehalten. Zur Gemeinde gehörten u. a. die Familien Amya, von Asten, von Beeck, Bode, Fibus, Grünenthal, Moll, Pastor, Ramacher, Ruland, Schorer, Schrick, Thelen, Wolf, von Zevel, Zimmermann und Zinck[33]. Im Jahr 1581 kam es zum Aufstand der evangelischen Bürger reformierten und lutherischen Bekenntnisses, die Dreifünftel der Aachener Einwohner ausmachten, und zur Bildung eines protestantischen Rats[34]. Dies löste den „Aachener Streit" aus. Nach langem Zuwarten und einer Entscheidung des Reichshofrats, daß den Reichsstädten gemäß dem Augsburger Religionsfrieden ein Reformationsrecht nicht zustehe, erklärte Kaiser Rudolph II. schließlich im Jahr 1598 die Stadt in die Reichsacht. Das katholische Stadtregiment wurde wiederhergestellt: Wer evangelisch blieb, konnte sein Bekenntnis nur im Verborgenen oder im benachbarten niederländischen Vaals ausüben, und wer als Protestant starb, erhielt ein „Eselsbegräbnis", wurde wie ein Stück Vieh verscharrt. Das Vermögen von Auswanderern wurde konfisziert. Der letzte Protestantenaufstand wurde 1614 niedergeschlagen. Der Westfälische Friede, der für über 150 Jahre zum Ausgangspunkt für viele politische Veränderungen wurde, bestätigte das katholische Bekenntnis für Aachen; die Entscheidung wirkt bis in die Gegenwart nach.

Zweihundert evangelische Gewerbetreibende, Tuchmacher und Kupfermeister, auf denen der Wohlstand der Stadt seit dem Mittelalter beruht hatte,

---

33 Vgl. immer noch Joseph Hansen: Beiträge zur Geschichte von Aachen, Heft 1. Bonn 1886, hier: Die lutherische Gemeinde zu Aachen im Laufe des 16. Jahrhunderts (S. 21-80).

34 Vgl. Dieter P. J. Wynands: Kleine Geschichte Aachens. Aachen 2000, S. 42.

wanderten ins Umland ab[35]: zum Teil nach Eschweiler und Stolberg ins benachbarte Herzogtum Jülich mit toleranter Konfessionspolitik, zum Teil nach Vaals, Burtscheid und Kornelimünster, nur wenige Kilometer südlich von Aachen gelegen; diese Territorien öffneten sich den Exulanten, weil sie sich davon wirtschaftliche Vorteile versprachen. Hier behinderten keine Zünfte die freie Entfaltung des Gewerbes. Aus konfessionellen Gründen verließ die calvinistische Familie Hoesch das spanisch regierte Herzogtum Limburg und siedelte sich im Aachen-Stolberger Raum an, von wo sie sich über das Rheinland verbreitete und zu den Pionieren der deutschen Eisen- und Papierindustrie wurde.

Besonders schwer traf Aachen die Abwanderung der Kupfer- bzw. Messingschläger, der „wohlachtbaren und vornehmen Seigneurs", wie diese sich selbst nannten. Sie stellten kunstvoll getriebenes Messinggerät her, nach dem Herkunftsort Dinant im Maastal „Dinanderien" genannt. Die Aachener Messingindustrie kam daraufhin völlig zum Erliegen[36]. Durch die Kupfermeister, wie die Messingfabrikanten genannt wurden, entstand in Stolberg eine reformierte Gemeinde und am Ende des Dreißigjährigen Krieges die erste lutherische Kirche der Jülicher Lande, aber noch ohne Turm und Glocken[37].

Man wird für die Auswanderer, anders als lange angenommen, weniger fundamental-konfessionelle als mehr kommunalpolitische und wirtschaftliche Gründe anzunehmen haben[38]. In Aachen war 1548 die Zahl der Schmelzöfen pro Kupferbetrieb auf zwei und waren die Produktionsbereiche der 68 Kupferschläger zugunsten der Kesselschläger beschränkt worden; desweiteren hatten sich die

---

35 Anschaulich aufgearbeitet am Beispiel des Tuchhändlers Johan Baumhewer und seiner Frau Catharina Welter, die 1611 ihr Haus in der Aachener Adalbertstraße verließen und auf ihren Stammsitz auf die Ketteniser Heide zurückkehrten; deren sieben Kinder ließen sich u. a. in Eupen, Maastricht (wo seit 1632 konfessionelle Toleranz durch die Generalstaaten herrschte) und wieder in Aachen nieder und heirateten in Burtscheid, Montjoie und Stolberg ein. Die Nachkommen verzweigten sich u. a. nach Amsterdam, Hamburg und Frankfurt am Main bis ins Baltikum. Dazu quellengesättigt Mieke Breij u. Jon Baumhauer: Beiträge zu einer Familiengeschichte (von) Baumhauer. Utrecht, München 2001.

36 Ausgangspunkt vieler Studien ist Rud[olph] Arthur Peltzer: Geschichte der Messingindustrie und der künstlerischen Arbeiten in Messing (Dinanderies) in den Ländern zwischen Maas und Rhein von der Römerzeit bis zur Gegenwart. In: ZAGV 30 (1908) S. 235-463. – Herbert von Asten: Die religiöse Spaltung in der Reichsstadt Aachen und ihr Einfluß auf die industrielle Entwicklung. Ebd. 68 (1956) S. 77-190.

37 Vgl. Gerd Rosenbrock: Unter dem Schwan – eine lutherische Gemeinde in Stolberg von 1592 bis zur Vereinigung mit der reformierten Gemeinde im Jahr 1860. Stolberg 1992.

38 Zum Folgenden Karl Schleicher: Geschichte der Stolberger Messingindustrie. Stolberg 1974, S. 18f. – Friedrich Holtz: Die Abwanderung der Kupfermeister von Aachen nach Stolberg. In: Eifel-Jb. 2005, S. 153-158.

Die Kirche am Vogelsang in Stolberg ist die älteste lutherische Kirche im Aachener Raum und stammt aus dem Jahr 1648, dem Jahr des Westfälischen Friedens.

Tuchmacher die Ausnutzung der Wasserkraft der Bachläufe durch Privilegien gesichert.

Dagegen lockten die benachbarten Territorien mit dem Flußlauf der Vicht ohne alle Beschränkungen, außerdem mit Holzkohle für die Schmelzöfen und – am wichtigsten – mit reichen Galmeivorkommen, die für die Buntmetall- bzw. Messingherstellung unentbehrlich waren und sich hier zudem leicht abbauen ließen. Mit den Wasserhämmern konnte das Messing ausgetrieben werden. Diese Vorteile verhalfen der Stolberger Messingindustrie im 18. Jahrhundert zu einer monopolartigen Stellung[39]. Eine Denkschrift nennt für das Jahr 1726 60 Kupfermeister, die mit 200 Schmelzöfen jährlich 60.000 Zentner Messing herstellten[40]. Hier reihten sich die Betriebsanlagen, die sogenannten Kupferhöfe, am Lauf des Vichtbaches aneinander.

39 Vgl. Hans-Joachim Ramm: Vom Burgflecken zur Industriestadt – Strukturwandel in der Stolberger Wirtschaft vom Spätmittelalter bis zum 20. Jahrhundert. In: ZAGV 106 (2004) S. 121-156, hier S. 128f. – Ders.: Art. Schleicher. In: NDB Bd. 23, 2007, S. 47-49.

40 Vgl. August Brecher: Geschichte der Stadt Stolberg in Daten. Aachen 1990, S. 28, für 1774 S. 32. Im Folgenden für viele Grundinformationen herangezogen.

Zu ihrem typischen Erscheinungsbild gehörten Wohnhaus der Fabrikantenfamilie und Gesindehaus, Galmei- und Kupfermühle, Gießerei mit Schmelzöfen, ein Hammerwerk sowie ein Lager für Rohstoffe, Brennstoffe und Fertigwaren[41].

Aachen kompensierte den Niedergang der Traditionsindustrie mit der Freigabe – nicht Abschaffung – der Zünfte[42] und sofortigen Verleihung des Bürgerrechts an katholische Zuwanderer. Dadurch gelang es, niederländische Nadelmacher anzuziehen. Die Stadt vermochte sich so ein reichsweites Monopol bei der Herstellung der „spanischen Nadel" zu sichern. Diese Nadel bestand, verglichen mit dem herkömmlichen Eisendraht, aus härterem Stahldraht, wobei die Öhrbildung mit einem kleinen Stahlmeißel, der Punze, erfolgte. Die Innovation sicherte der Stadt einen ungeahnten wirtschaftlichen Aufschwung, vor allem gegenüber der deutschen Nadlerhauptstadt Nürnberg[43].

Aachen stand nach 1600 nicht zum letzten Mal vor der Herausforderung, durch einschneidende Änderung der Rahmenbedingungen das wirtschaftliche Überleben sicherzustellen. Das war ein Schulbeispiel für die Region insgesamt. Um 1700 war es auch protestantischen Kaufleuten wieder möglich, in Aachen zu wohnen, wenn sie über ein entsprechendes Vermögen verfügten[44]. Die größte Herausforderung für die Region an der Schwelle zur neuesten Zeit bildete der politische Umbruch im Alten Reich infolge der Französischen Revolution.

Französisch-napoleonische Herrschaft

Das revolutionäre Frankreich trug den Krieg bis in den Aachener Raum hinein. Ende 1792 erlebte die Bevölkerung die Besetzung durch die französische Armee ohne jeden Anflug von Begeisterung, 1793 und 1794 kam es zu Schlachten zwischen Österreichern und Franzosen bei Aldenhoven in der Jülicher Börde[45]. Die

---

41 Am Beispiel des Kupferhofes Grünenthal Ramm: Vom Burgflecken zur Industriestadt, S. 147-154.

42 Vor dem Umsturz von 1794 waren im Rat die Zünfte der Adeligen, Werkmeister, Neumänner, Gelehrten, Bäcker, Metzger, Rothgerber, Schmiede, Krämer, Zimmerer, Schneider, Kürschner, Schuster und Brauer vertreten.

43 Vgl. Joseph Koch: Geschichte der Aachener Nähnadelzunft und Nähnadelindustrie bis 1798. In: ZAGV 41 (1920) S. 16-122, hier S. 26, 37ff.

44 Dazu am Beispiel von Johan Baumhewer (1652-1726) und seiner Familie Breij/Baumhauer: Familiengeschichte (von) Baumhauer, S. 87ff.

45 Vgl. jüngst Armin Meißner: Die erste Schlacht von Aldenhoven 1793. In: Jahresblätter des Alsdorfer Geschichtsvereins 2005/2006, S. 29-49.

Franzosen rückten über die Rur bis zum Rhein vor, besetzten die gesamte linke Rheinseite von Basel abwärts und beendeten die Vielfalt der Herrschaftsverhältnisse auch in der Aachener Region[46]. Betroffen waren neben dem „Aachener Reich" die südlich von Aachen gelegenen Herrschaftsgebiete der Reichsabteien Burtscheid[47],

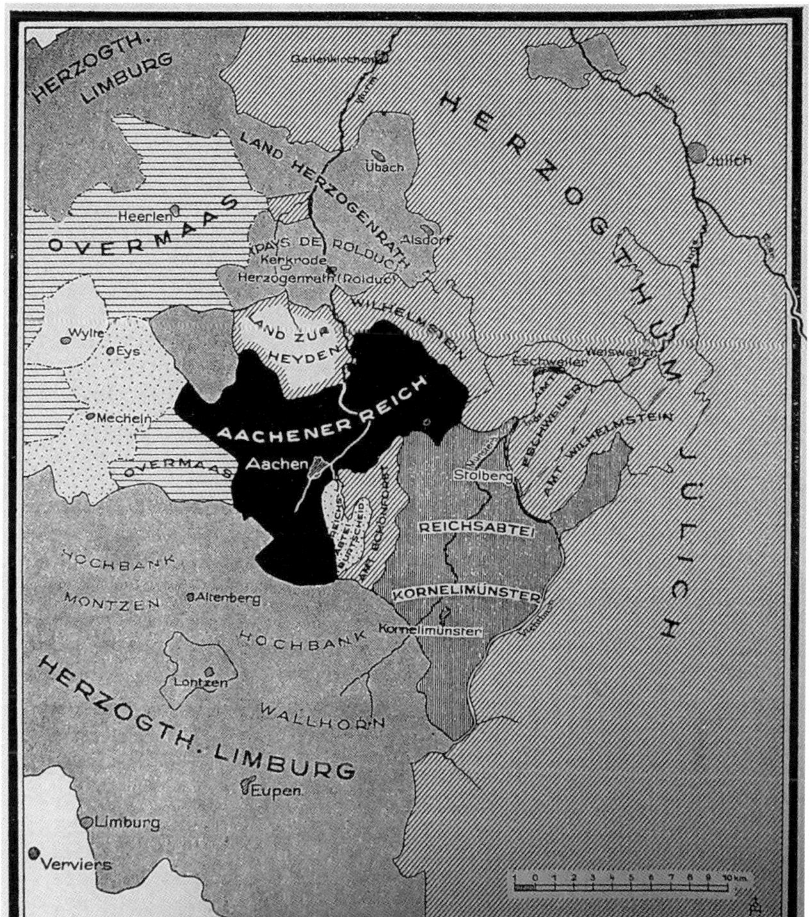

Den Aachener Raum kennzeichnete zusammen mit den angrenzenden Territorien am Ausgang des 18. Jahrhunderts eine verschachtelte politische Einteilung.

46 Gründlich Wilhelm Fabricius: Erläuterungen zum geschichtlichen Atlas der Rheinprovinz, Bd. 2: Die Karte von 1789. Bonn 1898. – Auch die monumentale Quellenedition von Joseph Hansen (Hg.): Quellen zur Geschichte des Rheinlandes im Zeitalter der Französischen Revolution (1780-1801). Bonn 1931-1938.

47 Vgl. Thomas Wurzel: Die Reichsabtei Burtscheid von der Gründung bis zur frühen Neuzeit. Aachen 1984.

Kornelimünster („Münsterländchen")[48] und, naturräumlich abgetrennt durch das Hohe Venn, Stablo-(Stavelot-)Malmedy, deren Äbtissin bzw. Äbte weltliche und bischöfliche Herrscher waren. Das Amt Montjoie bildete einen Teil des Herzogtums Jülich-Berg, das seit 1614 den pfalz-neuburgischen Wittelsbachern angehört hatte und zuletzt in Personalunion mit den Ländern der bayerischen Wittelsbacher vereinigt gewesen war. Im Jahrzehnt vor dem Franzoseneinfall hatte Österreich die aus Burg und Dorf bestehende Freiherrlichkeit Alsdorf[49] der Provinz Limburg einverleibt.

Aachener Reich, Kornelimünster, Monschauer Land, Stablo-Malmedy und Fürstbistum Lüttich bildeten einen Teil des Niederrheinisch-Westfälischen Reichskreises, der die Territorien in Rheinland und Westfalen verklammern sollte, aber nach dem Westfälischen Frieden durch konfessionelle und machtpolitische Konflikte weitgehend gelähmt war[50]. Das Eupener und St. Vither Land waren Teil des Herzogtums Limburg, das zu den habsburgischen Niederlanden gehörte, und zählte zum burgundischen Reichskreis[51]. In jedem dieser Territorien galt eigenes Landrecht und ungeschriebenes Gewohnheitsrecht[52].

So spiegelte sich im kleinen Aachener Raum die Herrschafts- und Rechtszersplitterung des Alten Reichs besonders ausgeprägt wider. Mit der förmlichen Abtretung der linken Rheinseite an Frankreich im Jahr 1801 wurden alle Klöster, in der Stadt Aachen außerdem die Reichsstifte St. Marien und St. Adalbert und die reichsunmittelbaren Herrschaften von Burtscheid, Kornelimünster – dieses seit dem Hochmittelalter Wallfahrtsort – und Stablo säkularisiert, d.h. sie verloren Hoheitsrechte und Kirchengut[53]. Für die Zeitgenossen waren dies kaum vorstellbare Eingriffe in die gewohnte Umwelt und in ihr Wertegefüge.

---

48 Vgl. Norbert Kühn: Die Reichsabtei Kornelimünster im Mittelalter. Aachen 1982.

49 Vgl. Friedrich Schmitz: Die ehemalige Freiherrlichkeit Alsdorf und das Land Herzogenrath. In: Jahresblätter des Alsdorfer Geschichtsvereins 1983, S. 24-38. – Ergänzend Ders.: 1665: ein staatsrechtliches Gutachten über den Rechtsstatus der Freiherrlichkeit Alsdorf. Ebd. 1991, S. 19-26.

50 Die sechs Reichskreise hatten im Zuge der großen Reichsreform Kaiser Maximilians I. von 1500 in erster Linie im Kriegsfall die Truppenkontingente für das Reichsheer zu stellen. Vgl. Hans-Joachim Behr: Die Reichskreise. In: Köln-Westfalen 1180-1980, Bd. 1. Münster 1980, S. 258-261 (mit Karte).

51 Vgl. Elmar Neuß: Historische Raumbildung im St. Vither und im Monschauer Land im Vergleich. In: Historische Streifzüge zwischen Rhein und Maas. Löwen 2004, S. 227-252.

52 Festgehalten von dem Bonner Jura-Professor Romeo Maurenbrecher: Die Rheinpreußischen Landrechte. Bonn 1830.

53 Ohne Bezugnahme auf Burtscheid, Kornelimünster, Stablo, auch ohne Seitenblick auf die große kurkölnische Exklave Herzogtum Westfalen (vgl. o. Anm. 30 u. 31): Georg Mölich [u. a.] (Hg.): Klosterkultur und Säkularisation im Rheinland. Essen 2002. .

Einige merkwürdige Begebenheiten im französischen Revolutionskrieg

Eintrag des Pfarrers im Haarener Kirchbuch über einige merkwürdige Begebenheiten im französischen Revolutionskrieg in annis 1792-93-94. Eintrag im Jahr 1794:

Am 23ten 7^{ber} [September] kamen die franzmänner in Aachen, den 24ten zu jedermans grössten schröcken in Haaren und in die gegend [...]. Am 25ten fiele eine gantze rotte in meine Pastorath ein, setzten mir 2 Bajonett zum leibe, fielen in Keller und Zimmeren, nur unten zu erde, eröffneten und durchwühlten alles, was ihnen zu Händen kame, nahmen geld, Möbilen, Kleider und sonstiges, was nur zu erhaschen ware. [...]. An eben diesem 28ten 7^{ber} wurde von Burtscheid das Hauptquartier auf Haaren verleget mit dem General jourdan noch 7 Generälen, vielen officieren, vielen Truppen und 400 pferden zum unsäglichen last und schaden unseres dorfs, denn was hier muste hergegeben und beigeschaffet werden, dieses kann ich nicht schreiben. Solutio Nulla.[54]

Der wenig reproduzierte Kupferstich führte die Dramatik des Sturms auf die Bastille am 14. Juli 1789, der zum Symbol der Revolution wurde, dem zeitgenössischen Betrachter lebhaft vor Augen. Die mittelbaren Auswirkungen des in der Revolution freigesetzten Nationalismus bekamen die Deutschen im linksrheinischen Raum bald zu spüren.

54 Zit. n. H[einrich] Schnock: Aufzeichnungen eines Haarener Kirchenbuches aus den Kriegsjahren 1792-1795. In: Aus Aachens Vorzeit 10 (1897) S. 33-50, hier S. 40f.

Die Maxime der Revolution in Frankreich lautete „Zentralisierung". Das Land wurde in 83 gleich große Départements eingeteilt, einschließlich der vier linksrheinischen, die von 1802 bis 1814 integraler Bestandtteil Frankreichs waren. Im Zuge der napoleonischen Verwaltungsreform traten im Jahr 1800 an Stelle der kollegialen Verwaltung das monokratische Präfektursystem und die Munizipalverfassung. Das nördliche Rheinland um Montjoie-Aachen-Jülich-Düren und Kleve-Krefeld-Köln ging im Roer- (sprich: Rur-)Département auf (Département de la Roer); es wurde, der herrschaftsneutralen Bezeichnung nach Flüssen und Gebirgen entsprechend, nach der Rur benannt, dem Nebenflüßchen der Maas (Meuse), und bestand aus den Arrondissements Aachen, Köln, Krefeld und Kleve[55]. Das Aachener Arrondissement bestand aus den Kantonen Aachen, Burtscheid, Eschweiler, Linnich, Geilenkirchen, Sittard, Heinsberg, Düren, Froitzheim, Gemünd und Montjoie. Dagegen kam der Kanton Herzogenrath mit Alsdorf, Merkstein und Rimburg zum Arrondissement Maastricht bzw. Département Niedermaas (Département de la Meuse inférieure). Jedes Département bestand aus gleich großen Arrondissements, Kantonen (das Roer-Département zählte 42) und Mairien (Bürgermeistereien), an deren Spitze ein Bürgermeister (Maire) als Beamter stand; dieser wurde, wie die Gemeinderatsmitglieder, aus der Gruppe der Höchstbesteuerten vom Präfekten ernannt, nicht gewählt[56]. Die Mairien waren in Gemeinden gegliedert[57]. Die „Rheinische Bürgermeistereiverfassung" entwickelte eine stärkere kommunale Selbstverwaltung als in Frankreich und wurde über 1815 hinaus zunächst beibehalten, nicht zuletzt, weil sie Stadt- und Landgemeinden gleich behandelte.

55 Vgl. Sabine Graumann: Das Roerdepartement 1798-1814. Essen 1990.

56 Dazu ergiebig Karl Boventer, Friedrich Schmitz: Die Alsdorfer Bürgermeister der französischen und der preußischen Zeit. Alsdorf 1990.

57 Vgl. Arno Erbel: Von der französischen Munizipalverfassung zur Rheinischen Gemeindeordnung von 1845. In: 150 Jahre Regierungsbezirk Köln. Berlin 1966, S. 250-258, hier S. 250f. – Jörg Engelbrecht: Grundzüge der französischen Verwaltungspolitik auf dem linken Rheinufer (1794-1814). In: Napoleonische Herrschaft in Deutschland und Italien – Verwaltung und Justiz. Berlin 1995, S. 79-91, hier S. 84.

Das 1798 eingerichtete Roer-Département war das nördlichste und mit über 5000 Quadratkilometern größte der vier rheinischen Départements. Es umfaßte auch die Reichsstädte Köln und Aachen sowie die Abteien Burtscheid und Kornelimünster und zählte über eine halbe Million Einwohner.

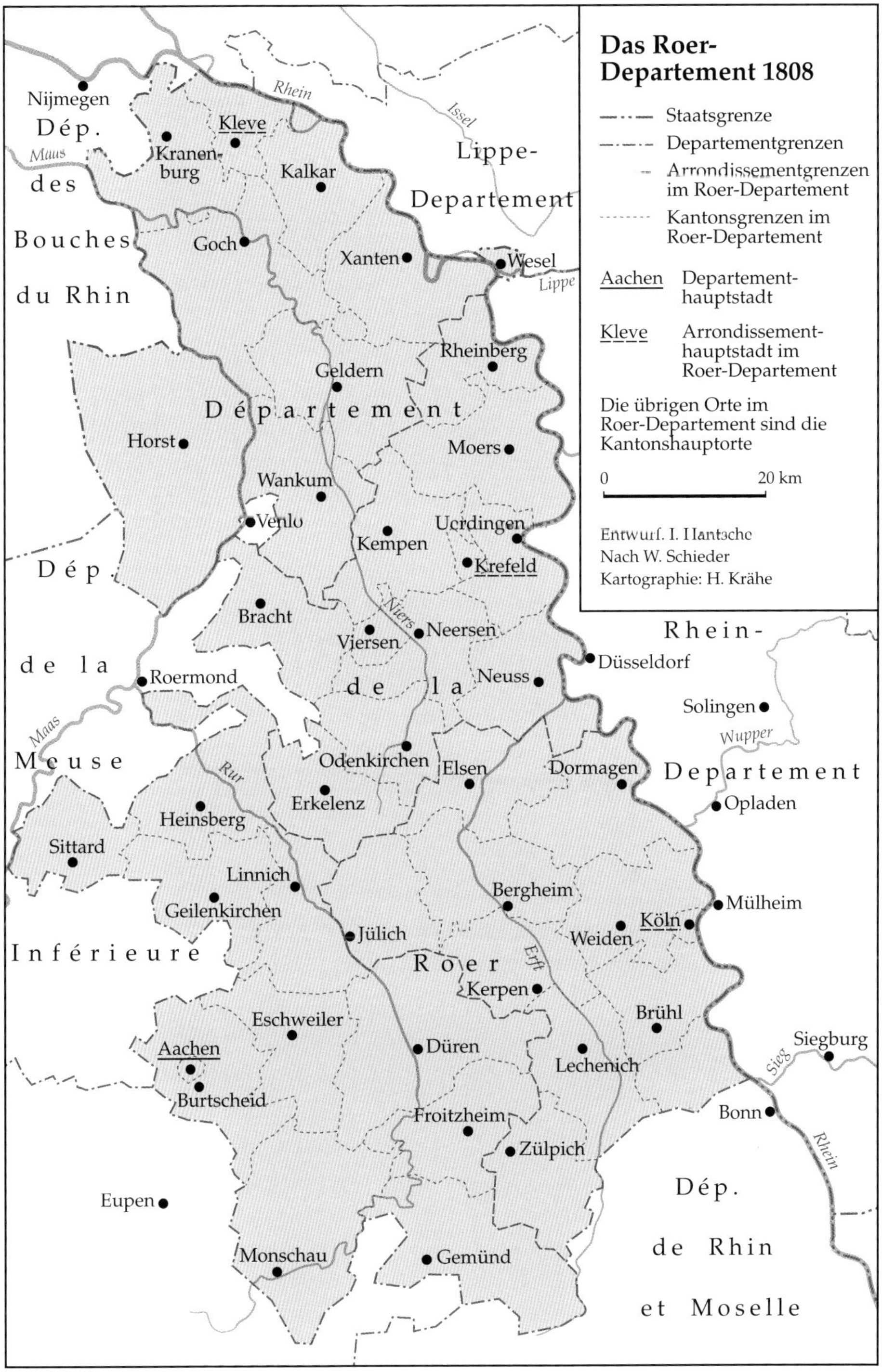
Das Roer-Departement 1808
Staatsgrenze
Departementgrenzen
Arrondissementgrenzen im Roer-Departement
Kantonsgrenzen im Roer-Departement
Aachen
Departementhauptstadt
Kleve
Arrondissementhauptstadt im Roer-Departement
Die übrigen Orte im Roer-Departement sind die Kantonshauptorte
0
20 km
Entwurf. I. Hantsche
Nach W. Schieder
Kartographie: H. Krähe
Nijmegen
Dép. des Bouches du Rhin
Maas
Rhein
Issel
Lippe-Departement
Lippe
Kleve
Kranenburg
Kalkar
Goch
Xanten
Wesel
Rheinberg
Geldern
Département de la Roer
Horst
Moers
Wankum
Venlo
Kempen
Uerdingen
Krefeld
Dép. de la Meuse Inférieure
Bracht
Niers
Neersen
Viersen
Rhein-Departement
Düsseldorf
Roermond
Neuss
Solingen
Wupper
Rur
Odenkirchen
Elsen
Dormagen
Erkelenz
Opladen
Heinsberg
Sittard
Linnich
Bergheim
Mülheim
Geilenkirchen
Köln
Weiden
Jülich
Erft
Kerpen
Brühl
Eschweiler
Siegburg
Sieg
Aachen
Düren
Lechenich
Burtscheid
Bonn
Froitzheim
Zülpich
Eupen
Dép. de Rhin et Moselle
Monschau
Gemünd

Aufbau der rheinischen Départements
Gleich große Arrondissements (mit Präfekten und Subpräfekten), Kantone, Mairien
Roer-Département:
Vier Arrondissements mit den Hauptstädten Aachen, Kleve, Krefeld, Köln
Je Arrondissements 42 Kantone
Sonderregelung in den rheinischen Départements 1802:
Zusammenschluß mehrerer Gemeinden zu einer „Mairie" (Samtgemeinde)
Im Roer-Département: 337 Mairien, 1002 Kommunen
Präfekten im Roer-Département
Nicolas Sébastien Simon (bis 1802)
Alexandre Edmonde Méchin (bis 1804)
Alexandre Thédore Victor de Lameth (bis 1809)
Jean-Charles François de Ladoucette (bis 1814)

Das Kurfürstentum Köln mit großem linksrheinischen Territorium wurde aufgelöst. Der weltliche Besitz des Bistums Lüttich, dessen Grenzsaum von Kaldenkirchen bis Eupen reichte und dem Stadt Aachen und größtenteils die Region Aachen zugehörten, fiel an Frankreich. Die Wurm hatte die Grenze zwischen den Bistümern Köln und Lüttich gebildet. Aachen wurde auf Grund des Konkordats zwischen dem Ersten Konsul Bonaparte und Papst Pius VII. im Jahr 1801 zum Bischofssitz für das Roer- und Rhein-Mosel-Département erhoben und dem Metropoliten von Mecheln unterstellt. Bischof und Roer-Präfekt[58], jeweils von Bonaparte ernannt, residierten in Aix-la-Chapelle.

Zum ersten Bischof ernannte Napoleon Bonaparte Marc Antoine Berdolet, zuvor Bischof in Colmar und auf seiten der konstitutionellen Kirche, dann enthusiastischer Bewunderer Bonapartes, aber nach dem Konkordat von 1801 nicht in sein Amt zurückversetzt und mit dem Aachener Bischofsstuhl entschädigt. Sein Herz ist auf der rechten Chorseite im Aachener Dom beigesetzt. Berdolets Nachfolger Jean-Denis François Le Camus erhielt nicht mehr die päpstliche Approbation für den Aachener Stuhl.

Unter Bonapartes Konsulat gewannen Lutheraner, Reformierte und Juden 1802 endlich das Recht auf Glaubensfreiheit und Gleichheit vor dem Gesetz. So erhielten gleichzeitig mit der Errichtung des Bistums Aachen die Aachener

58 Vgl. Einträge im Dictionnaire de Biographie Française (1932ff.) und Porträt-Abbildungen in: Veit Veltzke (Hg.): Napoleon. Trikolore und Kaiseradler über Rhein und Weser. Köln 2007, S. 190, 196f.

Reformierten und Lutheraner und die Burtscheider Lutheraner eigene Kirchen[59]. In Aachen entstand zu dieser Zeit die erste unierte Gemeinde aus Lutheranern und Reformierten, das Stolberger Gesangbuch war überhaupt das erste Unionsgesangbuch beider evangelischer Bekenntnisse[60]. Die lutherischen Kirchengemeinden in Stolberg und Montjoie verdankten ihre Existenz der Toleranz der pfalz-neuburgischen Wittelsbacher; die Stolberger Gemeinde gehörte zu den führenden im Rheinland, der Zweifall, Schleiden und Gemünd unterstellt waren[61].

Da Napoleon zu allen Konfessionsgemeinschaften in ein geordnetes Verwaltungsverhältnis gelangen wollte, errichtete er in den Départements 1808 jüdische Konsistorien. Die Rabbiner wurden, wie die Pastoren, zu Staatsbeamten, die auch für die Konskription zuständig wurden. Im Linksheinischen entstanden drei jüdische Bezirke in Krefeld, Bonn und Trier[62]. Zugleich machte der Kaiser dem jüdischen Namensdurcheinander, zumal im Rheinland, ein Ende. Die Juden mußten dauerhaft Familien- und Vornamen annehmen und durften sich nicht mehr nach Städten oder nach dem Alten Testament nennen. Sie mußten sich auch, zum Schutz der übrigen Bevölkerung vor „jüdischem Wucher", Beschränkungen in Geschäftsleben und Geldgeschäft gefallen lassen; daher sprach das Judentum vom „schändlichen Dekret".

Die Präfekten konnten sich neben den französischen Verwaltungsbeamten auf eine schmale linksrheinische Elite stützen, die die Lehren der deutschen und französischen Aufklärung in sich aufgenommen hatte. Diese waren in Aachen durch ein kommerzielles Lesekabinett für die Badegäste, Loge „Zur Beständigkeit" und „Club Aachener Casino" verbreitet worden. Das gebildete Bürgertum und Handelsbürgertum erhoffte sich vor dem Hintergrund der ermüdenden Aachener Verfassungskämpfe der achtziger Jahre einen Neuanfang mit Hilfe der französischen Republik. Mancher versprach sich eine bessere Zukunft von einer Cisrhenanischen Republik und wirtschaftlich noch mehr von einer Angliederung des linken Rheinufers an Frankreich. Unter den Cisrhenanen war der (lutherische) Aachener Tuchhändler Arnold Clermont, dessen Firma europäischen Ruf hatte, der 1794/95 Mitglied der provisorischen Centralverwaltung für die französisch besetzten Gebiete zwischen

---

59 Beide Gemeinden zählten etwa 600 Seelen. Zum Kirchenkreis Aachen vgl. Albert Rosenkranz (Hg.): Das Evangelische Rheinland, Bd. 1. Düsseldorf 1956, S. 23-40.

60 Gemeinschaftliches Gesangbuch bey den protestantischen Gemeinden in Stollberg bey Aachen. Frankfurt a. M. 1802 (1300 Lieder). Vgl. Rosenbrock: Unter dem Schwan, S. 101-104.

61 Vgl. ebd. S. 98-100.

62 Zum Folgenden Ludwig Baeck: Die jüdische Religionsgemeinschaft. In: Die Rheinprovinz 1815-1915, Bd. 2. Bonn 1917, S. 234-247.

Maas und Rhein war[63]; ferner der Aachener Jurist Johann Joseph Andreas Vossen, der 1793 dem Aachener „Club der Freiheit, Gleichheit und Bruderliebe" beigetreten war, 1794 dritter Stadtsyndicus wurde, seit 1796 als Richter am Aachener Tribunal Civil Supérieur und seit 1797 in Bonn amtierte[64]; oder der mit dem jungen Joseph Görres im politischen Briefwechsel stehende Franz Dautzenberg, Herausgeber des „Aachner Zuschauer" (1791-1798) und 1802-1804 Bürochef in der Aachener Präfektur[65].

Zugleich wurden das Zivilstandsregister, die Trennung von Justiz und Verwaltung und das auf Anordnung Bonapartes geschaffene einheitliche französische Zivilrecht, der Code Napoléon, in der klaren Sprache des rationalistischen Zeitalters eingeführt[66]. Die Arrondissements besaßen Zivil- und Strafgerichtsbarkeit. Im linksrheinischen Raum galt die neue französische Gerichtsverfassung; in Lüttich, Aachen und Bonn bestanden Appellationsgerichtshöfe. Scharf getrennt von der streitigen Gerichtsbarkeit, von Verwaltung und Advokatur wurden die Notare (notaires publics) mit der Befugnis zur Vornahme von Beurkundungen[67]. Diese wurden vom Staatsoberhaupt ernannt, ihnen wurde ein bestimmter Sprengel mit Amtssitz und Residenzpflicht zugewiesen. Am Sitz der Gerichtshöfe erster Instanz (tribunals) entstanden Notariatskammern. Diese Aufgabentrennung in den Rechtsmaterien diente der Unparteilichkeit des Notars; sie blieb im gesamten linksrheinischen Raum und rechtsrheinisch in Teilen des ehemaligen Großherzogtums Berg[68] in der späteren preußischen Rheinprovinz erhalten, wie auch in Hamburg, Süddeutschland[69] und in Teilen des Kaisertums Österreich[70].

---

63 Vgl. Walter Kaemmerer: Art. Clermont. In: NDB Bd. 3, 1957, S. 288.

64 Vgl. Veltzke (Hg.): Napoleon, S. 81. – Zur politischen Lagerbildung am Ende des Alten Reichs Matthias Pape: Revolution und Reichsverfassung. In: Verfassung und Revolution. Hamburg 2000, S. 40-84, zu den Anhängern der Revolutionsideale S. 70-73.

65 Vgl. Max Braubach: Der junge Görres als „Cisrhenane". In: Ders.: Diplomatie und geistiges Leben. Bonn 1969, S. 807-833. – Klaus Müller: Franz Dautzenberg. In: Rheinische Lebensbilder, Bd. 7, 1977, S. 63-81. – Viele Belege bei Hansen (Hg.): Quellen zur Geschichte des Rheinlandes (1780-1801).

66 Vgl. Werner Schubert: Französisches Recht in Deutschland zu Beginn des 19. Jahrhunderts. Köln 1977.

67 Das Ventôsegesetz vom 12.3.1803 bildet bis heute die Grundlage des französischen Notariats. – Zur Entwicklung in Frankreich und Preußen vgl. Wilhelm Weisweiler: Geschichte des rheinpreußischen Notariates, Bd 1. Essen 1916, S. 148-220, Liste der ersten Notare im Roer-Département S. 107-110, im Landgerichtsbezirk Aachen seit 1813; Bd. 2. Ebd. 1925, S. 142-153. – Lucas van Randenborgh: Zum französischen Notariatswesen. Jur. Diss. Kiel 1990, S. 12, 21, 50, 215, 261.

68 In den früheren Arrondissements Düsseldorf, Elberfeld, Mülheim.

69 Vor der Wiedervereinigung Deutschlands standen (am 1.1.1988) 1011 Nur-Notare 7636 Anwaltsnotaren gegenüber. Vgl. van Randenborgh: Notariatswesen, S. 22; Vergleich von heutigem deutschen und französischen Notariat S. 261-281.

70 Vgl. Christian Neschwara: Französisches Notariat in Österreich. In: Gedächtnisschrift Herbert Hofmeister. Wien 1996, S. 471-489.

Mit der Abtretung der linken Rheinseite an Frankreich, die faktisch 1795 erfolgte und 1801 reichsrechtlich anerkannt wurde, verloren die geistlichen Reichsfürsten, darunter Lüttich und Köln, ihre Territorien; die linksrheinischen Verluste der weltlichen Territorien sollten durch Säkularisation, d.h. Auflösung der geistlichen Territorien, im verbleibenden Reichsgebiet rechts des Rheins kompensiert werden. Zuerst wurden im Linksrheinischen die fundierten Stifte, Abteien und Klöster säkularisiert und samt Grundeigentum von der französischen Republik meistbietend versteigert. Die Bibliothek des Klosters Rolduc bei Herzogenrath blieb teilweise erhalten.

Die Siegel des Kantons Rolduc und des Maire von Rolduc.

Verbreitungsgebiet des *Code Civil (Code Napoléon)* am Niederrhein nach 1815

0 20 km

Gültigkeitsbereich des *Code Civil*

- Friedensgericht
- Kreisgericht, ab 1820 Landgericht
- Handelsgericht
- Rheinischer Appellationsgerichtshof (ab 1819)

Gültigkeitsbereich des Preußischen Landrechts

- Land- und Stadtgericht

Gültigkeitsbereich des gemeinen deutschen Rechts

- Justizamt

- Berggericht

- Staatsgrenze
- Provinzgrenze
- Regierungsbezirksgrenze

Entwurf: I. Hantsche
Kartographie: H. Krähe

So verordnete Frankreich die erste durchgreifende Gebiets- und „Funktional"-Reform und den Schritt von oben in die Moderne[71]. Wie alles, was nach Fortschritt aussieht, klingt dies heute positiv, doch begriffen die meisten Menschen, die sich an Tradition und Herkommen orientierten, die Welt nicht mehr[72]! Sie mußten sich mit grassierendem Vandalismus und mit fremden Truppen, die zu versorgen waren, abfinden – wenig später mit der Aushebung ihrer Söhne als Rekruten, von denen zehntausende aus den nicht enden wollenden Kriegen Napoleons nicht zurückkehrten[73]. Sie sahen, wie der schon im Ancien régime verbreiteten Arbeitslosigkeit der städtischen Unterschicht und der Bettelei durch strengere Polizei, Arbeitshäuser und Konskription ein Ende gemacht wurde[74].

Die Aachener Stiftsherren hatten, als die Franzosen den Rhein überschritten, den Münsterschatz und die Reichsinsignien nach Paderborn verbracht. Die Reichskleinodien, auch die drei Aachener (Reichsevangeliar, Säbel Karls des Großen, Stefansburse), waren nach Wien in Sicherheit gebracht worden.[75] Wenig später mußte die Bevölkerung den Abtransport der Kunstschätze nach Paris mitansehen, auch aus ihrem „Heiligtum", dem Aachener Münster[76]. Es folgte die systematische Plünderung der öffentlichen und privaten Bibliotheken durch einen Staatskommissar, den ehemaligen Benediktinermönch Jean Baptiste Maugérard, der als „Büchermarder" verschrieen war[77].

Hinzu kam ein Gefühl der Fremdbestimmung, permanenten Überwachung und Bespitzelung durch Mitbürger im Sold der Besatzungsmacht. Und was sollten die Menschen von Beamten halten, die des Deutschen kaum mächtig waren? Was von einer Justiz, vor der sich der Angeklagte nicht in seiner Muttersprache verteidigen

---

71 Vgl. Thomas R. Kraus: Auf dem Weg in die Moderne. Aachen in französischer Zeit 1792/93, 1794-1814. Aachen 1994.

72 Vgl. Max Braubach: Treue zu Kurköln. In: Ders.: Kurköln. Münster 1949, S. 503-520.

73 Vgl. Uwe Andrae: Die Rheinländer, die Revolution und der Krieg 1794-1798. Essen 1994.

74 Vgl. Reise von Aachen nach Paris (1807). In: Morgenblatt für gebildete Stände, 10.3.1814 (Nr. 59) hier S. 234-236.

75 Das Aachener Domkapitel hat seinen Eigentumsanspruch zuletzt 1957, 1960, 1962 gegenüber Österreich reklamiert; abgestützt von der rechtshistorischen Dissertation von Fritz Ramjoué: Die Eigentumsverhältnisse an den drei Aachener Reichskleinodien. Stuttgart 1968. – Vgl. Matthias Pape: Österreich und Deutschland 1945-1965. Köln 2000, S. 173-180.

76 Darunter kostbare Teile des Reliquienschatzes, wie der sog. Talismann Karls des Großen, den Bischof Berdolet ohne Wissen des Domkapitels Kaiserin Joséphine schenkte und der sich heute im Eigentum der Kathedrale von Reims befindet. Vgl. Clemens M. M. Bayer: Art. Talismann Karls des Großen. In: Reallexikon der Germanischen Altertumskunde, Bd. 30, 2005, S. 272-276.

77 Vgl. Friedrich-Wilhelm Henning: Handbuch der Wirtschafts- und Sozialgeschichte Deutschlands, Bd. 2. Paderborn 1996, S. 194.

durfte? Die meisten beherrschten, wenn überhaupt, nur französische Sprachbrocken und sprachen in Mundart, Neuhochdeutsch war für sie die erste Fremdsprache. Manches verballhornte französische Wort hat bis heute überlebt. Französisch war nun auf der einzigen „Secondärschule" Aachens alleinige Unterrichtssprache[78].

Befremdlich wirkte desweiteren die Einführung des Revolutionskalenders mit neuer Jahreszählung, Monatseinteilung in drei Dekaden und neuen Festtagen zur Erinnerung an die Revolution, aber ohne Sonntagsheiligung[79]. Wie sollte sich dies mit der bodenständigen katholischen Fest- und Feiertagskultur vertragen? Sogar der Straßenkarneval blieb bis 1801 verboten. Joseph Haydns wenige Jahre zuvor in Wien uraufgeführtes Oratorium „Die Schöpfung" mußte 1803 in Aachen in französischer Sprache gesungen werden. Und wie ungeheuerlich mußte anmuten, daß zeitweilig alle Kreuze und Heiligenbilder aus der Öffentlichkeit zu entfernen waren – wie später wieder im Dritten Reich!

So ist verständlich, daß nach Ende der Franzosenzeit einerseits von den französischen „Freiheitspossen", von der „zwanzigjährigen Gefangenschaft im eigenen Lande" und von den „Bedrückungen tyrannischer Willkür" gesprochen wurde[80] und daß Innenminister Schuckmann mit Blick auf die Rheinländer besorgt war, es „mit einem Volk zu thun" zu haben, „das unter Phrasen liberaler Duldung in dem Koth der revolutionären Sittenlosigkeit 20 Jahre umhergetrieben worden ist"; die neue Regierung müsse „als eine streng religiöse Sittenrichterin" auftreten „statt den vorhergehenden Indifferentismus zu bestätigen"[81]. Andererseits waren die französischen Präfekten „zwar zum Teil raubsüchtige Erpresser, zum Teil aber so ausgezeichnete Beamten, daß ihr glänzender Ruf bei der rheinischen Bevölkerung nach 1815 noch auf Jahrzehnte vorhielt"[82].

Im Wirtschaftsbürgertum hatte sich ein politisches Bewußtsein gebildet, das an den französischen Errungenschaften festhalten wollte[83]. Dazu zählte die vom

78 Vgl. Art. Reise von Aachen nach Paris (1807).

79 Vgl. Engelbrecht: Französische Verwaltungspolitik, S. 87.

80 So (mit vielen Beispielen) Leitartikel der Kölnischen Zeitung, 14.1.1815, zur Befreiung der Rheinlande im Rückblick eines Jahres. – Dagegen pointiert ein Teil der jüngeren Literatur die Anhänglichkeit an die Franzosenherrschaft, wie Jürgen Herres: Rhein-Preußen. In: Die Rheinlande und das Reich. Düsseldorf 2007, S. 159-202, hier S. 171.

81 Zit. n. Ernst Landsberg: Die Gutachten der Rheinischen Immediat-Justiz-Kommission und der Kampf um die rheinische Rechts- und Gerichtsverfassung 1814-1819. Bonn 1914, S. XXXVIII.

82 Joseph Hansen: Preußen und Rheinland von 1815 bis 1915. Bonn 1918, S. 5.

83 Vgl. Karl-Georg Faber: Die Rheinländer und Napoleon. In: Francia 1 (1973) S. 374-394.

Pariser Direktorium 1798 eingeführte Gewerbefreiheit; sie hatte den Zwang zur Arbeitsteilung durch die Zünfte und damit auch die städtische Zunftverfassung aufgehoben – der „Hohe Stadt-Rath" von Aachen hatte zuletzt aus fünfzehn Zünften bestanden[84] –, hatte Maße und Gewichte vereinheitlicht und damit gleichförmige Wettbewerbsbedingungen geschaffen. Der linksrheinische Raum, die Wallonie und Flandern bildeten mit Frankreich einen großen Binnen- und Absatzmarkt. Das setzte die Marktkräfte frei. Daneben wurden Gewerbekammern als branchenübergreifende Organe der Selbstverwaltung in Aachen[85], Stolberg[86], Köln, Krefeld und Mainz als Vorläufer der späteren Industrie- und Handelskammern errichtet[87].

Von Zukunftsbedeutung war für die entstehende Industrieregion Aachen-Stolberg-Eschweiler das napoleonische Bergwerksgesetz von 1810 mit Ausführungsbestimmungen, das die vielen alten Bergordnungen beseitigte. Es unterschied zwischen Grundeigentum und Gewinnung der Mineralien, die an eine staatliche Konzession gebunden war. Das französische Bergwerksrecht blieb in Kraft und wurde 1865 in das Allgemeine Berggesetz für die Preußischen Staaten eingeschmolzen[88].

Zugleich wurde das Straßen- und Wegenetz ausgebaut. Das bedeutendste Projekt war die Heerstraße Aachen-Trier; und von Jülich über Aachen bis Brüssel lief eine gut gepflasterte Chaussée, auf der Eilpostwagen und schwer beladene Lastwagen bei hoher Strafgebühr nur mit breiten Rädern und breitgeschlagenen Nägeln fahren durften, die nicht in das Pflaster einschnitten und die Steine nicht auseinandertrieben; vielmehr sollten die Pflastersteine durch schmale Räder fester eingedrückt werden[89]. Den größten Gefahrenpunkt bildete das Hohe Venn, dessen Moorboden viel Wasser aufnahm und „auf große Strecken so weich und sumpfig" war, „daß man nur im Spätsommer und bei heiterer Witterung ohne Gefahr von Malmedy nach Eupen oder Verviers gelangen" konnte; hier häufte sich im Winter „der Schnee oft in ungeheuren Massen" an „und verdeckte dann alle Wege, so daß

---

84 Vgl. Des Königlichen Stuhls und der Kaiserlichen freyen Reichs-Stadt Aachen Raths- und Staats-Kalender auf das Jahr Christi 1786, S. 1-7. – Preußen führte die Gewerbefreiheit 1807 bzw. 1810 ein, was die Ablösung der Ständegesellschaft beförderte.

85 Vgl. Paul Thomes: Die Geschichte der Industrie- und Handelskammer Aachen. Aachen 2004.

86 Angeschlossen waren Monschau, Eschweiler, Düren.

87 Rechtsrheinisch kam es 1830 zu solchen Gründungen.

88 Dessen Schöpfer war Hermann Brassert, Direktor des Oberbergamts in Bonn (Reliefbild im Treppenhaus des Bergbaugebäudes der RWTH Aachen). Vgl. Wilhelm Pieper: Art. H. Brassert. In: NDB Bd. 2, 1955, S. 536f.

89 Vgl. Reise von Aachen nach Paris (1807), hier S. 234-236.

es gar nichts Seltenes ist, daß Reisende sich verirren und so in den Sümpfen oder durch die Kälte umkommen"[90].

Zwar war es nun mit der gewissen Gemütlichkeit vorbei, die den Maasländer kennzeichnet; Durchreisenden erschien die „ausschweifende Wollust", das Vergnügen an „üppigen" Speisen und „feilen Dirnen" in Aachen ausgeprägter als in Lüttich[91]. Doch kam es zu einem ungeahnten Wirtschaftsaufschwung, der breitere Schichten am Wohlstand teilhaben ließ. Ein für den Aachener Raum günstiger Nebeneffekt war die Ausschaltung der rechtsheinischen und der längst mechanisierten englischen Konkurrenz infolge des französisch-englischen Handelskrieges und Einfuhrverbots englischer Waren, speziell von Baumwollstoffen, im Jahr 1793, sodann des Zolltarifs vom 30. April 1806, der diese Maßnahmen verschärfte und nun auch Tücher aus Kammgarn, Zwirn, Baumwolle und feine Eisenwaren betraf[92].

Ein Blick auf die Vennlandschaft läßt die Gefahren erahnen, die vom Moor ausgingen. Besonders zur Winterzeit bei hohen Schneelagen waren Wege nicht mehr zu erkennen. Ebenso fehlten dann in der weiten offenen Landschaft Orientierungspunkte. Der Weg durch das Venn war nur im Spätsommer sicher.

90 J[ohann] H[einrich] Kaltenbach: Der Regierungsbezirk Aachen. Aachen 1850, S. 4f.

91 Vgl. Reise von Aachen nach Paris (1807).

92 In der Literatur wenig erwähnt. Vgl. Charles Schmidt: Das Großherzogtum Berg 1806-1813 (1905). Neustadt 1999, S. 242, 246f.

Nurmehr den Schlußpunkt bildete die Verhängung der Kontinentalsperre zwischen Ende 1806 und 1814.

Die Region um die Stadt Aachen profitierte von deren zentralörtlicher Funktion. Die Zahl der Tuchmanufakturen[93] stieg in Aachen von neun auf 93, in Burtscheid von drei auf 29. Der Weltreisende Georg Forster, der seine Zeitgenossen in Form der damals beliebten Reiseberichte aufklären und belehren wollte, hat Fabrikanlagen und Produktionsprozeß eingehend beschrieben[94]. Die Aachener Nadelfabrikanten, die konkurrenzlose Spitzenprodukte herstellten, erzielten mit 900 Arbeitern, darunter viele Kinder, einen jährlichen Gewinn von über eine Million Franc[95]. Zum Aachener Textilverbund gehörten die Tuchmacher und Wollscherer in Vaals, Burtscheid, Forst, Imgenbroich, Montjoie, Eupen, Verviers und Euskirchen. Die linksrheinische Textilfabrikation erstreckte sich bis nach Krefeld, das bis heute ein Zentrum der Seidenweberei ist.

Napoleon Bonaparte besuchte anläßlich seines Aufenthalts in Aachen im September 1804 die technisch innovativen Aachener Unternehmen: die Fabrik Laurenz Jeckers, der aus dem Elsaß stammte, in England die Mechanik gelernt und sich wegen der in Stolberg blühenden Messingdrahtfabrikation in Aachen niedergelassen hatte. Hier hatte Jecker die erste Messingstecknadelfabrik auf dem Kontinent gegründet und eine Maschine für Stecknadeln mit gegossenen Köpfen entwickelt. Er produzierte damit täglich eine Million Nadeln, die nach Frankreich, Spanien, Italien und Nordeuropa versandt wurden[96]. Bonaparte besuchte auch die Tuch- und Nadelfabrik Ignaz van Houtems, der mit 300 Arbeitern eine der größten Fabriken im Roer-Département besaß; außerdem inspizierte er die Nadelfabrik der Brüder Pastor in Burtscheid und eine eigens arrangierte Industrieausstellung. Auf der Pariser Gewerbeausstellung von 1806 wurden Stolberger Messingwaren präsentiert[97].

Der eigentliche Grund von Bonapartes Aachenfahrt war jedoch die Besitzergreifung der Pfalz Charlemagnes und der Besuch von Karls Thron und Grab. Das lag im Vorfeld der geplanten Krönung zum „Kaiser der Franzosen"

---

93 Vgl. Martin Schmidt: Tuchmanufakturen im Raum Aachen. In: Gewerbe, Staat und Unternehmer in den Rheinlanden des 18. Jahrhunderts. Köln 2000, S. 129-164.

94 Georg Forster: Ansichten vom Niederrhein. Berlin 1791 (hist.-krit. Ausg. 1958), Kap. X.

95 Vgl. Koch: Aachener Nähnadelindustrie.

96 Vgl. Friedrich Haagen: Art. Laurenz Jecker. In: Allgemeine Deutsche Biographie, Bd. 13, Leipzig 1881, S. 749f.

97 Vgl. Brecher: Geschichte der Stadt Stolberg, S. 37.

im Dezember in Paris. Der Diktator, der sich nun in Cäsarenmanier nach seinem Vornamen nannte, stellte sich bewußt in die Nachfolge des Frankenkaisers. Weder er selbst noch Aachener Präfekt und Bischof ließen keine Gelegenheit aus, an Charlemagne anzuknüpfen, um Legitimität zu gewinnen. So etwas bezeichnet man heute als „Geschichtspolitik". Die neue Kaiserwürde sollte als Sprengmittel des römisch-deutschen Kaisertums dienen[98].

Die Glaubwürdigkeit von Politik, auch die Akzeptanz von Diktatoren, vermittelt sich nur zum Teil über weltanschauliche Leitbilder, zum Gutteil jedoch über fühlbar zunehmenden Wohlstand. Darf man sich da wundern, daß der siegreiche General Bonaparte, der Überwinder der Revolution, dem sogar der Ausgleich mit dem Papsttum gelungen war, 1804 in Aachen mit freundlichen Mienen und Hochrufen empfangen wurde? Zwei überlebensgroße Gemälde Napoleons und seiner Gemahlin Joséphine, ein Geschenk des Kaisers an die Stadt, erinnern an den denkwürdigen Besuch des Herrscherpaares. Die Gemälde dekorieren seit 1966 den Sitzungssaal des Rathauses[99]. Auch das ist Geschichtspolitik.

Frühindustrialisierung im Übergang von Frankreich zu Preußen

Wie in keiner anderen Region Deutschlands griffen in der Aachener der politische und wirtschaftliche Umbruch ineinander, die Region wurde zum Ausgangspunkt einer politischen und industriellen „Doppelrevolution"[100]. Die Frühindustrialisierung mit maschineller Kraft setzte hier bereits im Jahrzehnt nach 1800 ein, ging von Verviers und Lüttich aus[101] und erstreckte sich im Kreis Aachen zeitlich bis etwa in die Jahrhundertmitte[102]. Die technischen Neuerungen kamen von den aus Haslington stammenden Ingenieuren William Cockerill und seinen Söhnen James und John[103].

98 Vgl. Matthias Pape: Der Karlskult an Wendepunkten der neueren deutschen Geschichte. In: HJb 120 (2000) S. 138-181, hier S. 142-150.

99 Vgl. Kraus: Auf dem Weg in die Moderne, S. 152f.; Pape: Karlskult, S. 174f.

100 So die Begriffsprägung von Hans-Ulrich Wehler: Deutsche Gesellschaftsgeschichte, Bd. 2: Von der Reformära bis zur industriellen und politischen „Deutschen Doppelrevolution" 1815-1845/49. München 1987.

101 Zur Frühphase 1750-1810 Pierre Lebrun: L'industrie de la laine à Verviers pendant le XVIIIe et le début du XIXe siècle. Liège 1948.

102 Vgl. Clemens Bruckner: Zur Wirtschaftsgeschichte des Regierungsbezirkes Aachen. Köln 1967.

103 Vgl. Hans Seeling: Wallonische Industrie-Pioniere in Deutschland. Lüttich 1983. – Resümierend Klara van Eyll: Der Aachener Wirtschaftsraum in der ersten Hälfte des 19. Jahrhunderts. In: Wirtschaftliche Nachrichten der Industrie- und Handelskammer zu Aachen 12 (1979) S. 684-690; 13 (1980) S. 12-17.

Von Lüttich und Verviers ging um 1800 die Industrialisierung im Raum Aachen-Stolberg-Eschweiler aus. Den Kupferstich von Lüttich fertigte Jean Nicolas Ponsart aus Malmedy um 1843 an.

William baute in Verviers Webstühle und Spinnmaschinen, John zog im verwaisten bischöflichen Schloß Seraing bei Lüttich eine Dampfmaschinenfabrik auf. Dicht an der Maas errichtete er mit seinem Bruder auf den Steinkohleflözen ein großes Werk zur Herstellung von Betriebs- und Schiffsmaschinen, das sich zum großen Montan- und Schiffahrtsunternehmen entwickelte. Die „Fabrik war das Weltwunder der damaligen Zeit, und er selbst der erste, wahrhaft königliche Geschäftsmann seit den Tagen der Fugger"[104]. James' Kinder heirateten in Aachener Familien ein und errichteten hier neue Unternehmen.

Regionale Schwerindustrie im Aufbau
1823 in Seraing ensteht der erste belgische Kokshochofen
1835 in Seraing ensteht die erste Lokomotive auf dem Kontinent
1835 Eröffnung der Bahnstrecke Mecheln-Brüssel

Die Mechanisierung betraf nach und nach die seit langem bestehenden Industriezweige: zunächst den Bergbau im Tal der Flüßchen von Wurm und Inde. Hier war seit der Mitte des 16. Jahrhunderts bis zu 40 Meter unter Tage Steinkohle

104 So Franz Schnabel: Deutsche Geschichte im neunzehnten Jahrhundert, Bd. 3: Erfahrungswissenschaften und Technik. Freiburg i. Br. 1934, S. 262; vgl. auch S. 272-274, 280. Die Darstellung schloß die Technikgeschichte ein und war insofern eine Pionierstudie.

abgebaut worden. Wegen der nicht beherrschbaren Wassereinbrüche in den Gruben hatte die Montanindustrie im späten 18. Jahrhundert nur noch in Eschweiler und Stolberg in geringem Maße bestanden[105]. Dank der Einführung der Dampfmaschine in einzelnen Gruben an Inde und Wurm seit den 1780er Jahren mußte das Wasser nicht mehr mit mühlradgetriebenen Hydraulikpumpen abgesaugt werden. Hier wurde die erste „Feuermaschine" 1794 in Eschweiler-Pumpe in Betrieb genommen, die gewaltige Mengen an Kohle verbrauchte[106]. Mit Hilfe der Dampfkraft arbeiteten wenig später auch Tuchmacherei und Messingherstellung – Kupfer- und Kesselschläger – und schließlich das Nadlergewerbe. So wurde die Mechanisierung in England nur eine Generation später in der Aachener Region nachvollzogen. Um 1810 liefen bereits die ersten automatisierten Spinnmaschinen, 1817 nahm der Tuchfabrikant Edmund Josef Kelleter die erste Dampfmaschine (16 PS) nach dem Wattschen System innerhalb Aachens in Betrieb[107]. In Weiden bei Aachen errichtete Jacques Pascal Piedboeuf aus der Wallonie 1814 eine Dampfkesselfabrik, die erste auf dem Kontinent[108]. Doch blieb der Handwebstuhl noch längere Zeit in Gebrauch.

Am einschneidendsten wirkte sich die Industrialisierung auf die Tuchmacherei in Montjoie aus. Das Städtchen, im engen Tal von Rur und Laufenbach abseits der Fernstraßen gelegen, war mit der Feintuchmacherei Ende des 17. Jahrhunderts aufgestiegen. Es hatte dafür seine natürlichen Standortvorteile genutzt: Wolle aus einheimischer Schafzucht, im 18. Jahrhundert sogar von spanischen Merinoschafen; wenig kalkhaltiges Wasser zum Auswaschen der Wolle; ganzjährig kräftig strömendes Wasser zum Antrieb der Walk- und Schermühlen; im Umland Holz- und Torfreichtum zum Heizen der Kessel und arme, auf Nebenerwerb angewiesene Bauern bzw. deren Frauen und Kinder zum Spinnen und Weben in Heimarbeit. Den Abschluß der Produktion bildete die anspruchsvolle Färbung im Unternehmen in Montjoie selbst[109].

---

105 Grundlegend ist Anton Kohlhaas: Geschichte des Steinkohlenbergbaues im heutigen Stadtgebiete von Stolberg (Rhld.). Stolberg 1965. – Pionierstudie für die vorindustrielle Zeit ist Jörg Wiesemann: Steinkohlenbergbau in den Territorien um Aachen 1334-1794. Aachen 1995. – Ders.: Steinkohlenbergbau um Aachen. Aachen 1997.

106 Das alte Maschinenhaus ist erhalten und dient heute als Wohnhaus. Vgl. Hubert Jakobi: Die Einführung der Dampfmaschine in den Eschweiler Bergbau. In: SEG 22 (2003) S. 85-98.

107 Wegweisend A. Korr: Die Einführung der Dampfkraft in die Aachener Industrie bis zum Jahre 1831. Staatswiss. Diss. Tübingen 1921 [masch.]. – Hans-Karl Rouette: Aachener Textil-Geschichte(n). Aachen 1992.

108 Vgl. Aachen im 19. Jahrhundert. Aachen 1991, S. 14.

109 Vgl. Ernst Barkhausen: Die Tuchindustrie in Montjoie. Aachen 1925.

Auf diesem Verlagssystem beruhte das Unternehmensimperium Johann Heinrich Scheiblers. Die Familie stammte aus dem Bergischen Land und hatte sich mit mehreren Familien und Firmen in Montjoie verschwägert. Scheiblers herrschaftliches „Rotes Haus" war Manufaktur, Kontor und Wohnhaus in einem[110]. Dessen vollständig erhaltenes Interieur des Spätbarocks und im Empirestil gibt Zeugnis von der verfeinerten Wohn- und Lebenskultur wohlhabender Familien. Scheibler soll 6000 Heimspinner und -weber von der Eifel bis ins Sauerland beschäftigt haben. Er exportierte seine ureigenste Erfindung – gemusterte feine Tuche – bis nach Italien, Polen, Rußland und in den Orient, sein Sohn Bernhard Georg (1724-1786), der ein eigenes Unternehmen in der preußischen Grafschaft Mark, in Hagen und Herdecke, gründete, auch nach Nordamerika. Einer der Firmenlehrlinge war Bernhard Böcking aus Traben-Trarbach, dessen Mutter aus dem Hause Scheibler stammte. Böcking heiratete eine Tochter des Aachener Tuchfabrikanten Claus, war als Fabrikant und Gutsbesitzer in Montjoie tätig und wurde hier der erste preußische Landrat[111].

Die Monschauer Tuchmacher organisierten sich genossenschaftlich: Die „feine Gewandschaft", die Luxusartikel aus feinem Tuch herstellte, war lutherisch[112], kulturbeflissen und untereinander versippt, so die Familien Scheibler, Moes, Offermann, Schmitz, Troistorff, Bungart; die „grobe Gewandtschaft" war katholisch, bildungsfern und darauf bedacht, die wohlhabenden, aber nur über wenig Grundfläche verfügenden Neubürger von der Kommunalpolitik fernzuhalten, was auch gelang. Die Tuchindustrie in Montjoie erlebte zwischen 1760 und 1794 ihre größte Blüte und zog viele Tuchscherer und Weber von außerhalb an[113]. Dabei kam es zu den ersten Streiks und Unruhen, als die Facharbeiter versuchten, sich zu organisieren, und die Unternehmer dies nicht duldeten.

Zwar hatte das Monschauer Ländchen durch den Bau einer befestigten Straße über Kornelimünster zur Anbindung des Aachener Raumes an das Mosel- und Saargebiet zwischen 1804 und 1813 endlich die Straßenverbindung nach Aachen gewonnen, es wurde aber insgesamt gesehen zum Verlierer der Franzosenzeit. Die „Assignaten", auf Staatsanleihen beruhendes Papiergeld, mit dem Frankreich die Staatsaufträge bezahlte, waren 1813 wertlos. Dennoch blieben die Bilder Napoleons

110 Vgl. Hans-Joachim Ramm: Art. Scheibler. In: NDB Bd. 22, 2005, S. 624-629. – Ausführlich Hans Carl Scheibler, Karl Wülfrath (Hg.): Westdeutsche Ahnentafeln, Bd. 1. Weimar 1939, S. 328-359. – Wilfried Hansmann: Das Rote Haus in Monschau. Köln 1994.

111 Zur Familie Böcking (evangelisch) vgl. NDB Bd. 2, 1955, S. 368-371.

112 Zum Luthertum in der Eifel vgl. Scheibler, Wülfrath: Ahnentafeln, S. 315-328.

113 Vgl. Scheibler, Wülfrath: Ahnentafeln, S. 359-393. – Umsatzzahlen für 1774 bis 1819 bei Elmar Neuß: Monschau. Köln 1992, S. 18-20.

in den Wohnungen der Monschauer Bürger über Jahrzehnte hängen – wohl aus vielfacher Abneigung gegen das folgende preußische Regiment[114].

Das Ölgemälde (um 1750) zeigt den Tuchmacher Johann Heinrich Scheibler (1705-1765), Sohn eines evangelisch-lutherischen Pfarrers im Oberbergischen. Scheibler ging in Imgenbroich bei Matthias Offermann in die Lehre, heiratete die Witwe Maria Agnes Schlösser (1698-1752), geborene Offermann, und führte die Monschauer Tuchfabrik ihres verstorbenen Ehemannes weiter. Er verschaffte dem Unternehmen eine Spitzenposition in Europa. Als Wohnhaus und Produktionsstätte erbaute er das „Rote Haus", das sein zweiter Sohn Wilhelm (1737-1797) bezog, der mit seinen Brüdern das väterliche Unternehmen fortführte.

Die Angliederung an Preußen wurde von den Menschen nicht als verheißungsvolle Zukunft, sondern als existenzbedrohlich aufgefaßt. Denn Frankreich und die Niederlande verhängten nach Ende des napoleonischen Kaiserreichs Schutzzölle, so daß dieser große Absatzmarkt verlorenging; zugleich strömte in die Eifel, nach Stolberg und ganz Deutschland billiges englisches Eisenerz ein, und die maschinell hergestellte englische Massenware verdrängte die Monschauer und Aachener Tuche. Da bis 1818 eine innerpreußische Zollgrenze zum Schutz der altpreußischen Provinzen galt, waren neue Absatzmärkte vorerst nicht zu gewinnen. Dies trieb viele rheinische Unternehmen in den Konkurs und Tausende in die Arbeitslosigkeit, so daß die Rheinprovinz Schutzzölle forderte[115].

Nachteilig wirkte sich für Montjoie der Umschwung in der Mode hin zu leichten Kaschmirstoffen aus, seit den 1840er Jahren dann die Umstellung auf vollmechanisierte Webstühle mittels Dampfmaschine. Dafür hätte die Kohle umständlich herantransportiert werden müssen, und für die großen Webstühle fehlte im engen Rurtal der Raum. Zudem machten sich die Nachkommen des großen Scheibler untereinander Konkurrenz[116]. Die Monschauer Tuchfabrikanten wichen seit 1830 auf die

114 Vgl. Landkreis Monschau. Zum 150-jährigen Bestehen 1966 [ohne Paginierung].

115 Zur Lage in der Westeifel Wilhelm Hoesch: Beiträge zur Geschichte des Eisens. In: Stahl und Eisen 26 (1906) S. 1256f. – Wilhelm Treue: Wirtschaftszustände und Wirtschaftspolitik in Preußen 1815-1825. Stuttgart 1937, S. 93-97, 106f. – Manfred Koltes: Das Rheinland zwischen Frankreich und Preußen. Köln 1992, S. 369-380.

116 Ein Nachkomme der Familie, Fabrikant und Bürgermeister Walter Scheibler (1880-1965), hat quellenfundierte Arbeiten zur Geschichte der Firma Scheibler seit 1724 (1937) und zur ev. Gemeinde Monschau (1939) vorgelegt.

Haus Troistorff in Monschau ist ein typisches Tuchmacherhaus, 1783 als verputzter Fachwerkhausbau auf Blausteinsockel errichtet.

Verarbeitung von Kunstfasern aus. Die meisten Tuchfabriken schlossen in den 1880er Jahren, die Spinnereien und Kunstwollfabriken in den 1950er Jahren. Nur Alexander Scheibler wagte im 19. Jahrhundert noch einmal Neues und errichtete vollmechanisierte Spinnereien in Lodz, wo er 6000 Arbeiter beschäftigte. Seinen Spuren geht man seit kurzem in Polen nach.

Wurde Montjoie von den politischen und technischen, so Stolberg von den naturwissenschaftlichen Umbrüchen erfaßt[117]. Die Messingwaren der Stadt hatten um 1750 ihr Monopol auf dem Kontinent verloren, als es der englischen Konkurrenz gelungen war, das in dem erzhaltigen Gestein Galmei vorhandene Zink zu extrahieren. Dadurch büßten die Stolberger Zinkvorkommen ihre Bedeutung ein. Als der Brüsseler Abbé Jean Jacques Dony um 1800 Zink aus Galmei und aus Schalenblende zu gewinnen vermochte, war die Vormacht Stolbergs vollends dahin. Hier bestanden 1836 nur noch zwei Kupferhöfe. Die Industriellen gingen nun zur Zink- und

117 Zum Folgenden Ramm: Strukturwandel in Stolberger Wirtschaft, S. 129f., 136f., 146f.

Glasverhüttung, zur Seifen- und Waschmittelindustrie und zu feuerfesten Produkten, bis in die Mitte des Jahrhunderts auch noch zur Tuchindustrie über.

Dies waren riskante Umstellungsprozesse für die betroffenen Unternehmer und ihre Familien, sie sicherten aber auf Dauer Firmen und Arbeitsplätze[118] – so die Glaswerke der Compagnie de Saint-Gobain, Metallwerke Asten & Lynen, Seifensiederei Mäurer & Wirtz. Heute sind die herausgeputzten früheren Kupferhöfe in der Stolberger Altstadt, wie Hof Rosenthal an der Rathausstraße und Hof Grünenthal an der Steinfeldstraße, städtebauliche Attraktionen.

Kupferhof Grünenthal – die dreiflügelige Anlage des Messingfabrikanten Mathias Peltzer wurde in der Stolberger Steinfeldstraße zwischen 1699 und 1703 erbaut.

Die Maschinen für die Stolberger Industrie wurden in Eschweiler gebaut, der Geburtsstätte der deutschen Dampfmaschine. Hier entstanden zwischen 1819 und 1855 acht Großunternehmen der eisenverarbeitenden Industrie. Dabei entwickelte sich sofort eine Fertigwarenproduktion. Die entscheidenden Impulse dafür gaben wallonische Unternehmer und Facharbeiter, allen voran Englerth, Reuleaux & Dobbs, Michiels & Bourdouxhe[119] sowie Eberhard Hoesch, der sich in Begleitung des Technikers Samuel Dobbs in England umgesehen und in Eschweiler-Pumpe ein modernes Puddel- und Walzwerk errichtet hatte[120]. Das bedeutete scharfe Konkurrenz für die Cockerill-Werke in Seraing. Die Eschweiler Industriellen fabrizierten Dampf-, Spinn- und Webmaschinen, ferner Eisenbahnschienen, Radreifen, Räder, Lokomotiv- und Wagenachsen.

118 Vgl. Karl Schleicher: Geschichte der Stolberger Messingindustrie. Stolberg 1974. Auch dieser Autor entstammte einer eingesessenen Fabrikantenfamilie.

119 Vgl. Hans Seeling: Belgiens Einflüsse auf die wirtschaftliche Entwicklung Deutschlands im 19. Jahrhundert. Köln 1996.

120 Vgl. Art. Hoesch. In: NDB Bd. 9, 1972, S. 364-368.

Die Grundlage des Industriestandorts bildeten die Steinkohlevorkommen in den Becken von Inde und Wurm[121]. Die Kohle hatte eine relativ geringe mittlere Mächtigkeit und lag an der Erdoberfläche; die Flöze waren allerdings durch Gruben und Schächte durchlochert, so daß viel Wasser eindrang. Mit den durch die Dampfmaschine verbesserten Pumpen konnte die Kohle auch unter Tage abgebaut werden Im Jahr 1809 arbeiteten im Arrondissement Aachen neun Dampfmaschinen, 1836 waren es 32, um 1850 schon 45 und um 1900 gar 268[122]. Wurde im Wurmrevier sogenannte Hausbrandkohle für den privaten Gebrauch gefördert, so im Inderevier Industriekohle für die Fabriken.

Es war eine tatkräftige Frau, Christiane Englerth, deren Vater in napoleonischer Zeit die staatlichen Konzessionen zum Betrieb der Gruben in Eschweiler und Weisweiler erworben hatte, die 1834 den „Eschweiler Bergwerksverein" (EBV) gründete. Daraus entstand die erste Bergbau Aktiengesellschaft in Preußen. Die Englerth hielt als Witwe gegenüber ihren zehn Kindern die Aktien mit eiserner Hand zusammen.

In der Jahrhundertmitte wurden im heutigen Stadtgebiet von Alsdorf die Grubenfelder „Anna" und „Maria" aufgeschlossen; „Anna" entwickelte sich zur erfolgreichsten Schachtanlage im Wurmrevier[123]. In Eschweiler enstand gleichzeitig das erste Eisenhüttenwerk der Region, die „Concordiahütte". Diese ging später in das Eigentum des Eschweiler Bergwerksvereins über, der zum beherrschenden Wirtschaftsunternehmen in der Region aufstieg und sich zu einem gemischten Unternehmen aus Kohleförderung, Verkokung, Roheisengewinnung und Eisenverarbeitung entwickelte. Nach 1900 fusionierte der EBV mit der „Vereinigungsgesellschaft für Steinkohlebergbau" im Wurmrevier und war nun eine der größten Steinkohlegesellschaften Europas[124].

---

121 Darstellung aller Wirtschaftszweige bei Helmut Hahn, Wolfgang Zorn (Hg.): Historische Wirtschaftskarte der Rheinlande um 1820. Bonn 1973.

122 Vgl. Gerhard Adelmann (Hg.): Der gewerblich-industrielle Zustand der Rheinprovinz im Jahre 1836. Bonn 1967, S. 106-108. – Jakobi: Dampfmaschine im Eschweiler Bergbau.

123 Die Grube Maria lieferte 1848 bereits 5000 Zentner Steinkohle, die Grube Anna begann 1854 mit der Förderung von 53.417 Zentner. Vgl. Walter Schmidt: 1848: Beginn des Steinkohlenbergbaus in Alsdorf. In: Jahresblätter des Alsdorfer Geschichtsvereins 1991, S. 32-52, hier S. 32.

124 Quellenfundiert (ohne Einzelnachweise) Oskar Stegemann: Der Eschweiler Bergwerks-Verein und seine Vorgeschichte. München 1938. – Anschaulich Hans Jakob Schaetzke: Eschweiler Bergwerksverein. Herzogenrath 1992.

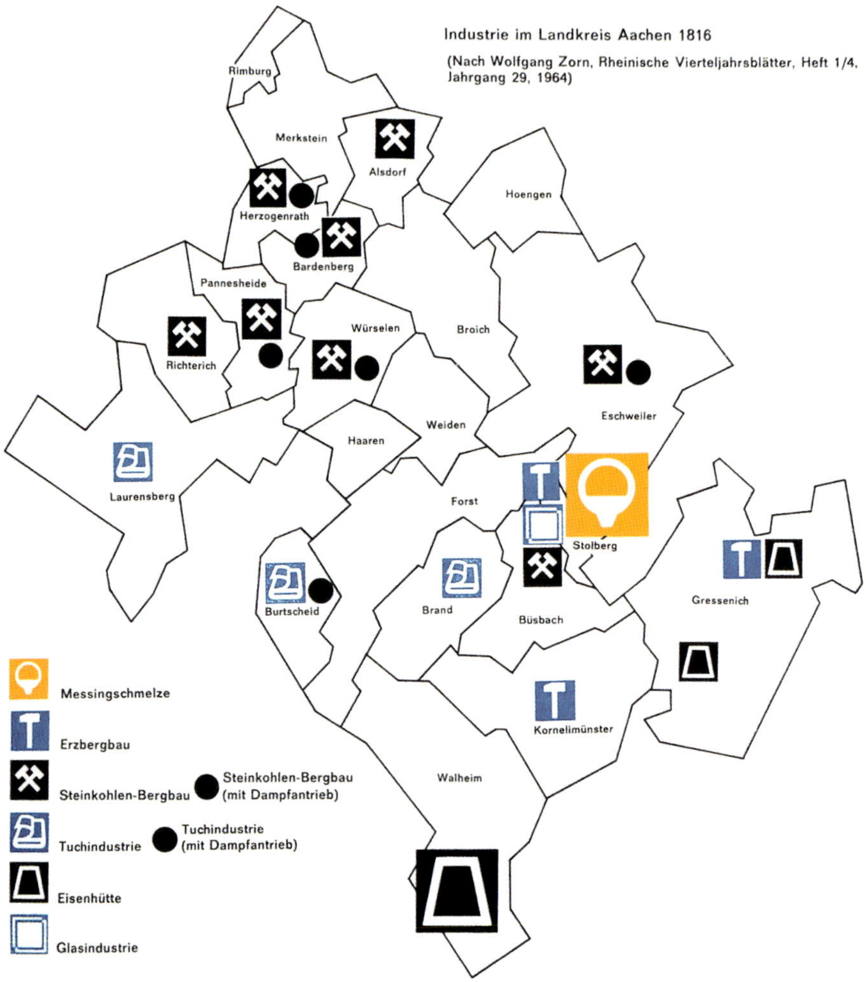

Industriestandorte im Landkreis Aachen 1816.

Berlin zog aus der bevölkerungs- und industriereichen Rheinprovinz[125] nach den Provinzen Preußen und Schlesien das größte Steueraufkommen. Der Kölner Bankier Abraham Schaaffhausen, Hauptfinanzier der Aachen-Stolberg-Eschweiler Schwer- und Maschinenindustrie, soll beim Übergang an Preußen sarkastisch bemerkt haben: „Do hierohde mer in 'n ärm Famillige"[126]. Indessen geriet der Aachener Raum

125 Einwohner 1816: 1,8 Mio. (Brandenburg: 1,0, Schlesien: 1,9; Gesamtmonarchie 10 Mio.), 1865: 3,3 Mio. (3,5 bzw. 1,9 bzw. 19 Mio.). Vgl. Thomas Nipperdey: Deutsche Geschichte 1800-1866. München 1983, S. 103; zu Preußen nach 1815, S. 331-337, 396-402.

126 Zit. n. Julius Hashagen: Die Rheinlande beim Abschlusse der französischen Fremdherrschaft. In: Die Rheinprovinz 1815-1915, Bd. 1. Bonn 1917, S. 1-56, hier S. 40.

um die Jahrhundertmitte gegenüber dem Ruhrgebiet ins Hintertreffen. Denn dort lagen unbegrenzte Kohlevorkommen, war der Wassereinfall geringer, bestand die Anbindung an die Binnenschiffahrt und wurden neue Techniken der Eisenverarbeitung entwickelt und angewandt. Seit Eröffnung der Kölner Rheinbrücke 1859 gelangte die Ruhrkohle auf dem Schienenweg preisgünstig in den linksrheinischen Raum bis nach Düren. Daher war der Eschweiler Bergwerksverein darauf angewiesen, seinen Absatz bei den regionalen Eisen- und Hüttenwerken zu sichern. Immer mehr Unternehmer verlagerten ihren Betrieb an Ruhr, Emscher und Rhein, so Hoesch sein Schienenpuddel- und Walzwerk 1876 von Eschweiler nach Dortmund und Henkel & Co. sein chemisches Unternehmen 1878 von Aachen nach Düsseldorf.

Die Industrialisierung veränderte die Lebensverhältnisse der Menschen innerhalb einer Generation drastisch[127]. In der Region Aachen kam es zu einem Verstädterungsprozeß, wobei die Ortschaften um die Jahrhundertmitte ihr von Straßenzügen und Bürgerhäusern geprägtes Stadtbild verloren. So verschwanden in Aachen und Burtscheid die für die Tuchmacherstädte typischen Häuserfronten aus großen Fenstern, gequaderten Leibungen und kraftvollen Steinbändern und weit vorspringendem Dach, wie sie auch im benachbarten Limburg und in Lüttich anzutreffen waren. Aus den Manufakturen entwickelten sich Fabriken in dunklem Ziegelgestein, zur Verschönerung zunächst mit gotischen Zinnen, Giebeln und Türmchen. In den vormals ruhigen Häusern lärmten die Maschinen, angetrieben von Dampfmaschinen; in allen Stadtteilen wuchsen die Schornsteine in den Himmel, auf Gartenland entstanden vielgeschossige graue Arbeiterkasernen.

Zur gleichen Zeit wichen in Alsdorf Ackerbau und Viehzucht und die zur Herbstzeit reich beladenen Obstbäume den Kohlefeldern[128]. Um Eschweiler herum verlor sich das dörfliche Milieu, nachdem die Bevölkerung explosionsartig zugenommen und der Eschweiler Bergwerksverein begonnen hatte, Bergmannswohnungen zu bauen, „um Fremde heranzuziehen und festzuhalten"[129]. Die von Landwirtschaft und Handwerk geprägten sozialen Strukturen in den bergbaunahen Ortsteilen Pumpe, Aue und Stich verwandelten sich in triste Industriezonen[130]. Die neue soziale Schicht der Arbeiter hauste in Kolonien, die nach 1900 bürgerähnliche Wohnformen

---

127 Aachen zählte 1825 35.500, 1850 49.800, 1880 85.500 Einwohner.

128 Vgl. Kaltenbach: Regierungsbezirk Aachen, S. 384.

129 So das Ziel der ersten Generalversammlung des EBV am 21.7.1838. Protokollbuch im Firmenarchiv, Bergbauarchiv Bochum (Bestand 160/172, S. 7). Diese und weitere Mitteilungen aus dem Archiv werden Marcel Oeben (Aachen) verdankt.

130 Vgl. Kohle und Eisen im Inderevier. Aachen 1989.

annahmen[131]. Im Stadtgebiet nahm die Einwohnerzahl zwischen 1820 und 1850 auf 10.000, im folgenden halben Jahrhundert auf 25.000 zu. Das patriarchalische Verhältnis, das Pionierunternehmer wie Eberhard Hoesch noch mit ihren Arbeitern verbunden hatte, verlor sich nun. Joseph von Eichendorff, ein genauer Beobachter der politisch-sozialen Umbrüche seiner Zeit, räsonnierte in der Jahrhundertmitte: „Die Industrie ist an sich eine ganz gleichgültige Sache, sie erhält nur durch die Art ihrer Verwendung und Beziehung auf höhere Lebenszwecke Wert und Bedeutung"[132].

Auch in der Nadelindustrie setzte sich bis 1830 der industrielle Großbetrieb mit Dampfmaschine durch, in der Tuchindustrie allmählich nach 1840[133]. Die vormals handwerklichen Nadler und Tuchmacher mußten sich seitdem als Arbeiter verdingen. Die Geburtenzunahme durch verbesserte Ernährung und Medizin führte zu einem Überangebot an Arbeitskräften, verstärkt durch Saisonarbeiter aus der Gegend um Lüttich, die sich als Pflasterer, Maurer und Ziegelbrenner verdingten, und drückte das Lohnniveau. Frauen und Kinder mußten mitarbeiten, um die Existenz der Familien zu sichern. Die Konkurrenz der englischen, belgischen und expandierenden

Der Briefkopf der Firma Mäurer & Wirtz von 1897 zeigt das Ausmaß der in einem knappen Jahrhundert entstandenen Industrien.

131 Vgl. Helfried Wolf: Grevenbroich, Würselen und Eschweiler. Aachen 1977. – Werksiedlungen im Aachener Revier. Aachen 1988.

132 Joseph von Eichendorff: Erlebtes, hier: Der Adel und die Revolution (1857). In: Ders.: Werke., Bd. 1. München 1970, S. 898-919, hier S. 917.

133 Vgl. van Eyll: Aachener Wirtschaftsraum, S. 10.

sächsischen Industrie trieb die Aachener Tuch- und Nadelfabrikanten zu scharfer Kalkulation und Lohndumping. Daher ist es nicht verwunderlich, daß der Funke der Revolution in Brüssel im Jahr 1830 in Aachen einschlug, als der mit der Kokarde der Französischen Revolution geschmückte Postwagen aus Lüttich die Nachricht brachte und die ersten Aufstände von Arbeitern und Handwerkern auslöste. Es kam zur Plünderung der Villa des früheren Fabrikanten James Cockerill und zu Ausschreitungen gegen die Polizei. Die Aufrührer wurden in Köln zu langjähriger Zwangsarbeit verurteilt[134].

Die rauhe Welt der Dampfkesselbauer, Kesselschmiede und Zuschläger, die Kesselbleche hämmerten, bogen und in lärmender Nietkolonne zusammenfügten, war gefahrvoll und prägte einen eigenen Menschentyp[135]. Langgediente Kesselschmiede waren häufig schwerhörig und hatten als weitere Berufskrankheit Augenschäden, verursacht durch sprühende Funken und Eisenteile. Die meisten Nadelschleifer und Bergarbeiter litten an Silikose (Staublunge), an der viele in der Lebensmitte elendig starben.

Die Industrialisierung führte zu tiefen Eingriffen in Natur, Umwelt und Landschaft, die über Generationen hinweg als unbegrenzte Reservate angesehen wurden[136]. Die Zeitgenossen registrierten durchaus, daß die Vegetation an den toxischen Schwermetallen litt, wenn diese leicht abbaubar an der Tagesoberfläche lagen. Wo jedoch, wie in Stolberg, Zink- und Bleierze gefördert wurden, waren Böden, Wasser und Luft kontaminiert. Bei der Herstellung von Messing wurde das höchst giftige Schwermetall Cadmium freigesetzt, dessen Spurenelemente in Zinkblende und Galmei enthalten sind. Dabei gelangten erhebliche Mengen von Zink- und Cadmiumdämpfen in die Atmosphäre, ebenso Schwefeldioxid bei der Röstung der Zinkblende, um die chemisch gebundenen Schwefelanteile vor der Verhüttung auszutreiben[137]. Hinzu kam, wie wir heute wissen, das Treibhausgas Kohlendioxid bei der Steinkohlenverbrennung, auf die Zinkhütten und Sodaanlagen der chemischen Industrie angewiesen waren.

---

134 Vgl. Heinrich Volkmann: Wirtschaftlicher Strukturwandel und sozialer Konflikt in der Frühindustrialisierung. In: Soziologie und Sozialgeschichte. Opladen 1973, S. 550-565. – Kurt Düwell: Die Unruhen der Aachener Textilarbeiter 1830. In: Rheinland-Westfalen im Industriezeitalter, Bd. 1. Wuppertal 1983, S. 114-125.

135 Vgl. Seeling: Wallonische Industrie-Pioniere, S. 84.

136 Beispielhaft vorgeführt von Friedrich Holtz: Erze und Umwelt. In: Eifel-Jb. 2001, S. 56-66. Danach das Folgende.

137 Ebd. S. 61.

Stolberg war schon früh ein Ort, „wo man nichts als Schwefel, Kupfer und Ertz" roch, die Gassen „sehr unflätig" waren und die Häuser „schlechtes Aussehen" hatten[138]. Die so belasteten Menschen meinten, den Imissionen mit alkoholischen Getränken entgegenwirken zu können[139]. Daraus ergaben sich wieder neue Probleme. Der Alkoholismus war in Deutschland im 19. Jahrhundert weit verbreitet, dem der preußische Staat bei der Gesundheitsfürsorge und die Kirchen auf moralischer Ebene beizukommen suchten.

Wichtiger war allemal, daß die Schlote rauchten, unter welchen Bedingungen auch immer; sie waren das Symbol für technischen und wirtschaftlichen Fortschritt. Die Industriestädte glichen Kloaken, weil noch keine Kanalisation bestand. Zwar drängte der preußische Staat auf deren Bau, die Kosten dafür lagen aber bei den Kommunen. So herrschten auch in den Aachener Industriezentren und Armenvierteln unhygienische Verhältnisse bei der Wasserversorgung; sie verursachten, wie damals in vielen Industriestädten, Tuberkulose und Cholera-Epidemien; diese traten zuerst und periodisch seit 1832 in Aachen, Burtscheid, Herzogenrath und Würselen auf, im Jahr 1866 in Burtscheid, Stolberg und besonders schlimm in Eschweiler – jeweils mit Hunderten von Toten[140]. Die Menschen ergriff angesichts der tödlichen Gefahr Angst und Schrecken. Gebete sollten das Schlimmste abwenden. Robert Koch entdeckte 1882/83 endlich den Erreger von Tuberkulose und Cholera.

Im Jahr 1900 verbot der preußische Staat den Bau von Fabriken im Stadtinneren, seit 1914 unterschied die Stadtplanung zwischen Wohn-, Gewerbe- und Mischgebiet. Aber erst nach der Bewältigung der Folgen von zwei Kriegen wurde um 1970 die Konsequenz aus der enormen Giftstoffbelastung für Mensch, Tier und Umwelt gezogen und die Schwerindustrie aus dem Inneren der Städte in neu erschlossene Gewerbegebiete an den Stadträndern umgesiedelt. Die Lokalgeschichtsforschung hat diese Umweltgesichtspunkte, die das Bild von Städten und Gemeinden sehr verändert haben, ansatzweise im Blick[141].

---

138 So Karl Ludwig von Pöllnitz: Zeit-Vertreib bey den Wassern zu Aachen. Berlin 1734, zit. n. Holtz, ebd. S. 60.

139 So J. A. Peltzer: Denkwürdigkeiten des Fleckens Stolberg und der benachbarten Gegend in vorzüglicher Hinsicht auf seine Messingfabrik, 1816, zit. n. Holtz, ebd. S. 60.

140 In Preußen forderte die Choleraepidemie 1831: 32.647, 1866: 115.000 Tote. Vgl. Hans Otto Brans: Gesundheitswesen und Heilkunde in Stolberg vom 17. Jahrhundert bis 1950. Stolberg 1992, S. 41-44. – Zum weiteren Hintergrund Nipperdey: Deutsche Geschichte 1866-1918, Bd. 1: Arbeitswelt und Bürgergeist. München 1990, S. 150-166.

141 Vgl. Ingeborg Molinari: Stolberg im 19. Jahrhundert, Bd. 2. Stolberg 1989, S. 12-44. – Aus übergreifender Sicht Armin Heinen: Umweltgeschichte. In: Inquirens subtilia diversa. Aachen 2002, S. 515-535. – Verena Winiwarter, Martin Knoll: Umweltgeschichte. Köln 2007, S. 57-64.

Zu tiefen Eingriffen in Natur und Landschaft und zu einem neuen Zeitgefühl führte schließlich der Eisenbahnbau[142]. Die Lebensader des Aachener Industriegebiets bildete seit 1841 die Strecke der „Rheinischen Eisenbahn-Gesellschaft" von Köln über Horrem, Buir, Düren, Langerwehe, Eschweiler, Stolberg und Aachen bis nach Herbesthal an der belgischen Grenze; von dort bestand Anschluß an die Strecke Lüttich-Antwerpen[143]. Diese Verbindung wurde im europäischen Güterverkehr am stärksten genutzt. Der Umweg der Trassenführung über Düren-Aachen mit vier Tunnels, darunter der 1600 Meter lange Königsdorfer Tunnel durch den Ville-Rücken bei Horrem, mit aufwendigen Brücken und Viadukten, machte die Strecke zu einem Meisterwerk der Brückenbautechnik, das in Lithographien abgebildet wurde[144] – aber auch zu einer der kostspieligsten der Zeit. Statt der geplanten drei Millionen mußten von der Aktiengesellschaft, die den Bahnbau betrieb, am Ende neun Millionen Taler aufgebracht werden. Erst im Jahr 1880 verstaatlichte Preußen in den Westprovinzen die Bahngesellschaften, um einheitliche Tarife zu gewährleisten.

David Hansemann aus Finkenwerder bei Hamburg, der in Aachen ein Handelsunternehmen gegründet hatte, war es als Präsident der Aachener Handelskammer mit waghalsigen Finanzoperationen gelungen, die geänderte Streckenführung über Düren-Aachen durchzusetzten[145]. Die Eisenbahnaktien wurden damals gefeiert als „Wechsel, ausgestellt auf Deutschlands Einheit". Goethe bemerkte gegenüber Eckermann: „Mir ist nicht bange, daß Deutschland nicht eins werde; unsre guten Chausseen und künftigen Eisenbahnen werden schon das ihrige tun"[146]. Das wies auf den Prozeß der nationalen Einigung mittels Verkehrs- und Wirtschaftsverflechtung voraus. Da die Lokomotivkessel noch nicht mit Steinkohle, sondern mit Koks unterfeuert wurden, der den geringeren Funkenflug hatte, wurde bei der Station Eschweiler eine Koksbrennerei zur Kohleentgasung errichtet[147].

---

142 Aus anthropologischer Sicht Wolfgang Schivelbusch: Geschichte der Eisenbahnreise. München 1977.

143 Vgl. Kaltenbach: Regierungsbezirk Aachen, S. 51f. – Walter Steitz: Die Entwicklung des rheinisch-westfälischen Eisenbahnnetzes. In: Köln-Westfalen 1180-1980, Bd. 1. Münster 1980, S. 309-318.

144 So von Mathias Baumhauer; Nachdruck u. d. T. Aachen und seine Umgebungen 1840. Aachen [1980]. – Vgl. Breij/Baumhauer: Familiengeschichte (von) Baumhauer, S. 403-407.

145 Vgl. Karl Ottmann: Hansemann als Eisenbahnpolitiker. In: David Hansemann. Aachen 1964, S. 65-78. – Erich Angermann: Art. Hansemann. In: NDB Bd. 7, 1966, S. 626-629.

146 Goethes Gespräche mit Johann Peter Eckermann (viele Ausgaben), Eintrag vom 23.10.1828.

147 Vgl. Seeling: Wallonische Industrie-Pioniere, S. 98f.

Der Schienenverkehr eröffnete dem Aachen-Eschweiler Industrierevier, aber auch der überlegenen belgischen Konkurrenz, die mit der Staatsgründung den nordniederländischen Markt verloren hatte[148], die Möglichkeit, Kohle außerhalb der engeren Region abzusetzen. Belgien spielte außerdem seine industrielle Vorreiterrolle

Mathias (Mathieu) Baumhauer, 1810 am Dahmengraben in Aachen geboren, hat um 1840 neun Ansichten von Aachen und Burtscheid geschaffen, darunter eine Lithographie des Eisenbahn-Viadukts zwischen Burtscheid und Aachen. Einige Jahre später verzog er nach Bonn, wo er sich verheiratete und eine „Kunst und Galanterie-Waaren, Schreib- und Zeichen-Materialien-Handlung" gegenüber der Universität eröffnete.

Der Eisenbahn-Viadukt über das Tal des Warmweiherbachs zwischen Burtscheid und Aachen hinweg, 275 m lang, 22 m hoch, war eine Sehenswürdigkeit für die Kurgäste. Seine Erbauer waren Ingenieur Friedrich Witfeld, Baumeister Reisdorf und Bahn-Oberingenieur Pickel. Das Industriedenkmal wird zur Zeit für 10 Mio. Euro restauriert und mit Gewölbeschalen versehen, um die alten Mauersteine zu entlasten.

Wichtige Bahnstrecken

1843 Köln-Antwerpen

1853 Aachen-Maastricht

1855 Aachen-Gladbach-Düsseldorf

1889 Aachen-Würselen-Hoengen-Jülich mit Anbindung an das Kohlerevier im Wurmtal

148 Die belgische Steinkohleförderung betrug 1840 3,93 Mio. to, die der Aachener Region 0,28 Mio. Vgl. Helmut Sydow: Die Handelsbeziehungen zwischen Belgien und dem Zollverein 1830-1885. Köln 1979, S. 285f.

beim Export von Roheisen nach Preußen aus, bis Berlin nach 1850 Schutzzölle verhängte, auf die nicht zuletzt die Aachen-Eschweiler Eisen- und Hüttenindustrie bei der Königlichen Regierung in Aachen gedrängt hatte.

In der Mitte des 19. Jahrhunderts erzeugte die Region Aachen in den preußischen Westprovinzen die Hälfte der Dampfmaschinen-Pferdestärken in den Gewerben Spinnerei, Weberei und Walkerei. Im Maschinen- und metallverarbeitenden Sektor führte die Region mit 32 Prozent der Pferdestärkenkapazität[149]. Von den etwas mehr als 10.000 Webstühlen in der Rheinprovinz standen im Regierungsbezirk Aachen mehr als 60 Prozent[150]. Die industrielle Entwicklung an der Ruhr setzte zu dieser Zeit, als die Verwendung von Koks gelang, erst ein. Aber bald erlitt die Aachener Industrieregion den Standortnachteil gegenüber Düsseldorf, Essen, Duisburg, Elberfeld und Barmen.

Plan des projektierten Schienenweges Köln – Aachen – Antwerpen, Lithographie 1835.

149 Ein später Reflex der alten Bedeutung des Aachener Industriereviers findet sich im vierten Kapitel von Heinrich Manns Roman „Der Untertan" (1918). Die Hauptfigur, der Fabrikant Diederich Heßling, erwirbt eine neue Maschine, den „Patent-Holländer", bei „Büschli & Co." aus dem „Nest" Eschweiler, einem „Riesenbetrieb" mit zwölfhundert Arbeitern und Angestellten.

150 Vgl. van Eyll: Aachener Wirtschaftsraum, S. 10.

Die Frühindustrialisierung vollzog sich im Übergang von der französischen zur preußischen Herrschaft, womit sich die politischen Rahmenbedingungen erneut änderten.

Ein Stich des Eisenbahn-Viadukts bei Burtscheid zeigt dieses mit den warmen Weihern und einer Fabrikanlage.

Umbrüche im 19. Jahrhundert

Kampf um die rheinische Rechts- und Verwaltungstradition

Der Großteil der vier linksrheinischen Départements einschließlich der Region Aachen fiel 1815 als Teil der Rheinprovinzen an Preußen[151], das nach dem Willen Englands Frankreich am Rhein in Schach halten sollte[152]. In einer Proklamation wandte sich der preußische König noch in der Schlußphase des in Wien tagenden Kongresses der Monarchen und Staatsmänner Europas „an die Einwohner der mit der preußischen Monarchie vereinigten Rheinländer" und warb um deren Vertrauen. „Rheinland" und „Rheinländer" behielten nur noch in der romantischen Reiseliteratur die fließend-unbestimmte Bedeutung, während in der „politischen Sphäre die Einschränkung der beiden Begrife auf das nunmehr preußisch gewordene Gebiet und seine Bewohner" begann[153] und Preußen den von Frankreich begonnenen Prozeß politischer Raumbildung verstärkte[154]. Ab 1830 bürgerte sich der Name „Rheinprovinz" ein, deren Verwaltungszentrum Koblenz wurde.

Die neue Grenze durchschnitt sogar eine Ortschaft aus dem 12. Jahrhundert: Aus 's-Hertogenrade wurden Herzogenrath auf preußischer und Kerkrade auf niederländischer Seite. Für die Bürgermeisterei Moresnet mit der kleinen Ortschaft Kelmis, südwestlich von Aachen gelegen und wegen des Galmeiwerks „Altenberg" mit den reinsten Galmeivorkommen Europas – ohne die gewöhnliche Beimischung von Bleiglanz, Schwefel und Schwefelkies – ein Wirtschaftsstandort ersten Ranges, trafen Hohenzollern und Oranier im Aachener Grenzvertrag eine Sonderregelung[155].

151 Die Provinzen „Großherzogtum Niederrhein" und „Jülich-Kleve-Berg" wurden 1822 zur preußischen Rheinprovinz vereinigt. Dazu gründlich Constantin Schulteis: Erläuterungen zum geschichtlichen Atlas der Rheinprovinz, Bd. 1: Die Karten von 1813 und 1818. Bonn 1895, hier zweiter Teil: Die Rheinprovinz unter preußischer Verwaltung..

152 Vgl. Matthias Pape: Grenzen und Territorien im Aachener Raum nach dem Wiener Kongreß (1814/15). In: Blick über die Grenze. Hg. v. der Volkshochschule Aachen (Drucklegung in Vorbereitung).

153 Joseph Hansen: Rheinland und Rheinländer. Bonn 1925, S. 26.

154 Jörg Engelbrecht: Das Rheinland und die Rheinländer. In: Menschen und Mentalitäten im Rheinland. Köln 2003, S. 3-49, hier S. 8.

155 Vertrag vom 26.6.1816 in: Noveau Recueil de Traités [...] des Puissances et états de l'Europe [...], hg. v. Geo[rges] Fréd[éric] de Martens, Bd. II, Göttingen 1818 (Supplément au Recueil des principaux Traités, Bd. VII: 1808-1818) S. 24-41. – Dazu Matthias Pape: Die Häuser Hohenzollern und Oranien im Konflikt – Die Region Aachen bei der Neuordnung Deutschlands auf dem Wiener Kongreß 1814/15 (Vortrag beim Alsdorfer Europafest am 15.9.2008). Erscheint in: Alsdorfer Jahresblätter 2009/10.

So entstand der Kleinstaat Neutral-Moresnet, der nur „aus einem Weiler, mehreren Gehöften und einzelnen Höfen, Häusern und Mühlen" bestand und 385 Einwohner zählte[156]. Er wurde von Preußen und den Niederlanden, an deren Stelle 1831 Belgien trat, gemeinsam verwaltet. Staatszugehörigkeit und Rechsverhältnisse wurden nie geklärt, das Kuriosum hatte hundert Jahre lang Bestand[157].

Friedrich Wilhelm III. von Preußen an die rheinische Bevölkerung, 5. April 1815[158]

Als ich dem einmüthigen Beschluß der zum Kongreß versammelten Mächte, durch welchen ein großer Theil der deutschen Provinzen des linken Rheinufers Meinen Staaten einverleibt wird, Meine Zustimmung gab, ließ Ich die gefahrvolle Lage dieser Grenzlande des deutschen Reichs, und die schwere Pflicht ihrer Vertheidigung nicht unerwogen. Aber die höhere Rücksicht auf das gesammte deutsche Vaterland entschied Meinen Entschluß. Diese deutschen Urländer müssen mit Deutschland vereinigt bleiben; sie können nicht einem andern Reich angehören, dem sie durch Sprache, durch Sitten, durch Gewohnheiten, durch Gesetze fremde sind. Sie sind die Vormauer der Freiheit und Unabhängigkeit Deutschlands, und Preußen, dessen Selbstständigkeit seit ihrem Verluste hart bedroht war, hat eben so sehr die Pflicht, als den ehrenvollen Anspruch erworben, sie zu beschützen und für sie zu wachen. Dieses erwog Ich und auch, daß Ich meinen Völkern ein treues, männliches, deutsches Volk verbrüdere, welches alle Gefahren freudig mit ihnen theilen wird, um seine Freiheit, so wie sie und mit ihnen, in entscheidenden Tagen zu behaupten. So habe Ich denn im Vertrauen auf Gott und auf die Treue und den Muth meines Volks diese Rheinländer in Besitz genommen, und mit der preußischen Krone vereinigt.

Und so, Ihr Einwohner dieser Länder, trete Ich jetzt mit Vertrauen unter Euch, gebe Euch Eurem deutschen Vaterlande, einem alten deutschen Fürstenstamme wieder, und nenne Euch Preußen!

Kommt mir mit redlicher, treuer und beharrlicher Anhänglichkeit entgegen.

Ihr werdet gerechten und milden Gesetzen gehorchen.

[...]

Wien, den 5ten April 1815. Friedrich Wilhelm

156 Vgl. J[ohann] H[einrich] Kaltenbach: Regierungsbezirk Aachen. Aachen 1850, S. 430.

157 Vgl. Klaus Pabst: Neutral-Moresnet. In: 150 Jahre Regierung und Regierungsbezirk Aachen. Aachen 1967, S. 45-57.

158 In: Gesetz-Sammlung für die Königlichen Preußischen Staaten 1815, Nr. 269.

Reaktion auf die vielen Herrschaftswechsel in der Region seit 1794 (anonym erschienen)[159]:

Brief vom linken Rheinufer, 28. September 1816

[...] Das ewige Theilen, Tauschen und Entschädigen hat unsrem Vaterlande tiefere Wunden geschlagen, als der unglücklichste Feldzug. Alle wahre Anhänglichkeit, Treue und Ergebung sind eine leere Form, schmeichelndes Geschwätz ohne Gedanken geworden, und der Bürger wechselt Fürsten, Verfassungen und Gesetze leichter als ein Feld, das ihm ab- oder zugeschrieben wird. Die Staatsmänner, die alles mit Verträgen und Verordnungen gebunden und gelöst zu haben glauben, müssen den Menschen wenig kennen, und den tiefsten festen Grund in seiner Natur, auf den sich mit ewigen Fundamenten bauen läßt. [...] Das arme Volk! Jedem soll es sich als Lastthier hergeben, der den Weg zu Glück und Ansehen schnell und gemächlich zurücklegen will. Jeder privilegierte Stand möchte es besteigen; der eine, um gegen die Fürsten desto kräftiger anzureiten, der andre, um nicht müheselig zu Fuß zu gehen. Der Demagog selbst stellt sich gewöhnlich nur lobpreisend vor das Thier, um es desto theurer anzubringen. Das gute Volk hat noch wenig wahre Freunde gehabt; und die wenigen, die es hatte, wurden gesteinigt, gekreuzigt oder auf eine andre gewaltthätige Art aus dem Wege geräumt. [...] Glauben Sie, daß ich menschenfeindlich übertreibe, dann müssen Sie auf der rechten Rheinseite ganz andre Erfahrungen machen, als wir auf der linken, die nicht allein beim jüngsten Gerichte die verdammte ist, nur zu lange gemacht haben. Ich finde den Standpunkt herzerhebend an der Grenze zwischen Frankreich und Deutschland, die beide noch nicht recht wissen, wie ihnen geschehen ist, und noch weniger, wie ihnen geschehen wird. Fac ut valeas!

Zwar galt nun die preußische Währung, aber bis nach Stolberg blieben noch ein Jahrhundert lang holländischer Gulden und Cent sowie belgischer Franc und Centime im Umlauf. Die Menschen verbanden weiterhin niederrheinische und ostniederländische Dialektformen, wenn sich auch in der Hochsprache deutscher und niederländischer Raum auseinanderentwickelten.

Preußen erstreckte sich – tausend Kilometer lang – von Memel bis Aachen und war langfristig auf die Bahn des Erwerbs der zwischen seinem Kernland und

159 In : Rheinische Blätter [Wiesbaden], 5.10.1816 (Nr. 55) S. 227f. (im Herzogtum Nassau herrschte keine Pressezensur).

den Westprovinzen gelegenen Territorien verwiesen. Als Frankreich 1840 den Rhein als „natürliche Grenze" forderte und mit neuem Krieg drohte, umschrieb August Heinrich Hoffmann von Fallersleben vom damals britischen Helgoland aus den Raum der deutschen Kulturnation mit „von der Maas bis an die Memel, von der Etsch bis an den Belt".

Ansichtskarte aus Altenberg 1906.

In Rheinland und Westfalen hatte lange das milde Regiment aufgeklärter geistlicher Fürsten, dann die Rigidität und Sprunghaftigkeit des französischen Eroberers geherrscht. Nun erstand hier, mit gewissen Unterschieden in der Verwaltung zwischen beiden Westprovinzen[160], der preußische Militär-, Beamten- und Kulturstaat[161], in dem der soldatische Gehorsam in die höhere Sphäre der

160 Vgl. Alfred Hartlieb von Wallthor: Staatsverwaltung und landschaftliche Selbstverwaltung in den Rheinlanden und in Westfalen im 19. und 20. Jahrhundert. In: Köln-Westfalen 1180-1980, Bd. 1. Münster 1980, S. 262-268.

161 Zu allen Aspekten staatlichen Lebens und auf breiter Quellengrundlage die Beiträge bei Joseph Hansen (Hg.): Die Rheinprovinz 1815-1915. Bonn 1917. – Daraus separat J. Hansen: Preußen und Rheinland von 1815 bis 1915. Bonn 1918 (mit Register). Nachdruck Köln 1990. – Jüngere Forschung: Rüdiger Schütz: Preußen und die Rheinlande. Studien zur preußischen Integrationspolitik im Vormärz. Wiesbaden 1979. – Manfred Koltes: Das Rheinland zwischen Frankreich und Preußen. Köln 1992. – Georg Mölich [u. a.] (Hg.): Preußens schwieriger Westen. Duisburg 2003.

Die Rheinlande
nach 1815
0
30 km
Entwurf: I. Hantsche
Nach J. Niessen
Kartographie: H. Krähe
Münster
Bocholt
Nijmegen
Emmerich
Kleve
Rhein
Wesel
Lippe
Provinz
Recklinghausen
Hamm
Geldern
Dortmund
Duisburg
Moers
Essen
Bochum
Ruhr
Venlo
Maas
Provinz
Krefeld
Arnsberg
Hagen
Westfalen
Gladbach
Düsseldorf
Lüdenscheid
Roermond
Solingen
Rur
Olpe
Jülich
Erft
Köln
Bergisch
Gladbach
Siegen
Jülich-Kleve-Berg
(bis 1822)
Düren
Siegburg
Aachen
Bonn
Sieg
Marburg
Euskirchen
Eupen
Altenkirchen
Schleiden
HGT.
Wetzlar
Gießen
Neuwied
Montabaur
Provinz
Limburg
GHGT.
St. Vith
Mayen
Koblenz
Lahn
NASSAU
HOMBURG
Prüm
Mosel
FRANKFURT
Niederrhein
(bis 1822)
Kyll
Wiesbaden
Rhein
Main
Simmern
Mainz
HESSEN
Darmstadt
Kreuznach
Nahe
H. MEISENHEIM
Trier
FT. BIRKENFELD
Birkenfeld
FT. LICHTENBERG
Luxemburg
KÖNIGREICH
BAYERN
GHGT. BADEN
Saar
NIEDERLANDE
KÖNIGREICH DER VEREINIGTEN NIEDERLANDE
FT. WALDECK
KFT. HESSEN
KÖNIGREICH
FRANKREICH
Saarbrücken
Zweibrücken
Metz
Kgr. Preußen
Rheinprovinz ab 1822
Grenzen der preußischen Regierungsbezirke,
Hauptstädte sind unterstrichen

bürgerlichen Pflicht erhoben war und seinen gemeingültigen Ausdruck in der philosophischen Formel des kategorischen Imperativs erhielt. Der preußische Staat war sparsam bei Personal und Mitteln, effizient durch geschulte Beamte, eifrig im Bau von Schulen und Chausseen, so im Jahrzehnt nach 1837 beim Bau der Strecke von Montjoie nach Eupen, anschließend von Süden über das Hohe Venn nach Eupen. Hier und andernorts wurden preußische Meilensteine errichtet[162].

Köln bildete den natürlichen Schwerpunkt von Wirtschaft, Handel und Banken. Aachen mußte sich mit dem Sitz einer Regierung begnügen[163], deren Präsident zehn Kreise beaufsichtigte[164]. Der Landkreis Aachen entstand aus den Kantonen Burtscheid und Eschweiler, lag mehr oder weniger am Rand des politischen und kulturellen[165], aber im Zentrum des industriellen Geschehens.

Aachen gehörte zu den Provinzstädten, die durch ihre Heilquellen verstärkt internationales Publikum anzogen. Zum Wahrzeichen der aufstrebenden Bäderstadt wurde der Elisenbrunnen. Die Kurgäste machten gerne Ausflüge zu den heißen Mineralquellen ins nahe Burtscheid, das zu Bade-, Trinkkuren und behaglichen Spaziergängen einlud. Hier wurden

Meilenstein am Ortsausgang von Hoengen (1818), „Koeln 7 Meilen" (eine preußische Meile zählte 7,532 km).

162 Vgl. Günter Marenberg: Preußische Meilensteine im Aachener Raum. Aachen 1993.

163 Zur Verwaltungsorganisation Kaltenbach: Regierungsbezirk Aachen, S. 59-64.

164 Dies waren seit 1821 Aachen-Land (mit den meisten Einwohnern: 45.000), Düren, Erkelenz, Jülich, Heinsberg, Geilenkirchen, Eupen, Montjoie (17.000), Malmedy-St. Vith, Gemünd (1829 in Schleiden umbenannt), Blankenheim (1818 mit Gemünd vereinigt) und der Stadtkreis Aachen (32.000 Einwohner).

165 Die Region kam immerhin in den Wirkungsbereich der Niederrheinischen Musikfeste seit 1817, deren erstes in Aachen anläßlich der Eröffnung des Stadttheaters im Jahr 1825 stattfand. Die Musikfeste, Forum der bürgerlichen Musikpflege im Rheinland, lebten von der Strahlkraft der großbesetzten Orchester und Chöre.

Die 22 Bürgermeistereien im Landkreis Aachen in den Grenzen von 1816.

die Kuranlagen im Laufe des Jahrhunderts ausgebaut und verschönert, damit die Stadt hinter Aachen nicht zurückstand und eigene Kurgäste anzog. Während in Aachen im Jahr 1839 3000 Gäste abstiegen, waren es in Burtscheid immerhin 1100[166]. Otto von Bismarck-Schönhausen, von seiner hinterpommerschen Heimat geprägt und als Referendar an die Regierung nach Aachen versetzt, brannte sein „armes entzündliches Blut wie Dampf", als er sich in eine Affäre mit einer hier zur Kur weilenden „bildschönen Engländerin" verstrickte[167].

166 Dazu die städtische Chronik, so 1835, 1839. Vgl. Angelika Pauels: Die Chronik der Bürgermeisterei Burtscheid 1814-1886. Aachen 1997.

167 Vgl. Hermann Wandersleb: Bismarck als Regierungsreferendar in Aachen 1836/1837. In: ZAGV 56 (1935) S. 159-189, hier S. 175, 185.

Verwaltungsaufbau der Rheinprovinz
Koblenz: Oberpräsident und Provinzialarchiv[168]
Düsseldorf: Provinziallandtag, zweites Provinzialarchiv und Kunstakademie
Bonn: Universität, Rheinisches Oberbergamt als Aufsichtsbehörde für die Bergämter bzw. die Bergbauverwaltung, Rheinisches Provinzialmuseum (in Trier ein zweites für das südliche Moselland) und Provinzialkonservator für die Denkmalpflege

Im äußersten Westen schlugen nun Beamte und Offiziere aus dem Osten den rauhen preußischen Ton an. Sie waren dazu erzogen, alle Fragen gleichförmig-schematisch zu regeln, während die beweglichen Rheinländer nach (begründeten) Ausnahmemöglichkeiten und Kompromissen suchen. Die Gleichförmigkeit galt auch für alle kommunalen Bauvorhaben, die, wenn die Kosten 500 Taler überschritten, von der Oberbaudeputation in Berlin und deren Leiter Karl Friedrich Schinkel begutachtet oder entworfen wurden. Den klassizistischen, an der griechischen Antike des perikleischen Zeitalters geschulten Stil, in Aachen bei Schauspielhaus[169], Elisenbrunnen, Regierungspräsidium und den typischen Dreifensterhäusern mit hellen Stuckfassaden und antiken Schmuckformen ausgeführt, gab Schinkel bis zur Verwaltungsreform von 1848 vor, danach ging die Bauaufsicht auf die Bezirksregierungen über[170].

Kein Wunder, daß die „steifen Preußen" verachtet wurden, zumal dann, wenn sie gegenüber den Alteingesessenen mit größerer Schroffheit auftraten als berechtigt war[171]. Präpotentes Verhalten der später sogenannten „Ostelbier" beantworteten die Aachener auf ihre Art: „Wie men in der Bösch röft, e soh schreit et auch wörrem erus". In der „Stadt-Aachener Zeitung" konnten Präsident und Mitglieder der königlichen Regierung in der täglichen Rubrik „Auswahl zerstreuter Gedanken" lesen: „Mit den Regierungen geht es wie mit den Pferden: die guten fressen nicht mehr, als die schlechten"[172].

---

168 Zur Geschichte der rheinischen Archivverwaltung Paul Egon Hübinger: Bewahren und forschen. In: Jb. für westdeutsche Landesgeschichte 8 (1982) S. 285-299.

169 Vgl. Schinkel im Rheinland. Düsseldorf 1991, S. 58.

170 Vgl. Ingeborg Schild: Preußisch geprägte Architektur im Rheinland des 19. Jahrhunderts. In: Preußens schwieriger Westen. Duisburg 2003, S. 249-281, hier S. 252-254, 258f.

171 Zum Verhältnis von Bevölkerung und Staat vgl. Koltes: Rheinland zwischen Frankreich und Preußen, Kap. VI.

172 In der Beilage: Aachener Intelligenz-Blatt, 4.12.1817, S. 290.

Für höhere Beamte aus Berlin, Brandenburg, Pommern, Schlesien, West- oder Ostpreußen glich die Versetzung in das abgelegene kalte Montjoie einer Expedition in ein fernes Land; die Westeifel galt als „rheinisches Sibirien“[173], die sich erst im späten 19. Jahrhundert dem „Fremdenverkehr“ allmählich öffnete. Die preußischen Beamten-Juristen, die in den Westen kamen, mußten lernen, daß Fragen des Dienstes und der Beförderung gegenüber der Erschließung von Kohlenschächten, dem Aufbau neuer Hüttenwerke und der Regulierung von Bergschäden zurücktraten – daß, „kurz alle Fragen, die mit dem wirtschaftlichen Erwerbsleben zusammenhingen, stets Stoff zu lebhafter und eingehender Unterhaltung“ boten, so daß ihnen „die Götter, zu denen [sie] bisher emporgeblickt, recht klein und bedeutungslos erschienen“. Wem aber das Glück einer Versetzung aus der „kargen märkischen Landschaft“ in die „gottgesegnete blütenreiche Landschaft“ der Rheinprovinz zuteil wurde, sei es an eines der Regierungspräsidien, an Gerichte, Oberbergamt in Bonn oder gar Oberpräsidium bzw. Konsistorium in Koblenz, dem erschienen die Tage „wie eine einzige Kette unendlicher Freuden“[174] und wurde die Versetzung zu einem Kultur- und Bildungserlebnis ersten Ranges.

Typisches Dreifensterhaus mit schlichten Schmuckformen in Aachen am Karlsgraben 11 und 13.

So vollzog die höhere preußische Beamtenschaft gleichsam die Begeisterung der jüngeren Romantik für den Rhein nach und nahm die Eindrücke von Panorama und Geschichte des Rheinstroms in die Kernprovinzen mit zurück: von Siebengebirge, Drachenfels und Petersberg bei Bonn den Mittelrhein aufwärts über Koblenz, Boppard, St. Goar und Bingen ins „goldene Mainz“, vorbei an sagenumwobenen Burgen, Weinbergen und dem Loreley-Felsen. Um die Heimatliebe zu fördern, gab der Aachener Alfred Reumont 1829 im Mayerschen Verlag „Aachens Liederkranz

173 Früheste faßbare Wetterbeobachtungen (1845/47) bei Hans Gerd Lauscher: Der Gutshof Reichenstein. Aachen 2008, S. 220-232, 280-285.

174 So, auf seinen Dienst in Bochum und Koblenz bezogen, Herbert du Mesnil: Lebenszeiterzählung (1875-1947). Köln 1998, Zitate S. 246f., 296f.

und Sagenwelt" und 1837 im Köln-Aachener Verlag von Ludwig Kohnen „Rheinlands Sagen, Geschichten und Legenden" heraus.

Zum Inbegriff der Wein- und Rheinromantik wurde die „Sommernacht am Rhein" von Christian Eduard Boettcher, gebürtig aus Imgenbroich bei Montjoie und an der Düsseldorfer Kunstakademie ausgebildet, wo er später selbst als Professor lehrte. Das Ölgemälde wurde von der Stadt Köln für das Wallraf-Richartz-Museum erworben. Tausende kamen, um es anzuschauen; es wurde zu einem Kultbild der zweiten Jahrhunderthälfte, das „eine Lebens- und Welteinstellung formuliert"[175]. Das Gemälde hängt heute als Dauerleihgabe im Kölnischen Stadtmuseum.

Aachen besaß seit Eröffnung des Schauspielhauses im Jahr 1825, dessen Portikus mit Schinkels Musenrelief erhalten ist, immerhin eine eigene Bühne und als „Fremdenattraktion" seit 1852 ein städtisches Orchester als Ersatz für die

Christian Eduard Boettcher hat 1862 die „Sommernacht am Rhein" gemalt. Das Ölgemälde auf Leinwand (117 x 183 cm) befindet sich seit 1864 im Eigentum der Stadt Köln und war eine Besucherattraktion. Böttcher aus Imgenbroich war ein beliebter Maler von Genrebildern aus dem rheinischen Volksleben.

175 Jürgen Wilhelm, Frank Günter Zehnder: Der Rhein. Bilder und Ansichten von Mainz bis Nijmwegen. Köln 2002, S. 66-69, 76-79, hier S. 69. – Auch Max Tauch: Romantisches Rheinland. In: Musikalische Rheinromantik. Kassel 1989, S. 39-52, hier S. 43.

geschlossene Spielbank[176]. Aber die städtischen Musikdirektoren waren wenig seßhaft, ein Engagement in Aachen war und ist bis heute vor allem „Sprungbrett für junge Talente". Eine Künstlerkarriere beginnt, sie endet nicht in Aachen!

Napoleon war das Elementarschulwesen unwichtig erschienen, hatte aber den Militärdienst in den linksrheinischen Départements eingeführt. Preußen verlangte beides: Der Pflicht, Soldat zu werden, entsprach die Pflicht, in die Schule zu gehen. Der preußische Feldwebel bekam einen Bundesgenossen im preußischen Schulmeister. Dadurch machte sich der Staat, zumal auf dem flachen Land, unbeliebt, denn die Kinder wurden angesichts der ärmlichen Verhältnisse spätestens nach der ersten hl. Kommunion, also ab dem zwölften Lebensjahr, für die Arbeit in der Landwirtschaft oder – wie in Montjoie – in der Tuchfabrik gebraucht[177]. Das Mindestalter für Fabrikarbeit in Preußen wurde 1861 auf das 14. Lebensjahr angehoben, und ein Jahr später wurden für Kinder Fabrikschulen errichtet, die in die Industriearbeit einführten.

Die Militärpflicht betrug, wie überall, zunächst drei, seit 1833 zwei, seit der Roonschen Heeresreform von 1860 wieder drei Jahre, wurde im Rheinland selbstverständlich akzeptiert und galt gegenüber dem napoleonischen Konskriptionssystem als milde[178]. Hatte Napoleon auf keinen Mann beim Kriegsdienst verzichtet, so benötigte Preußen nur die Hälfte bis zwei Drittel der Wehrpflichtigen und zog sie durch Losverfahren ein. Die Rheinprovinz stellte jährlich ungefähr 17 Prozent der benötigten 40.000 Rekruten, was ihrem Anteil an der Gesamtbevölkerung entprach[179]. Ein Angebot an das Bürgertum war das Privileg des einjährig-freiwilligen Dienstes der gebildeten und besitzenden Stände, die den Wehrdienst bis zum 23. Lebensjahr aufschieben durften. Das Privileg wurde jedoch in der Rheinprovinz wenig genutzt, am wenigsten im Regierungsbezirk Aachen. Dessen Militärpflichtige dienten zunächst im VIII. Armeekorps, das aus 14 Infanterie- und neun Kavallerieregimentern bestand und der Rheinprovinz zugeteilt war, wobei sich das 29. Infanterieregiment im Raum Aachen-Köln-Koblenz bewegte[180].

---

176 Vgl. Peter Maßmann: 150 Jahre Aachener Musikleben. In: Beiträge zur Musikgeschichte der Stadt Aachen [Bd.] 2. Köln 1979, S. 86-91.

177 Vgl. Landkreis Monschau. Hg. zum 150-jährigen Bestehen [o.O.] 1966.

178 Speziell zur Rheinprovinz Bernhard Schmitt: Armee und staatliche Integration. Paderborn 2007, S. 292 (Zurückweisung der v. a. auf Aachen bezogenen Thesen Ute Freverts).

179 Vgl. ebd. S. 93, 165 ; zum Folgenden S. 97, 222f.

180 Vgl. ebd. S. 100, 155, 170.

Preußischer Soldat (Reitender Feldjäger).

Die westlichen Provinzen bildeten aus Kostengründen einen abgeschlossenen Rekrutierungsraum, auch, nachdem seit 1847 zwischen Köln und Berlin eine Eisenbahnverbindung bestand. Die preußische Armee folgte nicht dem Gedanken der heimatfernen Stationierung. Der Militärdienst sollte zwar die schon in der Schule eingeübte Bindung an Hohenzollerndynastie und -monarchie weiter vertiefen, wobei den jungen Männern das Gehorsamsprinzip gemäß dem preußischen Exerzierreglement in Fleisch und Blut übergehen sollte; der Dienst wurde aber nicht zum Katalysator der nationalen Integration wie im revolutionären Frankreich oder im Preußen der Befreiungskriege[181]. Auch die Aachener riefen begeistert: „Die Musik könt!", wenn das Musikcorps des später hier in Garnison liegenden 2. Rheinischen Infanterieregiments mit Marschmusik durch die Straßen zog. Im Kaiserreich bedeutete hier wie überall das Patent „Leutnant der Reserve" einen hohen Prestigegewinn.

Die rheinischen Honoratioren – Beamte der bisher französischen Verwaltung und Justiz, soweit sie dem Regimewechsel nicht zum Opfer gefallen waren, ferner Advokaten, Bankiers, Kaufleute und Fabrikanten – wurden zur Trägerschicht des rheinischen Frühliberalismus[182]: allen voran die Kölner Unternehmer Ludolf Camphausen, gebürtig aus Hünshoven, heute ein Stadtbezirk von Geilenkirchen, und Gustav Mevissen, gebürtig aus Dülken bei Krefeld; ferner Hermann von Beckerath in Krefeld, August von der Heydt in Elberfeld, Eberhard Hoesch in Eschweiler und aus Aachen Johann Peter Joseph Monheim, Sohn des letzten Bürgermeisters

181 Vgl. ebd. S. 100, 182.

182 Dessen Erforschung hat maßgeblich Joseph Hansen gefördert, aus Aachen gebürtig, Direktor des Kölner Stadtarchivs (1891-1926), Seele und Motor der 1881 gegründeten Gesellschaft für Rheinische Geschichtskunde. Vgl. Lebensbild von Everhard Kleinertz: Joseph Hansen (1862-1943). In: J. Hansen: Preußen und Rheinland von 1815 bis 1915. Köln 1994, S. 273-325.

der Reichsstadt, sowie David Hansemann, der ein Kommissionsgeschäft für Wolle betrieb und die Aachener Feuer-Versicherungsgesellschaft gegründet hatte[183].

Die Genannten saßen als Vertreter ihrer Städte neben den ehemaligen reichsunmittelbaren Fürsten, den Rittergutsbesitzern und Abgeordneten der Landgemeinden im Provinziallandtag, der im Düsseldorfer Ständehaus tagte; er hatte jedoch nur beratende Funktion bei der Provinzialgesetzgebung, ihm fehlte das Recht der Periodizität, Steuerbewilligung und Gesetzgebung[184]. Allerdings waren die Bezirksregierungen kollegial, nicht hierarchisch organisiert. So war bewußt Raum für Initiativen, Anfragen, Gutachten, Voten und Gegenvoten im Sinne einer „diskutierenden Verwaltung“ (Thomas Nipperdey) gelassen. Die städtischen Liberalen beförderten im Landtag die Fraktionsbildung, noch bevor es Parteien gab. David Hansemann war unter den Abgeordneten der „gewiefteste parlamentarische Taktiker“, der hier „seine Stärken, den praktischen Scharfblick und den Instinkt für Majoritäten“ ausspielen konnte und als Redner obendrein höchst unterhaltsam war[185].

Von der „wohlwollenden Beamtendiktatur“, dem Leitbild Staatskanzler Hardenbergs, wollten die rheinischen Liberalen nichts wissen. Sie beklagten den Zustand politischer Unfreiheit und Unmündigkeit. Hansemann gab sich mit dem französischen Erbe, der Rechtsgleichheit, nicht zufrieden und urteilte, „daß die Idee der Gleichheit der Staatsbewohner und zugleich der Allgewalt des Staates am Rhein höher steht als die Idee der Freiheit“. Die rheinischen Unternehmer spürten die enorme Bedeutung der Industrie für den Staat[186] und wünschten sich mehr Industrieförderung, während das Regierungshandeln von den agrarischen Interessen der Ostprovinzen geleitet blieb. Zugleich wollten sie Technik und Wirtschaft in den Dienst des Allgemeinwohls stellen. Hansemann hörte nicht auf, die Mängel der Verwaltung, die hohen Militärausgaben und die Diskrepanz zwischen der wirtschaftlichen Kraft und Bedeutung des „Mittelstandes“ und seinen eingeschränkten politischen Wirkungsmöglichkeiten zu beklagen. Er forderte eine „konstitutionelle, repräsentative Verfassung“, um dadurch „Vaterlandsliebe“ und „Nationalgefühl“ zu

---

183 Zu Herkunft, Prägung und Einstellung dieser Schicht gegenüber Staat und Gesellschaft Friedrich Zunkel: Der Rheinisch-Westfälische Unternehmer 1834-1879. Köln 1962.

184 Vgl. Jacques Droz: Le libéralisme rhénan 1815-1848. Paris 1940. – Karl-Georg Faber: Die Rheinlande zwischen Restauration und Revolution. Wiesbaden 1966.

185 Johannes Gerhardt: Der Erste Vereinigte Landtag in Preußen von 1847. Berlin 2008, S. 216, 219, 274f.

186 Statistisch nachgewiesen von David Hansemann: Preußen und Frankreich. 2. verb. u. verm. Aufl. Leipzig 1834 (erste Aufl. anonym).

stärken[187]. Die rheinischen Liberalen schwankten, insofern typisch für den deutschen Liberalismus, „zwischen Kooperation und Konfrontation" dem Staat gegenüber[188].

Stadt-Aachener Zeitung
Beilage Aachener Intelligenz-Blatt, 2. Dezember 1817, Rubrik „Auswahl zerstreuter Gedanken":

Wenn die Weltweisen des Jahres 1900 unsere gegenwärtigen Konstitutionsdekrete lesen, so werden sie eben so viel Vergnügen daraus schöpfen, als wenn sie Anfängern auf der Violine zuhören müßten.

Sie traten den königlich-preußischen Landräten und Beamten mit einer Mischung aus Selbstbewußtsein, Ironie und Schlagfertigkeit gegenüber, so daß diesen mitunter recht „blümerant" werden konnte; und sie rangen den Hohenzollern die Beibehaltung des modernen französischen Rechts- und Verwaltungssystems ab[189]: des Code Napoléon auf der Basis der Gesellschaft freier und gleicher Eigentümer – war doch das neue Zivilrecht zur Triebfeder des wirtschaftlichen Aufschwungs geworden[190], während das Allgemeine Preußische Landrecht das Vorrecht adeliger Geburt und vor Gericht nur das schriftliche Verfahren ohne Öffentlichkeit kannte, ganz zu schweigen von dem zersplitterten, „wahrhaft trostlos[en]" „Rechtszustand am Rhein" vor Einführung des französischen Rechts[191]. Bewahrt werden konnten auch das Institut des selbständigen Notariats und der Handelsgerichte, die Kaufleuten und Unternehmern Rechtssicherheit verbürgten, ferner der gerichtliche Instanzenzug und schließlich die Kommunalverfassung mit gewählten Ratsgremien, bis 1856 ohne Unterschied von Stadt und Land. Dies war der Städteordnung des

---

187 Denkschrift David Hansemanns, August/September 1840. In: Joseph Hansen (Hg.): Rheinische Briefe und Akten zur Geschichte der politischen Bewegung 1830-1850, Bd. 1: 1830-1845. Essen 1919, S. 197-268, hier S. 200f., 218. – Alexander Bergengrün: David Hansemann. Berlin 1901.

188 Nipperdey: Deutsche Geschichte 1800-1866, S. 289.

189 Dies galt für die linksrheinischen Gebiete, die zu Preußen, auch zu Hessen-Darmstadt und Bayern kamen, und für das Gebiet des ehemaligen Herzogtums Berg. Vgl. Streitschrift des Justizrats und Notars M[ichael] Schenk: Ein Wort über und für den Bestand eines Rheinischen Provinzialrechts. Köln 1842. – Wilhelm Weisweiler: Geschichte des rheinpreußischen Notariates, Bd. 2. Essen 1925, S. 193-204.

190 Die erste Auflage des Code Napoléon war zweisprachig im Jahr 1805 erscheinen, die zweite Auflage der Übersetzung mit ergänzenden Verfügungen des Gesetzbuchs durch Justiz und Ministerium legte Heinrich Gottfried Wilhelm Daniels (Köln 1808) vor. – Vgl. Hermann Conrad: Preußen und das französische Recht in den Rheinlanden. In: Recht und Rechtspflege in den Rheinlanden. Köln 1969, S. 78-107. – Hans-Jürgen Becker: Das Rheinische Recht und seine Bedeutung für die Rechtsentwicklung in Deutschland im 19. Jahrhundert. In: Juristische Schulung 25 (1985) S. 338-345.

191 Romeo Maurenbrecher: Die Rheinpreußischen Landrechte, Bd. 1. Bonn 1830, Zitat [S. V].

Freiherrn vom Stein aus dem Jahr 1808 angesichts des ausgeprägten Stadt-Land-Gefälles im Osten der Monarchie fremd[192].

So blieben die rheinischen Bürgermeistereien vorerst weiterbestehen, in denen der Bürgermeister, wie zuvor der Maire, die Geschäfte ohne Magistrat führte und auf Vorschlag des Landrats vom Regierungspräsidenten auf Lebenszeit ernannt wurde – während die preußische Städteordnung die kollegiale Magistratsverfassung vorsah. Hinzu kam 1827 die Einrichtung von Kreisständen, die als wichtigstes Recht erhielten, den Kandidaten für das Landratsamt zu präsentieren. So wurden aus den Kreisen, die bisher ausschließlich staatliche Verwaltungsbezirke waren, zugleich Korporationen mit Kreisversammlung (Kreistag) und Landrat an der Spitze[193]. Die Gemeinde-Ordnung von 1845 für die Rheinprovinz führte das indirekte und ungleiche Dreiklassenwahlrecht ein, das auf der Steuerleistung des einzelnen beruhte[194], analog zum Zensuswahlrecht in England, Frankreich seit 1814 und Belgien seit 1830. Dies entsprach den Vorstellungen des liberalen Besitzbürgertums, dem ein allgemeines Wahlrecht als Herrschaft der Massen und damit als ‚unvernünftig' galt[195]. Doch wurde das rheinische Wahlrecht flexibel ausgestaltet, indem die Urwähler, die den Wahlmann wählten, nach den Steuerdritteln im jeweiligen Wahlbezirk, nicht nach einem einheitlichen Steuersatz im Gesamtstaat bestimmt wurden; das Wahlrecht stellte also auf die „relative Bedeutung des Steuerzahlers im Gemeindeverband" (Rudolf von Gneist) ab. Fortschritt lag auch darin, daß sich die Abgeordneten als Vertreter des ganzen Volkes und nicht mehr ihres Standes begriffen wie in der alten Ständeversammlung. In der Rheinprovinz waren fünf Prozent der Einwohner und 28,7 Prozent der Selbständigen wahlberechtigt[196]. Mit Erlaß der rheinischen Städteordnung im Jahr 1856 durften die Stadtverordneten von Aachen, Burtscheid, Montjoie und Stolberg den Bürgermeister samt Beigeordneten selbst wählen, die der Regierungspräsident jedoch bestätigen mußte.

---

192 Vgl. Heinrich Heffter: Die deutsche Selbstverwaltung im 19. Jahrhundert. Stuttgart 1969, S. 207-231. – Karl-Georg Faber: Die kommunale Selbstverwaltung in der Rheinprovinz im 19. Jahrhundert. In: Rhein. Vjbll. 30 (1965) S. 132-151. – Arno Erbel: Von der französischen Munizipalverfassung zur Rheinischen Gemeindeordnung von 1845. In: 150 Jahre Regierungsbezirk Köln. Berlin 1966, S. 250-258, hier S. 254f. – Rüdiger Schütz: Von der französischen Munizipalverfassung zur Rheinischen Städteordnung von 1856. In: Preußen und die rheinischen Städte. Köln 1994, S. 37-73.

193 Vgl. Erbel: Von der Munizipalverfassung zur Rheinischen Gemeindeordnung, S. 253f.

194 Vgl. Heinz Boberach: Wahlrechtsfragen im Vormärz. Düsseldorf 1959, S. 92-103.

195 Zu Hansemanns Wahlrechtsanschauungen ebd. S. 64-71, 99f., 107f., 125, 141.

196 Vgl. ebd. S. 102.

Die staatliche Verwaltung drang nicht aufs Land vor, wo die Staatsmacht „versickerte"[197]; die preußische Staatsverwaltung hörte bekanntlich beim Landrat auf. Dieser kam in den östlichen Provinzen der Monarchie aus den eingesessenen Rittergutsfamilien und lebt in der Figur des Baron Innstetten in Theodor Fontanes Roman „Effi Briest" weiter; der Landrat wurde aber auch im Westen vorzugsweise aus adeligen Familien genommen. Die Kreisordnungen von 1825 für die acht Provinzen sicherten die Hoheitsrechte der Rittergutsbesitzer in den Kernprovinzen, in denen, anders als im Westen, ein starkes Bürgertum fehlte. Es war von historischer Tragweite und wohl auch Tragik, daß die Hohenzollern die Ideale der Reformzeit verleugneten und sich mit dem Land- und Militäradel in den Ostprovinzen verbündeten, nicht mit dem starken Bürgertum in den Westprovinzen[198]!

Verwaltungsreformen im 19. Jahrhundert

1845	Rheinische Gemeindeordnung statt Munizipalverfassung
1856	Rheinische Städteordnung
1856	Montjoie und Stolberg erhalten Stadtrecht
1858	auch Eschweiler
1887	Inkraftsetzung der Kreisordnung (von 1872) und Provinzialordnung (1875) mit Bildung des Provinzialverbands als höherer regionaler Selbstverwaltungsverband für gemeinnützige Anstalten und Landesmuseen

Es gab aber auch Gegenkräfte. So weigerte sich der erste Oberpräsident vom Nieder- und Mittelrhein, der aus Kleve gebürtige und tüchtige Johann August Sack, zuvor Generalgouverneur der preußischen linksrheinischen Besatzungszone mit Sitz in Aachen, das preußische Recht in den linksrheinischen Gebieten einzuführen. Als er die Berliner Zentrale nachdrücklich an den freien Geist der rheinischen Tradition erinnerte, wurde er nach Pommern versetzt. Und in Koblenz, wo Prinz Wilhelm, der spätere König und Kaiser, seit 1850 als Militärgouverneur der Rheinprovinz residierte, bildete sich um dessen Gemahlin Augusta aus dem kunstsinnigen Sachsen-Weimar der „Koblenzer Hof"; er wurde zu einem Hort der katholisch-liberalen Opposition gegen die reaktionäre Berliner Politik. Dies war, alles zusammengenommen, der Ost-West-Gegensatz des 19. Jahrhunderts im größten deutschen Einzelstaat[199]!

---

197 Reinhard Koselleck: Preußen zwischen Reform und Revolution. Stuttgart 1981, S. 209.

198 So Franz Schnabel: Deutsche Geschichte im neunzehnten Jahrhundert, Bd. 2. Freiburg i. Br. 1933, S. 283, 290.

199 Anschaulich Schnabel, ebd. S. 272-309.

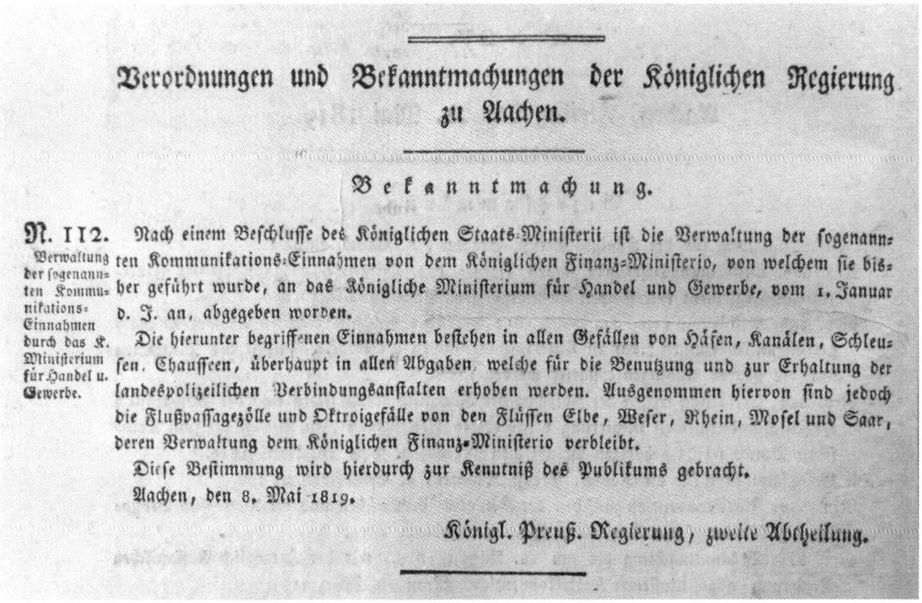

Verordnungen und Bekanntmachungen der Königlichen Regierung zu Aachen.

Bekanntmachung.

N. 112. *Verwaltung der sogenannten Kommunikations-Einnahmen durch das K. Ministerium für Handel u. Gewerbe.* Nach einem Beschlusse des Königlichen Staats-Ministerii ist die Verwaltung der sogenannten Kommunikations-Einnahmen von dem Königlichen Finanz-Ministerio, von welchem sie bisher geführt wurde, an das Königliche Ministerium für Handel und Gewerbe, vom 1. Januar d. J. an, abgegeben worden.

Die hierunter begriffenen Einnahmen bestehen in allen Gefällen von Häfen, Kanälen, Schleusen, Chausseen, überhaupt in allen Abgaben, welche für die Benutzung und zur Erhaltung der landespolizeilichen Verbindungsanstalten erhoben werden. Ausgenommen hiervon sind jedoch die Flußpassagezölle und Oktroigefälle von den Flüssen Elbe, Weser, Rhein, Mosel und Saar, deren Verwaltung dem Königlichen Finanz-Ministerio verbleibt.

Diese Bestimmung wird hierdurch zur Kenntniß des Publikums gebracht.

Aachen, den 8. Mai 1819.

Königl. Preuß. Regierung, zweite Abtheilung.

Das Amtsblatt der Bezirksregierung Aachen diente u. a. zur Bekanntmachung von Beschlüssen der Königlich Preußischen Staatsministerien.

Der Aachener Landgerichtsrat Bernhard Freiherr von Fürth 1827[200]

Mag der gewesene Kaiser Napoleon als Welterschütterer einem Dschingiskhan, Timur oder Attila zur Seite stehen [...], als Gesetzgeber darf er aber, wenn unparteilich entschieden werden soll, immer mit den größten Männern verglichen werden!

Der Krefelder Fabrikant Hermann von Beckerath 1843[201]

Die rheinische Gesetzgebung ist die theure Errungenschaft einer schweren, drangvollen Zeit. Noch steht sie, wenn auch im Einzelnen verletzt, in ihrer Lebensfülle da, ein kräftiger Baum, in dessen Schatten die bürgerliche Freiheit gedeiht. Unter seinem Schutz haben zwei Generationen sich entwickelt; dankbar umringt ihn das gegenwärtige Geschlecht, um ihn zu schützen, und wird die Axt angelegt, wird ein Ast abgelöst, so trifft jeder Hieb auch in das Herz des Volkes.

---

200 Zit. n. Karl-Georg Faber: Die Rheinländer und Napoleon. In: Francia 1 (1973) S. 374-394, hier S. 393.

201 Zit. bei Werner Schubert: Der rheinische Provinziallandtag und der Kampf um die Beibehaltung des französisch-rheinischen Rechts (1826-1845). In: Französisches Zivilrecht in Europa während des 19. Jahrhunderts. Berlin 1994, S. 123-155, hier S. 142.

Die Bedeutung Aachens für die umliegende Industrieregion zeigte sich bei Errichtung der Aachener „Polytechnischen Schule" im Jahr 1865[202]. Die Gründung fiel mit der „50 jährige[n] Jubel-Huldigungsfeier der Vereinigung der Rheinlande mit der Krone Preußens"[203] zusammen, das Polytechnikum wurde 1870 eröffnet. Dadurch sollten Stadt und Region gegenüber Köln, Bonn und Düsseldorf gestärkt werden. Der finanzielle Grundstock verdankte sich einer Stiftung der Aachener und Münchener Feuerversicherungsanstalt, sodann dem Verein Deutscher Ingenieure und der umsichtigen preußischen Wissenschaftspolitik, vor allem dem legendären Ministerialdirektor Friedrich Althoff und dem großen Interesse Wilhelms II. an Technik und Naturwissenschaften[204]. Die Ausbildung erfolgte, seit 1899 mit der Abiturprüfung als Voraussetzung, in sechs Abteilungen, noch nicht Fakultäten, mit festen Lehrplänen: Architektur, Bauingenieurwesen, Maschineningenieurwesen, Chemie und Hüttenkunde, Bergbau und Allgemeine Wissenschaften. Das „Polytechnikum" erhielt 1879 die Bezeichnung „Technische Hochschule" und Selbstverwaltung mit universitätsmäßiger Verfassung[205], zehn Jahre später, wie alle preußischen Technischen Hochschulen, Promotionsrecht[206]. Bis zum Zweiten Weltkrieg waren im Semesterdurchschnitt 1500 Studenten in Aachen eingeschrieben.

Ziel war die Ausbildung des nach Gesetzen verfahrenden wissenschaftlichen Ingenieurs, sodann die Durchsetzung der mechanischen Theorie mit der zugehörigen mathematischen Methode[207]. Dabei bedurfte die Mechanik als naturwissenschaftliche Theorie der Anwendung in der Technik und mußten die Naturwissenschaften zur technischen Betrachtung der Natur gebracht werden. Das andere große, in Entwicklung begriffene System war damals die Thermodynamik, deren gesetzmäßige Erfassung gewaltige neue Welten öffnete. So sollte die naturwissenschaftliche Grundlagenforschung dem technischen Fortschritt den Weg ebnen. Es ging bald neben Mechanik und Thermodynamik um die Entwicklung des dritten großen

---

202 Gründlich Albert Huyskens: Die Gründung der rheinisch-westfälischen polytechnischen Schule. In: Die Technische Hochschule zu Aachen 1870-1920. Aachen 1920, S. 1-107. – Hans-Martin Klinkenberg (Hg.): Die Rheinisch-Westfälische Technische Hochschule Aachen 1870-1970. Stuttgart 1970.

203 Zit. n. Pauels: Chronik Burtscheid, Eintrag 1865.

204 Vgl. Wolfgang König: Wilhelm II. und die Moderne. Paderborn 2007, S. 110-136.

205 Vgl. Paul Gast: Die Verfassung und Verwaltung. In: Die Technische Hochschule zu Aachen 1870-1920. Aachen 1920, S. 108-174, hier S. 135.

206 Zur deutschen Wissenschaft im europäischen Vergleich Nipperdey: Deutsche Geschichte 1866-1918, Bd. 1, Kap. XIV: Wissenschaften, S. 602-691.

207 Folgende nach Hans Martin Klinkenberg: Geschichte der ingenieurwissenschaftlichen Forschungen in Rheinland-Westfalen. In: Rheinland-Westfalen im Industriezeitalter, Bd. 4. Wuppertal 1984, S. 9-23, bes. S. 12f., 18.

naturwissenschaftlichen Gebiets, der Elektrik, und die Kombination aller drei zu technischen Apparaturen, mithin um die Verbindung von Naturwissenschaften und Technik.

Architekt des Hauptgebäudes der „Königlich rheinisch-westphälischen Polytechnischen Schule zu Aachen" (hier ein Stahlstich um 1880) war Regierungs- und Baurat Ferdinand August Robert Cremer (1826-1882), Sohn Johann Peter Cremers, der in der Aachener Regierung von 1816 bis 1862 die Bauaufsicht geführt und das Aachener Stadttheater, Elisenbrunnen und Regierungsgebäude erbaut hat. Das Polytechnikum wurde im historisierenden Stil der Renaissance in Erinnerung an deren Leistungen für die Wissenschaft erbaut. Der Name drückte die Zuständigkeit für beide preußische Westprovinzen und für die Industrie in Rheinland und Ruhrgebiet aus. Auch nach Erweiterung um eine Philosophische und Medizinische Fakutät 1965 bzw. 1966 wurde, um den Eindruck bloßer Summierung von Fakultäten zu vermeiden, die nicht auf das Problemfeld des Technischen bezogen blieben, an der Bezeichnung „Technische Hochschule" festgehalten. Jüngst führte das Rektorat das Etikett „RWTH Aachen University" ein.

Der Hochschultyp „Technische Hochschule" war Ausdruck der sich aufspaltenden Wissenschaften in Geistes-, Natur- und Technikwissenschaften. Bis zum Ersten Weltkrieg errangen die anwendungsbezogenen Technikwissenschaften die gleiche Anerkennung wie die bildungsbezogenen Fächer[208]. Das philosophische Fragen diente der Erkenntniskritik. Zusammen mit den anderen Geisteswissenschaften wurden Antworten auf die Grundfragen der Existenz von Mensch und Gesellschaft in der technisch-industrialisierten Welt gesucht.

208 Vgl. Nipperdey: Deutsche Geschichte 1866-1918, Bd. 1, Kap. XIII: Das Bildungswesen, S. 531-601, hier S. 568f.

Sahen im 19. Jahrhundert die einen den Sinn der Menschheitsgeschichte in Vernunft, Technik und im Fortschritt in allen Lebensbereichen beschlossen, so blieben für die anderen – gerade und vor allem im Aachener Raum – Religion und Kirche vorwaltende Lebensmacht.

Kampf um die Kirchenfreiheit: Kölner Ereignis 1837

Die mentale Grundbefindlichkeit der Rheinprovinz ist nicht zu verstehen ohne die Tatsache, daß der Großteil der Bevölkerung katholisch getauft und erzogen war und dies den familiären wie öffentlichen Lebensrhythmus prägte. Im Jahr 1820 lebten im Stadtkreis Aachen 31.470 Katholiken (729 Protestanten), im Landkreis Aachen 43.744 Katholiken (1637 Protestanten) und im Kreis Montjoie 16.215 Katholiken (1171 Protestanten). Lebens- und Erfahrungsraum blieben bis zum Ersten Weltkrieg Kirchspiel und Dekanat mehr als Kommune und Kreis.

Lutheraner, Reformierte und Juden, von denen im Aachener Raum nur wenige, zumeist der unterbürgerlichen Schicht, lebten[209], erfreuten sich weiterhin der unter dem Konsulat Bonapartes gewonnenen Glaubensfreiheit und Gleichheit vor dem Gesetz. Der preußische Staat, der als einziger von sich aus neben Frankreich die Emanzipation der Juden 1812 eingeleitet hatte, bestätigte „die Verhältnisse der in den neuen Provinzen sich befindenden Juden"[210], hielt also an dem Grundsatz des allgemeinen Staatsbürgertums und der Religionsfreiheit, aber auch an den napoleonischen Beschränkungen fest. Juden waren noch nicht zu öffentlichen Ämtern zugelassen. Hingegen sicherte der preußische Staat die öffentlichen jüdischen Gemeindeschulen.

König Friedrich Wilhelm III., an sich ausgesprochen reformscheu, verfügte aus religiösem Empfinden und Ordnungsdrang zur Säkularfeier der Reformation 1817 die Bildung der Evangelischen Kirche der Altpreußischen Union[211] mit gegenseitiger Zulassung zum Abendmahl. Dem Kirchenregiment des Landesherrn entsprechend

---

209 1820 im Stadtkreis Aachen 96, im Landkreis Aachen 121 Juden (davon 24 in Warden), im Kreis Montjoie lebte kein Jude. Zahlen nach Karte: Regierungsbezirk Aachen (gezeichnet von J. W. Meigen, Stolberg), Beilage in: 150 Jahre Regierung und Regierungsbezirk Aachen. Aachen 1967.

210 So Reskript des Ministeriums des Inneren, 5.9.1817. Vgl. Ludwig Baeck: Die jüdische Religionsgemeinschaft. In: Die Rheinprovinz, Bd. 2, S. 234-247, hier S. 240. – Arno Herzig: Die jüdische Minderheit Rheinland-Westfalens im Assimilationsprozeß (1780-1860). In: Rheinland-Westfalen im Industriezeitalter, Bd. 2. Wuppertal 1984, S. 72-85.

211 „Altpreußisch" bezogen auf die acht Provinzen, die vor 1866 zu Preußen gehörten, mit 15 Generalsuperintendenten.

fühlte er sich befugt und berufen, 1822 eine neue Agende für die Form der Liturgie zu erlassen, die gleichförmiger und feierlicher verlaufen sollte. Doch stieß der König damit in den presbyterial verfaßten Gemeinden des Rheinlands und Westfalens, die die „katholisierende" Tendenz der Agende beanstandeten und sich nicht bevormunden lassen wollten, auf erregte Ablehnung. Insofern schwelte ein Streit über die Kirchenverfassung. Unter den Protestierenden waren die beiden Stolberger Gemeinden[212].

In dieser Konfliktzeit entstand 1837 die eigenständige unierte Kirchengemeinde in Burtscheid, wo die meisten Fabrikanten evangelisch waren und die Gründung tatkräftig förderten. Die reformierte und lutherische Stolberger Gemeinde – dieser gehörten Tagelöhner, Arbeiter und Handwerker, jener die Fabrikantenfamilien an – traten mit ihren 1200 Gemeindegliedern erst im Jahr 1860 der Altpreußischen Union bei; ihre beiden Volksschulen hatten sie bereits vorher zusammengelegt. Man hat sich stets vor Augen zu halten, daß am Niederrhein seit dem 19. Jahrhundert eine kleine evangelische oder mennonitische Elite mit ihrem auf religiösen Prinzipien beruhenden Arbeitsethos in Wirtschaft, Handel und Kultur die Impulse gab – ob in Aachen[213], Burtscheid, Montjoie, Stolberg, Krefeld oder Düren[214]. Aber der konfessionelle Gegensatz zwischen Lutheranern und Reformierten war oft größer als der alte Zwiespalt zwischen Katholiken und Protestanten. Es war ein ungeschriebenes Gesetz, daß stets in dieselbe Konfession, in dasselbe Handwerk und in dieselbe Industrie eingeheiratet wurde.

Nach der Totalenteignung der geistlichen Herrschaften durch die Säkularisation und dem 1821 zwischen der Regierung in Berlin und dem Hl. Stuhl geregelten – und über Grundgesetz-Artikel 140 bis heute wirksamen – Ausgleich durch entsprechende Staatsleistungen zum Unterhalt von Klerus und Domkirchen, hatte sich ein neues Staatskirchentum herausgebildet. Es führte zu Eingriffsrechten des (evangelischen) Monarchen in Belange der katholischen Kirche. Dagegen wehrte

212 Vgl. Erich Foerster: Die Entstehung der Preußischen Landeskirche unter der Regierung König Friedrich Wilhelms des Dritten, Bd. 2. Tübingen 1907, S. 78, 80, 86, 94ff.; zum Zustand in den Bereichen der Konsistorien Koblenz, Köln und Münster S. 124f., 143, 162f. – J. F. Gerhard Goeters u. Rudolf Mau (Hg.): Die Anfänge der Union unter landesherrlichem Kirchenregiment. Leipzig 1992, S. 91f. – Gerd Rosenbrock: Unter dem Schwan – eine lutherische Gemeinde in Stolberg von 1592 bis zur Vereinigung mit der reformierten Gemeinde im Jahr 1860. Stolberg 1992, S. 104-106.

213 Zu nennen ist v. a. die Familie von Barthold Suermondt, Stifter des städtischen Museums (1883), dieses aus Bürgerstiftungen erwachsen mit bedeutenden mittelalterlichen Skulpturen und Gemälden der Spätgotik, seit 1901 in einem Stadtpalais der Neorenaissance („Villa Cassalette") untergebracht, seit 1977 Suermondt-Ludwig-Museum..

214 Über die Evangelischen (im Regierungsbezirk Aachen 1867 4,17%), deren Pfarreien und bedeutendes bürgerschaftliches Wirken in Diakonie und Kulturpflege liegen kaum Untersuchungen vor. Dazu im überregionalen Kontext Zunkel: Der Rheinisch-Westfälische Unternehmer 1834-1879, S. 66-82.

sich der „Ultramontanismus" – ursprünglich ein polemisches Schlagwort – im engen Bündnis mit Rom. Diese nicht nur in Deutschland virulente Strömung bei Laien und niederem Klerus griffen Päpste und römische Kurie auf, um die Kirche zentralistisch auf Rom hin auszurichten[215].

Eine Hochburg des Ultramontanismus war seit 1835 Lüttich um den Bischof Cornelis van Bommel. Der Aachener Raum lag mit den Dekanaten Montjoie, Burtscheid und Eschweiler im Einflußbereich des belgischen Katholizismus, der sich in der Revolution von 1830 gegen die unduldsame Herrschaft der reformierten Niederlande aufgelehnt hatte und papsttreu gesinnt war. Mit der Neuumschreibung der Bistümer in Preußen und der königlichen Bestätigung der päpstliche Bulle „De salute animarum" war 1821 das Bistum Aachen aufgelöst worden und im Erzbistum Köln aufgegangen.

Als der Kölner Erzbischof Droste-Vischering, ein wortkarger Münsteraner, die bisher praktizierte Dissimulation, d.h. Duldung der kirchlichen Trauung bei Mischehen ohne das Versprechen der katholischen Kindererziehung, aufgeben wollte und auf Einhaltung des Kanonischen Rechts, also der ausdrücklichen Zusicherung der katholischen Kindererziehung, bestand, geriet er darüber in heftige Auseinandersetzungen mit Berlin. Mithinein spielte, daß die Pfarrer auch die Funktion von Standesbeamten hatten. Der preußische Staat hatte die in französischer Zeit nur kirchlich eingesegneten Ehen, die sich über die vorgeschriebene Zivilehe hinweggesetzt hatten, als gültig und die daraus hervorgegangenen Kinder als ehelich anerkannt[216].

Auf dem Höhepunkt des Mischehenstreits wurde der streng römische Erzbischof 1837 verhaftet („Kölner Ereignis"). Dagegen lehnten sich die Kölner auf, worauf die Zahl der Einquartierungen von Soldaten 1837/38 von 29.000 auf 73.000 Mann anstieg. Protest regte sich auch in Stadt- und Landkreis Aachen, Eupen, Malmedy, Heinsberg und Geilenkirchen; aus den Dekanaten Aachen, Burtscheid, Eschweiler und Eupen wurden Adressen um Freilassung des Erzbischofs an den König gerichtet. In Münster und Paderborn, Suffraganbistümer der Kölner Kirchenprovinz, kam es zu Aufständen und im Rheinischen und Westfälischen Provinziallandtag zu Interventionen. Dies förderte die frühe „politische Bewußtseinsbildung" der Katholiken in beiden preußischen Westprovinzen[217]. Auch im übrigen katholischen Deutschland formierte

---

215 Vgl. Rudolf Lill: Der Ultramontanismus. In: Kirche im 19. Jahrhundert. Regensburg 1998, S. 76-94.

216 Edikt vom 27.2.1816. In: Gesetz-Sammlung für die Königlichen Preußischen Staaten 1816, Nr. 347.

217 Vgl. Winfried Becker: Der politische Katholizismus in Rheinland-Westfalen vor 1890. In: Rheinland-Westfalen im Industriezeitalter, Bd. 1. Wuppertal 1983, S. 271-292, hier S. 271ff.

sich eine mächtige Protestbewegung[218]; sie wurde publizistisch angeführt von dem aus Koblenz stammenden Joseph Görres, einst mit dem „Rheinischen Merkur" Vorkämpfer gegen Napoleon und nach dem Verbot der Zeitung im Preußen der Restaurautionszeit Professor für Geschichte in München; in Aachen von Stiftspropst Claessen, Oberpfarrer Leonard Alois Nellessen an St. Nikolaus[219] und dem Fabrikantensohn Andreas Fey, Kaplan an St. Paul.

Der asketische, menschenscheue und kämpferische, aus einem westfälischen Uradelsgeschlecht stammende Clemens August Freiherr Droste zu Vischering regierte das Kölner Erzbistum zwischen 1836 und 1841/45, aber faktisch nur anderthalb Jahre. Nachdem er 1837 in schroffer Weise den Konflikt mit Preußen in der Mischehenfrage ausgelöst hatte, ließ ihn die Regierung verhaften und auf die Festung Minden verbringen. Nach dem Kompromiß, den die Kurie in Rom nach dem Thronwechel zu Friedrich Wilhelm IV. zugunsten größerer kirchlicher Freiheiten ausgehandelt hatte, lebte Droste-Vischering zurückgezogen in seiner Heimat Münster und verzichtete auf die persönliche Leitung der Erzdiözese zugunsten seines Koadjutors Johannes von Geissel.

Aus diesen Kreisen entwickelte sich nach 1840 ein katholisches Vereinswesen, darunter die Aachener „Constantia" als Geselligkeitsverein kommunalpolitisch aktiver Honoratioren, die unter Führung des Stadtrats und strengkirchlichen Arztes Heinrich Hahn stand (Wahlspruch „Constantia vincit omnia"), der Franziskus-Xaverius-Missions-Verein und in Bonn der Borromäus-Verein zur Verbreitung katholischer Literatur, beide im Rheinland weit verbreitet. Die katholischen Vereine samt kirchlichen Bruderschaften förderten im Lauf der Zeit, zusammen mit Familie und Kirche, die Bildung eines über die sozialen Klassen hinausreichenden katholischen Großmilieus[220].

---

218 Vgl. Franz Schnabel: Deutsche Geschichte im neunzehnten Jahrhundert, Bd. 4. Freiburg i.Br. 1937, S. 106-164. – Friedrich Keinemann: Das Kölner Ereignis. Neustadt/Aisch 1974. – Rudolf Lill: Der Bischof zwischen Säkularisation und Kulturkampf (1803-1885). In: Bischofstypus und Bischofsideal im Spiegel der Kölner Kirche. Köln 1986, S. 349-396, hier S. 364-373.

219 Vgl. August Brecher: Oberpfarrer Nellessen (1783-1859) und der Aachener Priesterkreis. In: ZAGV 76 (1964) S. 45-205. – Eduard Hegel: Die katholische Kirche in den Rheinlanden 1815-1945. In: Rheinische Geschichte, Bd. 3. Düsseldorf 1979, S. 329-412, hier S. 343.

220 Vgl. Jürgen Herres: Städtische Gesellschaft und katholische Vereine im Rheinland 1840-1870. Essen 1996 (Einbeziehung Aachens, aber nicht weiterer Städte der Region), S. 147-152, 156-159; 214-218 (zu den Bruderschaften in Aachen und Burtscheid); 407f. (zu den Vorstandsmitgliedern der Constantia 1846/56).

Der Ultramontanismus lebte aus der Kultur katholisch-barocken Glanzes und der reichen Ornamentik in Architektur, Malerei und Musik. Er trieb literarische Blüten in Form volkstümlicher Anthologien, wie dem Aachener „Marienbüchlein" und dem „Geistlichen Blumenstrauß" Luise Hensels, die als Erzieherin an der Höheren Töchterschule St. Leonhard in Aachen tätig war[221]. Belgische Redemptoristen gaben den Anstoß zu Andachten zu Ehren der Gottesmutter im Monat Mai. Die erste „Maiandacht" wurde 1842 an St. Paul in Aachen gefeiert[222]. Diese Frömmigkeitsform breitete sich von hier über das Rheinland bis nach Westfalen und Süddeutschland aus und besteht bis heute.

Die Aachener Kirchen, in denen für den inhaftierten Erzbischof gebetet wurde, waren gedrängt voll. Die Stadt wurde, so die Abteilung des Inneren der Regierung in Aachen, ein „Tummelplatz der Leidenschaften"[223]. In die Region hinein wirkte neben dem Aachener Stadtklerus der Einfluß von Johannes Laurent, Pfarrer im belgischen Dorf Gemmenich auf der anderen Seite des Aachener Stadtwaldes. Im Gemmenicher Pfarrhaus trafen sich Ultramontane aus dem Rheinland und aus Belgien. Laurent, aus Aachen gebürtig, war ein Gegner der Berliner Mischehenregelung, hatte einige Jahre als Bischof von Luxemburg amtiert und lebte seit 1848 wieder in seiner Vaterstadt. Er war, wie Nellessen, ein „Hitzkopf"[224]. Das Aachener Land profitierte von der katholischen Presse und Publizistik in Belgien, das im Zusammenwirken von Liberalismus und Katholizismus entstanden war, während im Rheinland der strikte Zensurzwang des Vormärz herrschte. Die Auseinandersetzung mit „den Preußen" in der Religionsfrage festigte das Selbstwertgefühl im Rheinland und auch im Aachen-Monschauer Raum.

König Friedrich Wilhelm IV. gab sich indessen erdenkliche Mühe, die Rheinländer für sich und sein „Haus" zu gewinnen, indem er sich an die Spitze der Bewegung zur Vollendung des Kölner Doms setzte[225]. Der „Romantiker auf dem

221 In den Jahren 1827 bis 1832. Von ihr stammen so kindlich-fromme geistliche Lieder wie „Müde bin ich, geh zur Ruh". Vgl. Helmut Schanze: Rheinromantik. In: Musikalische Rheinromantik, S. 11-37, hier S. 20-23.

222 Vgl. Kurt Küppers: Marienfrömmigkeit zwischen Barock und Industriezeitalter. St. Ottilien 1987, S. 128f.

223 Zit. n. Keinemann: Kölner Ereignis, S. 99. – Zum Sozialprofil des städtischen Katholizismus vgl. Rudolf Schlögl: Köln, Aachen, Münster 1700-1840. München 1995.

224 So Konrad Repgen: Klerus und Politik 1848. In: Aus Geschichte und Landeskunde. Bonn 1960, S. 133-165, hier S. 137.

225 Vgl. Otto Dann (Hg.): Der Kölner Dom im 19. Jahrhundert. Köln 1983.

Thron“[226] empfand tiefe Neigung für „die alte Kirche“, ihre frühmittelalterlich-byzantinische Architektur, die er in Italien studierte, und ihre feierliche Liturgie. Er nahm 1842 am Kölner Dombaufest teil, das die Vollendung des Bauwerks einleitete, und hielt dabei mitreißende Reden. Anschließend unternahm er, wie zuvor mehrmals als Kronprinz, eine um Sympathie für die Hohenzollern werbende Reise durch die Rheinprovinz, dabei „schwelgend in den historischen und künstlerischen Reizen des Landes. Überall riß er die warmherzigen Massen hin; selbst die gegen alles preußische Wesen noch sehr mißtrauischen Aachener fühlten sich geehrt, als er in gütiger Ansprache ihre Treue lobte“[227]. Zu Ehren seiner Gemahlin Elisabeth aus Bayern hatten die Aachener bereits den neu gestalteten Trinkbrunnen „Elisenbrunnen“ genannt. Als hier ein Filialverein des Kölner Zentral-Dombauvereins gegründet wurde, mischte sich dankbare Erinnerung an die „Morgenröthe“ der Oktobertage von 1813, durch die das Rheinland „dem gemeinsamen deutschen Vaterlande“ wieder „einverleibt“ werden konnte, mit dem Bewußtsein, daß der Dom ein Denkmal „deutscher Kunst, Gesinnung, Eintracht und Ausdauer“ sei[228].

Zur Berliner Tafelrunde des Königs gehörte der erwähnte Aachener Alfred Reumont, den zwölf Jahre Aufenthalt „im Süden“ „mit allen Wurzeln“ seines „Seins“ und seiner „Neigungen“ „mit dem Boden Italiens“ hatten „verwachsen lassen“[229]; als Seiteneinsteiger im diplomatischen Dienst diente er auf Gesandtschaftsposten in Rom und Florenz und veröffentlichte „Reiseschilderungen“, „Beiträge zur italienischen Geschichte“ und eine mehrbändige „Geschichte der Stadt Rom“. König und Polyhistor verband die Liebe zu Italien und die Ablehnung revolutionärer Gewalt im Jahr 1848, saß doch beiden – wie einer ganzen Generation – noch die Gewaltpolitik Napoleons I. im Nacken. Der König ließ sich von Reumont auf zwei Italienreisen begleiten[230].

Friedrich Wilhelm IV. warb um die Gunst der Aachener Region, indem er die Restaurierung der von den Franzosen demolierten Münsterkirche zu Aachen

226 Die Berechtigung des zeitgenössischen Beinames belegt aus den ungedruckten Quellen Frank-Lothar Kroll: Friedrich Wilhelm IV. und das Staatsdenken der deutschen Romantik. Berlin 1990.

227 Heinrich von Treitschke: Deutsche Geschichte im Neunzehnten Jahrhundert, Bd. 5, Kap. 3 (Abschnitt „Kölner Domfest“); 5. Aufl. Leipzig 1908, S. 176.

228 Wilhelm Smets: Wir bauen mit am Kölner Dom. Aachen 1846.

229 Alfred von Reumont: Aus König Friedrich Wilhelms IV. gesunden und kranken Tagen. Leipzig 1885, S. 26.

230 Vgl. zuletzt Herbert Lepper: Art. Alfred Reumont. In: NDB Bd. 21, 2003, S. 454f.

unterstützte[231]. Darin fand er den Achteckbau von San Vitale in Ravenna wieder. Nach dem Vorbild des Kölner Dombauvereins konstituierte sich 1847 der Aachener „Karlsverein" aus Mitgliedern aller „Stände". In die Zeichnungsliste trugen sich 923 Aachener und hundert Burtscheider ein[232]. Der „Karlsverein" besteht, vergleichbar mit dem Kölner Dombauverein, als herausragendes Symbol für überkonfessionelles bürgerschaftliches Engagement bis heute.

Im romantischen Geschichtsbewußtsein der deutschen Nation, dem Architektur, Malerei und Literatur Ausdruck verliehen, gewann Aachen als Grabstätte Karls des Großen, aber auch des geheimnisumwobenen „Jünglings im Sternenmantel"[233], Kaiser Ottos III., der die Gruft seines großen Vorgängers im Jahr 1000 hatte öffnen lassen, einen neuen Stellenwert[234]. Daran knüpften die Aachener Honoratioren an, als sie ihr bauliches Kleinod zum „deutschen Volksheiligtum" proklamierten: So wie „der Araber nach Mekka", so pilgere „gern jedes deutsches Herz nach Aachen und seinem Münster"[235]. Die Restaurierung hat später Kaiser Wilhelm II., der die Versöhnung mit dem katholischen Volksteil suchte, weiter gefördert. Dem waren jedoch große Kämpfe vorausgegangen.

Kampf um die politisch-soziale Zukunft: Revolution 1848/49

Die Revolution im Februar 1848 in Paris, die im März nach Wien und Berlin übersprang, fand im Aachener Raum viel Nahrung, weil hier, wie überall, die vorangegangene konjunkturelle Krise mit witterungsbedingten Mißernten, vor allem der Kartoffelfäulnis, mit Teuerung und Arbeitslosigkeit große Not in der unterbürgerlichen Schicht ausgelöst hatte[236].

Das Revolutionsjahr 1848/49 zeigte im Aachener Raum vielerlei Facetten. Die darbende Monschauer Landbevölkerung, die nährstoffarme, saure Böden beackerte

231 Der preußische Staat übernahm die Kosten für die Wiederherstellung des Oktogons, v. a. der 32 römischern Säulen in seinen acht Arkaden.

232 Vgl. Herbert Lepper: Die Gründung des „Karlsvereins zur Restauration des Aachener Münsters 1847-1850". In: Celica Iherusalem. Köln 1986, S. 119-181, hier S. 158, 160.

233 So der Titel der biographischen Annäherung Gertrud Bäumers 1947.

234 Vgl. Matthias Pape: August von Platens „Klaglied Kaiser Otto des Dritten" (1834). In: Literaturwissenschaftliches Jb. NF 44 (2003) S. 147-172.

235 So der Aufruf vom 31.10.1850 an die deutsche Öffentlichkeit. Zit. n. Lepper: Gründung des Karlsvereins, S. 150.

236 Vgl. etwa Pauels: Chronik Burtscheid, Eintrag 1846.

und durch Textilheimarbeit etwas Geld hinzuverdiente, war mißtrauisch gegenüber allem Neuen und hatte sich kaum an dem für Ackerbau und Viehzucht Hilfe bietenden „Landwirtschaftlichen Verein für Rheinpreußen" beteiligt. Die Bemühungen von Bürgermeistern und Regierung, die Lebensverhältnisse durch bessere Ausbildung zu heben, waren hier zumeist ins Leere gelaufen. In der Revolution richteten die Monschauer ihre Petitionen immer noch gegen den verhaßten Schulzwang, weil sie in der Mitarbeit der Kinder die Garantie für das Überleben der Familien sahen, worüber die Bürger von Kalterherberg mit ihrem Bürgermeister stritten[237]. Örtliche Honoratioren gründeten Ende März den „Montjoier Stadt- und Landbote[n]. Wochenblatt zur Belehrung und Gemeinnützigkeit"; die Zeitung hat sich bis 1936 behaupten können und lebte nach 1945 als „Monschauer Wochenspiegel" wieder auf. In Roetgen wurde der Freiheitsbaum der Französischen Revolution aufgepflanzt und mit den Farben Schwarz-Rot-Gold als Symbol der nationalen Einheit geschmückt[238]. In Eupen war, so berichtete Landrat von Reimann an die Regierung in Aachen nach der Wahl Erzherzog Johanns von Österreich zum Reichsverweser, der „schlichte Bürger und Bauersmann" „der allgemeinen Meinung", daß „die hiesigen Lande wieder unter österreichische Herrschaft gekommen seien"[239]. Auf der Stolberger Burg wurde die schwarz-rot-goldene Fahne gehißt, die Stadtverordneten richteten an den König die Bitte um Gewährung der Forderungen des Volkes, zu einer revolutionären Erhebung kam es hier nicht.

Anders in Aachen: Oberbürgermeister Edmund Emundts mußte dem Druck der Straße weichen und zurücktreten. Hier lebten unter 49.000 Einwohnern 17.000 Fabrikarbeiter; über 40 Prozent der Männer und die Hälfte der Frauen und Kinder – 5000 ohne Schulbildung – waren in den großen Tuchfabriken und Spinnereien der Gebrüder Nellessen, bei Peter Josef Lingens, Peter Kuetgens, Johann Arnold Bischoff, Johann Heinrich Kesselkaul und bei den Nadelfabrikanten Witwe Stefan Beissel und Hermann Josef Neuss beschäftigt. 20 Prozent der Familien waren „Hausarme" und auf öffentliche Armenhilfe angewiesen und daher ohne Wahlrecht. Es fehlte nicht an Arbeit, aber der Tagelohn reichte für das Nötigste nicht aus. Darin drückte sich der entfesselte, von Hansemann und Mevissen beklagte Erwerbstrieb des neuen Fabrikantentypus aus, dem gesetzliche Beschränkungen nicht im Wege standen, sowie das Interesse von Staat und Kommunen an kräftigen

---

237 Vgl. Lauscher: Gutshof Reichenstein, S. 37, 39-41 (erschließt eine wirtschafts- und sozialgeschichtlich erstrangige Quelle zur Zeit 1845/47).

238 Vgl. Landkreis Monschau. Hg. zum 150-jährigen Bestehen 1966.

239 Zit. n. Viktor Gielen: Aachen im Vormärz. Eupen 1983, S. 21.

David Hansemann war ein „Selfmademan" des 19. Jahrhunderts. Er stammte aus einer Pastorenfamilie in Finkenwerder bei Hamburg, lernte als Kommissionär bei der Firma Elbers in Montjoie, gründete in Aachen sein eigenes Handelsunternehmen für Wolle und Tuche und verheiratete sich, als er ein entsprechendes Vermögen erworben hatte und standesgemäß situiert war, mit Fanny Fremerey, der Tochter eines Eupener Tuchfabrikanten. Er amtierte als Präsident der Aachener Handelskammer, war Mitglied des Provinziallandtags in Düsseldorf, des Vereinigten Landtags 1847 in Berlin und wurde in der Revolution 1848 in das Amt des Finanzministers nach Berlin berufen. Die Fotografie machte der Münchner Fotograph Joseph Albert 1862, als Hansemann 72 Jahre alt war.

Steuereinnahmen aus der Industrie[240]. Das „Echo der Gegenwart", die erste katholische Zeitung im Rheinland, klagte den *„allverschlingenden Industrialismus und die schrankenlose Gewerbefreiheit"* an. Die Industrieregion Eupen-Verviers-Aachen war, nur vergleichbar mit Köln, von klassenkämpferischen Auseinandersetzungen geprägt und bildete wegen der Arbeiterunruhen, der Zerstörung von Maschinen als Symbolen der Vernichtung menschlicher Arbeitskraft und wegen der Straßenkämpfe das „unruhige Dreieck"[241]. Regierungstruppen schlugen die Bürgerwehren in die Flucht – so in Eschweiler, wo für eine kurze Frist Zeitungen entstanden („Eschweiler Bote", „Bote an der Inde"[242]).

240 Vgl. Herres: Städtische Gesellschaft, S. 88-91. – Zunkel: Der Rheinisch-Westfälische Unternehmer 1834-1879, S. 39-45, 158.

241 Vgl. Annemarie Haase: Das „Unruhige Dreieck" Aachen-Stolberg, Verviers und Eupen im Vormärz. In: Aachen, die westlichen Rheinlande und die Revolution 1848/49. Aachen 2000, S. 55-69.

242 Den Titel führte der Eschweiler Lokalteil der Aachener Zeitung nach 1945 weiter.

Das geistige Klima war für politische Veränderungen von katholischen Kreisen um den Aachener Oberpfarrer Nellessen und den Großspinnereibesitzer Louis Fey sowie vom Wirtschaftbürgertum vorbereitet worden. Zum einen hatten sich Priester und sozial engagierte katholische Laien zum Anwalt der am Existenzminimum lebenden Schicht – Weber, Schuhmacher, Fabrikarbeiter – gemacht und Einfluß auf die Entwicklung eines kirchlich-karitativen Bewußtseins genommen. Zum anderen hatten die rheinischen Wirtschaftsliberalen Zeitungen als Sprachrohr ihrer Forderungen gegründet, darunter die „Stadt-Aachener Zeitung" im Verlag der Mayerschen Buchhandlung, finanziert von Hansemann; sie zeigte nach 1840, noch stärker als die liberale „Kölnische Zeitung" im Verlag von Du Mont, Ansätze zu einer gemäßigt oppositionellen Tendenz.

Die Rheinprovinz hatte unter den Hohenzollern zwar einen effizient organisierten Verwaltungsstaat ohne Willkür und Polizeimethoden mit Bezirksregierungen als Kollegialorganen, aber keinen Verfassungsstaat gewonnen. Doch darauf wollten die Liberalen hinaus. Ihre Forderung, das rheinische Recht zu bewahren, war „von Anfang an eng vernüpft mit der Verfassungsforderung"[243]. Die Handelskammern, in denen Kaufleute und Fabrikanten zusammenarbeiteten, glichen gleichsam als „konstitutionelles System" die unzureichende Vertretung ihrer Interessen auf dem Provinziallandtag aus. David Hansemann hatte schon angesichts der Revolution in Brüssel und des „Pöbelauflauf[s] in Aachen" beim König die Vorstellung erhoben, einer „konvulsivische[n] Bewegung des Staates" durch eine Nationalrepräsentation zuvorzukommen[244]. Er erinnerte damit Friedrich Wilhelm III. an ein Versprechen, das dieser in der Phase nationaler Selbstbehauptung gegen Napoleon wiederholt öffentlich gegeben hatte. So vertiefte die Verschleppung der Verfassungsfrage den Gegensatz der Klassen und Provinzen.

Bei seinen Forderungen hatte Hansemann sowohl den belgischen Staat mit der damals modernsten Verfassung Europas als auch den süddeutschen Konstitutionalismus vor Augen. Im März 1848 trug ihn die Revolution an die Spitze des Finanzministeriums in Berlin; die Revolution erzwang endlich die Repräsentation für den Gesamtstaat in Form einer „Nationalversammlung", die für Preußen eine Verfassung ausarbeitete[245]. Sämtliche führenden rheinischen Wirtschaftsliberalen

243 Elisabeth Fehrenbach: Rheinischer Liberalismus und gesellschaftliche Verfassung (1983). Neudruck in: Dies.: Politischer Umbruch und gesellschaftliche Bewegung. München 1997, S. 111-131, hier S. 113; zum Folgenden S. 116.

244 Denkschrift, Aachen, 31.12.1830. In: J. Hansen (Hg.): Rheinische Briefe und Akten 1830-1850, Bd. 1, S. 11-81.

245 Vgl. Matthias Pape: Die Verfassungsgebung in Preußen 1848/50. In: Zeitschrift für Neuere Rechtsgeschichte 22 (2000) S. 188-217.

gelangten nun in Ministerämter. Sie standen in Treue zum König und gegen die demokratisch-republikanischen Tendenzen. Indessen sah die Adelspartei in Hansemann und der großbürgerlichen Führungsgruppe im Rheinland ihre gefährlichsten Gegner und suchte das Heft des Handelns in ihre Hand zurückzubekommen. Als Friedrich Wilhelm IV. die revidierte Verfassung Anfang 1850, wenn auch widerwillig, beschworen hatte, schrieb Ludolf Camphausen erleichtert: „Der Vogel sitzt im Käfig, und das ist die Hauptsache"[246].

Über David Hansemann im Preußischen Vereinigten Landtag in Berlin 1847

Der dort ist es (der Abgeordnete von Aachen) in der schlichten Tracht und Haltung! Seht ihn gehen – nachlässig und beweglich, rasch und bequem, in dieser feierlichen Versammlung wie zu Hause, mit leichter und lässiger Sicherheit! Er ist von starkem Gliederbau, seine Figur etwas über mittelgroß; er scheint von fester Gesundheit, zur Arbeit geboren und gewachsen – sein Gesicht breit und stark gebräunt; er trägt keinen Bart, das Haupthaar ist dünn und die Mühen und Sorgen eines arbeitsamen Lebens haben ihm den Scheitel gebleicht. Die Züge nicht fein und doch wie verräterisch! Blicken wir ihm zuerst in die freundlichen Mienen, so spricht uns Gutmütigkeit und behagliche Sicherheit an; aber nun seht, wie listig und verschlagen es ihm aus den Augen blickt und wie die Umgebung des Mundes nicht frei ist von jenen kalten und stolzen Zügen, die das Gefühl der Überlegenheit, des Selbstvertrauens, der Klugheit verraten! – Gestehen wir es: uns imponiert diese Erscheinung nicht weniger als die strengere und edlere eines Auerswald, als die feinere und geistigere eines Camphausen und Beckerath. So muß er ja aussehen, der praktische Mann, und wir wissen den vollen Wert eines solchen zu schätzen und doppelt zu schätzen in einer Versammlung wie diese, die zu den höchsten praktischen Zwecken berufen ist und die, so neu und unerfahren in parlamentarischem und politischem Wesen, so sehr des erfahrenen Führers, die, so reich an idealistischen Elementen, so sehr des praktischen Gegengewichtes bedarf.

Rudolf Haym, 1848 Mitglied des Paulskirchenparlaments in Frankfurt und später Professor für deutsche Literaturgeschichte in Halle, entwarf in seiner Schrift „Reden und Redner des ersten Preußischen Vereinigten Landtags" (1847) psychologische Porträts von sechzehn Rednern. Am ausführlichsten verharrte er bei Hansemann.

246 Zit. n. Manfred Botzenhart: Deutscher Parlamentarismus in der Revolutionszeit 1848-1850. Düsseldorf 1977, S. 766.

Das flexible Dreiklassenwahlrecht der rheinischen Kommunalverfassung wurde nun für die Wahl zum preußischen Abgeordnetenhaus eingeführt, ohne daß ein einheitlicher Steuersatz für die Gesamtmonarchie zugrundegelegt wurde[247]. So konnten in Gemeinden ohne große Steuerzahler auch Männer mit relativ geringer Steuerleistung in der ersten Klasse wählen, womit dem Vorwurf begegnet wurde, Vermögende würden generell bevorzugt. Das Wahlrecht beruhte auf dem ‚modernen' Staat als Erwerbsgesellschaft[248] und war auf der Gesamtstaatsebene öffentlich und mündlich. Es entsprach einem liberal-konservativen Kompromiß, den die äußerste Rechte und einflußreiche Camarilla um den König ablehnte, die sich weiterhin am historischen Recht des Ständestaats, an Geburt und Tradition, und nicht am wirtschaftlichen Erfolg orientierte. Dagegen befürworteten die Liberalen um David Hansemann im Ministerium eine beschränkte, von der individuellen Leistung für den Staat abhängige politische Partizipation. Der Minister des Kultus erinnerte an den bisher nicht widerlegten „Satz der Staatsweisheit", „nach der eben nicht plurimum possint plurimi"[249]. Das Dreiklassenwahlrecht blieb in Preußen bis zum Ende der Monarchie in Kraft und war schließlich ein Anachronismus, während die Revolution in Frankreich 1848 das Zensuswahlrecht für immer beseitigte und Bismarck später für den Reichstag das allgemeine, gleiche, geheime und direkte Wahlrecht (wie überall kein Frauenstimmrecht) einführte.

Den größten Einfluß gewann in Stadt- und Landkreis Aachen der sich nun politisch formierende Katholizismus, der dem nach der napoleonischen Zeit entstandenen Staatskirchentum endgültig zu entrinnen versuchte. In diesem Sinne, „für bürgerliche und religiöse Freiheit", jedoch mäßigend gegenüber allen revolutionären Tendenzen und streng kirchlich, wirkten die zu Ehren des regierenden Papstes benannten Piusvereine. Ausgehend von Mainz entstand in der Kölner Erzdiözese der erste im Revolutionsjahr in Aachen, weitere in den umliegenden Dörfern Ederen, Brand und Forst, auch in Burtscheid, Eupen, Erkelenz und Düren – überall da, wo der Ortsklerus initiativ wurde, aber nicht flächendeckend, weder in Montjoie, Heinsberg noch in Jülich. Im Aachener Piusverein waren Arbeiter, Tagelöhner und unselbständige Handwerker, also die ärmeren und wenig gebildeten

---

247 Oft übersehen, auch von Wehler, der vom plutokratischen Prinzip spricht: Hans-Ulrich Wehler: Deutsche Gesellschaftsgeschichte, Bd. 3: 1849-1914. München 1995, S. 200f. – Vgl. Boberach: Wahlrechtsfragen im Vormärz, S. 115-149, v. a. S. 140.

248 Vgl. Günther Grünthal: Das preußische Dreiklassenwahlrecht. In: HZ 226 (1978) S. 17-66, hier S. 60f.

249 Ebd. S. 27 (Die meisten können eben nicht das Meiste).

Schichten, unter Führung von Honoratioren der „Constantia" und des Stadtklerus zusammengeschlossen[250].

Darin lag eine der Voraussetzungen dafür, daß der politische Katholizismus in der Revolution im Rheinland und besonders im Regierungsbezirk Aachen die Kammerwahlen für sich entscheiden konnte und mehr Abgeordnete nach Berlin und Frankfurt entsandte als die Liberalen[251] – vor allem auf dem flachen Land, wo die Stimme des ultramontanen Kölner Erzbischofs Johannes Geissel und des Königs viel wog. Beide sprachen im Sinne der christlich-konservativen Ordnungsidee. Die kirchlichen Wünsche wurden in der revidierten preußischen Verfassung, die bis zum Ende der Monarchie in Kraft blieb, vollständig berücksichtigt. Die Juden gewannen durch die Verfassung die völlige bürgerliche und politische Gleichstellung, die als erster Provinziallandtag der rheinische mit übergroßer Mehrheit 1843 eingefordert hatte, getragen von einer Woge öffentlicher Zustimmung. Wortführer waren dabei die Abgeordneten Beckerath, Mevissen und Hansemann gewesen, dieser unterstützt von einer im Ton eindringlichen Petition Aachener und Burtscheider Bürger[252].

Die Piusvereine wandelten sich nun zu kirchlichen Geselligkeitsvereinen. Den Unterbau des Milieus festigten die teils wiederbelebten, teils verstärkten barocken Frömmigkeitsformen: Reliquien- und Marienkult, Prozessionen und Wallfahrten, Volksmissionen[253] und Laienkongregationen. Diese Formen wandelten sich zu Demonstrationen der Romtreue, ihre regionale Träger waren etwa die alte Erzbruderschaft vom heiligen Rosenkranz an St. Castor in Alsdorf und die dortige Prozessionsbruderschaft, die zum Marienheiligtum nach Kevelaer pilgert; die Gebetsbruderschaft vom Heiligsten Herzen Jesu in Hoengen; die St. Barbara-Bruderschaft zur Förderung des Gebetes in Mariadorf; oder die jährliche Wallfahrt von Montjoie zum Gnadenbild nach Heimbach in der Eifel und in der Korneli-Oktav

250 Vgl. Konrad Repgen: Märzbewegung und Maiwahlen des Revolutionsjahres 1848 im Rheinland. Bonn 1955, S. 110-114. – Zu sozialen Schichtung Ernst Heinen: Anfänge des politischen Katholizismus in Aachen. In: ZAGV 100 (1995/96) S. 327-471, bes. S. 334f., 372f., 418-423. – Ders.: Rheinischer Katholizismus im 19. Jahrhundert. In: Rhein. Vjbll. 64 (2000) S. 266-289, hier S. 275-279. – Herres: Städtische Gesellschaft, S. 242, 280f., 299-301, 407.

251 Vgl. Repgen: Märzbewegung, S. 226ff. (zu Aachen), 236, 255, 276f. (Regierungsbezirk Aachen) 342.

252 Vgl. Baeck: Jüdische Religionsgemeinschaft, S. 242-244. – Dieter Kastner: Der Rheinische Provinziallandtag und die Emanzipation der Juden 1825-1845. Köln 1989, v.a. Tl. 1, Einleitung S. 7-81; Petition mit Namen aller Unterzeichneten, Tl. 2, S. 857-862.

253 Davon zeugen bis heute viele Kreuze an Kirchen und auf Friedhöfen. Vgl. Erwin Gatz: Rheinische Volksmission im 19. Jahrhundert. Düsseldorf 1960.

nach Kornelimünster[254]. Angesichts der erwähnten Choleraepidemien fanden die Wallfahrten zum Aachener Roskapellchen und zum Gnadenbild von Nothberg bei Eschweiler großen Zulauf.

Für die Region am bedeutsamsten sind bis heute die beiden „Heiligtumsfahrten" nach Kornelimünster und Aachen. Werden dort das Schürztuch, Schweißtuch und Grabtuch Christi verehrt[255], so hier das Kleid Mariens aus der Heiligen Nacht, die Windeln des Christkindes, das Lendentuch Jesu am Kreuz und das blutbefleckte Enthauptungstuch Johannes des Täufers – Reliquien, mit denen der Überlieferung nach Karl der Große die Aachener Marienkirche ausgestattet hat; sie werden im Marienschrein aufbewahrt, dem bedeutendsten Aachener Heiligtum[256]. Beide Heiligtumsfahrten bestehen seit 1349 und finden in Erinnerung an das jüdische Jubeljahr im Siebenjahresrhythmus statt, jüngst im Jahr 2007. Aachen zog dabei im Spätmittelalter, als die Stadt 10.000 Einwohner zählte, bis zu 100.000 Pilger an. Diese kamen aus den benachbarten Niederlanden, den Anrainerstaaten der Ostsee und sogar aus Böhmen, Ungarn und Slawonien. Der Eisenbahnbau machte die Heiligtumsfahrten zu Massenveranstaltungen; sie wurden in Jahren der Konfrontation zwischen Staat und Kirche zum Ort des stummen Protestes[257], sie waren und sind nicht zuletzt ein regionaler Wirtschaftsfaktor.

Zu Hauptträgern des Ultramontanismus wurden die katholischen Orden und Genossenschaften, die in den katholischen Hochburgen der preußischen Westprovinzen – im Rheinland, Sauerland, Münsterland und Paderborner Land – wie Pilze aus dem Boden schossen, Tochterhäuser und bald auch nordamerikanische Ordensprovinzen errichteten. Gründer waren Töchter großbürgerlicher Familien, die ihr Erbe als Grundkapital einbrachten und in Aachen unter den Einfluß der Konvertitin Luise Hensel geraten waren[258]: Klara Fey (Genossenschaft der Schwestern vom armen Kinde Jesus)[259], deren Schwester Helene Fey (Schwestern vom guten Hirten)

254 Vgl. Dieter P. J. Wynands: Geschichte der Wallfahrten im Bistum Aachen. Aachen 1986. – Wolfgang Herborn: Wallfahrtswesen und Heiligenverehrung in Würselen. In: Würselen. Beiträge zur Stadtgeschichte, Bd. 2. Köln 1995, S. 407-439.

255 Vgl. Ernst Hönings: Die Christusreliquien im Wallfahrtsort Kornelimünster und ihr Kult in Mittelalter und Neuzeit. Jülich 1993.

256 Vgl. Dieter P. J. Wynands (Hg.): Der Aachener Marienschrein. Aachen 2000 (mit Bildtafeln).

257 So in den Jahren 1839, 1874 (229.000 Pilger), 1937 (mindestens 750.000). Vgl. Wynands: Geschichte der Wallfahrten, S. 88, 90-94.

258 Unter Hensels Einfluß gründete Pauline von Mallinckrodt, Tochter des Aachener Regierungspräsidenten, in Paderborn die Genossenschaft der „Schwestern der christlichen Liebe".

259 Vgl. Dieter P. J. Wynands: Clara Fey (1815-1894). In: Rheinische Lebensbilder, Bd. 9. Köln 1982, S. 179-198, zur unbedingten Romhörigkeit S. 193.

und Franziska Schervier, im Volksmund „Fränzchen“ (Armen-Schwestern vom hl. Franziskus), die auch die Gründung der Genossenschaft der Armen-Brüder vom hl. Franziskus anregte[260].

Grußkarte von der Aachener Heiligtumsfahrt im Jahr 1909.

Die Genossenschaften fanden in den Industrierevieren von Stolberg, Eschweiler, Baesweiler und Würselen, die Eupener Franziskanerinnen in Kohlscheid und Montjoie Aufgabenfelder in der Krankenpflege und höheren Töchterbildung – Ursulinen in Aachen und Montjoie, Armes-Kind-Jesu-Schwestern in Burtscheid, Franziskanerinnen in Eschweiler und Stolberg –, wo der Staat längst noch nicht flächendeckend tätig war[261]. Sie konnten aus einem nahezu unbegrenzten Reservoir junger Frauen schöpfen, weil es katholische Familien als Ehrenpflicht ansahen, eine ihrer Töchter in ein Kloster zu geben. Die Genossenschaften konkurrierten untereinander um Nachwuchs, auch im Wettbewerb mit Einrichtungen der evangelischen

260 Vgl. Erwin Gatz: Franziska Schervier (1819-1876). In: Zeitgeschichte in Lebensbildern, Bd. 3. Mainz 1979, S. 50-61, 283f. – Ders.: Art. F. Schervier. In: NDB Bd. 22, 2005, S. 705.

261 Vgl. Erwin Gatz: Kirche und Krankenpflege im 19. Jahrhundert. München 1971; hier zu den Genossenschaften in Aachen (Christenserinnen, Alexianer – diese neugegründet und von Aachen aus am gesamten Niederrhein aktiv –, Hospitalschwestern von St. Elisabeth, Arme Schwestern vom hl. Franziskus).

Diakonie, vor allem des von Aachener und Burtscheider Honoratioren gegründeten und mit Stiftungen fundierten Luisenhospitals am Aachener Boxgraben[262].

Auch manche Organisation der Zivilgesellschaft geriet in den Sog des Ultramontanismus, wie der Monschauer Schützenverein im Jahr 1848. Zu mächtigen Bekenntnisdemonstrationen gerieten in Aachen die deutschen Katholikentage, die im selben Jahr in Mainz begründet worden waren.

Deutsche Katholikentage in Aachen vor 1914 und ihre Devisen

1862 Privatmeinungen rückhaltlos der Autorität der Kirche unterordnen; die Vorträge waren der „sozialen Frage" gewidmet

1879 Es gibt nur eine einzige Mutter der Wissenschaft, und das ist Rom

1912 Eingeborenen Stämmen die Herrschaft der höheren Rasse bringen

Die Geschlossenheit des Milieus unterstrich noch das Bauwesen. Hatte der preußische Staat bis 1848 von Berlin aus den Klassizismus als Baustil bei den öffentlichen Bauten durchgesetzt, so waren alle Architekten, die für das Kölner Erzbistum arbeiteten, seit der Jahrhundertmitte gehalten, im gotischen oder romanischen Stil zu bauen. Erste Beispiele für die „dogmatische Gotik" waren die von dem Landesbauinspektor bei der Aachener Regierung, Johann Peter Cremer, entworfenen katholischen Pfarrkirchen in Roetgen, Eschweiler-Röhe und Stolberg-Breinig sowie die Votivkirche St. Marien in Aachen von Vinzenz Statz[263]. Beim Kirchenbau konnte sich Cremer von Schinkels Vorgaben lösen und einen stilistisch eigenständigen Weg beschreiten.

Schon bald ging die Region in die schwerste Auseinandersetzung zwischen preußischem Staat und katholischer Kirche.

Kulturkampf im Kaiserreich

Dem nach der Reichsgründung ausgetragenen Konflikt war die Verurteilung u. a. von Liberalismus, Sozialismus und Kommunismus als große „Zeitirrtümer" durch Papst Pius IX. und die Definition des päpstlichen Jurisdiktions- und Lehrprimats

262 Vgl. Konrad Simons: Luisenhospital. 125 Jahre Evangelischer Krankenhausverein zu Aachen. 1867-1992. Aachen 1992. – Anton Sterzl: Der weite Weg des Hugo Cadenbach. Ein Aachener Lesebuch aus dem Luisenhospital. Aachen 2001.

263 Vgl. Schild: Architektur im Rheinland, hier S. 267-269.

auf dem Ersten Vatikanischen Konzil 1869/70 vorausgegangen. Das päpstliche Diktum kam einer Absage an moderne Welt und Wissenschaft gleich; es ist wohl auch darauf zurückzuführen, daß das Papsttum die Steigerung seiner Autorität als Kompensation für den im Zuge der Einigung Italiens verlorengegangenen Einfluß nach Untergang des Kirchenstaates suchte[264].

Bismarck befürchtete eine katholisch bestimmte französisch-österreichische Hegemonie im Hinblick auf die großdeutsch-katholischen Vorbehalte gegenüber dem neuen Reich und die Selbstbehauptung der katholischen Kirche gegenüber der modernen wissenschaftlich-industriellen Welt. Die Verbündeten des Reichskanzlers waren dabei die Nationalliberalen, die mit „furor teutonicus" auf die Trennung von Staat und Kirche hinarbeiteten – wie in vielen Ländern Deutschlands und Europas mit überwiegend katholischer Bevölkerung oder starker katholischer Minderheit der Staat die Überordnung über die Kirche betonte[265]. So setzte Preußen auf dem Kampfweg, den „Maigesetzen" von 1873, den Vorrang des Staats in Schule und Personenstandsangelegenheiten durch. Die Zivilehe war allerdings nebst Zivilstandsregister, damals kaum gewürdigt, durch den Code Napoléon im Linksrheinischen längst eingeführt worden. Das großdeutsch-katholische Aachener „Echo der Gegenwart" wurde mit 33 Prozessen überzogen, konnte indes seine Abonnentenzahl um die Hälfte steigern. Das „Brotkorbgesetz" sperrte 1875 die Staatszuschüsse an Bistümer, kirchliche Institutionen und Klerus. Dies alles brachte die Katholiken der Rheinprovinz und der Region Aachen gegen Berlin und die Borussen auf; sie verfolgten Bismarck mit glühendem Haß[266].

In diesen Sturmjahren trat das evangelische, liberale und freisinnige Element der bürgerlich-nationalen Vereinsbewegung in Aachen und Stolberg stärker hervor. Es hatte sich 1863 im „Liberalen Bürgerverein für Aachen und Burtscheid" konstituiert, der die erwähnte einflußreiche „Constantia" überflügelte[267]; seine Organe waren die „Aachener Zeitung" bzw. die „Kölnische Zeitung", diese nach einem Wort Bismarcks „so viel werth wie ein Armeecorps am Rhein". Der Kulturkampf unterstrich in Aachen, Burtscheid, Montjoie und Stolberg die ohnehin ausgeprägte Geschiedenheit der konfessionell-sozialen Milieus: hier ultramontan-katholisches Kleinbürgertum und Arbeiterschaft, dort Professoren und Studenten der Technischen

264 Vgl. Rudolf Lill: Die Macht der Päpste. Kevelaer 2006, Kap. 3.

265 Vgl. Winfried Becker: Der Kulturkampf als europäisches und deutsches Problem. In: HJb 101 (1981) S. 422-446.

266 Vgl. Propst Heinrich Grüber: Erinnerungen aus sieben Jahrzehnten. Köln 1968, S. 24f.

267 Vgl. Herres: Städtische Gesellschaft, S. 361, 387.

Hochschule sowie evangelisch-nationalliberales Großbürgertum, besonders stark in Stolberg in Form des Patriziats der alteingessenen und miteinander verschwägerten Industriellenfamilien von Asten, Lynen, Peltzer, Peill, Prym, Reidt, Schleicher, Schüll, das im Stadtrat mit Katholisch-Liberalen und dem kulturkämpferischen Bürgermeister Friedrich von Werner an der Spitze den Ton angab[268].

Aachener Studenten – mehrheitlich protestantisch und vorerst nur in Corps organisiert, viele mit einem „Schmiß" im Gesicht – verbanden 1874 der Statue der Minerva auf dem Dach der Polytechnischen Schule anläßlich der Heiligtumsfahrt die Augen mit einem Trauerflor. Minerva, Göttin der Weisheit, sollte nicht den „Frevel an dem Menschengeiste" in Form der Wallfahrt mitansehen müssen[269]. August von Kaven, Direktor des Polytechnikums, erklärte auf dem Höhepunkt der Auseinandersetzung in der Festrede vor der 16. Hauptversammlung des Vereins Deutscher Ingenieure 1875 in Aachen, daß sich die Gründung der Anstalt vor allem der „Idee einige[r] aufgeklärte[r], liberale[r] Bürger dieser Stadt" verdanke, „hier, wo es am dunkelsten in Deutschland ist, für Pflege der Wissenschaft zu sorgen, damit es heller werde"[270]. Dies ließen die katholischen Kreise nicht auf sich sitzen. Gegen die „finster[e] Clique, welche die schönen Zwecke unserer Hochschule dem religionsfeindlichen Geiste dienstbar macht", erschien im „Echo der Gegenwart" eine zwölfteilige Polemik[271].

Nichts hat das Verhältnis von Staat und Mehrheitsbevölkerung in den preußischen Westprovinzen so belastet wie der fast zwei Jahrzehnte andauernde „Kulturkampf". Der Kölner Erzbischof Paul Melchers, wie die meisten deutschsprachigen Bischöfe ein Gegner der Konzilsbeschlüsse, denen sich jedoch schließlich alle unterwarfen, trat als Vorsitzender der damals errichteten Fuldaer Bischofskonferenz für die Freiheitsrechte der Kirche ein, ohne indes selbst eine starke Führernatur zu sein. Da er gegen die „Maigesetze" verstoßen hatte, wurde er von März bis Oktober 1874 im Kölner Gefängnis „Klingelpütz" inhaftiert, mit Korbflechten beschäftigt und vom Staatlichen Gerichtshof abgesetzt, nachdem er mehrere gegen ihn verhängte Geldstrafen nicht bezahlt hatte.

---

268 In Stolberg standen 1875 9177 Katholiken 862 Evangelische und 39 Juden gegenüber. Vgl. Ingeborg Molinari: Stolberg im 19. Jahrhundert, Bd. 2: Leben und Leute von 1815-1900. Stolberg 1989, S. 74-86. Das Thema bedürfte der Vertiefung.

269 Zit. n. Klaus Ricking: 125 Jahre Geschichte der RWTH Aachen. Aachen 1995, S. 65.

270 Ebd.; Bericht in: Echo der Gegenwart, Nr. 240, 4.9.1875.

271 Ebd., Nr. 199, 23.7.1878. Verfasser war der Jesuitenpater Tilman Pesch. Vgl. Ricking, S. 66.

Anschließend fand Melchers Asyl in Maastricht, der Hauptstadt der niederländischen Provinz Limburg (28.000 Einwohner) und Hochburg des Ultramontanismus. Von hier leitete Melchers das Kölner Erzbistum, so gut es ging, bis 1885 weiter. In den Jahres des Kulturkampfs enthob der Staat hunderte von Pfarrern ihres Amtes, da ihnen Verstöße gegen die „Maigesetze" angelastet wurden. Auch im Aachener Raum verwaisten bis 1886 viele Pfarreien und konnten die Sakramente nicht mehr gespendet werden. Viele Gläubige fürchteten angesichts fehlenden priesterlichen Beistands um ihr Seelenheil, war es doch eine schreckliche Vorstellung, ohne Tröstung durch die Sakramente sterben zu müssen!

Das Aachener Landgericht verfügte die Schließung der Filialen des Mainzer Vereins deutscher Katholiken in Aachen, Erkelenz, Gressenich und Stolberg. Die Mitglieder geistlicher Genossenschaften mußten den Schuldienst aufgeben und wurden auf die Krankenpflege beschränkt. Die meisten Genossenschaften der Aachener Region wanderten nach Belgien und etwa 1300 Ordensangehörige ins niederländische Limburg ab, manche in unmittelbare Grenznähe. So siedelten die Burtscheider Redemptoristen nach Vaals über, aus Aachen die „Armen Brüder vom hl. Franziskus" nach Bleyerheide, die „Schwestern vom Armen Kinde Jesus" nach Simpelveld, die „Armen-Schwestern vom hl. Franziskus" nach Verviers.

In Belgien und in den Niederlanden waren Staat und Kirche nicht vergleichbar eng verbunden wie in Preußen; insofern verhielten sich im niederländischen Kulturkampf Staat und liberal-protestantische Elite sehr viel moderater und betrachteten Bismarcks Politik als „kontraproduktiv"[272]. Ein solcher Kampf hätte sich mit der freiheitlichen niederländischen bzw. belgischen Tradition nicht vertragen. Die niederländischen Katholiken waren keine durch ein Konkordat mit Rom geschützte Minderheit, weil die Protestanten dagegen opponierten, und bewiesen große Solidarität mit den verfolgten Rheinländern. Aus den Pfarreien des Bistums Roermond zogen während des Kulturkampfs die Wallfahrer weiterhin nach Kevelaer. Für den Bischof von Roermond bot der Zuwachs durch deutsche Ordensangehörige Gelegenheit, das Netz seiner Bistumseinrichtungen enger zu knüpfen[273]. Aus der deutschsprachigen Gemeinde Belgiens wirkte die katholisch-kämpferische Zeitung

---

272 Vgl. Peter Jan Margry, Henk te Velde: Die Prozessionsfrage in Limburg. In: Kulturkampf in Europa im 19. Jahrhundert. Leipzig 2003, S. 81-96, hier S. 91, 93.

273 Vgl. Herbert Lepper: Der „Kulturkampf" im Rheinland und seine Auswirkungen auf Belgien und die Niederlande. In: Rhein-Maas, Kulturraum in Europa. Köln 1991, S. 70-86, hier S. 74, 79, 84.

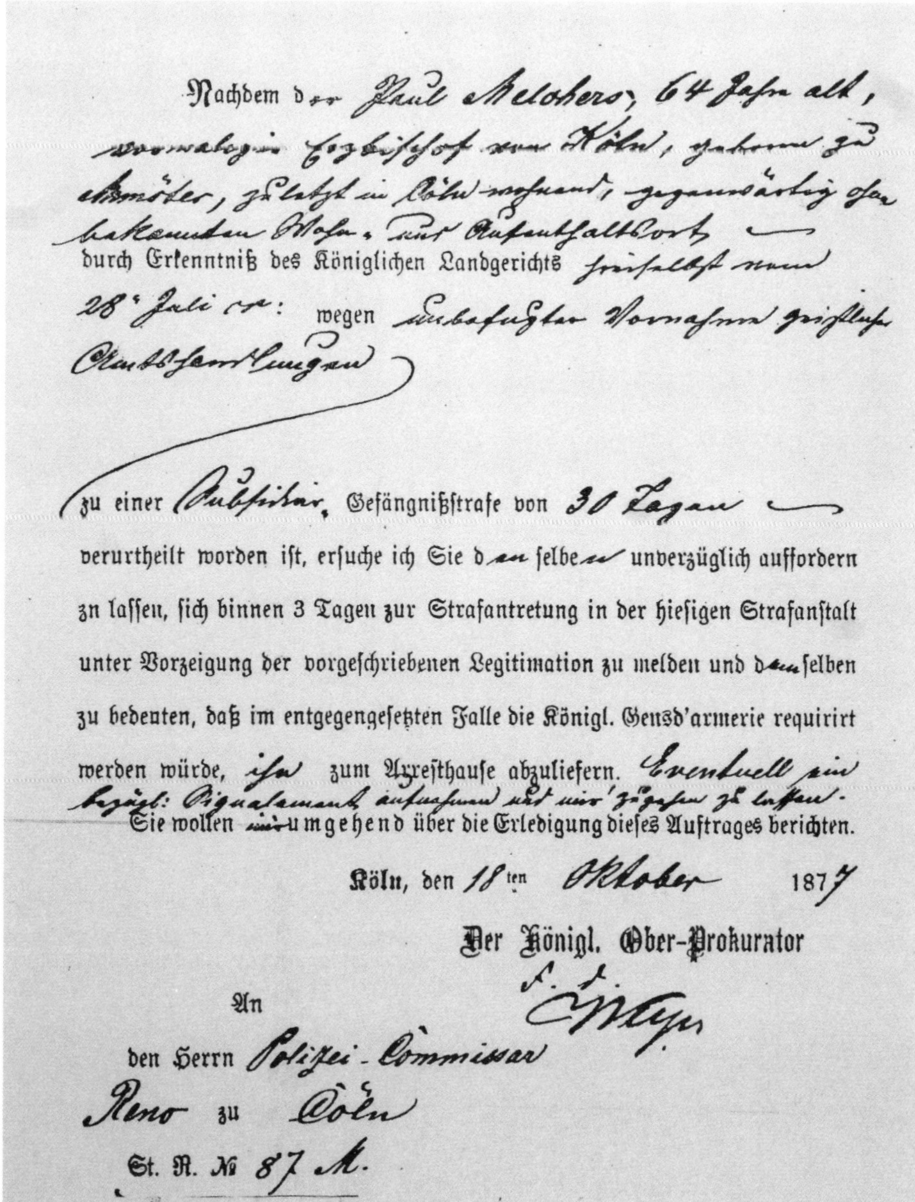

Nachdem der Paul Melchers, 64 Jahre alt, vormaliger Erzbischof von Köln, geboren zu Münster, zuletzt in Köln wohnend, gegenwärtig ohne bekannten Wohn- und Aufenthaltsort
durch Erkenntniß des Königlichen Landgerichts hierselbst vom 28. Juli cr.: wegen unbefugter Vornahme geistlicher Amtshandlungen

zu einer subsidiär Gefängnißstrafe von 30 Tagen
verurtheilt worden ist, ersuche ich Sie denselben unverzüglich auffordern zu lassen, sich binnen 3 Tagen zur Strafantretung in der hiesigen Strafanstalt unter Vorzeigung der vorgeschriebenen Legitimation zu melden und demselben zu bedeuten, daß im entgegengesetzten Falle die Königl. Gensd'armerie requirirt werden würde, ihn zum Arresthause abzuliefern. Eventuell ein bezügl. Signalement aufnehmen und mir zugehen zu lassen.
Sie wollen mir umgehend über die Erledigung dieses Auftrages berichten.

Köln, den 18ten Oktober 1877

Der Königl. Ober-Prokurator
i. V. Meyer

An
den Herrn Polizei-Commissar
Reno zu Cöln
St. R. № 87 M.

Am 18. Oktober 1877 ordnete der Königliche Ober-Prokurator die Strafantretung des Kölner Erzbischofs Paul Melchers an. Vierzig Jahre nach der Verhaftung Droste-Vischerings im Mischehenstreit wurde erneut ein Kölner Erzbischof aus dem Bischofspalais abgeführt. Das Verhältnis zwischen preußischer Krone und Mehrheitsbevölkerung in den Westprovinzen war im Kulturkampf einer langen und schweren Belastung ausgesetzt, die sich der geschichtlichen Erinnerung tief eingeprägt hat.

„Die Fliegende Taube“ in den Aachener Raum hinein[274]. Die kulturräumliche Einheit von Rheinland und mittlerem Maasland trat in den Kulturkampfjahrzehnten prägnant hervor.

Der Kulturkampf setzte den rheinischen Katholizismus einer inneren Zerreißprobe zwischen Treue zur Hohenzollern-Dynastie einerseits und zu Papst und Kirche andererseits aus. In vielen Häusern auf dem Land erhielt das Bild des Papstes einen Ehrenplatz neben der Muttergottesdarstellung, vor der ein Öllicht brannte. Während Klerus und Kirchenvolk der Aachener Region an der Treue zu Kirche und Papst unverbrüchlich festhielten, stießen päpstlicher Unfehlbarkeitsanspruch, römischer Zentralismus und Antimodernismus bei führenden Theologen im Rheinland, in München (Ignaz von Döllinger), partiell auch in Belgien (katholische Laienbewegung) und Frankreich (Gallikanismus) auf Widerspruch[275]. Die „Altkatholiken“, darunter Professoren an der Katholisch-Theologischen Fakultät in Bonn und ein Teil der dortigen Pfarrer und Gemeinden, beugten sich den Konzilsbeschlüssen nicht und spalteten sich ab[276].

Nach Überwindung der schlimmen Kulturkampfjahrzehnte sangen die Kinder in Stolberg mit Blick auf die Wetterfahnen auf den drei Kirchtürmen[277]:

Der katholische Hahn,
der lutherische Schwan
und der reformierte Engel
drehen alle an einem Schwengel.

Erst Papst Johannes XXIII. (1958/63) befreite die katholische Kirche nach einem langen und steinigen Weg auf dem Zweiten Vatikanischen Konzil aus der Isolierung gegenüber der modernen Welt und ermöglichte die Neuordnung im Verhältnis von päpstlichem Autoritarismus und bischöflich-ortskirchlicher Eigenständigkeit, worüber die Diskussion anhält.

---

274 1848 in Aubel von dem Eupener Johann Heinrich Willems gegründet, 1940 vom NS-Besatzungsregime verboten, 1945-1951 wiederbelebt. Vgl. Hinweise in: Zwei Jahrhunderte deutschsprachige Zeitung in Ostbelgien. Eupen 2007, S. 166f., 197-199.

275 Vgl. Klaus Schatz: Vaticanum I 1869-1870, 3 Bde., Paderborn 1992-1994, zur Reaktion im Rheinland, Bd. 1, S. 213-229.

276 Eine altkatholische Gemeinde und Kirche besteht in Aachen seit 1963, die Altkatholische Kirche in Deutschland zählt heute 25.000 Mitglieder.

277 Überliefert bei Grüber: Erinnerungen, S. 18.

Kampf um die Weltanschauung

Nach Aufhebung des Sozialistengesetzes im Jahr 1889 durften sich Ortsvereine der in Gotha 1875 gegründeten Sozialistischen Arbeiterpartei Deutschlands und sogenannte „Agitations-Komitees" mit der Funktion von Bezirksvorständen auch im Aachener Raum etablieren. Es ging der Partei um die Ausgestaltung einer menschenwürdigen Industriegesellschaft und Überwindung der Klassengegensätze. Einen ersten Schritt in diese Richtung hatte aus pragmatischen Gründen Otto von Bismarck mit der Arbeiterschutzgesetzgebung bereits getan.

Auf SPD-Ebene wurden die 23 Reichstagswahlkreise der Regierungsbezirke Aachen, Köln, Koblenz, Trier und Birkenfeld zur „Oberen Rheinprovinz" zusammengeschlossen; eine Parteikonferenz trat hier erstmals 1897 in Neuwied zusammen[278]. Das Rückgrat des „Agitationskomitees" bildeten die Kölner Vororte Mülheim, Kalk, Nippes, Ehrenfeld und Lindenthal, ferner Aachen-Stadt, das Wurmrevier und die Region Düren-Stolberg. In Aachen-Land und erst recht im Monschauer Land war die Zustimmung zur SPD bei der überwiegend in der Land- und Forstwirtschaft arbeitenden Bevölkerung deutlich geringer als in den Industrieregionen[279] und „die Organisation äußerst schwierig"[280]; „selbst in der Großstadt Aachen" ließ „der Stand der Parteibewegung ungemein viel zu wünschen übrig"[281].

Der Partei standen, wenn überhaupt, nur kleine Versammlungsräume zur Verfügung, in neun der 23 Reichstagswahlkreise gar keine und selbst in der Großstadt Köln kein ausreichend großer Saal. Parteiversammlungen wurden außerdem polizeilich beobachtet. Parteiarbeit bestand im „Agitieren von Mund zu Mund", in „Kleinarbeit im Bekanntenkreise, in der Werkstatt usw."[282]. Die eindrucksvollsten Kundgebungen gelangen den Sozialdemokraten in Aachen-Stadt und -Land bei den jährlichen Feiern und abendlichen Volksversammlungen am 1. Mai (der erst 1933

---

278 Vgl. Günter Bers (Hg.): Die Sozialdemokratische Partei im Agitationsbezirk obere Rheinprovinz 1897-1918, Teil 1 (1897-1905). Köln 1973. Das Folgende nach der Einleitung.

279 Bei den Reichstagswahlen erhielt die SPD in Aachen-Stadt 1898 2536 (1903: 3299), in Aachen-Land-Eupen 1335 (2381) Stimmen und damit weit über die Zahl der Mitglieder hinaus. Vgl. ebd. S. 48. – Reichstagswahlergebnisse der SPD im Regierungsbezirk Aachen bei Michael Klöcker: Die Sozialdemokratie im Regierungsbezirk Aachen vor dem 1. Weltkrieg. Wentorf/Hamburg 1977, S. 250-260.

280 Erster Parteitag des SPD-Agitationsbezriks in Neuwied 1898, ebd. S. 67, 122.

281 Bericht des SPD-Agitationskomitees für die Jahre 1904-1905, ebd. S. 54.

282 Bericht zum Vierten Parteitag in Köln 1900, ebd. S. 98.

staatlicher und damit arbeitsfreier Feiertag wurde)[283]. Die meisten Stimmen gewann die SPD im Wahlkreis Eupen, Aachen-Land und Burtscheid vor dem Weltkrieg in den Orten Eschweiler, Burtscheid, Pannesheide, Würselen[284], Stolberg, Haaren, Bardenberg und Hoengen[285].

Die Basis der Partei des Proletariats bestand aus Arbeiterkonsum-, Arbeitersport-, Arbeitergesang-, Arbeitergeselligkeits-, Arbeiterbildungsvereinen und den beliebten Rauchklubs, die dem geselligen Zusammensein frei von staatlicher Überwachung dienten[286]. Der wohl älteste Rauchklub überhaupt entstand in Würselen-Haal[287]. In den Bergbaugebieten blühten die Brieftauben- und Kleingärtnervereine. Das bürgerliche Vereinswesen wurde nachgeahmt, wobei sich bürgerlich-liberale bzw. kleinbürgerlich-katholische und sozialdemokratische Vereine aus ideologischen Gründen gegenseitig boykottierten[288].

Delegierter Schmidt (Aachen) auf dem dritten Parteitag des oberrheinischen Agitationsbezirks der SPD in Aachen 1900[289]

In Aachen bietet die Gewerkschaftsbewegung ein trübseliges Bild. Hier stehen sich die Weltanschauungen so schroff gegenüber wie nirgends anders. Die freie Gewerkschaft ist in Aachen deshalb so schwer einzuführen, weil sie die Duldsamkeit zur Bedingung hat. Es ist zu begrüßen, daß es die Sozialdemokraten sind, die erklären, daß die Gewerkschaften frei sein müssen und nicht im Dienste einer Partei stehen dürfen. In Aachen ist nicht viel Zustimmung von Fremden, vielmehr haben wir mit einer angesessenen Bevölkerung zu tun. Außer den Textilarbeitern sind alle Gewerkschaften hier unbedeutend. Die Ursache ist die Trägheit.

Wichtigstes publizistisches Organ der Sozialdemokratie war die in Köln seit 1891 erscheinende „Rheinische Zeitung" und in der Region Aachen das als

---

283 Vgl. Klöcker: Sozialdemokratie, S. 78f., 307-324.

284 Vgl. Achim Großmann, Susanne Mix: 100 Jahre SPD in Bardenberg und Würselen. Würselen 2003.

285 Vgl. Klöcker: Sozialdemokratie, S. 253. – In Mariadorf hatten sich 1906 Bergleute aus Böhmen, Mähren, Slowakei, Kroatien und Ungarn angesiedelt, die sich weder untereinander noch mit dem Milieu vertrugen. Vgl. Alsdorf. Geschichte in Daten. Alsdorf 1991, S. 107.

286 Dieses lokale Vereinsnetz ist bisher kaum erforscht.

287 Vgl. Festschrift: Rauchclub 1876 Haal 125 Jahre [o.O. o. J.].

288 Vgl. Günter Bers, Michael Klöcker: Die sozialdemokratische Arbeiterbewegung im Kölner Raum 1890-1895. Hamburg 1976, S. 63*.

289 Bericht zum Vierten Parteitag in Köln 1900, bei Klöckner: Sozialdemokratie, S. 90.

Kopfblatt der „Bergischen Arbeiterstimme" zwei-, seit 1899 dreimal wöchentlich erscheinende „Aachener Volksblatt"; es war jedoch auf die evangelisch-bergischen Verhältnisse zugeschnitten, so daß seine Resonanz im Aachener Raum begrenzt blieb[290]. Daneben erschien in Köln der „Rheinische Volkskalender für das werktätige Volk in Stadt und Land", ein beliebter Agitationskalender.

Ideologisch folgte die obere Rheinprovinz mehr den politischen Anschauungen Ferdinand von Lassalles als denen von Karl Marx. Dieser wollte die Gesetze des Geschichtsprozesses erfassen und vertraute ihrer sprengenden „Naturkraft", jener sah die Aufgabe der Sozialisten in erster Linie darin, aus der Theorie politische Wirklichkeit zu schaffen. Marx sah in der Arbeiterschaft eine scharf konturierte Klasse, Lassalle hatte die neunzig Prozent der Bevölkerung von Handwerkern und Hausindustriellen über Lohnarbeiter bis zu Intellektuellen im Auge, die bei der Umgestaltung zur Industriegesellschaft strukturell unterlegen waren. Marx ging es um den revolutionären, Lassalle um den evolutionären Weg zu einer gerechteren Gesellschaftsordnung. In bürgerlichen Kreisen war der „Sozialistenschreck" tief eingewurzelt; in Stolberg lernten die Kinder, daß die Sozialisten „anderen Leuten das Geld wegnähmen und den Kaiser ermorden wollten"[291].

Die mitgliederstärksten Ortsvereine der SPD im Kreis Aachen vor dem Ersten Weltkrieg bestanden in Kohlscheid seit 1890[292] und in Weisweiler seit 1913[293], kleinere Ortsvereine entstanden um die Jahrhundertwende in Hoengen, Alsdorf, Stolberg, Würselen, Bardenberg[294] – aber unter welch mühsamen Umständen! Denn die Deutsche Zentrumspartei war die in der Region alles entscheidende und dominierende politische Kraft. Sie war aus dem Kulturkampf als klassenübergreifende katholische Sammlungspartei gestärkt hervorgegangen und entwickelte sich zur ersten „Volkspartei". Eine ihrer Hochburgen waren die beiden Wahlkreise Aachen-Stadt und Aachen-Land[295].

---

290 Vgl. Klöcker: Sozialdemokratie, S. 71, 110; zum Folgenden S. 8, 141.

291 Grüber: Erinnerungen, S. 59.

292 Der Kreis Aachen zählte 1914 900 SPD-Mitglieder, Kohlscheid ca. 70. Vgl. Josef Aretz: Kohlscheider Sozialdemokraten 1889-1990. Herzogenrath 1990, S. 4, 8f.

293 Vgl. Festschrift aus Anlaß des 100jährigen Bestehens der Sozialdemokratischen Partei Deutschlands und des 50jährigen Bestehens des SPD Ortsvereins [!] Weisweiler [o.O.] 1963, S. 44f.

294 Vgl. Klöcker: Sozialdemokratie, S. 66f.

295 Vgl. Josef Henke: Die Hochburgen der „katholischen Parteien". In: Deutschland in Europa. Frankfurt a. M. 1990, S. 348-373.

Zu den Vorfeldorganisationen der Zentrumspartei im gesellschaftspolitischen Raum gehörten die vielen katholischen Vereine mit geistlichen Präsides; sie bestanden seit der Reichsgründung selbst noch im kleinsten Eifeldorf, ihre Zugkraft beruhte auf der seinerzeit hoch modernen Form einer neuen Arbeiterseelsorge. Hervorzuheben ist der katholische Gesellenverein, von dem früheren Schuhmachergesellen und Kölner Domvikar Adolf Kolping von Elberfeld nach Köln verlegt. In Aachen, Eschweiler und Stolberg entstanden Niederlassungen schon in der Mitte des 19. Jahrhunderts. Hinzu kamen die katholischen Arbeitervereine, die ältesten in Eschweiler (1864) und Würselen (1868), der berühmt gewordene zum hl. Paulus für Aachen und Burtscheid (1869) mit eigener Konsum- und Wohnungsbaugesellschaft, Streikkasse, Versammlungshaus, Zeitung „Paulus. Christlich-sociales Volksblatt" und eigenen Wahlkreiskandidaten in Konkurrenz zu Zentrum und bürgerlich-katholischem Wahlverein „Constantia" sowie als größter Verein der Stolberger. Der Regierungsbezirk Aachen zählte (einschließlich Düren und Eupen) 10.000 Mitglieder in katholischen Arbeitervereinen bei 75.000 wahlberechtigten Männern, wobei allerdings Doppel- und Mehrfachmitgliedschaft in verschiedenen Vereinen üblich war.

Diese Vereinsgründungen waren eine Reaktion auf das kontinuierliche Vordringen der Sozialdemokratie, die sich auf dem Eisenacher Kongreß 1869 als politische Partei konstituiert hatte[296]. Die katholischen Vereine nahmen sich der Probleme der Alltags- und Arbeitswelt, der religiösen und staatspolitischen Schulung der Arbeiterschaft durch Vorträge und Diskussionen, der Einrichtung von Arbeiterbibliotheken sowie der Hebung des moralischen und kulturellen Standards an[297]; sie griffen nicht, wie die Gewerkschaften, direkt in die wirtschaftlichen Auseinandersetzungen ein. Das war die katholische Antwort auf den von Karl Marx beschriebenen Widerspruch von Kapital und Arbeit. Aus der Kirche als Anstalt der „Jenseitsvorsorge" vor der Säkularisation entwickelte sich im Laufe eines guten halben Jahrhunderts auch eine Anstalt zur Lebenshilfe.

---

296 Vgl. Günter Bers: Katholische Arbeitervereine im Raum Aachen 1903-1914. Hamburg 1979, S. 15, 23, 46f. – Herbert Lepper [Hg.]: Sozialer Katholizismus in Aachen. Mönchengladbach 1977, Einleitung.

297 In Aachen wurde 1870 das Kolpinghaus für wandernde Handwerksburschen eröffnet.

Katholisches Verbandswesen im Aachener Raum
Diözesan-Caritas
Vinzenzkonferenzen und Elisabethvereine für die Sozialhilfe in den Pfarreien
Katholischer Gesellenverein
Christlich-soziale Arbeitervereine
Katholische Arbeiterbewegung (KAB)
Katholischer Knappenverein
Katholischer Mütterverein
Katholische Jungfrauen- und Jünglingskongregationen
Volksverein für das katholische Deutschland

Durch die kirchlich-katholische Tätigkeit in den Arbeiterkreisen hielt sich die Entkirchlichung der Industriearbeiter im Aachener Raum in Grenzen – anders gewendet: Katholisches Bekenntnis und sozialdemokratisches Parteibuch waren nahezu unvereinbar. Der Durchschnitts-Sozialdemokrat war im Prinzip kaisertreu und national gesinnt, aber kirchenfern. Daher erhielt er, zumindest auf dem flachen Land, in der Regel nur unter Schwierigkeiten ein katholisches Begräbnis, selbst wenn er nicht aus der Kirche ausgetreten war[298]. In wilheminischer Zeit kam es zu einer gesteigerten Mischung von Religion und Nationalismus, die im Ersten Weltkrieg auf den Höhepunkt trieb und die konfessionellen Schranken vergessen ließ. Jeder Soldat des Kaisers war nun auch ein „miles christi". Hort des Militarismus des ‚kleinen Mannes' waren im Kaiserreich die Turn-, Sport-, Schützen- und Kriegervereine, die die Erinnerung an die gewonnenen Schlachten von 1815, 1866 und 1870 pflegten[299]. Im Raum Aachen-Montjoie-Malmedy-St. Vith war dieser Vereinsnationalismus katholisch gefärbt.

Katholizismus und Zentrumspartei fanden in der Industriearbeiterschaft des Aachen-Stolberg-Eschweiler Raumes Rückhalt, weil sie sich den Problemen aus sozialer und politischer Ungleichheit stellten. Dem diente der „Volksverein für das katholische Deutschland", dessen Zentrale in München-Gladbach, dem heutigen Mönchengladbach, residierte. Die bedeutenden katholischen Sozialpolitiker des 19. Jahrhunderts, Bischof Wilhelm Emmanuel von Ketteler von Mainz und der Münsteraner Universitätsprofessor und Priester Franz Hitze als Abgeordneter

298 Dazu, bezogen auf Stolberg nach 1918, Jacques Geulen, in: Erwin Gatz (Hg.): Erinnerungen rheinischer Seelsorger aus den Diözesen Aachen, Köln und Lüttich (1933-1986). Aachen 1988, S. 108-134, hier S. 110f. – Bezogen auf 1930 Aretz: Kohlscheider Sozialdemokraten, S. 31, 37.

299 So das Preisschießen der Bogenschützen-Gesellschaft Burtscheid zum 50. Jahrestag der Schlacht bei Belle Alliance. Vgl. Pauels: Chronik Burtscheid, Eintrag 1865, auch 1868.

im Reichstag, suchten den historischen Kompromiß von Kapital und Arbeit. Kerngedanken der katholischen Soziallehre waren Solidarität und Subsidiarität, nicht Gleichheit und Klassenkampf. Der Staat sollte ins zweite Glied rücken, Familie, Bürger und gesellschaftliche Gruppen zur Eigenaktivität anregen und diesen nicht entziehen, was sie selbst regeln konnten. Dies bildete das gedankliche Gerüst des Lehrschreibens „Rerum novarum" Papst Leos XIII. von 1891 zur sozialen Frage in der Industriegesellschaft. Es befürwortete das Koalitionsrecht der Arbeiterschaft und grenzte die katholischen Gesellschaftsvorstellungen von Sozialismus und besonders Kommunismus scharf ab.

Auf diesen Voraussetzungen beruhte die Arbeit der Christlichen Gewerkschaften. Über die Frage, ob diese unter Leitung der Kirche stehen oder interkonfessionell ausgerichtet sein sollten, entbrannte 1909/12 der „Gewerkschaftsstreit". Als Ergebnis konnte der „Volksverein für das katholische Deutschland" die kirchliche Duldung des interkonfessionellen Ansatzes erreichen. Die Christliche Gewerkschaftsbewegung behauptete sich im Raum Aachen, Eupen und Stolberg-Düren gegenüber den Freien, d.h. sozialistischen Gewerkschaften, die reichsweit dominierten[300]. Führer der christlichen Gewerkschaften im Aachener Raum war vor dem Ersten Weltkrieg der Stolberger Hüttenarbeiter Peter Harsch[301]. Die Christlichen Gewerkschaften banden einen Teil der Arbeiterschaft mittelbar an die Zentrumspartei, die die sozialpolitische Gesetzgebung im Reichstag vorantrieb, dabei vielfach unterstützt von sozial engagierten Kaplänen und Pfarrern.

Einer von ihnen war Carl Sonnenschein, Kaplan an St. Jakob in Aachen, ein mitreißender Redner, bald in die Zentrale des „Volksvereins" und bei Weltkriegsende nach Berlin berufen. Sonnenschein wollte vor allem die Studenten sozial „erwecken", die Entfremdung zwischen der „handarbeitenden Klasse" und dem Bildungs- und Besitzbürgertum überwinden und damit die Einheit im „Volksganzen" erreichen[302]. Der „Volksverein für das katholische Deutschland" um seinen geistigen Mentor Franz Hitze entwickelte sich zusammen mit der Christlichen Gewerkschaftsbewegung zu

300 Die Freien Gewerkschaften zählten 1903 in Aachen 1100-1200, in Köln 5809 Mitglieder (vgl. Behrs: Sozialdemokratische Partei, S. 28, 44), 1910 reichsweit 2 Mio. (1925: 4 Mio.); Christliche Gewerkschaften 295.000, in den 1920er Jahren über 1 Mio. Mitglieder. Vgl. Art. Gewerkschaften. In: Staatslexikon, hg. v. d. Görres-Gesellschaft, 6. Aufl., Bd. 3, 1959, Sp. 926-943, hier Sp. 939.

301 Vgl. Bers: Katholische Arbeitervereine, S. 19.

302 Vgl. Wolfgang Löhr: Carl Sonnenschein (1876-1929). In: Zeitgeschichte in Lebensbildern, Bd. 4. Mainz 1980, S. 92-102, hier S. 96. – Reinhard Richter: Nationales Denken im Katholizismus der Weimarer Republik. Münster 2000, S. 223-233.

einer echten Volksbewegung[303] und wirkte bis nach Bayern und Schlesien, aber sein Zentrum blieb der Köln-Aachener Raum – bis zur Auflösung 1936.

Carl Sonnenschein (1876-1929) war nach Studium und Priesterweihe in Rom 1902/03 Kaplan an St. Jakob in Aachen, danach in Köln-Nippes, seit 1906 Referent beim Volksverein für das katholische Deutschland in Mönchengladbach. Er meinte, den Klassengegensätzen am ehesten durch Sensibilisierung der Studenten für die soziale Frage entgegenarbeiten zu können und sah im Weltkrieg den Erzieher zum sozialstudentischen Ideal.

Nicht zuletzt wirkte die zentrumsnahe Lokalpresse mit der Mischung aus Nachrichten und katholischen Moralanweisungen meinungsbildend: „Echo der Gegenwart" und „Der Volksfreund" in Aachen, „Montjoie'r Volksblatt" und „Stadt- und Landbote" im Kreis Montjoie, „Bote an der Inde" in Eschweiler und als größte Zeitung im Kreis der „Eschweiler Anzeiger". Diese Blätter redeten nicht selten Öffentlichkeit, Kommunalpolitik und Parteien im Sinne katholischer Ordnungs- und Wertvorstellungen ins Gewissen. Die gebildeteren Volkskreise lasen die gemäßigt katholische „Kölnische Volkszeitung" mit literarischer Wochenbeilage, die im alteingesessenen Kölner Verlagshaus Bachem erschien, oder die Berliner „Germania", das offizielle Zentrumsblatt; die organisierte katholische Arbeiterschaft las dagegen die „Westdeutsche Arbeiterzeitung", das in München-Gladbach wöchentlich erscheinende Zentralorgan der katholischen Arbeiterbewegung. Diese Zeitungen erschienen jahrzehntelang bis zum Verbot im Dritten Reich, und die Familien blieben über Generationen hinweg auf sie abonniert. Die dergestalt veröffentlichte Meinung festigte Milieu und Mentalität.

In oft schroffer Opposition zu Mehrheitsbevölkerung und politischem Katholizismus stand in Aachen, Burtscheid, Montjoie und Stolberg das nationalliberale und konservative evangelische Bürgertum. Diesem sicherte das Dreiklassenwahlrecht zusammen mit katholischen Liberalen in der ersten und zweiten Wählerklasse im

303 1891: 108.000, 1902: 230.000, 1914: 805.000, 1933: 534.000 Mitglieder. Vgl. Gotthard Klein: Der Volksverein für das Katholische Deutschland 1890-1933. Paderborn 1996.

Stadtrat die Majorität; ihm sollte später beim Übergang von der Weimarer Republik zum autoritären Staat mancherorts die Schlüsselrolle zufallen.

Im weiteren Sinne sozialintegrativ wirkten die „Liederkränze" und Männergesangvereine; sie pflegten im Sinne der deutschen Eintracht („Concordia") das unbegleitete mehrstimmige Lied und breiteten sich seit 1830 von Aachen ausgehend über die gesamte Region aus: 1830 in Montjoie, 1841 in Warden, 1845 in Linnich, 1848 in Übach und Eschweiler, 1851 in Jülich und seitdem in einem immer dichteren Netz. Von Aachen angestoßen schlossen sich 1851 in Jülich Chöre aus Eupen, Kohlscheid, Stolberg, Eschweiler, Jülich und Düren zum „Aachen-Jülicher-Sängerbund" zusammen. Im thüringischen Coburg gründeten 41 Sängerbünde 1862 den „Deutschen Sängerbund", und noch im selben Jahr riefen 14 Gesangvereine, angeregt vom Bonner Männergesangverein, den „Rheinischen Sängerbund" mit Sitz in Köln ins Leben[304].

Die regionalen Sängerbundesfeste waren mit Sangeswettbewerben verbunden. Der erste im Rheinland fand unter Franz Wüllners Leitung 1863 in Aachen statt, dem schon einer der nächsten 1867 in Eschweiler folgte. Die Vereine fuhren auch zu den Gesangconcursen in die Wallonie[305]. Dabei traten die rheinischen Männerchöre unter ihrem Wahlspruch auf „Deutsch das Lied und deutsch der Wein, / Deutsch das Herz am deutschen Rhein". Immerhin bestanden vor dem ersten Weltkrieg im Rheinland 2830 Männergesangvereine mit 50.000 Sängern. Seit der Reichsgründung trat das deutsche Männergesangswesen in eine neue, stärker politisierte Phase ein[306]; die „Wacht am Rhein", von Max Schneckenburger in der Rheinkrise 1840 gedichtet („Es braust ein Ruf wie Donnerhall, wie Schwertgeklirr und Wogenprall: Zum Rhein, zum Rhein, zum deutschen Rhein! ..."), wurde nun im gesamten „deutschen Vaterland" gesungen und der Refrain gehörig geschmettert, nicht zuletzt von den Burschenschaften, wie den Aachener Teutonen[307].

Auf den Deutschen Sängerbundesfesten besangen die Gesangvereine aller Stämme und Landschaften deutscher Zunge von Eupen bis ins Baltikum das endlich geeinte Vaterland. Beliebt waren die Vertonungen des berühmten Dichters der schwäbischen Romantik, Ludwig Uhland. Seine auf die Sänger gemünzten

---

304 Vgl. Der Deutsche Sängerbund 1862-1912. [o.O.] 1912, S. 33, 36f., 153-156.

305 Vgl. Pauels: Chronik Burtscheid, Eintrag 1864.

306 Zu beiden Aspekten, Kunstform und politischer Vereinsbewegung, Philipp Spitta: Der deutsche Männergesang. In: Ders.: Musikgeschichtliche Aufsätze. Berlin 1894, S. 297-332.

307 Vgl. Der Deutsche Sängerbund, S. 75-79.

Der Männergesangverein Herzogenrath (gegründet 1856) mit seinem Dirigenten Lehrer Holz im Jahr 1890. Aus den Männerchor-Alben des Kölner Musikverlags Peter Josef Tonger wurden bei den Proben die beliebtesten Volkslieder einstudiert und der Bevölkerung vor Ort dargebracht. Zu jedem Fest gehörten Männerchöre, die oftmals den Rhein, das Vaterland, die Natur und die Jagd priesen.

Verse rührten deren Herzen tief an: „Sie singen von Lenz und Liebe, von sel'ger, goldner Zeit, / Von Freiheit, Männerwürde, von Treu' und Heiligkeit: / Sie singen von allem Süßen, was Menschenbrust durchbebt, / Sie singen von allem Hohen, was Menschenherz erhebt"[308]. Über den Chorgesang waren die Gedichte von Goethe, Schiller, Eichendorff, Heine und Uhland allzeit präsenter geistiger Besitz auch der ‚kleinen Leute'.

Eine besondere Rolle spielte im rheinischen Vereinswesen der seit 1823 organisierte Karneval mit „Festordnendem Komitee", Sitzungen, Maskenbällen und Festzügen mit Zugmotto. Die Erneuerung stand im Zeichen der Romantik, in Köln der Besinnung auf die reichsstädtische Tradition und der Loslösung von dem weitgehend

308 Aus der Ballade „Des Sängers Fluch" (1814), oft vertont. Die Strophe ist der Festschrift des Deutschen Sängerbundes (1912) vorangestellt.

verwahrlosten Volksfest der Unterschicht[309]. Im dergestalt erneuerten Karneval lebte das seit dem 14. Jahrhundert nachweisbare Brauchtum, wie Schautänze, weiter, und nun entstanden auch die Sammlungen von Karnevalsliedern, die sich bis in die zweite Hälfte des 20. Jahrhunderts behauptet haben[310]. Der Vereinstypus der bürgerlich-elitären Karnevalsgesellschaft entstand zuerst in Köln 1823, nach diesem Vorbild 1825 in Düsseldorf, 1827 in Düren, 1829 in Krefeld und Aachen, hier mit Gründung der „Aachener-Karnevals-Florreserei", kurz der „Florresei"[311]; allein in Aachen folgten ein Dutzend weiterer Gründungen – darunter „Stadtgarde Oecher Penn" und „Aachener Karnevalsverein" (AKV) – und viele weitere in der Region, wie der erstmals 1850 nachgewiesene „Eschweiler Fratzenschneider-Verein". Der Volkskarneval setzte sich wieder durch. Dabei waren die meisten Gesellschaften von der Berufszugehörigkeit ihrer Mitglieder geprägt und schichtenspezifisch abgeschlossen (Fabrikarbeiter, Handwerker, Gastwirte, Kaufleute). So war die Aachener „Florresei", in der sich die Oberschicht traf und deren Vizepräsident 1847/48 David Hansemann war[312], mit der exklusiven bürgerlichen „Casinogesellschaft", mit „Erholungsgesellschaft" und „Constantia" vernetzt, dem Bürgerverein des politischen Katholizismus. Von der Wahl zum „Held Karneval", aus dem in Aachen um 1880 der „Prinz Karneval" mit „Hofstaat und Gefolge" hervorging, oder in die „Prinzengarde" versprach sich mancher den sozialen und beruflichen Aufstieg.

Beliebt waren Maskenzüge mit Phantasiegestalten aus dem Narrenreich, auch Figuren aus Sagen und Märchen, nicht zuletzt den beliebten Rheinsagen; 1840 war der „Krönungszug Karls V." zur Erinnerung an dessen Krönung von 1520 Programm des Aachener Maskenzugs[313]. Unpolitisch war der Karneval seit der napoleonischen Zeit indes nicht mehr. Er wurde genutzt, um einen obrigkeitskritischen Ton anzuschlagen, der sich zuerst gegen die Fremdherrschaft der Franzosen, dann der Preußen richtete und bot im Vormärz die einzige Möglichkeit zu Kritik, der Polizei und Zensur ansonsten kurze Zügel anlegten. Friedrich Wilhelm III. tadelte die „anomalistische in polizeilicher Hinsicht bedenkliche Volkslustbarkeit", die er einschränkte und am liebsten untersagt hätte[314]. In der zweiten Phase der Verbreitung des Karnevals nach

---

309 Vgl. Michael Müller: Karneval als Politikum. In: Rheinland-Westfalen im Industriezeitalter, Bd. 1. Wuppertal 1983, S. 207-223, hier S. 208f.

310 Vgl. Paul Mies: Das Kölnische Volks- und Karnevalslied (1823-1923). Köln 1951.

311 Vgl. Christina Frohn: Karneval in Köln, Düsseldorf und Aachen 1823-1914. Phil. Diss. Bonn 1999, S. 64.

312 Die „Florresei" löste sich 1915 auf. Vgl. ebd. S. 326. – Müller: Karneval als Politikum, S. 214.

313 Vgl. Frohn: Karneval in Köln, S. 163, 187.

314 Vgl. Müller: Karneval als Politikum, S. 208.

Der Pferdewagen im Karnevalsumzug vor dem Aachener Ponttor 1929 nahm den damals viel diskutierten Aachen-Rhein-Kanal auf die Schippe.

der Reichsgründung[315] schlug das Pendel in die extreme Gegenrichtung aus. Die Aachener Karnevalssitzungen wurden nun zu „Reichstagssitzungen" aufgewertet und warben für die „rechte Gesinnung" des Publikums[316]. Im Jahr 1909 traten in Aachen der Regierungspräsident, der kommandierende General der Garnison, der Oberbürgermeister und der Polizeipräsident in die Bütt[317].

Sitzungs- und Straßenkarneval, mundartlich gebundene Vorträge und Paradeuniformen sind im rheinisch-südwestdeutschen katholischen Raum, auch in Venlo und Roermond seit 1885, in Eupen seit 1928 beheimatet. Während die katholische Kirche den organisierten Karneval – sofern er im Rahmen ihrer Moralvorstellungen blieb – förderte, lehnte die evangelische Kirche das närrische

315 Zur Periodisierung und Ausbreitung vgl. Hildegard Frieß-Reimann: Der organisierte Karneval seit der Reform in Köln 1823. Köln 1989.

316 Dietz-Rüdiger Moser: Fastnacht, Fasching, Karneval. Graz 1986, S. 290.

317 Vgl. Müller: Karneval als Politikum, S. 217.

Treiben strikt ab[318]. Wer es freilich verstand, sich als Zugezogener in die rheinische Stimmungspflicht nehmen zu lasssen und „immer jot drop zo sin", hatte einen leichteren Stand. Manches Vorstandsmitglied der prestigeträchtigen Karnevalsgesellschaften, die sich, wie in Eschweiler, in städtischen Komitees zusammenschlossen, gehörte Parteien und Stadtrat an; auf diesem Weg regierten „Knies und Klüngel" Vereine wie Kommunalpolitik. Die Aachener sagten dazu „Glich Vieh, dat leckt sich gehr"[319]; ja, mancher Narr behielt die Kappe, das Symbol für die Gleichheit und Eintracht aller Narren und Gegenstück des bürgerlichen Huts, im übertragenen Sinne nicht nur während der „Session" auf.

Auch der organisierte Karneval ist von tieferen Umbrüchen gekennzeichnet als die Betonung seiner Traditionen vermuten läßt. Er besteht auf Kreisebene erst seit dem 20. Jahrhundert – mit Ausnahme Eschweilers. Hier ist der Rosenmontagszug heute, setzt man Einwohnerzahl und 250.000 bis 300.000 Zuschauer in Relation zueinander, einer der größten der närrischen Republik; bezogen auf die Zuglänge ist er der viertgrößte nach Köln, Mainz und Düsseldorf. Doch war das Interesse am Karneval in der Region in den Jahren vor dem Ersten Weltkrieg so erlahmt, daß Aachener und weit länger schon Stolberger Rosenmontagszüge nicht mehr stattfanden, die auch in den Jahren des Weltkrieges und der anschließenden Besatzungszeit ausfielen.

318 Vgl. Frohn: Karneval, S. 367-371.

319 Vgl. Alfred Reumont (Hg.): Aachens Liederkranz und Sagenwelt. Aachen, Leipzig 1829, S. 369 (Aachener Sprüchwörter).

Umbrüche im 20. Jahrhundert

Vom Kaiserreich in die Weimarer Republik

Wie überall in Deutschland war auch die Bevölkerung im äußersten Westen auf den abrupten Systemwechsel im November 1918 nicht vorbereitet: weder Arbeiterschaft und Gewerkschaften noch Bürgertum und Kirchen[320]. Wie überall in Deutschland litten die Menschen auch im Aachener Raum infolge der britischen Seeblockade großen Hunger, dem reichsweit eine dreiviertel Million zum Opfer fielen. Und überall lebte die Bevölkerung im Winter von Steckrüben. Schleichhandel, Schwarzer Markt und Hamsterfahrten hatten im Kreis Aachen Hochkonjunktur, die Bauern machten glänzende Geschäfte, die Stadtkinder wurden nach Monschau „aufs Land" verschickt.

Deutsche Truppen 1918 in Kohlscheid auf der Roermonderstraße bei einer Marschpause bei der Rückkehr von der Front.

Bei Kriegsende kam es in der Region Aachen zu keinem Loyalitätsbruch gegenüber dem Kaiserreich. Noch Ende Oktober 1918 sprach die Eschweiler Arbeiterschaft von „unserem Kaiser"[321]. Die Bevölkerung forderte nicht, wie in anderen Städten des Deutschen Reichs, die Abdankung Wilhelms II.[322]. Als die Rätebewegung von Soldaten und Arbeitern am 7./8. November Köln, das wichtigste Verkehrs- und

---

320 Die Zeit von Revolution und Weimarer Republik ist für Stadt und Kreis Aachen sowie Kreis Monschau wenig untersucht. Vgl. Ingunn Possehl: Der Regierungsbezirk Aachen von Kriegsende bis zum Dawes-Abkommen 1917-1924. Phil. Diss. Aachen 1975.

321 Bote an der Inde: Bericht vom Deutschen Arbeiterkongreß, 31.10.1918.

322 Vgl. Wilhelm Bender: Eschweiler während der Besatzungszeit 1918 bis 1929 (Manuskript 1930 im Auftrag der Stadtverwaltung verfaßt). Eschweiler 1991, S. 48.

Versorgungszentrum an der Westfront, und am 8./9. November Aachen erreichte, kam es in der bodenständigen und kirchentreuen Arbeiterschaft zu keiner Radikalisierung. In Aachen und Eschweiler wurden die Kasernen den Arbeiter- und Soldatenräten übergeben[323]. Diese sorgten zusammen mit dem Verwaltungsapparat für die Aufrechterhaltung von „Ruhe und Ordnung". Die Revolution fand in der Region Aachen nicht statt!

Eintrag von Pfarrer und Dechant Dr. Ignaz Schmitz, St. Luzia Stolberg, in der Pfarrchronik, November 1918[324]

Bei uns verläuft alles unblutig. Die Christliche Gewerkschaft hat das Heft fest in der Hand, so daß ziemlich geordnete Verhältnisse blieben.

Im Gegenteil: Der Arbeiter- und Soldatenrat in Eschweiler gab auf Flugblättern die Parole aus, „Einwohner, wir wollen keine russischen Zustände"[325]. Der gewaltsame Umsturz der Bolschewisten in Rußland hatte in Mittel- und Westeuropa wie ein Albtraum gewirkt. Bürgermeister Carl Hettlage blieb kraft seiner Autorität im Amt, die Rätebewegung versandete bald. Im ländlichen Monschau entstand, wie in vielen Gemeinden von Eifel, Hunsrück und Moselraum, in denen die Sozialdemokratie nie hatte Fuß fassen können, kein Arbeiter-, sondern ein Bürgerrat[326]. Der Monschauer Landrat Philipp Heimann berichtete an die Aachener Regierung, daß die Ereignisse „keinerlei merkliche Beunruhigung und keinerlei Störung in der Aufrechterhaltung der Ruhe und Ordnung" hervorriefen[327]. Die Revolution lief hier an den meisten Menschen spurlos vorüber. Größte Gefahr sah man in Bestrebungen, die geistliche Schulaufsicht abzuschaffen und die Konfessionsschule zur Disposition zu stellen[328] wie in Bayern unter dem doktrinären sozialdemokratischen Ministerpräsidenten Johannes Hoffmann („Zehn-Gebote-Hoffmann"). Überall ging der Kampf gegen den Hunger bis zur Aufhebung der Lebensmittelblockade durch die Alliierten im März 1919 weiter[329]. Dessen Linderung war Hauptsorge des Aachener Landrats Charles von Pastor aus der bekannten Burtscheider Unternehmerfamilie. Der „Eschweiler

323 Vgl. Helmut Metzmacher: Der Novemberumsturz 1918 in der Rheinprovinz. In: AHVN 168/169 (1967) S. 135-265. – Zum Folgenden immer auch Viktor Gielen: Es stand im „Echo". Aachen 1914-1932. Eupen 1986.

324 Zit. n. August Brecher: Stolberger Alltag in zwei Jahrhunderten, Teil 2: 1918-1951. Stolberg 1995, S. 7 (Quellensammlung).

325 So in Eschweiler Anzeiger, 9.11.1918.

326 Vgl. Stadt- und Landbote, 16.11.1918.

327 Zit. n. Metzmacher: Novemberumsturz, S. 253.

328 Dazu Bericht des Eschweiler Anzeigers, 30.12.1918.

329 Vgl. Echo der Gegenwart, 13.11.1918.

Anzeiger" druckte einen „Aufruf an alle Haushalte"[330], entbehrliche Nahrungsmittel an die Stadt zur Rationierung abzugeben.

Außer der Lösung der Nahrungsmittelfrage mußten der Rückstrom des deutschen Heeres aus Belgien und Frankreich sowie die militärische Räumung der linksrheinischen Gebiete bewältigt werden. Binnen zweier Wochen durchzogen Eupen, Aachen, Stolberg und Eschweiler 400.000 Mann, 100.000 Pferde und eine große Zahl von Lastautos – das Bild prägten unaufhörliches „Pferdegetrappel, Räderrollen und Marschtritt", manchmal singende Infanterie und überall fahnengeschmückte Städte der Heimat[331]. Der von den Alliierten verlangte schnelle und ungemein schwierige Rückzug von der gesamten Westfront vollzog sich in geordneter Form. Die Bürger von Aachen, Stolberg und Eschweiler hatten gewaltige Quartierlasten zu tragen, die Städte glichen Heerlagern[332].

Willkommensgruß der Aachener Frauen an die Vierte Armee 1918[333]

Willkommen in der Heimat, Ihr tapferen Getreuen! So rufen in diesen Tagen aus dankbarstem Herzen Millionen deutscher Frauen unseren heimkehrenden Helden zu. Wir Frauen Aachens, an der Westgrenze des Vaterlandes, schätzen uns glücklich, mit die Ersten sein zu dürfen, denen, die durch mehr als vier Jahre die Heimat und Familie uns schützten, den Willkommensgruß zu entbieten. [...] Wir wissen, daß sie großmütig ihr Leben hingaben, ihre Leiber zum lebendigen Walle machten, damit das Vaterland und die Lieben daheim geschützt seien; wie sie in Sonnenbrand und grimmiger Kälte, in der schaurigen Meerestiefe und der weglosen Weite des Luftmeeres aushielten unter tausend Schrecknissen und Gefahren, damit wir Frauen daheim und unsere Kinder beschirmt seien vor Feindeswut, vor Kriegsnot und Kriegsleid. [...]

Ende November rückten belgische, britische, französische und amerikanische Soldaten nach. Die Besatzung löste sämtliche Räte aus der Revolution auf und unterstellte sich Polizei- und Gemeindeverwaltung. Stadt und Landkreis Aachen sowie der Landkreis Monschau gehörten bis Ende November 1929 zur zweiten,

330 So am 18.11.1918.

331 So Tagebucheinträge von Ende November 1918 bei Julie Bastin (1855-1943), Tochter des Messingfabrikanten William Prym in Stolberg. In: Arnulf Bastin: Die Tagebücher 1869-1941 der Julie Bastin geb. Prym als historische Quelle. Phil. Diss. Tübingen 1989, S. 273-278.

332 Vgl. August Brecher: Geschichte der Stadt Stolberg in Daten. Aachen 1990, S. 100. – Bender: Eschweiler 1918-1929, S. 55f.

333 Zit. n. Will Hermanns: Stadt in Ketten. Aachen 1933, S. 38.

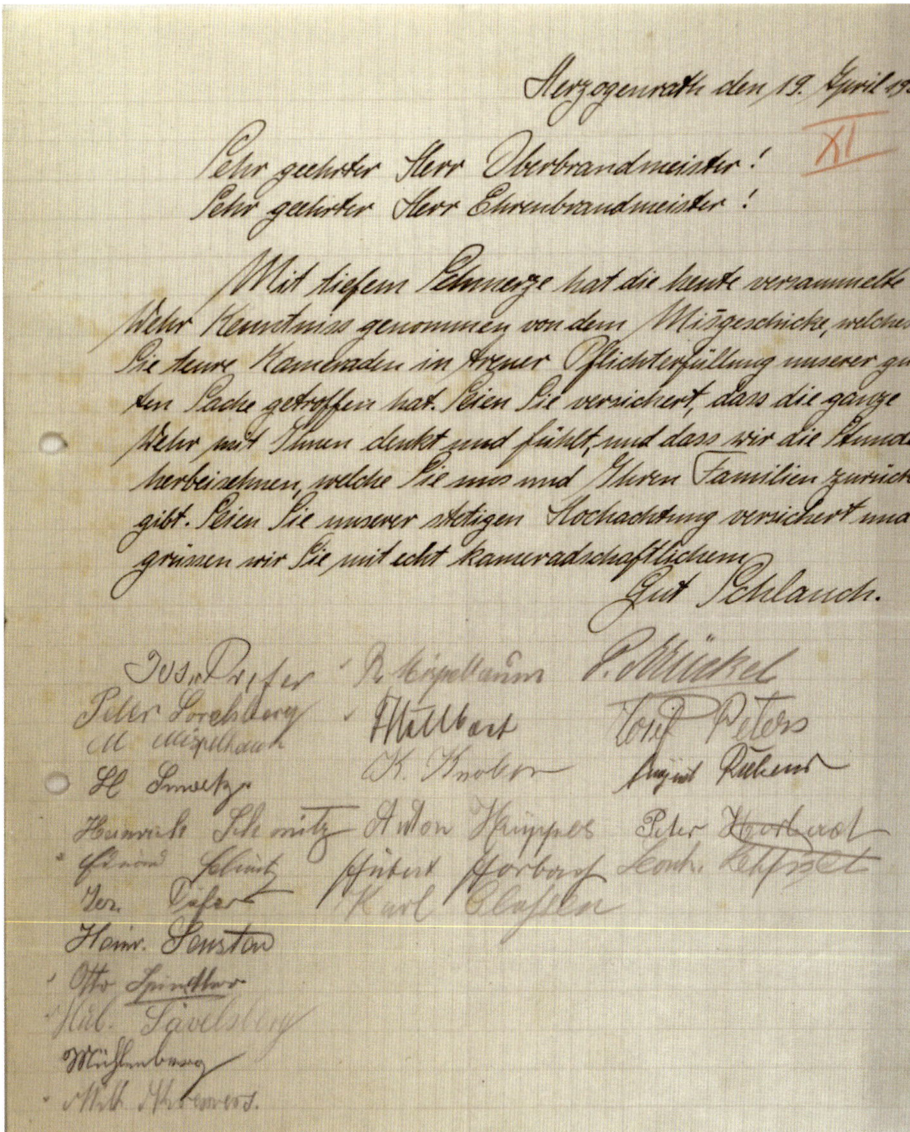

Herzogenrath, den 19. April 1923
Sehr geehrter Herr Oberbrandmeister!
Sehr geehrter Herr Ehrenbrandmeister!
Mit tiefem Schmerze hat die heute versammelte Wehr Kenntniss genommen von dem Mißgeschicke, welches Sie teure Kameraden in treuer Pflichterfüllung unserer guten Sache getroffen hat. Seien Sie versichert, dass die ganze Wehr mit Ihnen denkt und fühlt, und dass wir die Stunde herbeisehnen, welche Sie uns und Ihren Familien zurückgibt. Seien Sie unserer stetigen Hochachtung versichert und grüssen wir Sie mit echt kameradschaftlichem Gut Schlauch. Unterschriften.

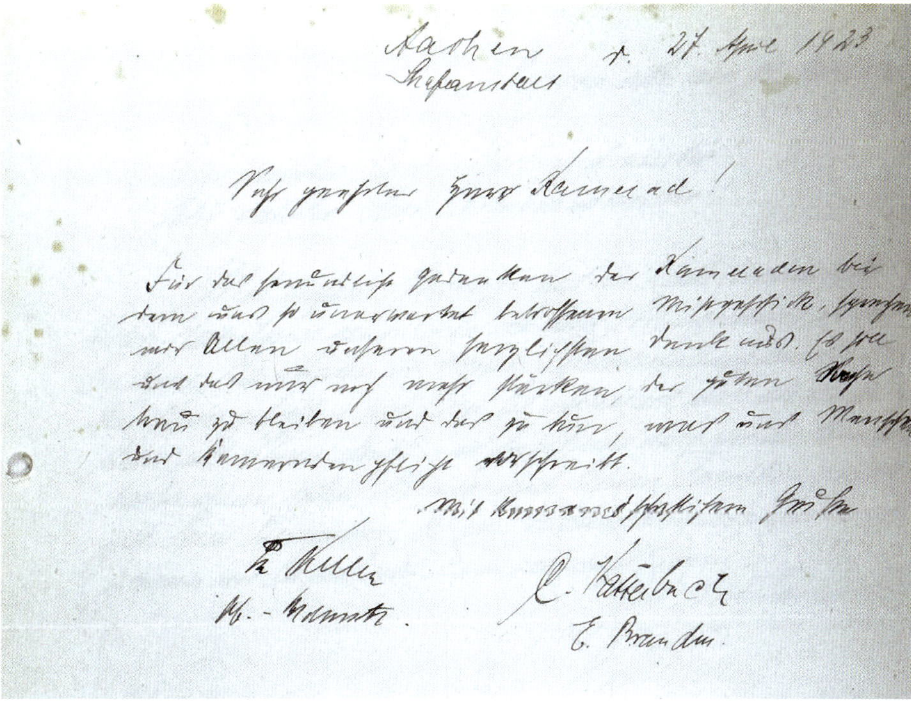

Aachen d. 27. April 1923
Strafanstalt
Sehr geehrter Herr Kamerad!
Für das freundliche Gedenken der Kameraden bei dem uns so unerwartet getroffenen Mißgeschick, sprechen wir Allen unseren herzlichen Dank aus. Es soll den Mut nur noch mehr stärken der guten Sache treu zu bleiben und das zu tun, was uns Menschen- und Kameradengeist vorschreibt.
Mit kameradschaftlichem Gruße
F. Keller C. Katterbach
Ob. Brandmstr. E.Brandm.

Apotheker Wehrleiter Franz Keller (um 1923)

Der Brief der Herzogenrather Feuerwehrleute vom April 1923 war eine Solidaritätsbekundung mit dem inhaftierten Beigeordneten und Ehrenbrandmeister Katterbach und dem Wehrleiter Apotheker Keller. Beide waren zu einem Monat Gefängnis und Zahlung von 500.000 Reichsmark (Inflationsgeld) bestraft worden, nachdem Besatzungssoldaten die Jahresschlußübung der Feuerwehr durch ständiges Ballwerfen und Fußballspiel gestört hatten und die Feuerwehr schließlich vom Platz schicken wollten. Hieraus hatte sich eine handfeste Auseinandersetzung entwickelt, die damit endete, daß die Besatzungstruppen angerückt kamen und den Feuerwehrchef und den Beigeordneten in Aachen inhaftierten. Dieser Zwischenfall war typisch für das Verhältnis von Bevölkerung und Besatzungstruppen.

belgischen Zone, deren Hauptquartier in Aachen lag[334]. General Charles Mangin residierte im „Quellenhof". Eschweiler wurde abwechselnd französischer und belgischer Kommandogewalt unterstellt, es grenzte nach Osten hin im Stadtteil Nothberg an die britische Zone, in die der Landkreis Düren fiel[335]. Herzogenrath unterstand bis 1926 französischem Kommando.

Nach Kriegsende begann die Zeit von Einquartierungen, Pressezensur, Drangsalierung und Schikanen. Belgische Truppen errichteten in Aachen-Forst drei Militärlager für mehr als 5000 Soldaten; in Aachen-Brand wurden für belgische Kavallerie Schulen, für Offiziere und Unteroffiziere Privatquartiere requiriert und für die Kinder der Besatzungsangehörigen eigene Schulen errichtet[336]. Empörung löste aus, daß an Rhein und Ruhr 20.000 Algerier und Marokkaner stationiert waren und französische Kolonialtruppen ein „weißes Kulturvolk vom Range des rheinischen" überwachten[337]. In Stolberg lagen zwei Bataillone und in Eschweiler ein Bataillon Algerier – offiziell ein „Régiment mixte des zouaves et tirailleurs" – in Garnison. Den Deutschen, von den Belgiern „Boches" und von den Niederländern „Moffen" genannt, sollte durch Soldaten aus Marokko, Senegal und Indochina „das Ausmaß ihrer Niederlage besonders drastisch vor Augen geführt werden"[338].

Daraufhin klagte die Öffentlichkeit in ganz Deutschland über die „Schwarze Schmach am Rhein"[339]. Presse, Romane, Theaterstücke und Rheinische Frauenliga warnten vor der sexuellen Triebhaftigkeit der Kolonialsoldaten, vor drohender Syphillis und Mulattisierung[340]. Obwohl jede „Fraternisierung" zwischen Einheimischen und Besatzungssoldaten verpönt war, ließ sich manches Stolberger und Eschweiler Mädchen auf die exotischen „Schwarzen" ein, deren man zum ersten Mal ansichtig geworden war. Die Mischlingskinder[341], die der Volksmund „Kuhleköppche" nannte,

---

334 Hier zogen die Franzosen am 21.2.1920 ab. Vgl. Gielen: Aachen 1914-1932, S. 84.

335 Vgl. Bender: Eschweiler 1918-1929, S. 104, Fn. 3; S. 61, 69, 75f.

336 Vgl. Erhard Haak: Aachens Garnisongeschichte. Aachen 1989 (viel Bildmaterial).

337 Der nationalen Schmach wird Ausdruck gegeben bei Hermanns: Stadt in Ketten, S. 152; ähnlich äußerte sich Reichspräsident Friedrich Ebert.

338 Christian Koller: Die Diskussion um die Verwendung von Kolonialtruppen in Europa (1914-1930). Stuttgart 2001, S. 203, 248. – Landry Charrier: Die „Force Noire" in den deutsch-französischen Beziehungen. In: Symbolische Kämpfe um das Rheinland nach dem Ersten Weltkrieg. Essen 2005, S. 57-64.

339 Vgl. Iris Wagner: Die „Schwarze Schmach am Rhein". Münster 2007.

340 Vgl. ebd. S. 145-159; ähnliche Klagen in Frankreich über die dortigen „Negergarnisonen".

341 Nicht mehr als 179 in Preußen (im Regierungsbezirk Düsseldorf 4, Aachen 9, Trier 3, Köln 13, Koblenz 67, Wiesbaden 83). Vgl. Reiner Pommerin: „Sterilisierung der Rheinlandbastarde". Düsseldorf 1979, S. 45, 91.

Freiwillige Feuerwehr Herzogenrath im Jahr 1923, an der Spitze stand Oberbrandmeister Apotheker Keller.

waren ein „Malheurchen"; nach 1933 galten sie dann als „Rassenschande"[342], sie wurden aus außenpolitischen Gründen mit Schweigen übergangen und 1937 streng geheim sterilisiert[343].

Kölnische Zeitung vom 12. September 1928[344]

Die Stärke der belgischen Truppen beträgt in Aachen-Stadt rund 4000 Offiziere und Mannschaften, Eschweiler hat die Lasten von 295 belgischen Offizieren und Mannschaften zu tragen, die französische Besatzung in Düren ist 1580 Mann stark, und das kleine Jülich muß heute noch 1267 fremde Soldaten beherbergen. Die Gesamttruppenstärke im Regierungsbezirk Aachen beträgt 7000 Offiziere und Mannschaften. In Aachen-Stadt sind von der Besatzung außer den Kasernen 560 mehrräumige Wohnungen, 1160 Privatquartiere und 355 Räume für dienstliche Zwecke beschlagnahmt. In den Privatquartieren sind 85 verheiratete und 52 ledige Offiziere, sowie 141 verheiratete und 19 ledige Unteroffiziere untergebracht. Wie schwer darunter die Wohnungswirtschaft zu leiden hat, geht daraus hervor, daß seit Jahren in Aachen 5359 Wohnungssuchende ohne Obdach sind.

342 Vorgegeben bei Adolf Hitler: Mein Kampf (1925), Erster Band, Kap. 11: Volk und Rasse (Ausg. 1941, S. 357).

343 Vgl. Pommerin: Rheinlandbastarde, S. 46, 77-84, 87. – Koller: Kolonialtruppen, S. 244ff., 349f.

344 Zit. n. Hermanns: Stadt in Ketten, S. 292. – Vgl. auch Haak: Aachens Garnisongeschichte, S. 52-57.

Die Kohlezüge aus dem Aachener Industrierevier rollten als Teil der Reparationen in Richtung Belgien; mancher versuchte von den Waggons, wenn sie im Schrittempo fuhren, dringend benötigte Kohlen abzuräumen. Zwar bestimmte bald ein einträgliches Miteinander von Einheimischen und Belgiern bzw. Franzosen das Alltagsleben, was von den preußischen Behörden argwöhnisch beobachtet wurde, und in den rheinischen Garnisonsstädten stieg die private Kaufkraft durch die Soldatenfamilien[345]; doch prägte das lange Verbleiben der Okkupationstruppen bis Ende 1929 das Welt- und Besatzungsbild einer Generation, die für die Forderung einer Revision von Versailles täglichen Anschauungsunterricht erhielt.

Von Rheinpreußen in den Rheinstaat?

Die Rheinprovinz bildete nun einen Teil des Freistaats Preußen. Die Beschlüsse der Pariser Friedenskonferenz von 1919/20 betrafen auch den äußersten Westen des Reichs und den Regierungsbezirk Aachen. In Belgien war noch während des Krieges die Idee eines rheinischen Pufferstaats und die Abretung von Eupen, Malmedy, St. Vith, Neuenburg und Bitburg propagiert worden[346]. Um drohende sprachnational begründete belgische Ansprüche abzuwehren, hatte sich Montjoie schon am 9. August 1918 in Monschau umbenannt. Bei Kriegsende verlangte Belgien als Kompensation für die schweren Kriegsschäden große Teile der Vennwälder, faktisch ein Fünftel der Monschauer Kreisfläche, sowie den im Grenzgebiet verlaufenden 30 Kilometer langen Bahnkörper der Vennbahn, die Eupen über Kalterherberg mit Stolberg verbindet, beträchtliche Höhenunterschiede überwindet und damals ein Meisterwerk der Technik war. Die Bahnstrecke Aachen-St.Vith-Luxemburg, über die Erze aus Lothringen nach Aachen-Rothe Erde (Eilendorf) und Kohle aus dem Wurm- und Inderevier nach Luxemburg transportiert wurden, führt seitdem über belgisches Hoheitsgebiet.

Belgien verlangte außerdem Neutral-Moresnet mit seinen 4000 Einwohnern, die Abtretung der Landkreise Eupen und Malmedy-St. Vith[347], auch die volle Souveränität über die militärisch und wirtschaftlich wichtige niederländische

345 Vgl. Hinweise bei Klaus Papst: Der Vertrag von Versailles und der deutsche Westen. In: Rheinland-Westfalen im Industriezeitalter, Bd. 2. Wuppertal 1984, S. 271-289, hier S. 273, 281f.

346 Vgl. Martin Schlemmer: Die Rheinstaatbestrebungen nach dem Ersten Weltkrieg. Bonn 2007, S. 689-691.

347 Der Kreis Eupen war bis 26.5.1919 französisch, Malmedy-St. Vith bis 12.8.1919 britisch besetzt.

Der Kreis Monschau nach Abtretung eines Fünftels seines Gebiets an Belgien durch den Versailler Vertrag.

Scheldemündung[348]. Das war großbelgischer Nationalismus, der durch Bruch der Neutralität, Besetzung und Verwüstung des Landes entflammt worden war[349]. Die in Versailles erfundene Bezeichnung „Eupen-Malmedy" war ein Konstrukt, denn beide Räume verband wenig mehr als Straße und Bahnlinie über die „schwermütige Endlosigkeit" des Hohen Venns (Jean Lejeune) hinweg. Der die Übergangsregierung in Malmedy führende Generalleutnant Henri Baltia sprach von den „wiedergefundenen Brüdern"[350]. Das war Volkstumsideologie[351].

In Wirklichkeit war die Annexion weniger kulturnational als mehr wirtschaftlich (Waldreichtum in Eupen) und strategisch begründet (Vorfeld des Lütticher Befestigungsgürtels). Das Eupener Land war über Jahrhunderte Aachener Hinterland, wirtschaftlich über die Tuchindustrie und auch kulturell mit der Reichsstadt Aachen verbunden und das Aachener Bürgertum nach Westen bzw. Lüttich hin ausgerichtet gewesen; die Reichsabtei Stablo in der Eifel hatte bis 1803 dem Bistum Lüttich, Malmedy dem Erzbistum Köln angehört. Die Stadt Malmedy (10.000 Einwohner) war fast ausschließlich von wallonischer Umgangs- und französischer Schriftsprache geprägt, der Kreis (25.500 Einwohner) dagegen überwiegend deutschsprachig. Das Zugehörigkeitsgefühl zum siegreichen Preußen-Deutschland war im 19. Jahrhundert in beiden Landkreisen kräftig gewachsen[352], meinungsbildend wirkte die „Malmedy-St. Vither Volkszeitung". Die Devise des Sourbrodter Pfarrers und „Wallonenhäuptlings" Nicolas Pietkin (1849-1920) lautete: „Wir sind stolze Wallonen, aber treue Preußen"[353]. Der aus Raeren gebürtige Dichter Josef Ponten stellte bei Weltkriegsende in seinem Roman „Der Babylonische Turm. Geschichte der Sprachverwirrung einer Familie" nach dem Vorbild von Thomas Manns „Buddenbrooks" das Aachener Handwerker- und Bürgermilieu am Beispiel der

348 Vgl. Klaus Pabst: Eupen-Malmédy in der belgischen Regierungs- und Parteienpolitik 1914-1940. In: ZAGV 76 (1964) S. 206-515, hier S. 254-256.

349 Vgl. ebd. S. 234.

350 Vgl. ebd. S. 280.

351 Jüngere Untersuchungen über deutsche Westraumkonzeptionen nach 1920 (wie Getrude Cepl-Kaufmann [u. a.]: Wissenschaftsgeschichte im Rheinland unter besonderer Berücksichtigung von Raumkonzepten. Kassel 2008) übergehen deren indirekte Bezugnahme auf den großbelgischen Nationalismus.

352 Vgl. Viktor Gielen: Der Kreis Eupen unter preußischer Herrschaft 1815-1920. Eupen 1972. – Alfred Minke: 325 Jahre Eupen. Eupen 1999.

353 Vgl. Hubert Jenniges: Hinter ostbelgischen Kulissen. Stationen auf dem Weg zur Autonomie des deutschen Sprachgebiets in Belgien (1968-1972). Eupen 2001, S. 72f.

Familie Großjohann/Grandjean dar. Der Roman trug Ponten nationale Anerkennung ein[354].

Zwar gestand die Pariser Friedenskonferenz an der Westgrenze eine Abstimmung zu. Diese wurde aber nicht, wie in Schleswig und Oberschlesien, von einer internationalen Kommission durchgeführt, sondern von der belgischen Regierung selbst und durch Pressezensur, vielfache Restriktionen und die den Votierenden drohenden Repressalien manipuliert[355]. Die „Eupen-Malmedyer", wie sie nun hießen, fühlten sich „verraten und verkauft"[356]. An dem Referendum, das auch belgische Historiker heute als „grande farce" bezeichnen, wagten sich von 13.975 Stimmberechtigten im Kreis Eupen und 19.751 im Kreis Malmedy nur 271 zu beteiligen[357]. So kam es im September 1920 zur endgültigen Abtretung der zu achtzig Prozent deutschsprachigen Landkreise vom Regierungsbezirk Aachen[358], der dadurch wirtschaftlich wichtiges Hinterland verlor.

Das Deutsche mußte nun dem Französischen in Schule und Verwaltung den ersten Rang abtreten. Die „Eupener Zeitung", offizielles Organ des Eupener Landrats seit hundert Jahren, wurde eingestellt und an ihrer Stelle 1927 das „Grenz-Echo" gegründet; es sollte die Integration der Deutschen in den belgischen Staat fördern und wandte sich gegen die Revision von Versailles. Diese Bevormundung[359] konnte indessen nicht verfangen. Die über Nacht belgisch gewordenen Deutschen organisierten sich im kulturnationalen „Heimatbund". Belgier und Niederländer zogen sich überdies den Zorn der Mütter und Hausfrauen im Aachener Raum zu, als sie hier mit ihren stabilen Währungen einkauften und die Preise der Grundnahrungsmittel in die Höhe trieben.

---

354 Vgl. Gerhart Lohse: Josef Ponten (1883-1940). In: Rheinische Lebensbilder, Bd. 2. Köln 1966, S. 275-287 (Pontens Nachlaß liegt z. T. in der Stadtbibliothek Aachen).

355 Dokumentiert in einem „Weißbuch": Urkunden über die Volksbefragung in den Kreisen Eupen und Malmedy. Berlin 1921. – Eduard Lange: Eupen, Malmedy, Monschau. Berlin 1921. – Vgl. im einzelnen Pabst: Eupen-Malmédy, S. 283. – Etwas anders akzentuiert, auch zur Vorgeschichte der Annexion, Heinz Doepgen: Die Abtretung des Gebiets von Eupen und Malmédy an Belgien im Jahr 1920. Bonn 1966, S. 123.

356 So Herbert Ruland: Die Deutschsprachige Gemeinschaft Belgiens. In: Eifel-Jb. 2005, S. 48-56, hier S. 51.

357 Vgl. Doepgen: Abtretung des Gebiets von Eupen und Malmédy, S. 123.

358 Grundlage war Art. 34 des Vertrags von Versailles. Vgl. Pabst: Eupen-Malmedy, S. 261f.

359 Wenig akzentuiert in: Zwei Jahrhunderte deutschsprachige Zeitung in Ostbelgien. Eupen 2007, S. 21f., 38ff., 147-162.

Belgien erhielt außerdem aus dem deutschen Kolonialbesitz in Ostafrika Ruanda und Urundi, das heutige Burundi. Es wäre etwas später bereit gewesen, durch Begünstigung im deutsch-belgischen Handelsvertrag, die Außenminister Gustav Stresemann nach den Locarno-Verträgen 1926 eingefädelt und 1929 noch einmal angeboten hatte, Eupen-Malmdey wiederabzutreten. Dies scheiterte nun jedoch am Widerstand Frankreichs[360]. Als Zeichen des Protestes und der Solidarität benannten viele Städte im Westen Deutschlands Straßen nach Eupen – Namensgebungen, die bis heute bestehen. Bei den ersten freien Wahlen in den deutschsprachigen Kantonen Belgiens 1929 erhielten die prodeutschen Parteien 75 Prozent der Stimmen[361].

Eine institutionelle und emotionale Klammer zwischen den Deutschen in den belgischen Ostkantonen und in der Rheinprovinz blieb zunächst die Zugehörigkeit der Dekanate Eupen, Malmedy und St. Vith beim Erzbistum Köln. Die kirchentreuen 60.000 Katholiken in den zumeist kleinen Eifeldörfern lebten aus dem Bewußtsein der Zugehörigkeit zum Erzbistum Köln und hatten nicht vergessen, daß einer von ihnen, Hubertus Simar aus Eupen, als Kölner Oberhirte amtiert hatte[362].

So ist verständlich, daß der wenig deutschfreundliche belgische Episkopat und die Brüsseler Regierung in Rom gegen den Kölner Kardinal-Erzbischof Felix von Hartmann bzw. seinen Nachfolger Karl Joseph Schulte und auch gegen die Politik der Reichsregierung auf die Abtrennung von Köln hinwirkten. Der Einfluß des in Köln und Bonn ausgebildeten Klerus und der Kölner Festkalender sollten ausgeschaltet werden. Infolge des Referendums gab die römische Kurie 1921 dem belgischen Drängen nach und errichtete vorübergehend das kleine Bistum Eupen-Malmedy. Es wurde mit dem Bistum Lüttich verbunden, bis es nach den Locarno-Verträgen in ihm völlig aufging, wobei Rom allerdings die deutsche Sprache in Predigt und Gottesdienst schützte. Die kirchenpolitische Abtrennung rief sowohl bei

---

360 Vgl. Akten zur deutschen auswärtigen Politik 1918-1945. Serie B: 1925-1933, Bd. I/1, Bd. I/2. Göttingen 1966-1967; auch Akten der Reichskanzlei. Weimarer Republik, Kabinette Marx III und IV (1926/28). Boppard 1988, Nr. 46, 75. – Pabst: Eupen-Malmedy, S. 453-488. – Manfred J. Enssle: Stresemann's territorial revisionisme. Germany, Belgium, and the Eupen-Malmédy Question 1919-1929. Wiesbaden 1980, Kap. VI.

361 Vgl. Jochen Lentz: Das Wahlverhalten in den Kantonen Eupen, Malmedy und St. Vith bei den Parlamentswahlen von 1925 bis 1939. Eupen 2000.

362 In den Jahren 1899-1903. Zum Folgenden Klaus Pabst: Zwischenspiel: Das „Bistum Eupen und Malmedy" 1921-1925. In: Lebensraum Bistum Aachen. Aachen 1982, S. 26-62.

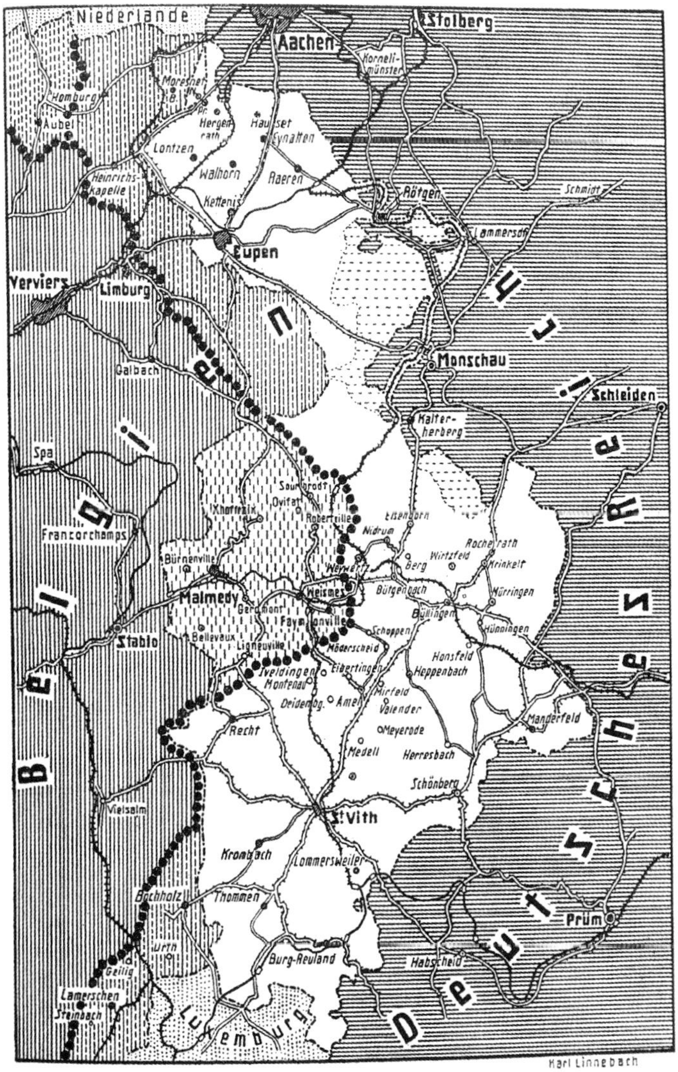

Karl Linnebach

Karte Eupen-Malmedys
Aus: K. Bartz, Das Unrecht an Eupen-Malmedy. Berlin 1928.

- Alte und neue Staatsgrenzen.
- Deutsch gebliebenes Gebiet.
- Wallonisches Sprachgebiet in Belgien.
- Deutsches " " "
- Flämisches " " "
- Wallonisches Sprachgebiet im Kreise Malmedy
- Annektierte Teile des Kreises Monschau.
- Niederlande und Luxemburg.
- Rein bzw. überwiegend deutsche Teile der annektierten Kreise Eupen und Malmedy sowie Neutral- und Preußisch-Moresnet.
- Deutsch-französische Sprachgrenze.
- Vollbahn.
- Nebenbahn.
- Schmalspurige Kleinbahn.
- Kunststraße 1. Kl.
- " 2. Kl.
- B., N., Pr. Belgisch-, Neutral-, Preußisch-Moresnet.

den betroffenen Katholiken als auch in der Kölner Kurie und im Auswärtigen Amt große Enttäuschung hervor[363].

Neben den Gebietsabtretungen schlug im Rheinland bei Kriegsende die Separatistenbewegung hohe Wellen. Am 4. Dezember 1918 wurde bei einer Zentrumsveranstaltung im Kölner Gürzenich die Rheinische Republik ausgerufen. Kölns Oberbürgermeister Konrad Adenauer, vom politischen und publizistischen Gegner damals und erneut nach 1933 und nach 1945, auch aus der DDR, wegen seines angeblichen Separatismus angegriffen, trat dagegen für die Gründung eines rheinisch-westfälischen Gliedstaats innerhalb des Deutschen Reichs ein. Dieses Ziel verfolgte in Fühlungsnahme mit Adenauer auch der im Januar 1919 in Aachen gegründete Verein „Rheinisch-Westfälische Republik". Der Verein zählte auf Anhieb 150 Mitglieder, wurde von führenden Zentrumspolitikern, wie dem Aachener Zentrumsvorsitzenden Erich Lingens, und zentrumsnahen Blättern unterstützt[364]. Diesen Kräften ging es um Autonomie, nicht um Trennung vom Reich, während katholisch-föderalistische Kreise einen separaten Rheinstaat forderten und bald in eine Außenseiterposition gerieten. Der Rückzug Preußens vom Rhein und die Bildung eines Pufferstaats sollte nach Adenauers Auffassung den Antagonismus zwischen

Stadt und Kreis Aachen druckten im Inflationsjahr 1923 gemeinsames Notgeld. Der abgebildete Geldschein hatte einen Wert von 2 Billionen Mark.

363 Vgl. ebd. S. 49.

364 Vgl. Schlemmer: Rheinstaatbestrebungen, S. 108-112.

Straßensperre am Münsterplatz in Aachen. Rund um die Rathäuser in Stadt und Kreis wurde gekämpft, bis die Separatisten vertrieben waren.

Deutschland und Frankreich entschärfen und das französische Sicherheitsbedürfnis befriedigen. Hier sind schon die Umrisse einer Politik erkennbar, die Konrad Adenauer als Bundeskanzler 1949 wiederaufgriff[365].

Die Region Aachen geriet 1923 in den Strudel der Ereignisse der Ruhrbesetzung[366]: von Postzensur, passivem Widerstand der Bevölkerung und Sabotageakten, Hyperinflation, Druck von immer mehr Notgeld und Währungszusammenbruch[367]. Die Interalliierte Rheinlandkommission wies den Anfang des Jahres gerade eingeführten Aachener Regierungspräsidenten Wilhelm Rombach aus, der über ein Jahr lang nicht zurückkehren durfte und 1928 zum Oberbürgermeister von Aachen gewählt wurde[368]. Stadt und Kreis Aachen kamen in die nationalen Schlagzeilen, als am 21. Oktober 1923 „Sonderbündler" in Aachen unter ihrem Anführer, dem Kaufmann Leo Deckers, Rathaus, Regierungsgebäude, Landratsamt, Post und

365 Vgl. Karl Dietrich Erdmann: Adenauer in der Rheinlandpolitik nach dem Ersten Weltkrieg. Stuttgart 1966. – Hans-Peter Schwarz: Adenauer. Der Aufstieg 1876-1952. Stuttgart 1986, S. 265ff. – Adenauers „Separatismus" betont vom nationalen Standpunkt her Henning Köhler: Adenauer und die rheinische Republik 1918-1924. Opladen 1986.

366 Vgl. Klaus Schwabe: Die Ruhrkrise und das Rheinland. In: ZAGV 93 (1986) S. 127-142.

367 Vgl. Wilhelm van Loo: Notgeld. Stadt- und Landkreis Aachen. Aachen 1975.

368 Vgl. Horst Romeyk: Die leitenden staatlichen und kommunalen Verwaltungsbeamte der Rheinprovinz 1816-1945. Düsseldorf 1994, S. 699.

Reichsbank besetzten, im Krönungssaal die Rheinische Republik proklamierten und es dabei zu Toten kam. Entsprechend sezessionistische Propaganda betrieben auch Syndikalisten in den Zechen von Alsdorf und Würselen. Die Aufstände griffen auf das gesamte Kreisgebiet über. An den folgenden Tagen riefen Separatisten in Koblenz, Bonn, Wiesbaden und Mainz zusammen mit Belgiern und Franzosen autonome Republiken aus[369]. Zugleich kam es im Regierungsbezirk Aachen zu Ernteplünderungen, Felddiebstählen, Hungerkrawallen, Streiks und Ausschreitungen, die sich mit der wirtschaftlichen Not erklären. Der Aachener Landrat Hermann-Josef Pütz gab Gutscheine für Lebensmittel aus und sah einen direkten Zusammenhang „zwischen den kommunistischen und separatistischen Unruhen" [370].

Ministerpräsident Raymond Poincaré wollte die französische Machtstellung an der Ruhr ausnutzen, um das Deutsche Reich zu schwächen und suchte dabei die Zusammenarbeit mit dem regionalen Separatismus. Ein Teil der neueren Forschung sieht darin den Grundfehler der französischen Politik, die am Widerstand der Bevölkerungsmehrheit scheiterte; die Aachener sprachen von „Operettenrevolutionären", „deren Truppen ohne Ermächtigung der Bürger gebildet sind", und verhöhnten Deckers und Konsorten. Auch die Bergleute im Aachener Land, evangelische Kirche, rheinische Sozialdemokratie und Gewerkschaften wandten sich gegen den Separatismus[371], der dem zentralistischen Staatsgedanken der politischen Linken zuwiderlief. Paris verspielte durch sein Vorgehen endgültig die Sympathien der britischen Regierung[372].

In der von Streiks geprägten Eingangsphase der Weimarer Republik blieben die katholischen und sozialdemokratischen Richtungsgewerkschaften reformistisch ausgerichtet, während auf betrieblicher Ebene im Wurmrevier die revolutionäre Freie Arbeiter-Union Deutschlands, eine neue linksradikale Gewerkschaftsbewegung,

---

369 Vgl. Karl Dietrich Erdmann: Die Weimarer Republik. In: Gebhardt. Handbuch der deutschen Geschichte. Bd. 4, Stuttgart 1973; dtv-Ausgabe Bd. 19. München 1980, S. 174-176. – Klaus Weberskirch: Anarcho-Syndikalisten an der Wurm. Aachen 1999, S. 153-177.

370 Dazu liegen im Hauptstaatsarchiv Düsseldorf 114 Akten. Vgl. Schlemmer: Rheinstaatbestrebungen, S. 163f., 166.

371 Ebd. S. 110, 166, 391.

372 So Walter A. McDougall: France's Rhineland Diplomacy 1914-1924. Princeton 1978. – Auch Jacques Bariéty: Les relations franco-allemandes après la première guerre mondiale 1918-1925. Paris 1977, S. 271, 288. – Peter Krüger: Das Reparationsproblem der Weimarer Republik in fragwürdiger Sicht. In: VfZ 29 (1981) S. 21-47. – Tilman Koops, Martin Vogt (Hg.): Das Rheinland in zwei Nachkriegszeiten 1919-1930 und 1945-1948. Koblenz 1995.

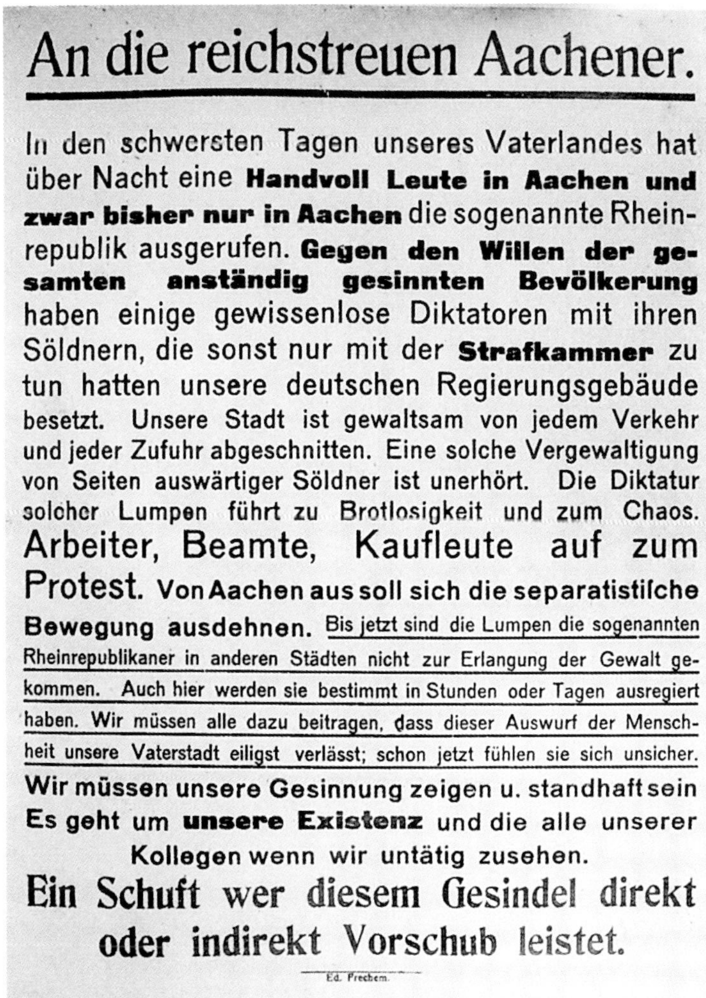

An die reichstreuen Aachener.

In den schwersten Tagen unseres Vaterlandes hat über Nacht eine **Handvoll Leute in Aachen und zwar bisher nur in Aachen** die sogenannte Rheinrepublik ausgerufen. **Gegen den Willen der gesamten anständig gesinnten Bevölkerung** haben einige gewissenlose Diktatoren mit ihren Söldnern, die sonst nur mit der **Strafkammer** zu tun hatten unsere deutschen Regierungsgebäude besetzt. Unsere Stadt ist gewaltsam von jedem Verkehr und jeder Zufuhr abgeschnitten. Eine solche Vergewaltigung von Seiten auswärtiger Söldner ist unerhört. Die Diktatur solcher Lumpen führt zu Brotlosigkeit und zum Chaos. Arbeiter, Beamte, Kaufleute auf zum Protest. **Von Aachen aus soll sich die separatistische Bewegung ausdehnen.** Bis jetzt sind die Lumpen die sogenannten Rheinrepublikaner in anderen Städten nicht zur Erlangung der Gewalt gekommen. Auch hier werden sie bestimmt in Stunden oder Tagen ausregiert haben. Wir müssen alle dazu beitragen, dass dieser Auswurf der Menschheit unsere Vaterstadt eiligst verlässt; schon jetzt fühlen sie sich unsicher. **Wir müssen unsere Gesinnung zeigen u. standhaft sein Es geht um unsere Existenz und die alle unserer Kollegen wenn wir untätig zusehen.**

Ein Schuft wer diesem Gesindel direkt oder indirekt Vorschub leistet.

Ed. Prechem.

Angesichts des Separatistenaufstands ergingen Aufrufe an die reichstreuen Aachener.

versuchte, das Heft in die Hand zu bekommen. Diese spielte aber nur vorübergehend eine gewisse Rolle, ihre Aktivisten kamen aus dem Rhein-Ruhr-Gebiet[373].

Nach Kriegsende verlegten viele Firmen ihre Betriebsanlagen aus dem unsicheren Grenzgebiet ins Landesinnere, darunter – spektakulär – die Leonard Monheim AG den Großteil ihrer Schokoladenproduktion („Trumpf") von Aachen nach Berlin, wo

373 Dazu aus den Quellen Weberskirch: Anarcho-Syndikalisten; Verzeichnis der Ortsgruppen S. 190.

2000 neue Arbeitsplätze entstanden[374]. Noch im Dritten Reich sah der Aachener Regierungspräsident im Hinblick auf die wirtschaftlichen Rahmenbedingungen „den ausschlaggebenden Grund für die Blutleere der in der Vorkriegszeit blühenden Wirtschaft des Bezirks" „darin, daß die Aachener Grenzmark allgemein als ungeschütztes Gebiet angesehen und behandelt wird"[375]. Die Wirtschaft des Aachener Raumes war durch den Ruhrkampf zum völligen Erliegen gekommen. Sie war zollpolitisch vom Rechtsrheinischen abgeschnitten und verlor dort den Großteil ihrer Kundschaft dauerhaft. Die Kapitalnot nach der Währungsreform ließ den Absatz von Steinkohle dramatisch absinken. Erst der britische Bergarbeiterstreik im Jahr 1926 belebte die Nachfrage nach deutscher Kohle und führte zu einer spürbaren Besserung der Lage.

Von der Revolution in die Konsolidierung

Die Besetzung an Rhein und Ruhr und – heute nur noch wenig thematisiert[376] – die französische Bildungs-, Kultur- und Kirchenpolitik, die auf eine „pénétration pacifique" an Rhein und Saar hinwirkte, die repressive belgische Kultur- und Kirchenpolitik in Eupen-Malmedy-St. Vith sowie der Boykott der deutschen Wissenschaft einschließlich der Aachener Hochschulprofessoren durch die „interalliierten Akademien der Wissenschaften" 1918 in Brüssel[377] provozierten entsprechende Reaktionen. Dazu zählten vor allem die 1925 groß aufgezogenen Tausend-Jahr-Feiern der Zugehörigkeit der Rheinlande zum Deutschen Reich[378], die sich auf die Eingliederung Lotharingiens in das Ottonenreich bezogen. Daran wurde nicht zuletzt in Aachen erinnert, dem „Eckpfeiler des Deutschen Reiches", wie die deutsche Presse anläßlich der Aachener „Jahrtausendausstellung" schrieb[379]. An

374 Vgl. Elmar Gasten: Aachen in der Zeit der nationalsozialistischen Herrschaft 1933-1944. Frankfurt a. M. 1993, S. 247.

375 Ebd. S. 248.

376 Auch nicht bei Dieter Breuer, Gertrude Cepl-Kaufmann (Hg.): Symbolische Kämpfe um das Rheinland nach dem Ersten Weltkrieg. Essen 2005. – Hinweise bei Pabst: Der Vertrag von Versailles und der deutsche Westen, S. 273f., 279-283. – Aus unmittelbarem Erleben in der hohen Bürokratie Herbert du Mesnil: Preußisch Dienen und Genießen. Köln 1998, S. 347-364 (dazu Matthias Pape: Darum war es am Rhein so schön. In: FAZ, 6.10.1999, S. 54).

377 Vgl. Matthias Pape: Der Ausschluß der deutschen und österreichischen Wissenschaftler aus den internationalen Forschungsorganisationen nach dem Ersten Weltkrieg. In: Festschrift für Wilhelm Brauneder zum 65. Geburtstag. Wien 2008, S. 457-475.

378 Angeregt von dem Bonner Mediävisten Wilhelm Levison: Der Sinn der rheinischen Tausendjahrfeier 925-1925 (Vortrag Köln 1925). Neudruck in: Ders.: Aus rheinischer und fränkischer Frühzeit. Düsseldorf 1948, S. 172-201 (mit reichhaltigen Hinweisen auf das zeitgenössische Schrifttum). – Vgl. Theodor Schieffer: Art. W. Levison. In: NDB Bd. 14, 1985, S. 400f.

379 Die Ausstellung im Aachener Krönungssaal zog 150.000 Besucher an.

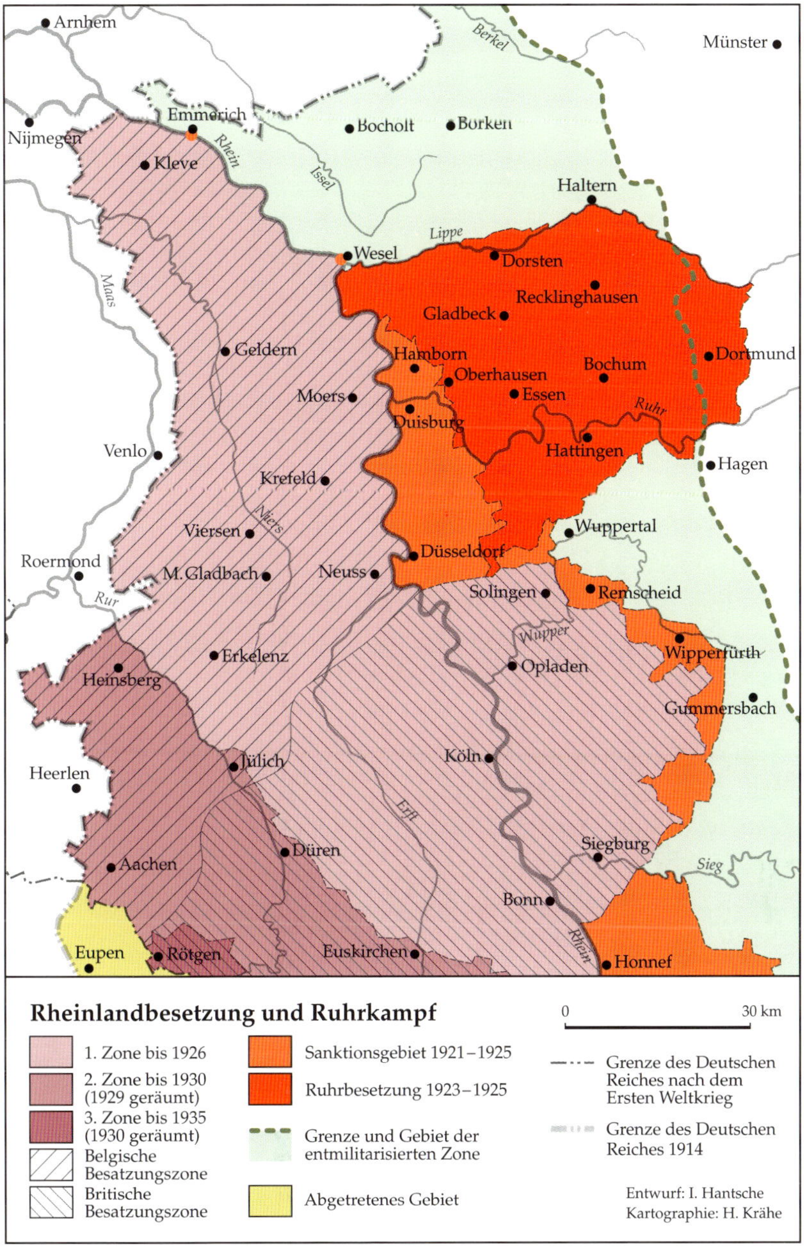

Der Aachen-Dürener Raum lag nach dem Ersten Weltkrieg in der kleineren zweiten (Koblenzer) Besatzungszone. Zur Durchsetzung der Reparationsforderungen marschierten 1921 französische und belgische Truppen nach Duisburg und Düsseldorf ein, auch in die Häfen Wesel und Emmerich, und Anfang 1923 ins Ruhrgebiet; beides verstieß gegen den Versailler Vertrag.

dem Jubiläum beteiligten sich rheinische Dichter[380], darunter der aus Aachen gebürtige Walter Hasenclever, der sich 1914 mit dem revolutionären Vater-Sohn-Stück „Der Sohn", dem ersten expressionistischen Drama, einen Namen gemacht und in seiner Vaterstadt ähnlich pikierte Gefühle ausgelöst hatte wie Thomas Mann mit den „Buddenbrooks" bei den Lübecker Honoratioren. Hasenclever sandte 1925 aus dem fernen Leipzig die Verse ein[381]:

Heimkehr
Da neigt sich wieder himmlisches Beglücken
Des sanften Stroms an Frucht und Bergeswand;
Im Nebelflor welch steigendes Entzücken
Von vielem Wunderbaren, das entschwand.
Wie reicht sich mir herüber Hand um Hand –
Bin ich derselbe, der einst hier gereist ist,
Primanerangst und Freundschaft, die verwaist ist,
Und aufgewehter Städte Bahnhofbrand?
Geliebtes Herz, das ich vorübertrage
Aus fremder Bucht ins heimatliche Land:
Bist du dasselbe noch mit dumpfem Schlage,
Das schon im Schmerze meiner Jugend stand?
Ich seh die Villen, Blütenstaub in Gärten;
Weiß, daß auch mir die Mutter sang.
Die letzte Sonne glüht auf den Offerten
Der weiten Felder. O Beruhigungsklang!
Das müde Weib am Karren vor der Brücke
Ist jetzt im Abend, ist in Gottes Näh.
Der Wald geht auf, es tanzt die kleinste Mücke –
Daß ich Erde so in Frieden seh!
Daß ich wieder bin in Euern Tagen,
Naht im Westen Schiff und Stadt und Dom.
Die alten Burgen meiner Kindheit ragen
Und Mond erhebt sich an dem ewigen Strom.

---

380 Vgl. Josef Ponten, Josef Winckler (Hg.): Das Rheinbuch. Eine Festgabe rheinischer Dichter. Stuttgart 1925.

381 Zu Entstehungsgeschichte (Erstfassung Bad Godesberg 1913, dem Freund Kurt Wolff gewidmet) und Gehalt Dieter Breuer: Zu Walter Hasenclevers Gedicht „Heimkehr". In: Die Moderne im Rheinland. Köln 1994, S. 31-39. – Matthias Pape: Kurt Wolffs Erinnerungen an Bonn. In: Bonner Geschichtsblätter 39 (1989) S. 305-352, hier S. 321, 347, 350.

Die Ruhrbesetzung durch Belgien und Frankreich erklärt das nationale Pathos mancher Rede und die Polemik mancher Veröffentlichung[382]. Dies färbte auf regionales Geschichtsbild und rheinische Geschichtsschreibung ab. Die turnusmäßig in das Krisenjahr 1923 fallenden Heiligtumsfahrten nach Aachen und Kornelimünster wurden wegen des Währungsverfalls in das Jahr 1925 verlegt und zu Protest-Wallfahrten gegen Franzosen und Belgier umgemünzt.

Aus dem Aachener Festvortrag des Münchner Kirchenrechtlers Eduard Erdmann am 3. Mai 1925

Im Jahre 925 hat das kerndeutsche Rheinland seinen Anschluß dort gefunden, wohin es gehört. Und wie wir in Freud und Leid mit dem ganzen deutschen Volke zusammengewachsen sind, von der Maas bis an die Memel, von der Etsch bis an den Belt, so wollen wir fest verkittet auf Gedeih und Verderb für alle Zukunft zusammengehören. Ans Vaterland, ans teure, schließe dich an, das halte fest mit deinem ganzen Herzen.

Vor dem Hintergrund der Abtretung der Kreise Eupen und Malmedy-St. Vith und der unsicheren politischen Lage in der „Westmark" entstand der „Verein für geschichtliche Landeskunde der Rheinlande"; er sammelte Historiker, Heimat- und Geschichtsfreunde durch wissenschaftliche Fortbildungskurse, Lehrgänge sowie Arbeitstagungen und war organisatorisch mit dem 1920 gegründeten Institut für geschichtliche Landeskunde der Rheinlande an der Universität Bonn verbunden[383]. Das Institut vertrat eine neuartige Konzeption: Sie begriff das Rheinland als Kulturraum und nicht mehr, wie die überkommene Provinzialgeschichte, als administrative Einheit; sie verfolgte die geschichtliche Entwicklung interdisziplinär durch historische Landeskunde, Sprachwissenschaft mit Schwerpunkt bei der Dialektforschung und Volkskunde[384]. Im besonderen ging es um die bedrohte deutsche Sprache und Kultur in Eupen, Malmedy und St. Vith. Die Daten wurden durch tausende von Fragebögen erfaßt, die nun auch in jeder Ortschaft der

382 Vgl. etwa Echo der Gegenwart (Aachen), 4.5.1925, Art. Eröffnung der Aachener Jahrtausendausstellung.

383 Vgl. Marlene Nikolay-Panter: Das Institut für geschichtliche Landeskunde der Rheinlande 1920-1945. In: Rhein. Vjbll. 60 (1996) S. 233-262. – Manfred Groten, Andreas Rutz (Hg.): Rheinische Landesgeschichte an der Universität Bonn. Göttingen 2007.

384 Vgl. Hermann Aubin, Theodor Frings, Josef Müller: Kulturströmungen und Kulturprovinzen in den Rheinlanden. Bonn 1926. – Matthias Werner: Wege und Stationen deutscher Landesgeschichtsforschung im 20. Jahrhundert. In: Die deutschsprachige Mediävistik im 20. Jahrhundert. Ostfildern 2005, S. 251-364.

Region Aachen einliefen. Dabei war die Forschung auf Mittelalter und frühe Neuzeit konzentriert.

Der älteste städtische Geschichtsverein der Aachener Region mit wissenschaftlicher Ausrichtung war seit 1879 der Aachener[385] – wie der Kölner an das Stadtarchiv gebunden; ihm waren der Monschauer Verein mit dem poetischen Namen seiner Zeitschrift[386], der Dürener, Würselener und Stolberger[387] als Zweigvereine beigetreten. Doch nun gründeten viele patriotisch gesinnte Heimat- und Geschichtsfreunde im Westen lokale Geschichtsvereine und legten im Laufe der Jahre beachtliche Publikationen vor[388]. Auch über den Landkreis Aachen entstanden Darstellungen „für Haus und Schule", sah man doch in „Heimatfreude, Heimatliebe die Grundlagen echten Volksglücks"[389]. Im Jahr 1931 erschienen erstmals die „Heimatblätter des Kreises Aachen", die bis heute bestehen.

Gründungen regionaler Geschichtsvereine mit Schriftenreihen

1920 für Erkelenz
1922 für Eschweiler und Umgebung mit Eröffnung eines Heimatmuseums
1923 für das Monschauer Land
1923 für Jülich
1924 für Würselen (ohne Schriftenreihe)
1925 für den Kreis Heinsberg
1925 für Geilenkirchen
1927 für Herzogenrath
1928 für Stolberg
1930 für Kornelimünster
1930 Heimatverein des Landkreises Aachen

---

385 Seine tragenden Säulen über die politischen Umbrüche des 20. Jahrhunderts hinweg waren die Stadtarchivdirektoren Albert Huyskens (1879-1956) und Bernhard Poll (1901-1981) sowie nach beiden Domkapitular Erich Stephany (1910-1990).

386 Der Eremit am Hohen Venn. Mitteilungen des Geschichtsvereins des Kreises Monschau (Montjoie), Jg. 1-42 (1925/26-1971), seit 1953 u. d. T.: Heimatkalender Kreis (bzw. Landkreis) Monschau.

387 Vgl. Brecher: Stolberger Alltag 1918-1951, S. 84-88.

388 Vgl. Max Braubach: Landesgeschichtliche Bestrebungen und historische Vereine im Rheinland. Düsseldorf 1954. – Klaus Pabst: Geschichtszeitschriften und Geschichtsvereine im Rheinland seit 1815. In: Rheinland-Westfalen im Industriezeitalter, Bd. 1. Wuppertal 1983, S. 317-336. – Auch Joseph Hansen: Die Gesellschaft für Rheinische Geschichtskunde in den Jahren 1881-1906. Bonn 1907.

389 So die Stolberger und Streiffelder Lehrer und Heimatforscher A[ndreas] Roderburg, K[arl] Pferdmenges (Hg.): Aus der Heimatgeschichte des Landkreises Aachen, 1. Heft. Aachen 1925, Geleitwort. – Roderburg gab 1924-1936 „Heimatblätter" als Beilage zur Stolberger Zeitung heraus.

Die Vereinsgründungen waren einerseits Teil der Rheinlandbewegung, andererseits der antimodernistischen Heimatbewegung der zwanziger Jahre und wurden von Landräten und Bürgermeistern ideell und materiell gefördert[390]. So wiederholte sich die national- und sozialpolitisch motivierte Vereinsbewegung des 19. Jahrhunderts noch einmal[391]. Von dieser Tradition zehren viele Vereine bis heute.

Heimatblätter
des Landkreises Aachen
Zeitschrift des Heimatvereins des Landkreises Aachen
Heft 1 1. Januar 1931
Burg Alsdorf
Verlag des Heimatvereins des Landkreises Aachen

Erste Nummer der Heimatblätter des Kreises Aachen von 1931 mit der Alsdorfer Burg auf dem Deckblatt.

Beliebt waren Heimatdichter wie Hermann Löns, der das Pflanzen- und Tierleben der Heide beschrieb, viel Lyrik dichtete, die auch vertont wurde, und in seinen Romanen die spukhaft-grausigen Züge der niedersächsischen Bauernwelt erfaßte; ferner Clara Viebig, die in ihrem naturalistischen Roman „Das Kreuz im Venn" (1908) Landschaft und Natur der Eifel und die sozialen Schichten im kleinen Montjoie und seiner Umgebung erfaßte[392]; oder der flämische Schriftsteller Felix Timmermans, dessen Romane und Erzählungen das Leben auf dem Lande und in der kleinen Stadt idealisierten und herb und derb in bilderreicher Sprache beschrieben. Timmermans schlicht-frommer Ton sprach eine breite Leserschaft an, zumal im Aachener Raum. Katholiken fanden darin im Dritten Reich ein stückweit geistige Heimat. Beliebt sind bis heute seine Weihnachtserzählungen „Das Jesuskind in Flandern" und „Das Triptychon von den Heiligen Drei Königen".

Zu nennen sind schließlich Hermann Ritters Landschaftsschilderungen von Rheinland und Eifel. Der Kölner Ritter hatte seine Jugend in Stolberg verbracht und dort als junger Lehrer an der evangelischen Schule unterrichtet[393]. Seit der

390 Dazu, mit weitem Blick in die Region, Herbert Lepper: Der Aachener Geschichtsverein 1929-1979. In: ZAGV 86/87 (1979/80) S. 1-116, hier S. 7-10.

391 Vgl. Übersicht der Verbände und Vereine, nach Städten und Landgemeinden geordnet, in: Handbuch 1927 über den Landkreis [Aachen]. Aachen 1927, S. 157-196.

392 Vgl. Karlheinz Rossbacher: Heimatkunstbewegung und Heimatroman. Stuttgart 1975, S. 236-242.

393 In den Jahren 1888 bis 1895. Vgl. Brecher: Stolberger Alltag 1918-1951, S. 70-83 (mit Verzeichnis von Ritters Schriften).

Jahrhundertwende trat er überregional als Heimatschriftsteller hervor und schrieb „Reisebilder aus der Eifel und den Ardennen", Skizzen „Aus der Kaiser- und Badestadt Aachen" und „Das Jülicher Land", worin er die Stolberger Landschaft und Geschichte schilderte. Das war Heimatkunde im literarischen Gewand. Der Stolberger Stadtrat benannte nach Hermann Ritter 1924 eine Straße.

In der alten Aachener Industrieregion kam es jedoch nicht zur Ästhetisierung der Technik, etwa von Kraft- und Stahlwerken, wie in der Malerei des Expressionismus und Futurismus. Heimische Maler versenkten sich eher in die herbe Landschaft und in die Natur des Hohen Venns. Die künstlerische Moderne fand im Aachener Raum wenig Resonanz, abgesehen von privaten Sammlern, einigen Kirchbauten, wie Heilig Geist und St. Fronleichnam in Aachen – diese Kirche nach ihrem Architekten Rudolf Schwarz eine Studie des Problems „Kasten" –, und Ausstellungen moderner Malerei im Reiff-Museum der Technischen Hochschule, die auf Protest der Öffentlichkeit stießen und bereits 1925 wieder endeten[394]. Doch wurde die regionale Bildungsarbeit in der sich konsolidierenden Weimarer Republik ernst genommen, nicht zuletzt von der Sozialdemokratie, die mit Friedrich Ebert den Reichspräsidenten stellte und, wo immer möglich, den Nachweis nationaler Zuverlässigkeit führte.

An der Trägerschaft der 1925 in Neuss gegründeten Rheinischen Städtebundtheater AG beteiligten sich aus dem Kreis Aachen Kohlscheid und Stolberg. Der Städteverbund ermöglichte den Theaterbesuch zu mäßigen Preisen und wollte breitere Schichten an die Hochkultur heranführen. So kam es in Stolberg, Würselen, Alsdorf, Kohlscheid, Herzogenrath und Merkstein, also in den Industriegebieten, zur Aufführung von Shakespeare, Molière, Lessing, Schiller, Kleist, Grillparzer, Hebbel, Ibsen, Hauptmann, Shaw und von Werken weiterer Dichter. Die Aufführungen thematisierten die zeitlosen Grundfragen des Menschen und seines Verhältnisses zu Gesellschaft, Nation und Geschichte. In Aachen gründete sich der „Verein zur Förderung der Bühnenkunst". Die Stadt übernahm 1920 endlich den Betrieb des Theaters, dessen Bau König Friedrich Wilhelm III. protegiert und dessen Leitung seit der Eröffnung im Jahr 1825 dreißig Mal gewechselt hatte; die Planstellen des Städtischen Orchesters wurden von 48 auf 63 erhöht. In Eschweiler erweiterte sich im Beethoven-Gedenkjahr 1927 der Chor der traditionsreichen „Musikalischen Gesellschaft", die

394 Vgl. Beiträge bei Dieter Breuer (Hg.): Die Moderne im Rheinland. Köln 1994, v. a. Martin Turck: Das Reiff-Museum der Königlich Technischen Hochschule Aachen als Institution zur Förderung der Moderne, S. 383-438.

Das Foto zeigt einen einsamen winterlichen Hof im Hohen Venn im Jahr 1920. Das für den kleinen Wirtschaftsbetrieb geschaffene Hohe-Venn-Haus vereinigte im engsten Zusammenhang, meist über dem Winkelgrundriß, Wohnräume und Stall, der für ein bis drei Tiere berechnet war, unter einem mächtigen Roggenstrohdach; es reichte an der Wetterseite meist wie eine Kapuze fast bis an die Erde herab. Typische Beispiele solcher Bauernhäuser fanden sich in Konzen und in der Gegend von Lammersdorf. Im Gegensatz zum Vennhaus steht die heitere Fachwerkarchitektur der mehr östlichen Gegend, besonders in Kesternich, Höfen und Harscheidt.

vor dem Weltkrieg 350 Mitglieder gezählt hatte, zum gemischten Chor und führte seitdem großbesetzte Oratorien vor bis zu zweitausend Zuhörern auf[395].

Neben der Sozialdemokratie errang der politische Katholizismus in der Weimarer Republik die politische und soziale Gleichberechtigung, die ihm bisher auf nationaler Ebene versagt geblieben war. Zusammen mit Sozialdemokraten und Linksliberalen (DDP) wurde die Zentrumspartei zur Stütze der jungen Republik; sie war an allen Reichsregierungen und den meisten Länderregierungen, auch in Preußen, beteiligt und wirkte für die gesellschaftliche Anerkennung der Arbeiterschaft und die innerbetriebliche Mitbestimmung[396]. So tendierte die Partei mehr zur linken Mitte als zur nationalen Rechten (DNVP), die Rückhalt im protestantischen Milieu

395 Vgl. Art. 100 Jahre Musikalische Gesellschaft. In: Bote an der Inde, 31.10., 7.11., 15.11.1962.

396 Vgl. Horst Möller: Parlamentarismus in Preußen 1919-1932. Düsseldorf 1985. – Hagen Schulze: Weimar. Deutschland 1917-1933. Berlin 1989.

und seiner Pfarrerschaft auch im Kreis Aachen fand. Die Zentrumspartei vertrat eine bestimmte Weltanschauung, „die sich aus vorpolitischen Normen und Werten speiste. Die Religion befriedigte zum großen Teil das Bedürfnis nach Deutung der Welt und relativierte die Politik als Mittel zu deren Gestaltung"[397]. Damit konnte das Zentrum zwar in Landkreisen wie dem Aachener und noch mehr dem Monschauer reüssieren, mußte aber auf nationaler Ebene die Erfahrung machen, daß seine genuin katholischen Wertvorstellungen einer liberalen und pluralistischen Gesellschaft nicht zu vermitteln waren. Daran zeigt sich erneut die politisch-gesellschaftliche Randstellung des Aachener Raumes im reichsweiten Vergleich.

Rückhalt suchte und fand der politische Katholizismus weiterhin am katholischen Vereinswesen. An erster Stelle zu nennen ist wiederum der „Volksverein für das katholische Deutschland". Hatte sein Hauptziel vor 1914 der Sozialpolitik und dem Kampf gegen das „Schreckgespenst Sozialdemokratie"[398] gegolten, so in der Weimarer Republik der Erziehung zu einem „organischen Volkstumsdenken"[399]. Dessen Kraftquell sollte im Bauerntum liegen und die Industriearbeiterschaft vom „Zweckrationalismus" wegführen. Ein wichtiges Standbein der Bildungsarbeit war die staatsbürgerliche Schulung der Katholiken, die in der Republik erstmals in Regierungsverantwortung standen. Die verbreiteten Vorbehalte gegenüber der Republik sollten abgebaut, die katholische Elite sollte auf Führungsaufgaben in „Volksgemeinschaft" und „Volksstaat" vorbereitet werden. Dabei scheute man noch eine Identifizierung mit der „liberalistischen" „Formdemokratie". Es ging um neue Ordnungsvorstellungen jenseits von Kapitalismus und Sozialismus.

Eine Säule des katholischen Verbandswesens waren die vielen Schützenvereine; sie waren aus den seit 1300 in Flandern und Brabant, seit 1400 in den Städten an der Maas (Maastricht, Venlo), in den nördlichen Niederlanden und den Rheinlanden – hier zuerst in Aachen 1334 nachweisbar – verbreiteten Schießvereinigungen bzw. Schützengilden hervorgegangen; sie hatten der Ertüchtigung im Umgang mit Bogen, Armbrust und später Schießwaffen bei strikt begrenzter Mitgliederzahl gedient, während jeder waffenfähige Bürger zur Verteidigung der Stadt verpflichtet gewesen war[400]. Im Aachener Raum datiert sich die Schützengesellschaft in Linden-Neusen

---

397 Karsten Ruppert: Das Zentrum als regierende Partei in der Weimarer Demokratie 1923-1930. Düsseldorf 1992, S. 411, 418. Hier auch zum Folgenden.

398 So Prälat August Pieper, Generaldirektor des Volksvereins.

399 So Anton Heinen, seit 1909 Dezernent für Volksbildung und Volkserziehung in der Zentralstelle des Volksvereins, seit 1929 für Erwachsenenbildung.

400 Vgl. Theo Reintges: Ursprung und Wesen der spätmittelalterlichen Schützengilden. Bonn 1963, S. 57-62, 72, 78-82, 307-328 (mit Ortsregister).

Rheinisches Städtebundtheater G. m. b. H. in Neuß

Intendant: **Richard Jost.**

Fernruf Nr. 1660 Neuß Rathaus. — Bankkonto: Städtische Sparkasse Neuß Konto 1202.

Das Rheinische Städtebundtheater

wurde am 16. August 1925 im Einvernehmen mit der preußischen Landesbühne, Berlin, gegründet. Es ist eine G. m. b. H., an der zur Zeit beteiligt sind u. a. die Städte beziehungsweise Gemeinden Buer, Cleve, Emmerich, **Kohlscheid**, Neuß, **Stolberg**, der Landkreis Solingen und die beiden Besucherverbände Bühnenvolksbund und der Verband deutscher Volksbühnenvereine. Vorsitzender des Aufsichtsrates ist der Erste Beigeordnete der Stadt Neuß, Dr. von Hansemann. Geschäftsführer sind Intendant Richard Jost, dem hauptsächlich die künstlerische Leitung obliegt, und der Finanzdirektor der Stadt Neuß Müllejans.

Zur Aufrechterhaltung einer regen Verbindung mit den Abstecherorten besteht eine besondere Abteilung, deren Leitung in Händen des Dramaturgen Robert Sawallich liegt. **Das Rheinische Städtebundtheater sieht es als seine vornehmste Pflicht an, allen Kreisen der Bevölkerung zu mäßigsten Preisen ausgesuchte Werke der deutschen und ausländischen Dichtung zu vermitteln.**

In der kommenden Spielzeit — September 1927 bis Juni 1928 — wird **das Rheinische Städtebundtheater** auch in einzelnen Städten und Landgemeinden des Landkreises Aachen, z. B. in **Stolberg, Würselen, Alsdorf, Kohlscheid, Herzogenrath, Merkstein, Broich-Linden** u. a., **Vorstellungen veranstalten,** auf die hiermit besonders hingewiesen wird.

Spielplanentwurf für die Spielzeit 1927/28.

1. **Schiller:** Don Carlos.
2. **Neumann:** Patriot.
3. **Gozzi:** Turandot.
4. **Shaw:** Pygmalion Teufelsschüler oder Helden.
5. **Hauptmann:** Rose Bernd.
6. **Bernhard:** Anna Boleyn oder **Linascharski:** Der befreite Don Quichotte.
7. **v. d. Vondels:** Jephta.
8. Uraufführung.
9. **Shakespeare:** Wie es euch gefällt oder Viel Lärm um nichts.
10. **Rostand:** Cyrano de Bergerac.
11. **Ernst:** Flachsmann als Erzieher.
12. **Dymoff:** Nju.
13. **Moliére:** Der Geizige.
14. **Ibsen:** Wildente.
15. **Kleist:** Zerbrochene Krug u. Gogol d. Spieler.
16. **Strindberg:** Königin Christine.
17. **Lessing:** Emilia Galotti.
18. **Molnar:** Teufel oder Spiel im Schloß.
19. **Grillparzer:** Weh' dem, der lügt.
20. **Fulda:** Die Jugendfreunde.
21. **Nicodemi:** Tageszeiten der Liebe.
22. **Müller-Schlösser:** Wibbel's Auferstehung.
23. **Raynal:** Grab des unbekannten Soldaten.
24. **Bahr:** Das Konzert.
25. **Hauptmann:** Fuhrmann Henschel.
26. **Hebbel:** Maria Magdalena.
27. **Ibsen:** Nora.
28. **Klabund:** Der Kreidekreis.
29. **Shaw:** Candida.
30. **Gogol:** Brautschau.

Anzeige des Rheinischen Städtebundtheaters für die Spielzeit 1927/28.

auf 1601 zurück, in Stolberg-Büsbach auf 1623, Würselen 1624, Stolberg 1659, Aachen-Hahn 1660, Monschau 1684. Die meisten Gesellschaften standen unter dem Patronat der Heiligen Sebastian oder Hubertus[401], hatten im 19. Jahrhundert Namen und Statuten geändert oder waren überhaupt neu gegründet worden[402]. Sie standen nun jedermann offen und sollten, wie die Turn- und Gesangvereine, die „brüderliche Eintracht" fördern. Kritischen Zeitgenossen wie Joseph von Eichendorff war es wie eine Degeneration des einst stolzen Bürgerstandes erschienen, daß die „Stadtwehr zur geputzten Schützengilde [wurde], die nach gemalten Feinden schoß"[403]. Im Jahr 1873 war der Rheinische Schützenbund, 1892 für den Stadt- und Landkreis Aachen der Bogenschützenbund gegründet worden. Die Schützenvereine waren nun teils Vorhut des Ultramontanismus gewesen, teils zu klassenübergreifenden Geselligkeitsvereinen mutiert. Nach dem Ersten Weltkrieg errichteten sie verstärkt Schützenhäuser und -hallen und schufen damit Orte der Geselligkeitspflege über das jährliche Schützenfest hinaus.

Die Kontinuitätsbrüche der meisten Vereine wurden überblendet, als Anfang 1927 die Delegierten von 300 rheinischen Schützenbruderschaften, darunter viele aus dem Kreis Aachen, aus Eupen und Malmedy, in Köln die Erzbruderschaft zum Hl. Sebastian gründeten[404]. Diese wurde zwar vom NS-Regime 1938 aufgelöst, doch ging daraus nach 1945 der überdiözesane „Bund der historischen Schützenbruderschaften in Rheinland und Westfalen" hervor[405]. Beide Initiativen verdankten sich dem Erzbistum Köln, das dadurch einen anderen Traditionsstrang, den der kirchlichen Schützenbruderschaft mit Verpflichtung zu einem religiösen Lebenswandel[406], reaktivierte und den Großteil der Schützen in das katholische Vereinswesen integrierte. Geistlicher Präses wurde der jeweilige Ortspfarrer.

Frauen, Protestanten und Juden blieben selbstredend ausgeschlossen, für Christen anderer Konfessionen öffneten sich die Vereine nach dem Zweiten Vatikanischen Konzil. Die Schützenvereine beteiligen sich seit jeher an Prozessionen

---

401 Vgl. Wilhelm Ewald: Die Rheinischen Schützengesellschaften. Düsseldorf 1933.

402 Zu historischen und volkskundlichen Aspekten, mit Seitenblicken ins Rheinland, eingehend Dietmar Sauermann: Geschichte des Schützenwesens im kurkölnischen Sauerland und am Hellweg. In: Schützenwesen im kurkölnischen Sauerland. Arnsberg 1986, S. 9-60.

403 Joseph von Eichendorff: Erlebtes, hier: Der Adel und die Revolution (1857). In: Ders.: Werke., Bd. 1, München 1970, S. 898-919, hier S. 916f.

404 Verzeichnis der Vereine und ihrer Verbandszugehörigkeit bei Ewald: Schützengesellschaften, S. 120-176; Statuten S. 177-235.

405 Vgl. Sauermann: Geschichte des Schützenwesens, S. 39-41.

406 Vgl. Reintges: Spätmittelalterliche Schützengilden, S. 88-90, 133, 324-326.

Die Sankt-Josef-Schützenbruderschaft Rollesbroich im Jahr 1927.

und Wallfahrten, den Höhepunkten im kirchlichen Jahreslauf; sie folgen seit 1920, wie die Heimatvereine, der Devise „Glaube, Sitte, Heimat" und widmen sich der Brauchtumspflege. Dazu gehören nach wie vor die prächtig-steifen Uniformen, die auch bei sommerlicher Gluthitze geschlossen bleiben. Vogelschießen, Marschformationen samt Militärmusik und Schützenmesse bilden, neben lokalbedingten Besonderheiten, eine Dreieinigkeit, wobei die Kirche manches Trinkgelage samt „Bundesschießen" als gesellschaftlichen Kitt der Feste hinnimmt. Das Schützenwesen konnte sich über die politischen Umbrüche von 1918 und 1945 hinweg mit der engen Bindung an die katholische Kirche bis heute behaupten[407].

Hatte der politische Katholizismus im Vereinswesen eine Massenbasis, so konnte sich die Sozialdemokratie im Kreis Aachen – vom Kreis Monschau gar nicht zu reden – nur auf eine schmale Schicht stützen; sie wurde gebildet vor allem von der aus den preußischen Ostprovinzen um 1900 und noch einmal nach dem Ersten Weltkrieg aus Westpreußen zugewanderten Bergarbeiterschaft, die sich in der nunmehr polnisch gewordenen Heimat nicht majorisieren lassen wollte. Diese Sozialdemokraten waren preußisch gesinnt und zutiefst national geprägt.

407 Der Historischen Schützenbruderschaft wurde 1963 eine Jugendorganisation angegliedert. Der Diözesanverband Aachen besteht aus 32 Bezirksverbänden Vgl. Handbuch des Bistums Aachen. Aachen 1994, S. 1175. Die Schützenvereine zählen in NRW 420.000 Mitglieder.

Die reformistisch, nicht revolutionär ausgerichtete SPD von Weimar blieb nach 1918 im Landkreis Aachen nur drittstärkste Kraft, nach Zentrum und Kommunistischer Partei.

Denn es war die KPD, die nach dem politischen Katholizismus zur bestimmenden Kraft im Norden des Kreises aufstieg. Im Unterbezirk Aachen hatte sie am Ende der Weimarer Republik 3030, in Eschweiler 500, in Aachen 400 eingeschriebene Parteimitglieder[408]. Die beiden Städte bildeten neben den großen Industriedörfern des Wurmreviers, Alsdorf, Kohlscheid, Übach-Palenberg, und den Gemeinden Bardenberg und Broich (Stimmbezirk Kellersberg) die Hochburgen der Partei im Bezirk Mittelrhein[409]. Die Wählerschaft der KPD bestand aus (überwiegend evangelischen) Arbeitsmigranten aus West- und Ostpreußen, Oberschlesien, Saarland, Ruhrgebiet und Randgebieten Bayerns, also ohne Verwurzelung in der Region; diese wohnten auf den Dörfern in der Nähe der Kohlegruben und trugen „ihre vielfach kommunistischen Sympathien in winzige Ortschaften, die bis dahin vom Kommunismus nie gehört hatten"[410]. Die örtlichen KPD-Funktionäre hatten den Vorgaben von Zentralkomitee und Bezirksleitung zu folgen. Die Partei bzw. ihre „Revolutionäre Gewerkschafts-Organisation" attackierte die Ausbeutung der Arbeiter in den Aachener Gruben; ihre publizistischen Organe waren die in Köln erscheinende „Sozialistische Republik" mit Lokalteilen für die Bereiche Aachen, Koblenz und Trier und die Aachener „Arbeiter-Zeitung"[411].

Am Ende der Weimarer Republik wurde für die katholische Kirche die Abgrenzung von der Blut- und Boden-Ideologie und die Immunisierung der Katholiken gegen Kommunismus und Nationalsozialismus vorrangig. Der neue Generaldirektor des „Volksvereins für das katholische Deutschland", Johannes Joseph van der Velden, der 1943 zum Bischof von Aachen gewählt wurde (im Freundeskreis „JoJo")[412], rückte die religiöse Bildungsarbeit in den Mittelpunkt, um die „Einheit der deutschen Katholiken" zu befördern. Er sprach um 1930 im zeitüblichen nationalen Pathos von dem „Führer", den Deutschland erwarte

---

408 Vgl. Günter Bers (Bearb.): Die Kommunistische Partei Deutschlands im Raum Köln-Aachen gegen Ende der Weimarer Republik. Reinbek 1993, S. 127-130; zum Folgenden S. 6*, 9*, 14*, 31*, 49*. – Ralph J. Jaud: Der Landkreis Aachen in der NS-Zeit. Frankfurt a. M. 1997, S. 197-230.

409 Vgl. Franz Kerff: Wahlen und politische Parteien in Bardenberg, Broich, Weiden und Würselen 1919-1932. In: Würselen, Bd. 2. Köln 1995, S. 13-44, hier S. 17f., 23.

410 Bers: KPD im Raum Köln-Aachen S. 10*.

411 Vgl. ebd. S. 47*-55* (die „Arbeiter-Zeitung" ist nicht erhalten).

412 Vgl. Wolfgang Löhr: Johannes Joseph van der Velden (1891-1954). In: Zeitgeschichte in Lebensbildern, Bd. 6. Mainz 1984, S. 76-87.

und den er in Reichskanzler Heinrich Brüning erblickte, der den Großteil seiner Anhängerschaft in Rheinland und Westfalen hatte.

Mit Brünings Kanzlerschaft begann im Jahr 1930 die Phase der vom Vertrauen des Reichspräsidenten abhängigen Präsidialkabinette ohne parlamentarische Mehrheit. Ein weiterer Einschnitt war die Gleichschaltung Preußens mit dem Reich durch Reichskanzler Franz von Papen am 20. Juli 1932 („Preußenschlag"). Dies führte zu einem „Massenhinauswurf republikanischer Beamter" (so der „Vorwärts") und zur Erschütterung der Beamtenschaft in Rheinland und Westfalen, die die große Koalition in Preußen aus Zentrum und Sozialdemokratie auf Treue zur Republik hatte verpflichten können. Die Inhaber der Spitzenpositionen von Oberpräsident, Regierungspräsident und Polizeipräsident kamen aus der sozialdemokratischen oder christlichen Arbeiterbewegung und hatten der nationalsozialistischen Bewegung wo immer möglich Einhalt geboten[413], wie der Aachener Regierungspräsident Georg Stieler; er war ein gelernter Maurer, der als Sekretär des katholischen Arbeitervereins und Volksvereins vor dem Ersten Weltkrieg begonnen und seit 1919 zugleich dem Preußischen Landtag angehört hatte[414].

Aber die Nationalsozialistische Deutsche Arbeiterpartei war im April 1932 im preußischen Landtag und im Juli im Reichstag zur stärksten Fraktion angewachsen und eine demokratische Mehrheitsbildung gegen NSDAP, KPD und DNVP ausgeschlossen. Daher stellte sich die Frage, ob dem „Schwung der neuen Bewegung" weiterhin durch Zermürbungstaktik der Weimarer Parteien beizukommen war oder ob die „vielen aufbauwilligen Kräfte"[415], die ihre neue politische Heimat in der NSDAP sahen, in den Staat und ob die NS-Parteiführung trotz ihrer radikalen Propaganda und Agitation in die Staatsführung unter der Autorität Reichspräsident von Hindenburgs eingegliedert werden konnten[416]. Dieser zweite und, wie es schien, aussichtsreichere Weg wurde mit der Bildung des Koalitionskabinetts Hitler-Hugenberg am 30. Januar 1933 beschritten. Trotz weltanschaulicher Gegensätze kam eine Regierung aus

---

413 Vgl. Horst Matzerath: Der Nationalsozialismus und die Oberbehörden und Großstadtverwaltungen in Rheinland und Westfalen 1929-1933. In: Rheinland-Westfalen im Industriezeitalter, Bd. 3. Wuppertal 1984, S. 116-136, bes. S. 117, 122f. – Möller: Parlamentarismus in Preußen, S. 531.

414 Aachener Regierungspräsident 1929-1933; seit 1946 Landrat von Fulda; 1946-1950 Vorsitzender der CDU-Landtagsfraktion in Hessen. Vgl. Romeyk: Die leitenden Verwaltungsbeamte der Rheinprovinz, S. 769.

415 Vgl. Kölnische Zeitung, Neujahrsausgabe 1933.

416 Zum engen Handlungsspielraum Hindenburgs (Durchbrechung der Verfassung mit dem Risiko des Bürgerkriegs oder Einbindung der NSDAP in die Regierung) vgl. Heinrich August Winkler (Hg.): Die deutsche Staatskrise 1930-1933. München 1992.

Nationalsozialisten und mehrheitlich parteilosen Konservativen zustande. Vizekanzler Franz von Papen, bis 1932 auf dem rechten Flügel der Zentrumspartei, gelang die Einbindung der Deutschnationalen Volkspartei unter Alfred Hugenberg. Damit war wieder eine von der relativen Mehrheit im Reichstag (248 von 584 Mandaten) getragene Regierung im Amt, wobei dem Zentrum eine Schlüsselrolle zufiel. Viele atmeten erleichtert auf. Die überregional bedeutende „Kölnische Zeitung" kommentierte: „Die nationale Regierung ist da. Jetzt gilt es, dafür zu sorgen, daß sie nicht einen nationalsozialistischen, sondern einen national-bürgerlichen Kurs einschlägt!"[417]

Von der Weimarer Republik ins Dritte Reich

Die Verhältnisse im Raum Aachen Anfang 1933 kennzeichnete, daß der Landkreis mit 194.000 Bewohnern der bevölkerungsreichste in Preußen war; davon gehörten 92 Prozent der katholischen und sieben Prozent der evangelischen Konfession an, in der Stadt Aachen 89 bzw. neun Prozent[418]. Im Landkreis hatte die NSDAP erst 1929 in den Kohlerevieren Fuß fassen können, war dabei aber auf den Widerstand der KPD gestoßen und hatte mit Versammlungen und Aufmärschen in den Hochburgen von KPD und SPD Krawalle und blutige Straßenschlachten angezettelt[419]. Ihre Vorgehensweise entsprach hier derselben wie in der Reichshauptstadt.

Zum „bedeutenden Kristallisationspunkt der sich formierenden NS-Bewegung"[420] in der Region war seit 1930 Stolberg mit 500 NSDAP-Mitgliedern (darunter 50 SA-Männer) geworden – auch dank der Förderung angesehener deutschnationaler Honoratioren. Diese waren mehr völkisch als monarchisch

---

417 Art. Nationalsozialisten und Bürgertum, 5.2.1933.

418 Katholikenanteil im Reichsdurchschnitt 32,5%. Vgl. Jaud: Landkreis Aachen in NS-Zeit, S. 93-95 (aus den Quellen gearbeitet, mit Biographien der Hauptakteure, aber ohne Register schwer zu benutzen).

419 Vgl. Franz Schneider: Alsdorf in der NS-Zeit. Alsdorf 2002, S. 33. – Zur Struktur der Aachener NSDAP vgl. Gasten: Aachen 1933-1944, S. 167-225.

420 Jaud: Landkreis Aachen in NS-Zeit, S. 230-271, hier S. 239.

gesinnt[421] und standen jedem Rabaukentum fern[422]. Manche Industrielle legten wert darauf, weltanschaulich „zuverlässige" Arbeitnehmer zu beschäftigen. So stellten die Messingwerke Prym und Schleicher nur Arbeiter ein, die mit dem Nationalsozialismus sympathisierten[423]. Kurt Schleicher, der mit Oskar Lynen 1933 die Stolberger Metallwerke KG von Asten, Lynen & Schleicher gründete, kandidierte im selben Jahr für die gemeinsame Liste von DNVP und Stahlhelm, „Kampffront Schwarz-Weiß-Rot".

Die Unternehmen dürften sich angesichts der unübersehbaren Schwächen des Weimarer Parlamentarismus von einem autoritären Staat – bei Stärkung der Exekutive, unabhängiger Rechtssprechung und geschütztem Freiraum der Kirchen – einen Ausweg aus der Legitimationskrise des Staates, die mit der Wirtschafts- und Regierungskrise der Republik einherging, und einen dritten Weg zwischen Demokratie und Diktatur nach dem Vorbild des faschistischen Italien versprochen haben[424]. Mussolini hatte das Bündnis mit König und alten Eliten geschlossen, den Konflikt mit dem Papsttum über den Status des Kirchenstaats endlich beigelegt, das attraktive korporativistische Wirtschafts- und Gesellschaftmodell eingeführt, das Arbeitgeber und Gewerkschaften zu einem Interessenausgleich zwang, Streiks den Boden entzog und dadurch Staat und Wirtschaft stabilisiert hatte. Diesem autoritär-korporativen Staatstypus folgte Polen unter Pilsudski 1926 bzw. 1935, Portugal unter Salazar 1933, Österreich 1934 unter Bundeskanzler Dollfuß, weitere Länder sollten sich anschließen.

Frühe Wahlerfolge hatte die NSDAP neben Stolberg auch in Kornelimünster zu verzeichnen. Gleichzeitig war die KPD in die kleinen Dörfer vorgedrungen. Im Herbst 1932, als die Wirtschaftskrise dramatische Ausmaße annahm, entstanden neue KPD-Ortsgruppen in Atsch, Arsbeck, Brachelen, Beggendorf, Broich, Dremmen, Koslar, Kirchberg, Klein-Gladbach, Linnich, Niederbardenberg und Stetternich[425]. In Aachen

421 So mit Bezug auf die Familie Prym Arnulf Bastin: Tagebücher der Julie Bastin (Eintrag v. 18.8.1932) S. 366.

422 So NSDAP-Ortsgruppenleiter (seit 1931) Otto Wilhelm Bastin, Sohn der Familie Prym, Angestellter bei Arthur Lynen, seit 12.3.1933 Mitglied des Stadtrats, 1934 Stadtkämmer. Vgl. Jaud: Landkreis Aachen in NS-Zeit, S. 237-240, 243f., 246. – Bastin: Tagebücher der Julie Bastin, S. 359ff., 521-523.

423 Vgl. Walter H. Pehle: Die nationalsozialistische Machtergreifung im Regierungsbezirk Aachen unter besonderer Berücksichtigung der staatlichen und kommunalen Verwaltung 1922-1933. Phil. Diss. Düsseldorf 1976, S. 115f.

424 Vgl. Wolfgang Schieder: Der Faschismus als Vorbild in der Krise der Weimarer Republik. In: HZ 262 (1996) S. 73-125, hier S. 90-93.

425 Vgl. Bers: KPD im Raum Köln-Aachen, S. 98*.

lag der Stimmenanteil der KPD dabei ohnehin weit über dem Reichsdurchschnitt. Bei den Reichstagswahlen 1928 und im Juli und November 1932 hatte die Partei hier 12 bzw. 19,5 bzw. 20,0 Prozent der Stimmen erhalten; die Arbeiterschaft selbst war allerdings in sich gespalten zwischen Zentrumspartei, SPD und KPD[426]. Die Kommunistische Partei hielt ihre Anhänger in permanenter Aktion, stempelte die Sozialdemokraten, die sich gerade in Preußen ihrer staatspolitischen Verantwortung bewußt waren, auf Stalins Geheiß als „Sozialfaschisten" ab, hielt die „proletarische Revolution" für greifbar nahe und warb mit dem Konterfei des sowjetischen Diktators. Zu ihren Aktionen zählten im Jahr 1932 „Kirchenaustrittslawinen" in Aachen, Herzogenrath und Merkstein, wo aber nicht mehr als einige Dutzend evangelische Arbeiter beim Amtsgericht geschlossen ihren Kirchenaustritt erklärten[427]. Den „Roten Listen" gelangen ansehnliche Erfolge bei den Betriebsratswahlen auf den Kohlezechen in Übach-Palenberg, Eschweiler, Baesweiler und Kohlscheid[428].

Die mit der Weltwirtschaftskrise seit 1929 auch in der Region Aachen einsetzende und kontinuierlich zunehmende Kurzarbeit und Arbeitslosigkeit in Bergwerken, Klein- und Mittelbetrieben wegen Betriebsstillegungen oder -unterbrechungen sowie sinkende Löhne und Beamtengehälter infolge der Brüningschen Notverordnungen lösten bittere Armut aus. Der Textilindustrie war durch die englische Tuchindustrie auf den Weltmärkten mächtige Konkurrenz erwachsen. Auf dem Höhepunkt der Depression in der Tuchindustrie mußte die Aachener „Toga, vereinigte Weberei AG" 1932 schließen, 1400 Arbeitsplätze gingen verloren. Verschärfend wirkte die Einschränkung der Rohstoffimporte seit 1934[429]. Der Steinkohlebergbau litt unter der schlechten Verkehrsanbindung und nach 1933 unter der Wirtschaftsplanung des Dritten Reichs, das die Aachener Kohleförderung auf dem Stand von 1933 einfror, damit der Ruhrbergbau mindestens 60 Prozent der Vorkriegsförderung erreichte. So stieg im Ruhrgebiet die Belegschaft der Zechen in den Jahren von 1934 bis 1936 um 10 Prozent an, während diese im Aachener Revier um weitere 5 Prozent abnahm. Der Eschweiler Bergwerksverein schrieb allein im April/Mai 1939 Verluste in Höhe von 1,5 Mio. RM[430]. Neben der Arbeiterschaft waren auch große Teile des Mittelstandes seit 1929 in Existenznot geraten[431].

---

426 Vgl. Gasten: Aachen 1933-1944, S. 24, 198f.

427 Vgl. Bers: KPD im Raum Köln-Aachen, S. 15*, 18*, 20*, 29*, 32*.

428 Gesamtergebnis 1932: Freie Gewerkschaften 11, Christliche 18, Kommunisten 37, Nationalsozialisten 4 Sitze. Vgl. ebd. S. 12*, 64f.

429 Vgl. Gasten: Aachen 1933-1944, S. 249, 253.

430 Ebd. S. 255, 257f.

431 Übersicht bei Jaud: Landkreis Aachen in NS-Zeit, S. 123-179.

Besonders betroffen war der Bezirk Stolberg-Eschweiler[432]. In Eschweiler war am 31. März 1932 jeder Zehnte (2728) arbeitslos, in Stolberg lebten in der Mitte dieses Jahres 22 Prozent der Einwohner (4217) von öffentlicher Unterstützung. Dabei erhielt der Großteil keine staatliche Hilfe mehr aus der erst 1927 eingeführten gesetzlichen Arbeitslosenunterstützung, die Papens „Kabinett der nationalen Konzentration" im Sommer 1932 um 23 Prozent gekürzt hatte, sondern die nach 20 Wochen abgesenkte Krisenunterstützung (um 17 Prozent gekürzt) und die nach 32 Wochen am Rand des Existenzminimums liegende kommunale Wohlfahrtsunterstützung (um 15 Prozent gekürzt)[433]. Auf letztere waren 1932 in Aachen 51, in Stolberg 61 Prozent der Empfänger angewiesen. Hier drängten sich täglich 1600 Erwerbslose vor dem Eingang des Rathauses zusammen, um sich zweimal in der Woche den für die Unterstützung notwendigen Kontrollstempel abzuholen[434]. Die KPD schürte unter den Männern aller Alters- und Berufsklassen, denen das Elend ins Gesicht geschrieben stand, die Stimmung gegen die ihrem Ende zueilende Republik. Unternehmer am Ort kamen im Winter für die Mittagsspeisung von 300 Schulkindern auf, begüterte Geschäftsinhaber gaben Kohle und Grundnahrungsmittel an die Bedürftigen ab.

Aus dem Bericht des Stolberger Bürgermeisters Walther Dobbelmann (1906-1934, Zentrumspartei) an den Regierungspräsidenten vom 21. April 1932[435]

Dobbelmann wies darauf hin, „daß die im hiesigen Wirtschaftsgebiet seit Jahren außerordentlich ungünstige Lage des Arbeitsmarktes eine weitgehende Verbitterung in die Kreise der Arbeitslosen getragen hat. Politische Verhetzungen haben mit Erfolg gearbeitet, die Stimmung zu verschlechtern. Bei der immer mehr um sich greifenden Arbeitslosigkeit hat die Aufklärungsarbeit der Gewerkschaften, die nicht hoch genug anzusetzen ist, die Radikalisierung weiter Kreise der Arbeiterschaft nicht aufhalten können."

Die Massenarbeitslosigkeit stellte die meisten Aachener Kommunen vor schier ausweglose Schwierigkeiten. So beanspruchten in Würselen die Soziallasten auf dem Höhepunkt der Wirtschaftskrise Mitte 1932 die Hälfte der städtischen Einnahmen. Die Kommunen waren gezwungen, Anleihen aufzunehmen, um die Wohlfahrtsunterstützung überhaupt aufbringen zu können, auch wenn sich der

432 Zum Folgenden ebd. S. 134, 137, 139, 149f., 159. – Gasten: Aachen 1933-1944, S. 237f.

433 Vgl. Hans-Ulrich Wehler: Deutsche Gesellschaftsgeschichte, Bd. 4: 1914-1949. München 2003, S. 530.

434 Vgl. Bastin: Tagebücher der Julie Bastin, S. 360f. (Eintrag v. 23.8.1931).

435 Jaud: Landkreis Aachen in NS-Zeit, S. 145.

Landkreis mit 70 Prozent daran beteiligen mußte, der dadurch selbst in größte Bedrängnis geriet. Steuerschwache Arbeitergemeinden wie Gressenich, Eilendorf oder Haaren waren besonders schwer betroffen. Die größte Stadt des Kreises, Eschweiler, trieb in eine Finanzkatastrophe. Deren Sozialausgaben verschlangen 1932 1,6 Mio. RM, während die Steuereinnahmen bei 1,46 Mio. RM lagen, aus denen jedoch sämtliche städtische Kosten zu begleichen waren.

Indessen läßt sich eine direkte Korrelation zwischen Erwerbslosigkeit und Wahlverhalten nicht nachweisen. Wirtschaftliche Depression und Verelendung förderten die Zustimmung zur NSDAP bei den Landtags- und Reichstagswahlen nicht entscheidend[436]. Die Zentrumspartei errang bei den Landtagswahlen in Preußen im April 1932 im Wahlkreis Köln-Aachen den größten Erfolg und steigerte die Stimmenzahl von 389.000 auf 482.000 (42,1 Prozent)[437]; sie blieb auch bei den Reichstagswahlen am 6. November 1932, den letzten freien Wahlen[438], und bei den Reichstagswahlen am 5. März 1933 im Landkreis Aachen stärkste Kraft. Im Kreis Monschau behauptete das Zentrum trotz massiver Behinderung im Wahlkampf im März 1933 seine überragende Position[439]. Das entsprach dem Bild in den Zentrumshochburgen von Rheinland und Westfalen[440].

Differenzierter nahm sich das Bild bei den preußischen Kommunalwahlen am 12. März 1933 aus[441]. Dabei kam es im Aachener Nordkreis zu einer Wählerfluktuation von der extremen Linken zur extremen Rechten – Ausdruck der enormen wirtschaftlichen und politischen Unsicherheit[442], wohl auch der „antikapitalistischen Sehnsucht" (Gregor Strasser) auf dem linken Flügel der NSDAP, den Hitler später kaltstellte. Nationalsozialismus und Kommunismus verbanden totalitäre, antibürgerliche und antiliberale Züge[443]. So gewann die NSDAP in Alsdorf, einer Hochburg der

436 Vgl. ebd. S. 145f. – Eindrücklich Heinz Viehöver: Eschweiler Lokalgeschichte der NS-Zeit. Eschweiler 2002, S. 30-37.

437 Vgl. Möller: Parlamentarismus in Preußen, S. 241, 246, 322 (Fn. 201), 555-569.

438 Zentrum 37,3 - KPD 28,5 - SPD 15,1 - NSDAP 12,6 - DNVP 3,6 - DVP 1,4%. Vgl. Jaud: Landkreis Aachen in NS-Zeit, S. 745-754. – Reichstagswahlergebnisse auch bei Lothar Weiß: Wahlen im 19. und 20. Jahrhundert. Bonn 2006.

439 Mit 63,2% (vorher 88,3), in den Nachbarkreisen Heinsberg 51,6 (91,3), Geilenkirchen 51,6 (87,3).

440 Vgl. Wahlkarte bei Klaus Gotto, Konrad Repgen (Hg.): Die Katholiken und das Dritte Reich. Mainz 1990, Anhang.

441 Alle Gemeinderatsergebnisse bei Jaud: Landkreis Aachen in NS-Zeit, S. 278f.

442 Vgl. Bers: KPD im Raum Köln-Aachen, S. 29*.

443 Vgl. Karl Dietrich Bracher: Zeit der Ideologien. Stuttgart 1982, hier: Faschismus, Nationalsozialismus, Kommunismus im Vergleich, S. 150-169.

KPD, acht Mandate (bei der wegen Eingemeindungen zum 1. Oktober[444] erforderlichen Neuwahl am 18. Dezember 1932 nur ein Mandat), das Zentrum sieben (unverändert), KPD vier (vorher zehn) und SPD drei Mandate (unverändert). In Merkstein verdrängte die NSDAP die KPD aus ihrer Führungsrolle[445]. In Eschweiler gewann die NSDAP (1932 noch ohne einen Abgeordneten) 10 Mandate und zog mit dem Zentrum gleich (KPD nur noch fünf). Im Stolberger Stadtrat gewann das Zentrum zehn, die NSDAP neun, KPD vier, SPD drei Mandate und „Kampffront Schwarz-Weiß-Rot" eines[446]. Doch durften Vertreter der Kommunistischen Partei wegen Verdachts des Hochverrats an Sitzungen der Vertretungskörperschaften in Preußen nicht mehr teilnehmen, seit Juni auch nicht mehr Vertreter der Sozialdemokratischen Partei, die als staats- und volksfeindliche Organisation galt[447].

Die Bevölkerung der Region Aachen sah, wie große Teile des deutschen Volkes, im „Tag von Potsdam" (21. März), als sich die Zeremonie in der Garnisonkirche über der Gruft mit den Sarkophagen Friedrich Wilhelms I. und Friedrichs II. in Anwesenheit Kronprinz Wilhelms vollzog, den Friedensschluß zwischen Hitlers NS-Bewegung und der preußisch-deutschen Tradition in der Person Reichspräsident von Hindenburgs. Diese Befriedung sollte die Kirchen ausdrücklich einschließen. Bei der Reichstagsdebatte am 23. März über das auf vier Jahre befristete „Gesetz zur Behebung der Not von Volk und Reich" (Ermächtigungsgesetz), wodurch die Regierung ohne Zustimmung von Reichstag und Reichsrat Gesetze erlassen konnte, versicherte Hitler, daß die „nationale Regierung" „in den beiden christlichen Konfessionen die wichtigsten Faktoren zur Erhaltung unseres Volkstums" und „im Christentum die unerschütterlichen Fundamente der Moral und Sittlichkeit des Volkes" sehe, „größten Wert auf freundschaftliche Beziehungen zum Heiligen Stuhl" lege und diese „auszugestalten" suche[448]. Zugleich wurde ein Vierjahresplan für die Wirtschaft in Aussicht gestellt.

---

444 Vgl. Alsdorf. Geschichte in Daten. Alsdorf 1991, S. 142.

445 Vgl. Franz Schneider: Alsdorf in der NS-Zeit. Alsdorf 2002, S. 34f. – Jaud: Landkreis Aachen in NS-Zeit, S. 236.

446 Das Mandat hatte auf das Basis von 4,8% Kurt Schleicher inne (kreisweit 5,7%). Wahlergebnisse vom 12.3.1933 bei Jaud: Landkreis Aachen in NS-Zeit, S. 748; auch S. 277. – Verwaltungsbericht Stadt Stolberg Rhl. 1933, S. 4-6. – Hans-Joachim Ramm: Art. Schleicher, in: NDB Bd. 23, 2007, S. 47-49.

447 Am Beispiel von Würselen Achim Großmann, Susanne Mix: 100 Jahre SPD in Bardenberg und Würselen. Würselen 2003, Kap. 3.

448 Max Domarus: Hitler. Reden und Proklamationen, Bd. 1. Würzburg 1962, S. 232, 236.

Unmittelbar danach setzte der Zustrom in die Partei und ihre Gliederungen ein. Dieser Zulauf der „Märzgefallenen", wie sie im NS-Jargon hießen, entsprach teils der in Potsdam erzeugten nationalen Aufbruchsstimmung, teils war es für öffentlich Bedienstete – Beamte, Lehrer, Richter, auch Notare, Rechtsanwälte und Ärzte – unumgänglich, den Parteibeitritt zu vollziehen; gefordert wurde das „rückhaltlose" Eintreten „für den nationalen Staat"[449]. Schon gar nicht war der Zugang zu öffentlichen Ämtern oder eine Beförderung ohne das zumindest formale Bekenntnis zum neuen Staat in Form des Parteibeitritts möglich. Die Motive dafür lagen zwischen Überzeugung, Opportunismus, Karrierestreben und Ängstlichkeit. Zugleich mußten nunmehr alle Beamten und Soldaten den Treueid auf die Person des Führers leisten und nicht mehr auf die Verfassung.

Mit der am Tag nach dem Reichstagsbrand erlassenen Notverordnung und dem Ermächtigungsgesetz, die beide die Grundlage für die unmittelbar folgenden Willkürmaßnahmen bildeten, kam es auch im Aachener Raum zur Zerschlagung der Arbeiterbewegung und Gleichschaltung des öffentlichen Lebens einschließlich des hier besonders reichen Vereinslebens. Die lokalen Funktionäre und Mandatsträger von KPD und SPD wurden nach dem Reichstagsbrand teils verfolgt und interniert oder wurden durch Hausdurchsuchungen unter Druck gesetzt[450], teils flüchteten sie nach Eupen und Malmedy, um von hier aus Zeitungen und Flugblätter in den Aachener Grenzraum einzuschleusen.

Der reichsweit angeordnete Boykott jüdischer Geschäfte, Arzt- und Anwaltspraxen am 31. März/1. April blieb in Stadt und Kreis Aachen, wie nahezu überall, ohne Resonanz in der Bevölkerung und wurde abgebrochen[451]. Das Verständnis der „Volksgenossen" für die Notwendigkeit antijüdischer Maßnahmen und Gesetze mußte, allein schon wegen der geringen und weit unter dem Reichsdurchschnitt liegenden Zahl von 445 Bürgern jüdischen Glaubens, erst noch geweckt werden. Schon gar nicht hatte der Vernichtungsantisemitismus der Schluß- bzw. Eskalationsphase des NS-Regimes bei der Massenmobilisierung eine Rolle gespielt[452]. Die Gestapo beklagte 1935 das fehlende Rassebewußtsein in der Region: Die „Mentalität" tendiere dahin, „den Juden als Menschen" zu sehen, statt ihn

449 Gesetz zur Wiederherstellung des Berufsbeamtentums, 7.4.1933. RGBl. 7.4.1933.

450 Vgl. Jaud: Landkreis Aachen in NS-Zeit, S. 280-297.

451 Vgl. ebd. S. 659-677.

452 Vgl. Wehler: Gesellschaftsgeschichte, Bd. 4, S. 580.

Die Aachener Synagoge in der Promenadenstraße nach dem Brand am 10. November 1938. Durch ihre Innenausstattung war die Synagoge eine der prächtigsten in Deutschland.

„vom rassenpolitischen Standpunkt aus zu beurteilen"[453]. Als die Entrechtlichung der Juden fortschritt, verlegte ein Teil den Wohnsitz ins benachbarte Holland oder Belgien, mußte aber die größeren Vermögenschaften zurücklassen.

So wenig ausgeprägt der Antisemitismus in der Region war, so konnte dies doch nicht verhindern, daß – blickt man über die hier betrachtete Umbruchs- und Eingangsphase des Dritten Reichs hinaus – die Aachener Synagoge mit vielen anderen in Deutschland in der Nacht vom 9. zum 10. November 1938 in Brand gesteckt und am folgenden Tag jüdische Geschäfte und Wohnungen demoliert wurden. Während die staatliche Propaganda von „Volkszorn" sprach, prägte der Berliner

453 Zit. n. Jaud: Landkreis Aachen in NS-Zeit, S. 665. – Dazu auch Bastin: Tagebücher der Julie Bastin, S. 362, 370 (Einträge v. 25.10, 1931, 25.4.1933) u. ö.

Volksmund dafür den Begriff „Reichskristallnacht“[454]; er umschrieb das Klirren des zerschmetterten Glases, vermied es, das Schreckliche direkt zu benennen und deutete an, daß die Aktion von den Spitzen des Regimes ausging und reichsweit stattfand. Nahezu überall war die Reaktion stummer Protest[455], hätte doch offener Widerspruch Eigengefährdung bedeutet. Weihbischof Sträter sprach dem Aachener Rabbiner Davin Schönberger seine tiefempfundene Trauer aus[456]. Weder davor noch danach „gab es eine solche vielfach registrierte regimekritische Distanz“[457]. Seitdem suchte das Regime die Maßnahmen dem Blick der Öffentlichkeit zu entziehen und zu kaschieren.

Die politische Vereinheitlichung von Reich, Ländern und Gemeinden, die analog zum Ermächtigungsgesetz auf vier Jahre befristet war, machte alle bisherige Verwaltung, auch die kommunale, zur Reichsverwaltung[458]. Die Landesregierungen konnten Gesetze beschließen, Landtage und Bürgerschaften wurden auf der Basis des Reichstagswahlergebnis vom 5. März 1933 neu gebildet, allerdings die der Kommunistischen Partei zufallenden Sitze nicht zugeteilt[459]. Im Sinne der Einheit von Staat und Partei war dann seit Mitte 1933 nur noch die NSDAP zugelassen. An die Stelle der Stadtverordnetenversammlung trat ein „Beschlußfassender Ausschuß“ „zur Vereinfachung des Geschäftsgangs“; 15 der 19 leitenden Gemeindebeamten in den drei Städten und 16 Bürgermeistereien des Landkreises Aachen wurden aus ihren Ämtern entfernt[460]. Die bürgerlich-katholischen Lokalzeitungen, wie das Aachener „Echo der Gegenwart“, der auflagenstarke „Bote an der Inde“ in Eschweiler und die „Stolberger Zeitung“, konnten nur durch vorsichtiges Lavieren, das eine Konfrontation mit dem Regime vermied, der Schließung entgehen – das „Echo“ bis 1935, die „Stolberger Zeitung“, der allerdings die amtlichen Verlautbarungen entzogen wurden, bis 1940, der „Bote an der Inde“ immerhin bis 1943[461].

---

454 Vgl. Hermann Graml: Reichskristallnacht. München 1998, S. 35.

455 Vgl. Dieter Obst: „Reichskristallnacht“. Frankfurt a. M. 1991. – Auswertung der Berichte der US-amerikanischen Diplomaten bei Sarah Gordon: Hitler, Germans, and the „Jewish Question“. Princeton 1984.

456 Vgl. Herbert Lepper: Die Israelitische Synagogengemeinde zu Aachen, Bd. 1. Aachen 1994, S. 127-129.

457 Wehler: Gesellschaftsgeschichte, Bd. 4, S. 661.

458 Vgl. im einzelnen Kurt G. A. Jeserich [u. a.] (Hg.): Deutsche Verwaltungsgeschichte, Bd. 4. Stuttgart 1985.

459 Gesetz zur Gleichschaltung der Länder mit dem Reich, 31.3.1933. RGBl. 2.4.1933.

460 Vgl. Jaud: Landkreis Aachen in NS-Zeit, S. 297-326.

461 Vgl. Viehöver: Eschweiler Lokalgeschichte, S. 82f. – Brecher: Stolberger Alltag 1918-1951, S. 148-151.

Preußen stand seit Reichskanzler Papens Notverordnung vom Juli 1932, die die Regierungskoalition aus Zentrum und Sozialdemokraten ausgeschaltet hatte, unter der Kontrolle des Reichs bzw. eines Reichskommissars. Dessen Funktion übertrug Hitler als Reichskanzler Ende Januar 1933 auf Hermann Göring als preußischem kommissarischen Innenminister, dem nun auch der Aachener Behördenapparat und die Polizei unterstanden.

Zur mächtigsten Figur auf Parteiebene wurde im Bereich der Regierungsbezirke Köln und Aachen Josef Grohé als Leiter des NSDAP-Gaus Köln-Aachen[462]. Er stammte aus einer kinderreichen Familie des Hunsrücks, hatte als kaufmännischer Angestellter seit 1919 in Köln gearbeitet und 1923 Hitlers Bekanntschaft in München gesucht. In den Weimarer Jahren hatte Grohé mit dem ganzen Fanatismus seiner jungen Mannesjahre unter großen materiellen Entbehrungen Kärrnerarbeit für die Partei geleistet und für die völkisch-antisemitische Weltanschauung agitiert. Er hatte 121 Mal vor Gericht gestanden[463]. Sein wichtigstes Propagandainstrument war das im Kölner Gauverlag gedruckte „Westdeutsche Grenzblatt", das seit 1930 täglich und seit 1934 als „Westdeutscher Beobachter" erschien, dessen Hauptschriftleitung Grohé innehatte[464]. Nach der NS-„Machtergreifung" zählte Grohé als einer von 32 Gauleitern zu Hitlers treuesten Gefolgsleuten. Im März 1933 verkündete er vom Balkon der Kölner Rathauslaube Konrad Adenauers Entlassung als Oberbürgermeister.

Berüchtigter als Grohé und verhaßt wegen seiner Willkür war Paul Schöner, der mächtige Ortsgruppenleiter von Würselen, im Volksmund „Stalin von Würselen", der sich überdies skrupellos bereicherte. Es war eine Sensation, als er wegen Untreue, Kriegswirtschafts- und Sittlichkeitsverbrechen 1942 angeklagt und hingerichtet wurde, wodurch auch auf andere Hoheitsträger der Partei trübes Licht fiel[465]. Die zweite Garnitur in der NS-Hierarchie bei der Durchsetzung der politischen Ziele bis ins kleinste Dorf hinein bildeten die mächtigen Kreisleiter, die an ihrem jeweiligen

---

462 Vgl. Peter Hüttenberger: Die Gauleiter. Stuttgart 1969, S. 214. – Rolf Zerlett: Josef Grohé (1902-1987). In: Rheinische Lebensbilder, Bd. 17. Köln 1997, S. 247-276.

463 Vgl. Matzerath: Der Nationalsozialismus und die Oberbehörden 1929-1933, S. 120.

464 Vgl. Brecher: Stolberger Alltag 1918-1951, S. 130-137.

465 Vgl. Adolf Klein: Die rheinische Justiz und der rechtsstaatliche Gedanke. In: Recht und Rechtspflege in den Rheinlanden. Köln 1969, S. 113-264, hier S. 243. – Stephan Voßen: NSDAP und kommunale Verwaltung in Würselen, Bardenberg und Broichweiden. In: Würselen, Bd. 2. Köln 1995, S. 45-100, hier S. 81-88.

Wohnort residierten[466]. Im NSDAP-Kreis Aachen-Land amtierte seit 1932 Carl Reuter aus Stolberg, seit 1936 Erwin Schubert aus Würselen, im NSDAP-Kreis Aachen-Stadt Karl Hubert Jentges bis 1933 und Eduard Schmeer bis 1944 – Bruder Hugo war Kreiswalter der Deutschen Arbeitsfront (DAF), Bruder Rudolf Stellvertreter Robert Leys und damit in einer Spitzenposition der DAF –, im NSDAP-Kreis Monschau 1932/33 Hugo Thelen aus Roetgen, 1933/34 Fritz Bergerhoff und seit 1934 Gabriel Saal, beide aus Monschau[467].

Die vom Reichsinnenministerium gewünschte Trennung von politischem Amt und Verwaltungsamt führte vielerorts zu Konflikten zwischen selbstherrlichen Parteiführern und Staat. Diese wirkten sich auf die Bürokratie lähmend aus, konnten aber in der Region Aachen weitgehend vermieden werden[468]. Regierungspräsident wurde auf Veranlassung Grohés ein ausgewiesener Verwaltungsfachmann: Eggert Reeder, Landrat in Flensburg, zuvor als Assessor bei der Kölner Regierung und mit den rheinischen Verhältnissen vertraut, danach DVP-Kandidat für den Kieler Landtag. Reeder, mehr national als nationalsozialistisch gesinnt, wußte sich gegenüber den Parteistellen durchzusetzen und wurde 1936 wegen seiner fachlichen Kompetenz als Regierungspräsident nach Köln berufen[469]. Der ebenso tüchtige Aachener Landrat Erwin Classen aus einer Aachener Honoratiorenfamilie, 1928 gewählt, blieb im Amt, war er doch wegen seiner nationalen Einstellung als Heinsberger Landrat 1924 von den Belgiern inhaftiert, abgeurteilt und zeitweilig ausgewiesen worden.

Der Eschweiler Bürgermeister Hubert Kalvelage (Zentrum) trat in die NSDAP ein, ohne zu einem glühenden Parteigenossen zu mutieren; auch er behielt sein Amt. Der über die Parteigrenzen hinweg geachtete Stolberger Bürgermeister Dobbelmann wurde immerhin bis Herbst 1934 im Amt belassen und dann in allen Ehren pensioniert; ihm folgte, ebenso urwüchsig-jovial wie gebildet, der Kölner Engelberth Regh, Gründungsmitglied der Köln-Aachener DVP und bis 1933 in deren Vorstand,

466 Monatsberichte der Kreisleitung Aachener-Land mit den wirtschaftlichen Lageberichten des Landrats im Hauptstaatsarchiv Düsseldorf, Briefe der Bürgermeister an den Landrat in den Kommunalarchiven.

467 Vgl. Peter Klefisch: Die Kreisleiter der NSDAP in den Gauen Köln-Aachen, Düsseldorf und Essen. Düsseldorf 2000, S. 30-32, 48; Biogramme von Bergerhoff (S. 82f.), Reuter (S. 197f.), Saal (S. 201f.), Schmeer (S. 207f.), Schubert (S. 211-213), Thelen (S. 222).

468 Vgl. Reiner Pommerin: Die räumliche Organisation von Staat und Partei in der NS-Zeit. Köln 1992. – Zum Folgenden Jaud: Landkreis Aachen in NS-Zeit, S. 297-326, 501-519. – Ferner Pehle: NS-Machtergreifung im Regierungsbezirk Aachen, S. 406ff. – Voßen: NSDAP und kommunale Verwaltung. – Viehöver: Eschweiler Lokalgeschichte, S. 115f.

469 Vgl. Gasten: Aachen 1933-1944, S. 56-63.

Engelbert Regh amtierte als Stolberger Bürgermeister von 1935 bis 1944. Das Foto zeigt ihn im Dienstzimmer des Rathauses.

1930/33 Mitglied des Reichstags und 1933 zur NSDAP übergetreten[470]. Der von der Partei in Alsdorf eingesetzte Bürgermeister Nicolaus Lux (NSDAP) bewährte sich als charakterlich geradliniger Verwaltungsbeamter, der ideologisch begründete Vorgaben hinhaltend umsetzte. Er harrte 1944 als einziger Bürgermeister im Landkreis neben dem Stolberger Regh angesichts der Invasionstruppen auf seinem Posten aus und durfte 1947 wieder in den Behördendienst als Kreiskämmerer beim Landkreis Aachen eintreten[471]. Der 1933 eingesetzte katholisch-nationale Aachener Landgerichtspräsident Hermanns stellte sich den Rechtsbrüchen von Staat und Partei entgegen, berichtete dem Reichsjustizminister ungeschminkt über den Fall Schöner und die Versuche des Kreisleiters, die Sache der Justiz zu entziehen, und wurde schließlich 1943 zwangspensioniert[472].

---

470 Regh saß 1952-1955 für die FDP im Stolberger Stadtrat und im Kreistag (1952-54 stellvertretender Landrat). Vgl. Eduard Tooren, Barbara Lersch: Bürgermeister Dr. Engelbert Regh. Aachen 1982.

471 Vgl. Karl Boventer, Friedrich Schmitz: Die Alsdorfer Bürgermeister der französischen und der preußischen Zeit. Alsdorf 1990, S. 117-121. – Schneider: Alsdorf in der NS-Zeit, S. 182 u. passim.

472 Vgl. Klein: Die rheinische Justiz, hier S. 243. – Lothar Gruchmann: Justiz im Dritten Reich 1933-1940. München 1988, hier: Personalpolitik in Preußen und Bayern 1933/34, S. 221-240.

Diese Schlaglichter mögen das uneinheitliche regionale Bild veranschaulichen; die lokale Personalreserve der NSDAP reichte offenbar nicht aus, um alle Posten neu besetzen zu können, und der Parteibeitritt allein sagt weniger aus als diesem heute oft zugeschrieben wird. Bei den meisten kommunalen Bediensteten kam es, soweit zu sehen, zu einer eher oberflächlichen Bindung an den Nationalsozialismus, obwohl die Partei enormen Druck ausübte. Denn jeder Verwaltungsbeamte mußte über seine Mitgliedschaft in der NSDAP oder einer anderen Partei vor 1933, auch über die der Ehefrau, die Zugehörigkeit der Kinder zu Hitlerjugend oder kirchlicher Jugend und über sein Zeitungsabonnement in einem Fragebogen Auskunft geben[473].

Die örtliche Verwaltungspraxis war im Dritten Reich recht unterschiedlich. Oft konnte rechtsstaatliche Sicherheit bewahrt werden, oft wurde sie von der Parteiwillkür durchbrochen. Zwar blieben im Raum Aachen für die alltägliche Verwaltungsarbeit Sachgesichtspunkte bestimmend, doch wurden alle spezifisch ideologisch begründeten Vorgaben von den Kreis- und Kommunalverwaltungen umgesetzt, Spielraum für Abweichungen gab es hier kaum[474]. Dies galt besonders für Maßnahmen der Wohlfahrtspflege und im Gesundheitswesen, in dem der Grundsatz der Rassenhygiene Priorität besaß. In der Rassenideologie, dem weltanschaulichen Kernstück des NS-Staates, tendierte der Handlungsspielraum von Kommunen und Vereinen gegen Null. Insofern wirkte die Verwaltung systemstabilisierend.

Es war noch die Regierung Papen gewesen, die im Juni bzw. September 1932 Arbeitsbeschaffungsmaßnahmen in Höhe von etwa 300 Mio. Reichsmark auf den Weg gebracht, Gutscheine zur Begleichung der Steuerschuld (ab 1. April 1934) in einer Gesamthöhe von 40 Prozent der eingezahlten Steuersumme ausgegeben und eine erste Reduzierung der Arbeitslosigkeit eingeleitet hatte. Davon und von dem Rückenwind der anziehenden Konjunktur in der zweiten Hälfte des Jahres 1932, wofür die Auftragseingänge im Maschinenbau ein klarer Indikator sind[475], profitierte die Regierung Hitler-Papen-Hugenberg in der öffentlichen Wahrnehmung. Das ‚Wirtschaftswunder' stellte alles andere in den Schatten, bestimmte die Stimmung der Massen „und verwies jeden, der Hitler immer noch ablehnte, in die Rolle eines querulantischen Nörglers"[476]. Ein Indikator für den Stimmungsumschwung ist die

473 Vgl. Brecher: Stolberger Alltag 1918-1951, S. 138-140.

474 Dazu am Beispiel von Würselen Voßen: NSDAP und kommunale Verwaltung, hier S. 45-97.

475 Vgl. Christoph Buchheim: Das NS-Regime und die Überwindung der Weltwirtschaftskrise in Deutschland. In: VfZ 56 (2008) S. 381-412, hier S. 385, 397.

476 Sebastian Haffner: Anmerkungen zu Hitler. München 1978, S. 37f. – Auch Buchheim: NS-Regime und Weltwirtschaftskrise, S. 395.

Inanspruchnahme der Ehestandsdarlehen[477], die alle Erwartungen übertraf. Allein 1933 heirateten 140.000 Paare, wobei pro Neugeborenem ein Viertel des Darlehens erlassen wurde[478]. Die Reichsregierung legte sodann für den Kreis Aachen-Land als größten Industrie- und Grenzkreis einen Arbeitsplan für 468.775 Tagewerke bei einem Kostenaufwand von 4.616.000 RM vor[479]. Er brachte 2523 Arbeiter in Lohn und Brot, was von der NSDAP als „Arbeitsschlacht" hingestellt wurde. Die „Gemeinnützige Heimstätten-Aktiengesellschaft der Deutschen Arbeitsfront" errichtete zehn Kleinsiedlungen mit dem typischen Wohnteil (40 qm), Wirtschaftsteil (25 qm) und großer Landzulage (700-1200 qm) zur Bewirtschaftung bzw. Selbstversorgung, insgesamt 1054 „Siedlerstellen", in Würselen (Teut-Siedlung), Alsdorf-Zopp, Hoengen-Begau, Broichweiden, Eschweiler-Jägerspfad, Gressenich-Mausbach, Kohlscheid-Kämpchen, Stolberg-Atsch, Übach-Boscheln und Wassenberg[480]. Unter

Eine der vielen Kleinsiedlungen, die nach 1933 im Kreis Aachen gebaut wurden.

477 Bis zu 1000 RM und unverzinslich. Zur Finanzierung (1933 116 Mio. RM) wurden Nichtverheiratete, Verwitwete (sofern kinderlos) und Geschiedene herangezogen. Vgl. Gesetz zur Verminderung der Arbeitslosigkeit, 1.6.1933, Abschnitt V. In: RGBl. 2.6.1933.

478 Vgl. Buchheim: Überwindung der Weltwirtschaftskrise, S. 392f.

479 Jaud: Landkreis Aachen in NS-Zeit, S. 387-405.

480 Vgl. Tilman Harlander: Moderne und antimoderne Tendenzen im Wohnungsbau. In: Moderne und Nationalsozialismus im Rheinland. Paderborn 1997, S. 467-499, hier S. 469. – Viehöver: Eschweiler Lokalgeschichte, S. 140f.

den Großprojekten befanden sich der Ausbau der Kalltalsperre bei Lammersdorf im Kreis Monschau und der Rurtalsperre bei Schwammenauel im Kreis Schleiden, der Bau der Reichsautobahn Köln-Aachen und des „Westwalls" – propagandistisch überhöhte Bauvorhaben.

Ausschlaggebend für die reichsweite Stabilisierung seit 1934/35 waren jedoch der private Konsum nach Reduzierung der Arbeitslosigkeit und die Bruttoinvestitionen der Privatwirtschaft nach dem Abbau von Überkapazitäten und nach moderaten Lohnerhöhungen, also eine verbesserte Kostensituation als Reaktion auf die Weltwirtschaftskrise – nicht die staatlichen Förderprogramme. Der Wochenarbeitslohn lag 1938 um 15 Prozent unter dem von 1928[481].

Die Arbeitslosigkeit konnte nur langsam reduziert werden. Im Raum Aachen herrschte noch 1936 große Not und fuhren viele Bergleute mit trockenem Brot oder mit gestampften Kartoffeln als Brotaufstrich in die Gruben ein[482]. Erst die Einbeziehung der Kreise Aachen und Monschau in den erwähnten Westwall, den 630 Kilometer langen Verteidigungsgürtel zwischen Kleve und Schweizer Grenze aus über 18.000 Bunkern, Gräben und Panzersperren, reduzierte 1938 im Regierungsbezirk Aachen die Arbeitslosenzahl spürbar um 30.000, so daß nun auch hier die Wende auf dem Arbeitsmarkt erreicht war[483]. Die Industrie erhielt Großaufträge der Wehrmacht: Die Messingwerke wurden auf Munitions-, die Textilunternehmen auf Uniformherstellung und die Herzogenrather Knopf- und Nadelfabrik Schmetz auf den Bau von Segelflugzeugen umgestellt[484]. Dagegen sollte sich die Erwartung der Ingenieure und Naturwissenschaftler an der Aachener Technischen Hochschule, von der Rüstungsforschung materiell und im Prestige zu profitieren, nur teilweise erfüllen, am Ende mehr im Maschinenbau als bei Elektrotechnik, Flugwissenschaften und Energiewirtschaft[485].

---

481 So Buchheim: Überwindung der Wirtschaftskrise, S. 402-406, 411f. – Unterschiedliche Auffassungen spiegeln sich bei Christoph Buchheim, Michael Hutter, Harold James (Hg.): Zerrissene Zwischenkriegszeit. Wirtschaftshistorische Beiträge. Baden-Baden 1994. – Vgl. auch Wehler: Gesellschaftsgeschichte, Bd. 4, S. 521-530, 642-646, 691-714. – Friedrich-Wilhelm Henning: Handbuch der Wirtschafts- und Sozialgeschichte Deutschlands, Bd. 3, Teil I: 1914 bis 1932. Paderborn 2003, S. 645-657.

482 Bericht des Aachener Landrats an den Regierungspräsidenten, 31.3.1936. Zit. bei Schneider: Alsdorf in der NS-Zeit, S. 43.

483 Vgl. Voßen: NSDAP und kommunale Verwaltung, S. 71.

484 Vgl. Jaud: Landkreis Aachen in NS-Zeit, S. 692f.

485 Statt jüngerer Aufsätze mit polemischem Unterton vgl. Ulrich Kalkmann: Die Technische Hochschule Aachen im Dritten Reich. Aachen 2003.

Segelflugzeugbau bei der Firma Schmetz in Herzogenrath 1942.

Die Arbeiterschaft wurde einschließlich der Unternehmerverbände in der Deutschen Arbeitsfront (DAF) zusammengefaßt, die angesichts der Sorge um Lohn und Brot den Großteil der zuvor kommunistisch oder christlich organisierten und zutiefst irritierten Aachener Industriearbeiterschaft in ihre Reihen zog. Die DAF im Gau Köln-Aachen verzeichnete Ende 1933 einen Massenandrang von 100.000 Arbeitern, ohne daß Druck zum Eintritt ausgeübt wurde[486]. Die DAF hob nicht nur den Sozialstandard und die Sicherheit in Bergwerken und Betrieben, sie war auch höchst erfolgreich mit ihrer Untergliederung „NS-Gemeinschaft Kraft durch Freude". Diese ermöglichte tausenden von Arbeitern und ihren Familien aus dem Gau Köln-Aachen angesichts niedriger Löhne geradezu luxuriös anmutende Urlaubsfahrten[487]. Kurzum: Der NS-Staat zeigte auch in der Region Aachen sein Gesicht von Verführung und Gewalt[488].

„Volk" und „Gemeinschaft" waren nach dem verlorenen Weltkrieg zu magischen Begriffen geworden, die in der nationalsozialistischen Weltanschauung

---

486 Vgl. Viehöver: Eschweiler Lokalgeschichte, S. 134f. Die DAF zählte 1942 25,1 Mio. Mitglieder.

487 Vgl. ebd. S. 166ff.

488 Vgl. Hans-Ulrich Thamer: Verführung und Gewalt. Deutschland 1933-1945. Berlin 1986.

größte Bedeutung gewannen. Das Gemeinschaftsgefühl erhielt durch Feste und Feiern, geschmückte Straßen und Plätze mächtigen Auftrieb, die den lokalen Spielmannszügen, Trommler- und Pfeifercorps dankbar genutzte Auftrittsmöglichkeiten verschafften. Da über die Heimatgeschichte Kernelemente der NS-Weltanschauung, wie die Prägung des Menschen durch die umgebende Landschaft („Boden"), Kette der Vorfahren („Blut"), Eingebundenheit in Volk und Raum („Schicksalsgemeinschaft") und, zumal im Raum Aachen, Lebensverhältnisse im Grenzraum („Grenzlanddeutschtum") zu transportieren waren, erhöhte die Provinzialverwaltung die Mittel für Heimatpflege und Heimatvereine, Familien- und Sippenforschung. Unter dem Etikett „Ahnenforschung" gelang die Finanzierung regionaler Grundlagenforschung[489]. Allerdings nahm mancher die ideologische Überhöhung altbekannter Themen in Kauf, um endlich ideelle und materielle Förderung von Forschungsvorhaben zu erhalten[490]. Auf der ersten Jahresversammlung des „Rheinischen Vereins" (seit 1939 „Rheinischer Heimatbund") im Deutschen Heimatbund im September 1933 in Monschau unterstrich Landeshauptmann Heinrich Haake, vor der NS-„Machtergreifung" ein fanatischer Nationalsozialist im Rheinischen Provinziallandtag[491], das regionale „starke Eigenleben" der Heimat- und Volkstumspflege und die Förderung „der nichtamtlichen Heimatpflege" und ihrer „freien Entscheidungsmöglichkeit"[492]. Indem sich Haake deren Förderung zu eigen machte, verhalf er der Partei zur Resonanz auch in den heimatbewegten Bevölkerungskreisen. Das lange geplante Kreisheimatmuseum wurde in Kornelimünster endlich errichtet[493].

In Aachen nahm das Musikleben unter dem jungen Generalmusikdirektor Herbert von Karajan, der aus dem großdeutsch orientierten Salzburger Bürgertum stammte und im Innersten unpolitisch war, einen für kaum möglich gehaltenen Aufschwung[494]. Karajan verkörperte den allgemein empfundenen nationalen

---

489 So zur Wirtschaft und Kultur im Eifelraum: Hans Carl Scheibler, Karl Wülfrath (Hg.): Westdeutsche Ahnentafeln, Bd. 1. Weimar 1939.

490 So der Aachener Stadtarchivar Huyskens, der dem neuen Staat gewiß dienstbar, aber primär wissenschaftlich angetrieben war. Von der Radikalisierung der Judenverfolgung während des Ostkriegs her argumentierend, die kaum voraussehbar war, und breiterer Historisierung bedürftig: Stefan Krebs, Werner Tschacher: Albert Huyskens, die Westdeutsche Gesellschaft für Familienkunde und das Aachener Stadtarchiv im Nationalsozialismus. In: ZAGV 109 (2006) S. 215-238.

491 Vgl. Matzerath: Der Nationalsozialismus und die Oberbehörden 1929-1933, S. 121f.

492 Vgl. Horst Romeyk: Heinrich Haake (1892-1945). In: Rheinische Lebensbilder, Bd. 17. Köln 1997, S. 187-222, hier S. 211-216.

493 Vgl. Kreisleiter Karl Reuter: Nationalsozialismus und Heimatpflege. In: Heimatblätter des Landkreises Aachen, 5. Jg., 1. April 1932.

494 Vgl. Alfred Beaujean: Herbert von Karajan in Aachen. In: ZAGV 109 (2007) S. 239-270.

Höhenflug im Kulturleben und schlug das Bildungsbürgertum in den Bann. Wie Franz Wüllner, Leo Blech und Fritz Busch, die Ausnahmebegabungen vor ihm, blieb Karajan nicht lange im kleinen Aachen. Die Stadt war und blieb neben Wien, Salzburg und München eine Hochburg der Bruckner-Pflege in den Symphoniekonzerten und den Aufführungen des Domchores unter Theodor Bernhard Rehmann. Aachen war 1934 Gastgeber des IV. Bruckner-Festes der Internationalen Bruckner-Gesellschaft. Nicht zuletzt das musikliebende katholische Bürgertum suchte in der erhebenden Musik Anton Bruckners Trost in schweren Jahren und „sinnerfüllte Erlebnisse"[495]. Über das der NS-Weltanschauung folgende Kultur- und Theaterprogramm stimmten die Aachener mit Füßen ab: Sie blieben schlichtweg fern[496].

Die Partei bemühte sich währenddessen, auch in den kleinen Dörfern der auf sich allein gestellten Jugend ein attraktives Freizeitangebot aus Heimabenden, Sing- und Spielscharen, Wanderungen, Kino- und Theaterbesuchen sowie Wochenenden mit Zeltlagern anzubieten. Es wurden Sportanlagen gebaut und die bestehenden Turn-, Box- und Fußballvereine gefördert. Auf die Jugend wirkte der forcierte Automobilbau („Volkswagen") und Flugzeugbau technikbegeisternd und zukunftsverheißend, die Hitler-Bewegung konnte gerade die geburtenstarken

Aufmarsch der Hitlerjugend (HJ) in einer Gemeinde des Kreises Aachen.

495 Vgl. Norbert Jers: Bruckner-Rezeption zwischen religiöser Inbrunst und nationalistischer Instrumentalisierung. In: Kirchenmusikalisches Jahrbuch 89 (2005) S. 107-123, hier S. 122.

496 Vgl. Gasten: Aachen 1933-1944, S. 127-132.

Jahrgänge von vor 1914 an sich binden[497]. Viele Menschen blendete die verwirrende Widersprüchlichkeit von Modernität und Traditionsbewußtheit.

Über der Jugenderziehung stand die Devise „Jugend muß durch Jugend geführt werden" – Erbe der Jugendbewegung und des Jugendkults vor dem Ersten Weltkrieg, ihrer nationalromantischen Grundstimmung und Protesthaltung gegen bürgerliche Lebensformen sowie der bündischen Jugend nach dem Weltkrieg[498]. Entstammte die Jugendbewegung dem Bildungsbürgertum, so war die NS-Jugend im Sinne der Volksgemeinschaft klassenübergreifend organisiert. Dabei wurde die ideologische Indoktrination weniger stark empfunden als heute vielfach angenommen, die christliche Prägung konnte nicht einfach abgestreift werden, und die Konkurrenz der kirchlichen Jugendarbeit bestand zunächst fort[499]. Der Sinn für Kameradschaft, Volk und Vaterland war seit dem Ersten Weltkrieg ohnehin ausgeprägt.

Aus dem politischen Lagebericht des Aachener Regierungspräsidenten Eggert Reeder an den Reichs- und Preußischen Minister des Innern, 7. Februar 1935[500]

Entscheidend für die Verankerung und Festigung der nationalsozialistischen Weltanschauung und Partei im hiesigen schwierig gelagerten Gebiet ist eine qualitativ hochwertige, sorgfältige Arbeit der HJ zusammen mit der NS-Frauenschaft und der Volksschullehrerschaft. Während die Führung der katholischen Jugend hier in Händen von Kaplänen liegt, die zum Teil die Elite der katholischen Geistlichkeit darstellen und ihre Jugendlichen geistig sehr stark beeinflussen, treten demgegenüber die HJ-Führer bezüglich ihres geistigen Wirkungsvermögens stark zurück. Immer wieder hört man resignierte Äußerungen seitens der Angehörigen der HJ oder deren Eltern, daß die Zeit der HJ schlecht ausgenutzt würde und die Führer ihrer Aufgabe nicht gewachsen seien. Es handelt sich hierbei nicht um Meckerer und Miesmacher, sondern um Persönlichkeiten, die aus innerer Überzeugung ihre Kinder in die HJ und nicht in die katholischen Jugendorganisationen geschickt haben.

---

497 Vgl. Wehler: Deutsche Gesellschaftsgeschichte, Bd. 4, S. 573.

498 Für die Region Aachen nicht erforscht. Vgl. Thomas Nipperdey: Jugend und Politik um 1900. In: Ders.: Gesellschaft, Kultur, Theorie. Göttingen 1976, S. 338-359, hier S. 344-347.

499 Vgl. Barbara Schellenberger: Katholische Jugendverbände im Bistum Aachen 1933-1938. In: Geschichte im Bistum Aachen 2 (1994) S. 297-316.

500 Bernhard Vollmer: Gestapo- und Regierungsberichte 1934-1936. Stuttgart 1957, S. 164-180, hier S. 170.

Wie mühsam die NS-Bewegung im Aachener Raum Fuß fassen konnte, zeigte sich, als nach Hindenburgs Tod das Gesetz über die Zusammenlegung der Ämter von Reichspräsident und Reichskanzler am 19. August 1934 „zur freien Volksabstimmung" gestellt wurde. Im Reichsdurchschnitt lehnten immerhin 10 Prozent der Wähler ab, während es im Wahlkreis Köln-Aachen 18,2, im Stadtkreis Köln 19,8 und im Stadtkreis Aachen sogar 28,3 Prozent waren – ein für die NSDAP peinliches und blamables Ergebnis[501].

Eine Ausnahme bildete die Aachener Studentenschaft, die – wie so oft die deutschen Studenten an politischen Umbrüchen und die Aachener zuvor in Kulturkampf- und Rheinkampfjahren – fanatisiert war. Die Aachener Gruppe des Nationalsozialistischen Deutschen Studentenbundes lud zum 16. Deutschen Studententag 1933 ein, der zu einem Bekenntnis zum neuen Staat geriet und die Gemeinschaft von Soldatentum, Arbeitertum und Wissenschaft beschwor[502].

Die Einstellung der Rheinländer sowie der Aachener und Monschauer Kreisbewohner zur NS-Bewegung änderte sich schlagartig, als die Wehrmacht im März 1936 in die entmilitarisierten Rheinlande einmarschierte. Darin sahen die meisten, über alle politischen und konfessionellen Bindungen hinweg, eine späte Genugtuung für die demütigenden Jahre der Besetzung nach 1919. Hitler gewann sein außenpolitisches Hasard-Spiel mit dem Bruch der Locarno-Verträge, weil die Westmächte, vor allem die englische Regierung, dies hinnahmen. Viele Rheinländer fühlten sich sicherer, als entlang der Grenze die Verteidigungsanlagen des „Westwalls" errichtet wurden.

Aachen wurde 1936, Eschweiler 1937 wieder Garnisonsstadt; bis 1940 waren in Aachen 40.000 Mann stationiert, in Stolberg 1939/40 zwischen 4000 und 5000 Soldaten[503]. Die Menschen empfanden Stolz auf die wiedergewonnene nationale Größe und Stärke, auf „Führer" und „Reich". Am 10. Mai 1940 erlebten die Kreisbewohner die Invasion nach Belgien und in die Niederlande über Beek und Vaals. Aachen war Drehpunkt für den Vormarsch des linken Flügels der Heeresgruppe B und bald wichtiger Standort für Lazarette, Gefangenen- und Ersatztruppenlager[504].

---

501 Vgl. Otmar Jung: Plebiszit und Diktatur. Tübingen 1995, S. 68.

502 Vgl. Gasten: Aachen 1933-1944, S. 136f.

503 Vgl. Jaud: Landkreis Aachen in NS-Zeit, S. 720.

504 Vgl. Haak: Aachens Garnisongeschichte, S. 58f., 62f.

In Eupen-Malmedy entstanden nach 1933 zahlreiche „heimattreue" Organisationen. Die wichtigste war seit 1936 die „Heimattreue Front" als Einheitsbewegung aller heimattreuen Kräfte, die den Aufstieg von Führer und Reich bewunderte, ohne indes eine Parallelorganisation der NSDAP zu sein[505]. Im Eupener Stadtrat besaß der Ableger der reichsdeutschen NSDAP die absolute Mehrheit[506]. Im Jahr 1940 kam es zur „Heimführung" von Eupen, Moresnet, Malmedy und St. Vith „ins großdeutsche Vaterland", worin die meisten, die keine Belgier hatten werden wollen, die Revanche für die Verletzung des Rechts auf nationale Selbstbestimmung und für das bis 1925 in Eupen-Malmedy bestehende Polizeiregime mit Pressezensur und Versammlungsverbot sahen. War die Grenzbevölkerung 1920 „Opfer einer undemokratischen Konferenzpolitik" geworden, so wurde sie zwanzig Jahre später „zur Beute" eines ihr Deutschtum instrumentalisierenden Diktators[507]. Antinationalsozialistisch gesinnte Katholiken und probelgisch gesinnte Demokraten wurden denunziert und verfolgt[508].

Will man sich die in der Region wachsende Zustimmung zum Dritten Reich erklären, so wird man der Auffassung zustimmen können, daß Hitler und sein Regime ihre wahren Absichten „hinter dem Schleier einer sehr geschickten Propaganda" verbargen, „die nicht nur Leistungen und Errungenschaften effektvoll herauszustellen verstand, sondern auch Schwächen gut zu kaschieren wußte"[509]. Es blieb verborgen, daß sich das Dritte Reich mit den der Vollbeschäftigung dienenden Großprojekten, vor allem der Rüstungsindustrie, seit 1937 derartig verschuldete, daß eine Tilgung der Reichsbankkredite nur noch durch einen Eroberungskrieg möglich war – mithin ein neuer Krieg eingeplant war, während bei den meisten Deutschen und den Staatsmännern Europas Hitlers Friedensparolen verfingen.

Von „Thron und Altar" zu „Gott und Volk"

In der Eingangsphase des Dritten Reichs – nur diese soll im Rahmen des Themas „Umbrüche" beleuchtet werden – war die Versuchung groß, Kreuz und

505 Vgl. Carlo Lejeune: Die Säuberung, Bd. 1: 1920-1944. Büllingen 2005 (mehr dokumentarisch als darstellerisch).

506 Vgl. Ruland: Deutschsprachige Gemeinschaft Belgiens, S. 51f.

507 Martin R. Schärer: Deutsche Annexionspolitik im Westen. Frankfurt a. M. 1978, S. 242.

508 Josef Grohé wurde von Hitler noch im Juli 1944 zum Chef bzw. Reichskommissar der neu eingerichtete Zivilverwaltung in Belgien und Nordfrankreich ernannt.

509 So Viehöver: Eschweiler Lokalgeschichte, S. 257.

Hakenkreuz miteinander zu verbinden, denn Hitler verstand es auch hier, seine wahren Absichten zu verschleiern. Er täuschte einen Einklang von Partei und christlicher Tradition vor. Das von ihm und Gottfried Feder 1920 verfaßte Programm der NSDAP bekannte sich zum „positiven Christentum" (§ 24). So schien zunächst, trotz grundsätzlicher ideologischer Gegensätze zwischen der Grundanschauung des christlichen Glaubens und der NS-Rasselehre, die gemeinsame Frontstellung von beiden Kirchen und Nationalsozialismus gegenüber Liberalismus und Bolschewismus die Basis für ein Auskommen von christlicher Religion und nationalsozialistischer Weltanschauung zu bieten.

Dies verfing am ehesten bei Teilen der evangelischen Kirche, die seit den Freiheitskriegen gegen Napoleon vaterländisch gesinnt war und das Regierungshandeln in Frieden und Krieg mit Predigt und Gebet begleitete – ein „Hallelujawagen", angekoppelt an die „Staatslokomotive"[510]. Die evangelische Kirche hatte in der Revolution von 1918/19 das landesherrliche Kirchenregiment, das seit der Reformation zentrale Strukturprinzip der Kirchenverfassung, verloren; ihre Pfarrerschaft war, auch im Aachener Raum, politisch überwiegend bei der bis zum Ende der zwanziger Jahre von Honoratioren geprägten DNVP beheimatet[511]. Aus dem alten Bündnis von „Thron und Altar" hatte sich nach Ende der Monarchie die Wendung zu „Gott und Volk" vollzogen; dabei erhoffte sich der Protestantismus vom Nationalsozialismus eine Missionierung der Bevölkerung. Der ethische Bezugspunkt der liberalen Theologie – die christlich begriffene Verantwortung für Familie, Staat und Gesellschaft – hatte sich in das christliche Bekenntnis zum Volkstum verkehrt, das als göttliche Schöpfungsordnung verstanden wurde[512]. Eine Ausnahme bildete im Kirchenkreis der Aachener Pfarrer Walther Wolff, seit 1901 Mitglied der Kreissynode, seit 1919 Präses (Bischof) der Rheinischen Landeskirche und seit 1923 (bis zu seinem Tod 1931) Superintendent im Kirchenkreis Aachen. Auch er gehörte der DNVP an, stand auf dem Boden der Republik, erkannte ihre gesellschaftlichen Herausforderungen und wußte die Zeichen der Zeit zu deuten.

---

510 So Hans Joachim Iwand, lutherischer Theologe und Mitglied der Bekennenden Kirche, 1934/35 aus dem Universitätslehramt entlassen und mit Redeverbot belegt, nach 1945 Professor in Göttingen und Bonn.

511 Vgl. Karl-Wilhelm Dahm: Soziale Position und politische Mentalität des deutschen evangelischen Pfarrerstandes zwischen 1918 und 1933. Köln 1965.

512 Vgl. Wolfgang Tilgner: Volk, Nation und Vaterland im protestantischen Denken zwischen Kaiserreich und Nationalsozialismus. In: Der deutsche Protestantismus und der Nationalismus. Gütersloh 1970, S. 135-171.

Hitler strebte statt der Vielzahl der Landeskirchen eine zentral gelenkte „Reichskirche“ an und förderte zu diesem Zweck die „Glaubensbewegung Deutscher Christen“. Diese hatte ihre Wiege in Thüringen, dem Kernland der Reformation, und propagierte ein artgemäßes Christentum unter dem Hakenkreuz. Es gelang ihr, in die kirchlichen Wahlkörperschaften einzudringen[513]. Der „Glaubensbewegung Deutsche Christen Köln-Aachen“ traten der Präses der Rheinischen Landeskirche, Friedrich Schäfer, und die übergroße Mehrheit der Gemeindeglieder und Presbyter[514] in den niederrheinischen (Diaspora-)Gemeinden und in den Kirchenkreisen Aachen und Jülich (wozu Eschweiler zählte) bei[515]. Sie wurden angeführt und beeinflußt von den Pfarrern, die nahezu alle durch das Kaiserreich geprägt waren und sich vom Nationalsozialismus blenden ließen: in der großbürgerlich-national geprägten Gemeinde von Aachen-Burtscheid (15.000 Gemeindeglieder) ebenso wie im Arbeitermilieu von Alsdorf-Baesweiler, Herzogenrath, Eschweiler und Weisweiler[516]. Sie folgten dem von Hitler installierten „Reichsbischof“ Ludwig Müller und dem neuen deutsch-christlichen rheinischen Landesbischof Heinrich Oberheid (Pfarrer und SA-Sturmführer). Der Gau Aachen galt mit Blick auf die „Glaubensbewegung Deutsche Christen“ als einer der am besten organisierten[517].

Auf dieser Linie stellte die evangelische Gemeinde in Alsdorf 1933 beim Gemeinderat den Antrag, ihre Schule mitten in der KPD-Hochburg Kellersdorf in „Horst-Wessel-Schule“ und ihre Schule in Alsdorf in „Ludwig-Müller-Schule“ umzubenennen[518]. Anfang 1934 stattete Reichsbischof Müller Aachen und Alsdorf seinen Besuch ab. Der Landrat berichtete 1936 an den Regierungspräsidenten: „Die ganze Zahl der evangelischen Kirchengemeinden steht geschlossen zum Nationalsozialismus“[519].

---

513 Dazu, mit Schwerpunkt in der Eingangsphase des NS-Staates, Kurt Meier: Die evangelische Kirche im Dritten Reich. München 1992. – Zum Aachener Kirchenkreis Gasten: Aachen 1933-1944, S. 275-284. – Es fehlen Einzeluntersuchungen über die meisten ev. Gemeinden des Kirchenkreises.

514 Darunter der Aachener Presbyter Nockemann, „Alter Kämpfer“ der NSDAP, später Leiter der Stapo-Stelle Aachen.

515 80 Prozent der Eschweiler Gemeindeglieder traten den „Deutschen Christen“ bei.

516 Vgl. Heiner Faulenbach: Die evangelische Gemeinde in Aachen in der Zeit des Nationalsozialismus. In: ZAGV 101 (1997/98) S. 125-160. – Schneider: Alsdorf in der NS-Zeit, S. 60-67 (die ev. Gemeinde zählte 5000 Seelen) – Viehöver: Eschweiler Lokalgeschichte, S. 211-215. – Jaud: Landkreis Aachen in NS-Zeit, S. 585, Fn. 225.

517 So die Aachener Staatspolizei, zit. n. Gasten: Aachen 1933-1944, S. 278.

518 Schneider: Alsdorf in der NS-Zeit, S. 38, 62, 105.

519 Ebd. S. 45.

Dagegen formierte sich der von dem Berliner Pfarrer Martin Niemöller gegründete Pfarrernotbund, der die Unvereinbarkeit von christlichem Bekenntnis und NS-Weltanschauung betonte. Reichsbischof Müller untersagte im Januar 1934 jede öffentliche Kritik an Personen, Einrichtungen oder Maßnahmen der deutsch-christlichen Kirchenleitung („Maulkorberlaß"). Im Februar 1934 traten die „Deutschen Christen" auf einer Kundgebung in Weisweiler dem Pfarrernotbund entgegen[520]. Pfarrer Niemöller wurde zu einem der führenden Männer der „Bekennenden Kirche" und mußte schließlich als persönlicher Gefangener des Führers den Weg ins Konzentrationslager antreten.

Der „Bekennenden Kirche" der Aachener Gemeinde[521] gehörte unter dem Hilfsprediger Friedrich Karl Förster, dann unter Pfarrer Wilhelm Eichholz nur eine kleine Minderheit an; 200 zeichneten sich in die Liste ein und erhielten die Mitgliedskarte der rheinischen Bekennenden Kirche in grüner Farbe, 500 bezogen das BK-Gemeindeblatt „Sonntagsgruß"; sie veranstalteten eigene Gottesdienste, Abendmahlfeiern und Bibelstunden. Die gemeindeinternen Zwistigkeiten, Intrigen und Denunziationen – jedermann war verpflichtet, politisch abweichende Äußerungen anzuzeigen –, bewirkten, daß 1300 Angehörige seit 1936 die große Gemeinde verließen[522]. Die Spaltung hätte kaum tiefer gehen können. In Monschau gehörten Pfarrer Arnold Nieland und das Presbyterium mit Kirchmeister Walter Scheibler der Bekennenden Kirche an.

Zu den Mitgliedern der rheinischen Bekenntnissynode gehörte zunächst der national-konservative Aachener Pfarrer und Superintendent Paul Friedrich Staudte, bis er, stets auf der Suche nach Ausgleich, 1937 zusammen mit anderen rheinischen Superintendenten einen eigenständigen, kirchenpolitisch gemäßigten Kurs in der Mitte suchte[523]. Dieser Linie folgte schließlich auch die Stolberger Gemeinde unter ihrem Pfarrer Gustav Lohmann, dieser Mitglied der Bekennenden Kirche. Die Gemeinde hatte nach Flügelkämpfen im Herbst 1932 zu einer Einheitsliste der Gemeindevertretung für die Wahlen von 1933 zurückgefunden, die zur Hälfte aus „Deutschen Christen"

520 Vgl. ebd. S. 213

521 Darunter die im Sozialbereich engagierte Presbyterin (bis zu den Wahlen im Juli 1933, erneut seit 1945) Emmi Welter (DNVP), nach 1945 Mitglied der Kreis- und Landessynode, 1950-1961 streitbare Stadtverordnete (CDU), 1954-1965 auch MdB. Vgl. Gisela Engberg, Elisabeth Fischer-Holz: Emmi Welter. In: Aachen, Adenauer und die Bonner Republik. Eupen 1995, S. 35-49. – Faulenbach: Ev. Gemeinde in Aachen, S. 135, 149-151. – Johannes Wever: Der Beitrag der Bekenntnisgemeinde zur Geschichte der Evangelischen Gemeinde Aachen (1933-1945). Titz-Rödingen 2007.

522 Vgl. Gasten: Aachen 1933-1944, S. 282f.

523 Vgl. Faulenbach: Ev. Gemeinde in Aachen, S. 137f.

einschließlich deutschnationaler Honoratioren bestand[524]. Um eine Spaltung zu verhindern, verhielten sich Pfarrer und Presbyterium gegenüber Wünschen der „Deutschen Christen" und Beschlüssen der Bekennenden Kirche neutral.

In der kleinen evanglisch-lutherischen Kirche auf dem Kreuzhof zu Stolberg (erbaut 1647/48) sind die drei Stätten der Verkündigung – Altar, Kanzel, Orgel – übereinandergestuft. Farbige Glasfenster mit Familienwappen und Grabplatten berichten von Persönlichkeiten der Gemeinde.

Das abgebildete Fenster wurde 1939 eingesetzt. Die Inschrift läßt sich vielleicht als indirekte Bezugnahme auf den Kirchenkampf im Dritten Reich lesen: „Zu Gottes Ehre hat Pfarrer Erasmus Blum diesen ersten und ältesten lutherischen Kirchbau der Jülicher Lande mit den Opfergaben der Gemeinde und gefahrvoll persönlich eingeholten Beihilfen vieler deutscher Fürsten und Reichsstädte errichten lassen als eine Zuflucht der Trostlosen und Mutterkirche der Verfolgten Anno 1647-1648"

524 Eine Spezialstudie fehlt. Vgl. Brecher: Stolberger Alltag 1918-1951, S. 136, 149, 185-187. – Jaud: Landkreis Aachen, S. 585. – Bastin: Tagebücher der Julie Bastin, S. 545-565.

Die Bekennende Kirche gab sich ihr theologisches Fundament auf der ersten Bekenntnissynode der Deutschen Evangelischen Kirche im Mai 1934 in Barmen, einem Stadtteil von Wuppertal. Die epochemachende Barmer „Theologische Erklärung"[525] verfaßte im wesentlichen Karl Barth, Theologe an der Universität Bonn Darin fanden Lutheraner, Reformierte und Unierte gegen den Totalitätsanspruch des Staates in einer gemeinsamen Glaubensaussage zusammen. Die Bedeutung von Barmen liegt weiter darin, daß sie die differenzierte moderne Gesellschaft indirekt anerkannte und die Selbständigkeit der Kirche gegenüber Staat und moderner Kultur theologisch ratifizierte. Mitglieder der Bekennenden Kirche bekleideten nach 1945 Schlüsselpositionen der Deutschen Evangelischen Kirche, wie Otto Dibelius in Berlin und Gustav Heinemann im Rheinland. Die Barmer Erklärung hat heute in den meisten Landeskirchen, allerdings nicht in den streng lutherischen, den Charakter einer Bekenntnisschrift, die neben das Apostolische Glaubensbekenntnis aus dem 5. Jahrhundert getreten ist und auf welche die Pfarrer bei ihrer Ordination, der Bevollmächtigung für ihr geistliches Amt, verpflichtet werden.

Vom Reichskonkordat zum Kirchenkampf

Einen solchen innerkirchlichen Konflikt wie die evangelische machte die katholische Kirche nicht durch. Hitler war dem Hl. Stuhl im Reichskonkordat mit dem Schutz von Konfessionsschulen und kirchlichem Vereinswesen im Juli 1933 bewußt weit entgegengekommen – sollte doch das Konkordat die Katholiken für den neuen Staat gewinnen, wie es Mussolini durch die Lateranverträge in Italien gelungen war[526]. Das Konkordat glich einer Medaille mit zwei Seiten: Es verleitete viele zu dem Irrglauben, selbst der Papst habe Hitler und seine Bewegung anerkannt, und es war zugleich die einzige Rechtsgrundlage, auf die sich Bischöfe und Papst nach Beginn

525 Abdruck in: Evangelisches Gesangbuch. Ausgabe für die Ev. Kirche im Rheinland und von Westfalen. Gütersloh, Bielefeld 1996, S. 1377-1380. – Vgl. Günther van Norden (Hg.): Kirchenkampf im Rheinland. Köln 1984, hier: Die großen Bekenntnissynoden, S. 141-159 (mit Faksimile der Barmer Erklärung). – Klaus Scholder: Die Kirchen und das Dritte Reich, Bd. 2: Das Jahr der Ernüchterung. 1934 Barmen und Rom. Berlin 1985.

526 Die nicht zu entscheidende Frage, ob das Reichskonkordat ausschlaggebend für die Zustimmung des Zentrums zum Ermächtigungsgesetz war, hat sich in einer Kontroverse zwischen Konrad Repgen und Klaus Scholder niedergeschlagen. Teilweiser Neudruck bei Konrad Repgen: Historische Klopfsignale für die Gegenwart. Münster 1974; zuletzt Klaus Scholder: Die Kirchen zwischen Republik und Gewaltherrschaft. Berlin 1988, S. 171-203 (mit allen Drucknachweisen der Kontroverse).

des Kirchenkampfes berufen konnten und mit der sie die Rechtsbrüche des Staates abzuwehren suchten[527].

Das Preußen-Konkordat von 1929, das für den Hl. Stuhl von Nuntius Eugenio Pacelli in Berlin, dem späteren Papst Pius XII., ausgehandelt worden war, hatte die Bistümer im Westen neu geordnet und neben dem Bistum Berlin das Aachener nach jahrzehntelangem Bemühen neubegründet. Es war kleiner als das napoleonische, seine Achse bildete die Rur mit den Städten Düren und Jülich. Es wurde der Kölner Kirchenprovinz zugeordnet und bestand aus 36 Dekanaten, 432 Pfarreien und 47 Rektoraten. Das Preußen-Konkordat räumte den Domkapiteln das bis heute bestehende Recht der Bischofswahl ein. In das Aachener Bischofsamt wurde 1931 der Kölner Generalvikar und Dompropst Joseph Vogt gewählt[528].

Der preußische Ministerpräsident Hermann Göring, der dem preußischen Staatswappen den alten borussischen Wahlspruch „Gott mit uns!" eingefügt hatte, zeichnete bei seinem Besuch in Aachen, eine Woche nach Unterzeichnung des Reichskonkordats, Bischof Vogt und Weihbischof Hermann Joseph Sträter aus, indem er sich beim Empfang im Rathaus längere Zeit mit beiden unterhielt[529]. Doch wurde für die Kirchen schon das Jahr 1934 zum „Jahr der Ernüchterung"[530]. Die Auseinandersetzung mit dem NS-Staat spielte sich in erster Linie, wie in den erörterten schweren Kämpfen mit dem preußischen Staat im 19. Jahrhundert, auf Pfarrei- und Bistumsebene ab[531]. Dabei gingen das Kölner und Aachener Bistum geistlich und organisatorisch in geschlossener Form in den Kirchenkampf[532].

Der betagte und herzleidende Kölner Kardinal Schulte (1871-1941) wollte, ebenso wie der noch ältere Vorsitzende der Fuldaer Bischofskonferenz, der Breslauer Kardinal Bertram (1859-1945), den offenen Konflikt mit dem NS-Regime

527 Die These der Affinität von antiliberalem katholischen Milieu und Drittem Reich hat sich als nicht tragfähig erwiesen, so bei Günter Plum: Gesellschaftsstruktur und politisches Bewußtsein in einer katholischen Region 1928-1933. Untersuchung am Beispiel des Regierungsbezirks Aachen. Stuttgart 1972. – Dazu jüngst noch einmal Jaud: Landkreis Aachen in NS-Zeit, S. 45-49.

528 Geboren 1865. Vgl. Gatz: Geschichte des Bistums Aachen, S. 15, 17. – Dazu verschiedene Beiträge in: Geschichte im Bistum Aachen 1 (1992).

529 Vgl. Gasten: Aachen 1933-1944, S. 89.

530 So der Untertitel bei Scholder: Die Kirchen und das Dritte Reich.

531 Darlegung der vielschichtigen Materie bei Rudolf Lill: Katholische Kirche und Nationalsozialismus. In: Lebensraum Bistum Aachen. Aachen 1982, S. 140-176. – Lokale Ausschnitte bei Viehöver: Eschweiler Lokalgeschichte, S. 173-210. – Bei Schneider: Alsdorf in der NS-Zeit, S. 45-67. – Überblick bei Jaud: Landkreis Aachen in NS-Zeit, S. 585-625.

532 Im Bistum Aachen bestanden 354 Jungmännervereine mit 36.400 Mitgliedern. Ebd. S. 23.

mit Rücksicht auf die Gläubigen vermieden wissen. Schulte verfolgte einen staatsloyalen Kurs und konzentrierte den Kampf auf die „geistig-weltanschauliche Abwehr der NS-Lehre". Die „Abwehrstelle" des Kölner Generalvikariats brachte eingängige Broschüren in einer Auflage von 17 Millionen heraus[533], darunter „Studien zum Mythus des XX. Jahrhunderts", die Alfred Rosenbergs „Mythus des XX. Jahrhunderts" widerlegten[534].

Die Bischöfe der Kölner Kirchenprovinz warnten zwar vor den weltanschaulichen Irrtümern des Nationalsozialismus, gaben aber keine pastoralen Anweisungen zum täglichen Umgang der Gläubigen mit den Anforderungen des NS-Staats[535]. Viele Geistliche und Laien des Aachener Bistums, besonders die katholische Jugend und kampfbereite Kapläne, verlangten ein härteres Auftreten gegenüber dem Staat. Bischof Vogt, der an „nervösen Depressionen" litt, und Weihbischof Sträter – zwar „von vorbildlicher priesterlicher Lebensführung", „aber keine besondere Begabung" in der Administration[536] – folgten indessen dem Kölner Kurs. Darin mochte sie bestärkt haben, daß die Aachener Regierungsstellen mit Rücksicht auf das katholische Milieu die restriktiven Weisungen aus Berlin relativ milde anwandten und dem Klerus größere Freiräume zugestanden als andernorts[537].

Bischof Vogt suchte der NS-Weltanschauung über die im September 1933 gegründete „Katholische Kirchenzeitung für das Bistum Aachen" entgegenzuwirken, die sich wachsender Beliebtheit erfreute. Die Gesamtauflage nahm binnen eines Jahres von 40.000 auf 95.000 zu, durchbrach 1935 die Schallmauer von 100.000 Abonnenten und wurde somit fast in jedem katholischen Haus des Regierungsbezirks gelesen. Die Kirchenzeitung erschien mit Sonderausgaben für die belgischen Ostkantone und die niederländische Provinz Limburg[538]. Allerdings wurde ihre redaktionelle Freiheit durch Gesetz, „Sprachregelungen" und den Zwang zum Abdruck bestimmter politischer Artikel zunehmend eingeschränkt

533 Vgl. Lill: Kath. Kirche und Nationalsozialismus, S. 160f. – Ulrich von Hehl: Katholische Kirche und Nationalsozialismus im Erzbistum Köln 1933-1945. Mainz 1977.

534 Vgl. Bernhard Stasiewski: Zur Auseinandersetzung der katholischen Kirche mit dem „Mythos [!] des 20. Jahrhunderts" von Alfred Rosenberg. In: Festgabe für Bischof Dr. Johannes Pohlschneider. Aachen 1974, S. 379-400.

535 Vgl. Gatz: Geschichte des Bistums Aachen, S. 17.

536 So Nuntius Pacelli in seiner Finalrelation an die Kurie in Rom 1929. Vgl. Eugenio Pacelli: Die Lage der Kirche in Deutschland 1929. Paderborn 2006, S. 227.

537 Vgl. Lill: Kath. Kirche und Nationalsozialismus, S. 161. – Viehöver: Eschweiler Lokalgeschichte, S. 188.

538 Vgl. August Brecher: Die katholische Kirchenzeitung für das Bistum Aachen im Dritten Reich. Aachen 1988, S. 61f., 118f.

Die Aachener Heiligtumsfahrt von 1937 fiel in die Hochphase des Kirchenkampfes nach der Anklage des Nationalsozialismus und seiner Rasselehre durch das Lehrschreiben „Mit brennender Sorge" Papst Pius XI., das am Palmsonntag 1937 von allen Kanzeln der deutschen Bistümer verlesen worden war. Die Heiligtumsfahrt geriet zu einer stummen Demonstration Hunderttausender für die Freiheit von Glauben und Kirche.

Bischof Clemens August von Galen aus Münster folgte der Einladung zur Heiligtumsfahrt nach Aachen und zeigte am 22. Juli 1937 von der Brücke des Domturmes das Kleid Mariens aus dem Marienschrein. Galen, 1933 inthronisiert, wuchs als Bischof zu geschichtlicher Größe, als er in Predigten, Hirtenschreiben und Eingaben an die Regierung gegen das aufsteigende Neuheidentum und gegen die neue Rasselehre kämpfte. Unter Einsatz von Freiheit und Leben verurteilte er 1941 in drei Predigten im Dom zu Münster den Klostersturm, die Beschlagnahme von Kirchengut und die mörderische Anwendung der Euthanasie bei Geisteskranken. Die Predigttexte kursierten in ganz Deutschland in immer neuen Abschriften und ermutigten viele Katholiken, ihrem Glauben treu zu bleiben.

und durch Papierzuteilung bald beschränkt. Im Juni 1941 mußte die Zeitung ihr Erscheinen wegen „Papiermangel" einstellen. Die Kirchenzeitung verstand sich auch als Korrektiv zu dem verzerrten nationalsozialistischen Geschichtsbild, das die christlichen Wurzeln Deutschlands negierte. Auf die Katholiken des Bistums Aachen mußte es äußerst beleidigend wirken, daß der Nationalsozialismus Karl den Großen zeitweise als „Sachsenschlächter" verunglimpfte[539].

Als Ausdruck des Protestes fand die katholische Festkultur, Prozessionen und Wallfahrten, verstärkte Resonanz[540]. An der Aachener Heiligtumsfahrt nahmen 1937 trotz Schikanen wenigstens 750.000 Gläubige teil, darunter Bischof von Galen aus Münster. Jeweils am 1. Mai, dem nun arbeitsfreien „Feiertag der nationalen Arbeit", wurden die beliebten Maiandachten besonders feierlich eröffnet. Seit 1938 blieb das kirchliche Leben zunehmend auf Kirchenraum und Pfarrheim beschränkt. Zu den bistumsweit registrierten Ein- und Übergriffen des Regimes gehörten 1934 die Ermordung des aus Aachen gebürtigen Ministerialdirektors Klausener, Vorsitzender der Katholischen Aktion in Berlin; im Aachener Gefängnis der Tod von Pfarrer Fritz Keller aus Stolberg-Atsch nach KZ-Haft in Dachau und medizinischen Experimenten; die Ausweisung von vier Stolberger Kaplänen aus dem Rheinland; ferner 1941/42 der reichsweit organisierte Klostersturm samt Klosteraufhebungen und die Einweisung von Domkapitular Jansen und Pfarrer Josef Buchkremer[541] in das KZ Dachau. Insgesamt wurden 16,8 Prozent des Bistumsklerus in Verfahren aller Art verwickelt[542].

Bischof Vogt starb 1937 auf dem Höhepunkt des Konflikts zwischen Bischöfen und Reichsregierung nach der von allen Kanzeln am Palmsonntag verlesenen und unerhörtes Aufsehen erregenden Anklage des NS-Regimes und seines Rassismus im Lehrschreiben „Mit brennender Sorge" Papst Pius' XI.[543]. Dem zum Nachfolger Vogts gewählten Dechanten Wilhelm Holtmann aus Kevelaer verweigerte die preußische Regierung die konkordatsrechtlich erforderliche Zustimmung. Davon war die

539 Vgl. ebd. S. 48f. – Matthias Pape: Der Karlskult an Wendepunkten der neueren deutschen Geschichte. In: HJb 120 (2000) S. 138-181, hier S. 162-166.

540 Vgl. Gatz: Geschichte des Bistums Aachen, S. 31.

541 Stadtjugendpfarrer in Aachen 1928-1937, wegen seiner offenen Kritik am Regime nach Herzogenrath-Strass versetzt, 1961 Weihbischof. Vgl. ebd. S. 50.

542 Vgl. Ulrich von Hehl [u. a.] (Bearb.): Priester unter Hitlers Terror. Paderborn 1996, S. 143, 257-320 (Biogramme). – Einzelfälle bei Viehöver: Eschweiler Lokalgeschichte, S. 189-192.

543 Vgl. dazu die vorausgegangene Denkschrift Kardinal Schultes über die einzuschlagende Strategie, Rom, 16.1.1937, in: Akten deutscher Bischöfe über die Lage der Kirche 1933-1945, Bd. 4: 1936-1939. Mainz 1981, S. 150-154.

gesamte Region bewegt. Erst als auch der vom Hl. Stuhl eingesetzte Apostolische Administrator, der Aachener Stiftspropst und Weihbischof Sträter, 1943 starb, nahm die Regierung die Wahl von Johannes Joseph van der Velden hin[544] wie zur selben Zeit die Wahl des Paderborner Erzbischofs Lorenz Jaeger. Das Regime wollte wohl angesichts der äußersten Anspannung aller Kräfte im Ostkrieg das Verhältnis zu den Katholiken nicht noch weiter belasten.

Wer aus der Kirche ausgetreten war, wie es von Parteifunktionären erwartet wurde, nannte sich „gottgläubig", galt aber im Aachener Milieukatholizismus als gottlos, als Apostat, und wurde den Makel sein Leben lang nicht mehr los. Die Mischung von Zustimmung, Hinnahme und Ablehnung des Nationalsozialismus mit phasenweisen Verschiebungen zwischen punktueller Unzufriedenheit, defensiver Verweigerung, heimlichem Widerstehen und offenem Protest ist auf der regionalen Aachener Ebene ein nicht leicht zu deutender und zu erklärender Abschnitt der jüngeren Geschichte, zumal das Bild für manche Teilbereiche weiterer Schärfung bedarf. Die Geschichtswissenschaft kann sowohl das Verhalten einzelner als auch das eines Milieus verstehbar und einsichtig machen, kann nach Gründen für Entscheidungen und Verhalten fragen – zum moralischen Richteramt über frühere Generationen ist sie nicht berufen. Dazu verleitet oft ein politisch motiviertes Gegenwartsinteresse, auch in der regionalen Diskussion. Es äußert sich in „Aktionen", wie der Umbenennung von Straßen, zumeist angeregt vom Werturteil interessierter politischer Kreise[545].

Die Phase des Dritten Reichs ragt durch die Lebensgeschichte der Menschen und ihrer Familien mit ganz unterschiedlichen Wahrnehmungen und Erfahrungen eher unsichtbar in die Gegenwart hinein. Äußerlich sichtbar wird diese Phase indes beispielsweise durch ein inzwischen denkmalgeschütztes architektonisches Ensemble in Grenznähe des Kreises Aachen: die ehemalige Schulungsstätte Vogelsang in der Nordeifel[546]. Sie wurde von dem Architekten Clemens Klotz 1934/38 als eine von drei nationalsozialistischen „Ordensburgen" für 500 Mann an landschaftlich besonders schöner Stelle oberhalb des Urftstausees in der

---

544 Vgl. Gatz: Geschichte des Bistums Aachen, S. 52. – August Brecher: Johannes Joseph van der Velden 1891-1954. Aachen 1992.

545 Dabei wird oft „Belastungsmaterial" zusammengetragen, nicht genügend im Kontext gesehen und der Handlungsspielraum nicht angemessen eingeschätzt. Die politische Entscheidung greift der meist schwierigen Urteilsbildung und dem wissenschaftlichen Diskussionsprozeß vor, der erfahrungsgemäß durch ein Gutachten nicht zu entscheiden ist. Schon gar nicht läßt sich über die historische Wahrheit durch politische Mehrheiten befinden. Dazu an einem Aachener Beispiel Klaus Pabst in: ZAGV 106 (2004) S. 410-412.

546 Zum Folgenden Ruth Schmitz-Ehmke: Die Ordensburg Vogelsang. Köln 2003.

Flur „Vogelsang" errichtet. Die Anlage mit der „Burg" im spätwilhelminischen Monumentalstil wurde, der Heimatschutzarchitektur Stuttgarter Prägung folgend, harmonisch in die Landschaft eingebettet und dafür ausschließlich Baumaterial aus der Eifel – Grauwacke-Bruchstein, Trachyt, Schiefer und Holz – verwendet. Die Terrassierung des Baugeländes in der Nachfolge klassischer Terrassengärten der Renaissance und des Barock überwand einen Höhenunterschied von 70 Metern.

Das Gelände wurde bis 2005 von den belgischen Streitkräften genutzt. Heute liegt das Denkmal im Nationalpark Eifel. Es zog im Jahr 2007 185.000 Touristen an. Das Nutzungskonzept der Landesregierung sieht die Einrichtung eines Dokumentationszentrums und einer Jugendherberge vor, außerdem Bildungs- und Kulturangebote zu „Geschichte und Gesellschaft", „Region und Europa" sowie „Natur und Nachhaltigkeit". Die Trägergesellschaft „Vogelsang ip" wird von sechs Kommunen und Kommunalverbänden sowie dem Landschaftsverband Rheinland betrieben.

Von der NS-Diktatur in die Bundesrepublik

Der Zweite Weltkrieg war, wie vielerorts, so auch in den Landkreisen Aachen und Monschau das einschneidendste und prägendste Ereignis seit Menschengedenken. Große Not brachte der Artilleriebeschuß im Sommer 1944, als die Amerikaner von Nordfrankreich her allmählich die Westfront aufrollten und sich der „Westwall" als nutzlos erwies, im September Eupen, Roetgen, Kornelimünster, Brand und Eilendorf, Monschau[547] und Aachen[548] von den Nachschublinien der Wehrmacht abschnitten, die Gegenwehr das letzte „Volksaufgebot" organisierte, die Partei „fanatischen Widerstand" propagierte und von September bis November 1944 die Hauptkampflinie mitten durch Würselen[549], Alsdorf und Stolberg[550] verlief. Hier wie auch in Eschweiler wurden die Industrieanlagen so stark zerstört, „daß selbst die größten Optimisten nicht mehr an einen neuen Anfang glauben

547 Vgl. W[alter] Scheibler (Hg.): Kriegstagebuch des Landkreises Monschau. Monschau 1959. – Matthias Richard Müller: Monschau 1944/45. München 2002. – Dies v. a. Thema in: Geschichte der Evangelischen Kirchengemeinde Monschau 1939-1997. Monschau 1997.

548 Vgl. Bernhard Poll (Hg.): Das Schicksal Aachens im Herbst 1944. Aachen 1962.

549 Vgl. Tagebuchbericht von Pfarrer Josef Thomé im Herbst 1944. In: Heimatblätter des Kreises Aachen 34 (1978) S. 3-31. Ders., ergänzend ebd. S. 32-42. – Josef Amberg: Der Raum Würselen im Zweiten Weltkrieg. Würselen 1986.

550 Vgl. Karl Schleicher (Hg.): Feuersturm über Stolberg. Stolberg 1994.

Wenige Tage, nachdem die deutschen Truppen die Stadt aufgegeben hatten, regte sich auf der Kaiserstraße in Würselen wieder Leben (Foto vom 19. November 1944).

konnten"[551]. Das wald-, schluchten- und tälerreiche Areal südlich von Aachen bis in die nördliche Gegend von Schleiden, vom Hohen Venn bis zum Lauf der Rur, wurde fünf Monate lang zum Kampfplatz. Die Amerikaner wollten vom Hürtgenwald nach Düren durchstechen und erlitten hier die größten Verluste des Weltkriegs.

„Die Amerikaner kommen!" – so lautete das Schlagwort der Bevölkerung, deren Gefühle zwiespältig waren, denn wer wußte schon, ob die Zeiten besser oder schlechter würden. Im September erlitt die Zivilbevölkerung des engeren Aachener Raumes ihre überstürzte Evakuierung[552], die Berlin anordnete: 143.000 Menschen wurden nach Sachsen, Niederschlesien, Niedersachsen und Thüringen verbracht[553],

551 So Oberkreisdirektor Rudolf Deku in seinem Verwaltungsbericht: Der Landkreis Aachen 1945-1949 [Aachen 1950], S. 21.

552 Evakuiert wurden auch 287 Gemälde des Aachener Suermondt-Museums auf die Albrechtsburg nach Meißen, die 1945 in die Sowjetunion verbracht wurden. Davon befinden sich mindestens 68 im Kunstmuseum von Simferopol auf der Krim (Ukraine), wie erst 2007 bekannt wurde. Das Suermondt-Ludwig-Museum zeigte 2008/09 in einer „Schattengalerie" 80 der vermißten Werke in originalgroßen Reproduktionen.

553 Vgl. Marie-Luise Hermann, Adam Eisen (Hg.): Die Evakuierung im Herbst 1944 und die Rückkehr nach Eschweiler 1945. Eschweiler 1994. – Jacques Geulen: Lebensbericht. In: Erwin Gatz (Hg.): Erinnerungen rheinischer Seelsorger (1933-1986). Aachen 1988, hier S. 121.

Das Kreishaus in der Aachener Zollernstraße im Jahr 1920, 1944 zerstört.

während sich die Parteifunktionäre absetzten und nur noch die Bürgermeister von Stolberg (Regh) und Alsdorf (Lux) ausharrten[554]. In dieser Lage äußerster Not bewährte sich in Aachen der Kommandeur der 116. Panzerdivision, Generalleutnant Gerhard Graf von Schwerin. Er verhinderte das Schlimmste, indem er den Evakuierungsbefehl für die in der Stadt Verbliebenen annullierte, seiner Divison polizeiliche Aufgaben zuteilte und sodann die Stadt den Amerikanern kampflos übergab. Ende August war Paris in alliierter Hand, im Oktober folgten erneut amerikanischen Großangriffe auf Aachen[555] und nun auch auf Würselen, Stolberg und Eschweiler, die durch die Bombardierungen ihr Stadtbild weitgehend verloren[556].

---

554 Vgl. Jaud: Landkreis Aachen in NS-Zeit, S. 730.

555 Vorausgegangen war der schwere Luftangriff am 11. April 1944, der 1525 Tote gefordert hatte. Wertvolle Bestandsaufnahme mit historischen Rückblicken in: Albert Huyskens (Hg.): Das alte Aachen, seine Zerstörung und sein Wiederaufbau. Aachen 1953. – Ludwina Forst: Königs Weg. Auf den Spuren des 1. Aachener Stadtkonservators Hans Königs (1903-1988). Aachen 2008, Kap. V-VII. – Helmut Doerenkamp, Kurt Jünger: Die Zerstörung des alten Burtscheid im Zweiten Weltkrieg. Burtscheid 1984.

556 Zu den Zerstörungen vgl. Verwaltungsbericht Landkreis Aachen 1945-1949, S. 20-27.

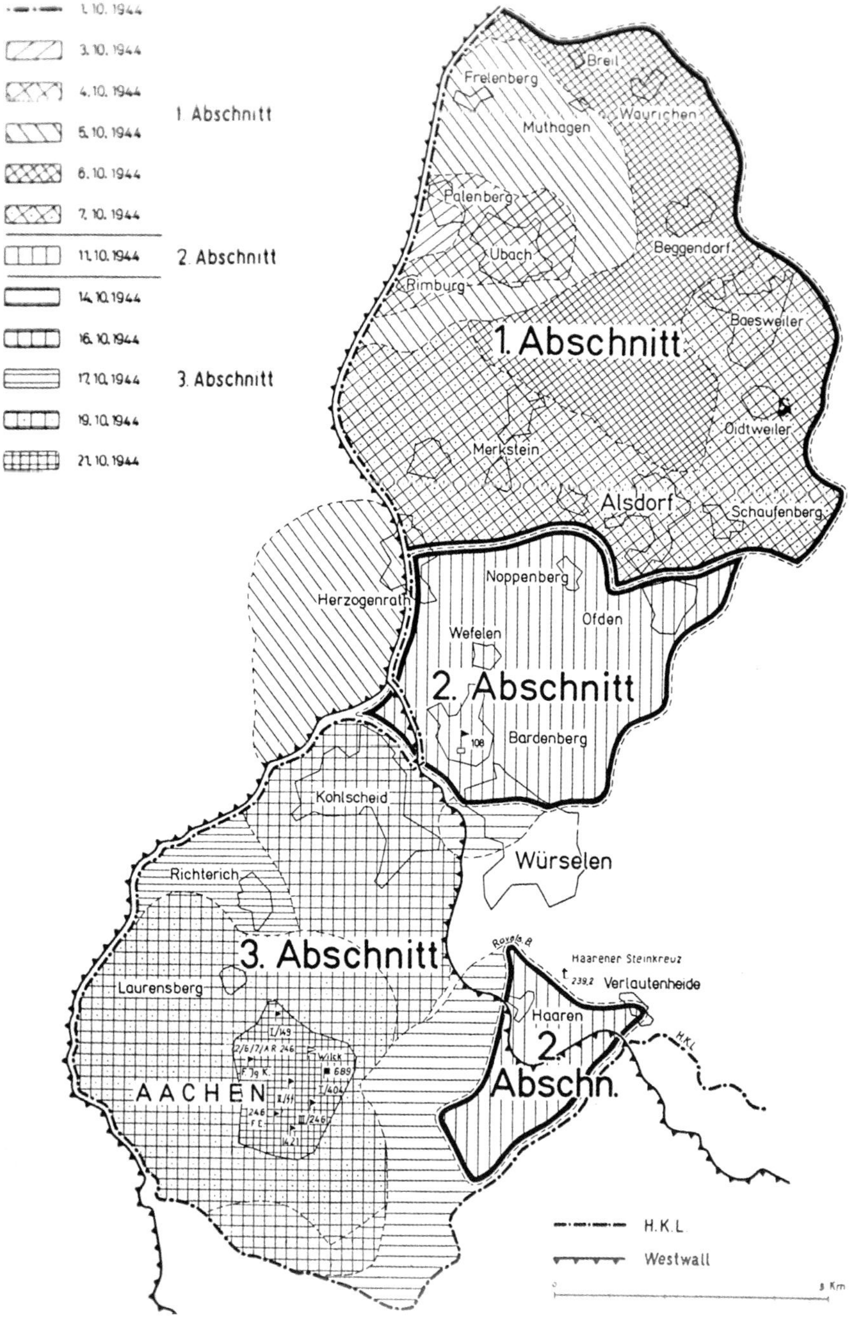

Die Skizze zeigt die Geländegewinne der 30. US-Infanteriedivison bis zur Einnahme von Aachen.

In der West- und Nordeifel sah es verheerend aus, die Schutthalden türmten sich auch in den kleinen Dörfern auf, die Straßen waren kaum passierbar, die Wälder lagen voller Munition; Felder und Wiesen waren durch Bombentrichter und Panzergräben unbrauchbar, die Viehbestände enorm dezimiert[557]. Die Zivilbevölkerung beklagte in der Schlußphase des Krieges noch tausende von Toten. Unterernährung und mangelnde Hygiene trieben die ansteckenden Tuberkuloseerkrankungen, die „weiße Pest", seit Kriegsende in die Höhe[558]. Am Ende des Jahres 1944 konnte endlich die Versorgung im Kreisgebiet von Jülich und Heinsberg her verbessert werden. Seit Anfang des nächsten Jahres durften sich die Bewohner wieder ungehindert im Landkreis bewegen, als den Deutschen im Osten noch das Schlimmste bevorstand. Aber angesichts der Kriegsverheerungen und des 1946/47 herrschenden Mangels an Kartoffeln, Gemüse und Fleisch, der Ernährung durch fades Maisbrot und minderwertiges Büchsenfleisch, von unvermeidlichem „Mundraub" und Korruption überfiel die Menschen große Mutlosigkeit. Waren Amerikaner und Briten zunächst als Befreier gesehen worden, so drehte sich nun die Stimmung gegen sie[559].

Über das Alltagsleben in Krieg und unmittelbarer Nachkriegszeit gibt es eindrucksvolle Zeugnisse – als gefährliche politische Unübersichtlichkeit, Plünderungen, Einquartierungen und Versorgungsengpässe zusammentrafen und die Bevölkerung die Bettücher zur Uniformherstellung abgeben mußte; als der von den Amerikanern im Oktober 1944 eingesetzte Aachener Oberbürgermeister Franz Oppenhoff von einem Spezialkommando Himmlers, das mit Fallschirmen in der Nähe von Wolfhag an der belgisch-niederländischen Grenze, also hinter der Front, abgesetzt worden war, noch im März 1945 umgebracht wurde; und als bald die Bürger zu einem „Ehrendienst" bei der Schuttbeseitigung einbestellt wurden[560]. Hervorzuheben ist die ungedruckte Kriegschronik der Stadt Stolberg, von Volksschulrektor Fritz Deutzmann ohne Rücksicht auf seine persönliche Sicherheit in der Diktatur verfaßt, der seit 1. Oktober 1944 als kommissarischer Bürgermeister amtierte. Über diese Zeit der Wirrnisse und Umbrüche ist in den Organen der Heimat- und Geschichtsvereine viel aus unmittelbarem Erleben veröffentlicht worden[561].

---

557 Rindviehbestand im Kreis Aachen 1938: 26.194, 1945: 18.201, 1949: 19.149; Kühe 1938: 15.091, 1949: 10.267; Hühner 1938: 203.355, 1949: 148.150. Vgl. Verwaltungsbericht Landkreis Aachen 1945-1949, S. 27.

558 Im Kreis Aachen 1946: 1341, 1947: 2356, 1948: 4291, 1949: 4190 Erkrankte. Vgl. ebd. S. 51.

559 Darauf bezog sich die Predigt von Pfr. Thomé am ersten Fastensonntag 1947 in Würselen-Morsbach. In: Heimatblätter des Kreises Aachen 34 (1978) S. 39f.

560 Vgl. Axel Deubner: Rückblick auf das Jahr 1948. Aachen 2008, Bild Nr. 14.

561 Vgl. etwa BSGH 16, 1988: Themenheft: Stolberg nach dem Kriege 1945-1948.

Das Wort hatten zunächst die Sieger, Amerikaner und Briten, letztere allein seit Mitte 1945[562]. Die Amerikaner setzten noch 1944 Ersatzmagistrate aus unbelasteten Politikern aller demokratischen Parteien der Weimarer Republik ein; sie studierten am Beispiel Aachens die alten Eliten und rangen sich nach Meinungsverschiedenheiten zwischen Zivilverwaltung, War- und Statedepartment zu einer maßvollen Entnazifizierungspolitik und konstruktiven Besatzungspolitik durch[563]. Die Stadträte wurden 1946 bis zu den ersten Kommunalwahlen im September auf der Basis des Reichstagswahlergebnisses vom 6. November 1932 einschließlich KPD gebildet. Schulen und Verwaltungen wurden formalistisch entnazifiziert, der berüchtigte „Fragebogen" sollte dabei helfen. Viele nutzten die Gunst der Stunde, um private Rechnungen aus der Zeit der Diktatur zu begleichen[564]. Viele beschimpften einander als „Verräter", „Feiglinge" oder „Braune"[565]. Viele „Gottgläubige" „bereuten" und mußten sich bemühen, daß „Mutter Kirche" sie wieder aufnahm.

Der katholische Klerus sprach bei der Wiederzulassung von NS-Parteigenossen für öffentliche Ämter, aber auch bei den nach wie vor ungeliebten liberalen oder sozialdemokratischen Bewerbern, nicht zuletzt im Schuldienst, ein gewichtiges Wort mit. Dagegen war der Großteil der evangelischen Pfarrerschaft durch seine aktive Mitwirkung im Nationalsozialismus und Bindung an die „Deutschen Christen" kompromittiert und blieben die evangelischen Pfarreien auf Jahre hin mit der Verstrickung in das Dritte Reich belastet[566]; den Stolberger Gemeindegliedern wurde eine Erklärung abverlangt, nur solche Kandidaten zu wählen, „die ihre Treue zum kirchlichen Bekenntnis des Glaubens bewahrt haben"[567]. Fast inflationär wurden Entlastungszeugnisse und „Persilscheine" geschrieben und Netzwerke aktiviert, um Existenzen zu retten. Fritz Deutzmann, Gegner des NS-Regimes und seit 1945 Leiter der Schulabteilung im Aachener Regierungspräsidium, vertrat bei der Wiedereinstellung der Lehrer die Auffassung, „es sei falsch, wenn ein Teil des Volkes am Boden liege und der andere darauf trampele, gleichviel, wer zur Zeit unten oder oben sei" [568].

562 Zur Besatzung Haak: Aachens Garnisongeschichte, S. 66-70.

563 Dazu aus US-amerikanischen Akten Klaus Schwabe: Aachen am Ende des Zweiten Weltkrieges. In: ZAGV 101 (1997/98) S. 321-392.

564 Zur Willkür mancher Entnazifizierungsausschüsse Brief Konrad Adenauers an den Geschäftsführer der CDU Aachen, Heinz Schmitz-Goertz, 13.7.1946. In: Adenauer: Briefe 1945-1947. Berlin 1983, S. 283.

565 Amberg: Raum Würselen, S. 169.

566 Vgl. Gasten: Aachen 1933-1944, S. 285.

567 Vgl. August Brecher: Geschichte der Stadt Stolberg in Daten. Aachen 1990, S. 148.

568 Fritz Deutzmann: Erinnerungen an den Wiederaufbau der Schulabteilung. In: 150 Jahre Regierung und Regierungsbezirk Aachen. Aachen 1967, S. 413-424, hier S. 416.

Wurden die ehemaligen Nationalsozialisten stillschweigend in die Nachkriegsgesellschaft integriert und bildete die Region Aachen insofern keine Ausnahme, so wurde dies seit den sechziger Jahren zunehmend moralisierend beurteilt. Dagegen formulierte der Philosoph Hermann Lübbe die These, das „kommunikative Beschweigen" des Dritten Reichs in den fünfziger Jahre sei nicht als bewußte Verdrängung, sondern als das „sozialpsychologisch und politisch nötige Medium der Verwandlung unserer Nachkriegsbevölkerung in die Bürgerschaft der Bundesrepublik Deutschland" zu interpretieren[569].

Die Region Aachen wurde seit 1945 zum Schauplatz einer dramatischen Bevölkerungsbewegung und -verschiebung. Über 140.000 Kreisbewohner, die 1944 evakuiert worden waren, kehrten in ihre Heimat zurück, standen aber vielfach vor den Trümmern ihrer Häuser und Betriebe und drohten im allgemeinen Elend zu versinken. In Aachen dienten die Hochbunker als Notwohnungen[570]. 800 Stolberger Familien mit 2000 Angehörigen konnten vorerst nicht aus der Evakuierung zurückkehren, weil 280 Häuser völlig und 225 Häuser schwer zerstört waren. Überall half nur das Mittel der „straffsten Wohnraumbewirtschaftung". Das Kreiswohnungsamt erfaßte und belegte jeden halbwegs verfügbaren Wohnraum[571]. Im Juli 1945 trafen die aus den Niederlanden und aus Eupen-Malmedy-St. Vith ausgewiesenen Deutschen – allein aus Belgien 5300 Personen einschließlich der katholischen und evangelischen Geistlichkeit – ein, zugleich wurde fast jeder dritte Deutschbelgier in Eupen-Malmedy wegen Kollaboration mit dem Dritten Reich vor Gericht gestellt, wozu schon der erzwungene Dienst in der Wehrmacht zählte. Jeder sechste kam hier in Haft, jeder zweite Wähler in Ostbelgien blieb von den Wahlen 1946 ausgeschlossen, viele siedelten später in den Kreis Aachen über[572].

Gründung und Aufbau der Bundesrepublik vollzogen sich vom Rheinland aus: von Köln, Düsseldorf und Bonn, ja genau gesehen „konzipierte" Konrad Adenauer den neuen Staat auf die „niederrheinische Achse" hin[573]. Die Westdeutschen sollten

569 Hermann Lübbe: Der Nationalsozialismus im deutschen Nachkriegsbewußtsein. In: HZ 236 (1983) S. 579-599, hier S. 585. Lübbe geriet wegen dieser These seinerzeit unter Druck der „political correctness". Dazu erneut Ders.: Vom Parteigenossen zum Bundesbürger. München 2007, bes. S. 22f., S. 49-61.

570 Vgl. Bunker in Alsdorf. Alsdorf 2008, S. 22f.

571 Vgl. Verwaltungsbericht Landkreis Aachen 1945-1949, S. 100-102.

572 Vgl. Schärer: Annexionspolitik im Westen, S. 264-269; Ruland: Deutschsprachige Gemeinschaft Belgiens, S. 53f.

573 So der erste deutsche diplomatische Vertreter in Paris, Wilhelm Hausenstein: Pariser Erinnerungen. München 1961, S. 70.

Bürger Westeuropas werden, zusammen mit Frankreich gemeinsame Interessen entwickeln und die alte Rivalität begraben. Das verbindende Erbe – so Adenauer gegenüber dem US-amerikanischen Außenminister – sei zu ihnen als den Nachkommen Karls des Großen, der die europaische Kultur behütet habe, den Rhein hinabgekommen, als im östlichen Deutschland noch Menschenopfer dargebracht worden seien[574].

Die Aachener Region lag nun erstmals in der Nähe des politischen Gravitationszentrums und im unmittelbaren wirtschaftlichen Einzugsbereich der Benelux-Staaten, mit denen Adenauer den deutschen Weststaat verknüpfen wollte. Zum Symbol für das europäische Einigungswerk wurde – dies wiederum Geschichtspolitik – Aachen als Lieblingspfalz Karls des Großen, der nun für die Europaidee in Anspruch genommen wurde[575], während in den Nachbarländern die großen Reiterdenkmäler Charlemagnes aus dem späten 19. Jahrhundert am Lütticher Boulevard d'Avroy und vor der Kathedrale Notre Dame in Paris den fortlebenden Karlsmythos bezeugen. In Aachen wird seit 1950 der Karlspreis für Verdienste um die europäische Einigung verliehen, um die politische Einigung Europas zu fördern[576]. Die Preisverleihung sichert der Grenzstadt einmal im Jahr das internationale Medieninteresse – das bisher größte anläßlich der Auszeichnung des amerikanischen Präsidenten Bill Clinton im Jahr 2000[577].

Als der politische Katholizismus nach 1945 erstmals zur bestimmenden politischen Kraft auf der nationalen Ebene wurde, gab er im Rheinland und in den Landkreisen Aachen und Monschau mehr denn je den Ton an, ohne daß die Lokalpolitik – schon gar nicht auf dem flachen Land – auf den durch die Flüchtlinge gewachsenen Anteil der Evangelischen sonderlich Rücksicht nehmen mußte. Im Bistum Aachen bestanden sechs bzw. 13 Männerorden bzw. -genossenschaften und vier bzw. 36 Frauenorden bzw. -genossenschaften, die von der ‚restaurativen' Nachkriegsphase noch einmal begünstigt wurden. Im Alltag blieb die Abgrenzung der Konfessionen kennzeichnend, Mischehen waren noch ein Wagnis. Vorherrschend

574 So 1949, vgl. Dean Acheson: My Years in the State Department. London 1969, S. 341.

575 Vgl. Katalog: Die Ausstellung Karl der Große – Werk und Wirkung. Düsseldorf 1965.

576 Vgl. Matthias Pape: Karl der Große – Franke? Deutscher? oder Europäer? Karlsbild und Karlskult in der Gründungsphase der Bundesrepublik Deutschland (Vortrag auf dem 43. Deutschen Historikertag in Aachen 2000). In: Jb. für Europäische Geschichte 4 (2003) S. 243-254. – Max Kerner: Die politische Instrumentalisierung Karls des Großen im 19. und 20. Jahrhundert. In: ZAGV 104/105 (2002/2003) S. 231-276.

577 Dazu häuften sich die kritischen Äußerungen in der Lokalpresse. Vgl. auch Art. Sachsenkriege auf amerikanisch. In: FAZ (Feuilleton), 27.9.2000.

blieben konfessionell gebundene Kindergärten, Volksschulen und Gymnasien, vor allem Oberlyzeen für Mädchen, deren Schulschwestern ein traditionelles katholisches Frauen- und Mutterbild vermittelten.

Die Christlich-Demokratische Union konnte, als die Parteienkonstellation von Weimar politisch wiederauflebte, die Wählerschicht der klassenübergreifenden Zentrumspartei an sich binden[578]. Neu war die konfessionelle Öffnung, die der Anfang 1946 entstandene Aachener Kreisverband der CDU mittrug[579]. Dagegen vermochte sich im Landkreis Monschau die Zentrumspartei in Konkurrenz zur CDU zunächst mit 20 Prozent Stimmenanteil zu behaupten. Die Partei von Konrad Adenauer besaß mit dessen Stellvertretern Jakob Kaiser und Ministerpräsident Karl Arnold in Düsseldorf[580] Protagonisten des Arbeitnehmerflügels in der Parteispitze, warb mit der Idee der sozialen Marktwirtschaft und bald auch mit der Europaidee; die CDU profitierte vom Milieukatholizismus, wie er im Aachener Raum bestand[581]. So lebte der politische Katholizismus in alter Stärke, moralisch legitimiert durch den Kirchenkampf im Dritten Reich, wieder auf.

Die CDU war bis in die Feuerwehr-, Gesang- und Schützenvereine hinein verwurzelt. Stütze fand sie an der wiederbegründeten „Aachener Volkszeitung"[582]. Dominanz und Netzwerk der Partei im Landkreis Monschau führte zur Marginalisierung des politischen Gegners, wie dies für ein geschlossenes weltanschauliches Milieu typisch ist und ließ der Opposition wenig Entfaltungsraum. Für den Landkreis Aachen typisch waren dagegen unterschiedliche parteipolitische Mehrheiten in den Kommunen – wie die jahrzehntelange CDU-Mehrheit in der Stadt Aachen und SPD-Mehrheiten in Alsdorf und Merkstein – sowie wechselnde Mehrheiten im Kreistag[583] und daraus folgend die Zusammenarbeit der beiden großen Parteien bei

---

578 Vgl. Konrad Adenauer und die CDU der britischen Besatzungszone 1946-1949. Bonn 1975. – Hans Otto Kleinmann: Geschichte der CDU 1945-1982. Stuttgart 1993, S. 27-34.

579 Wenig ergiebig Claudia Conrads: Die Christlich-Demokratische Union in Aachen. Phil. Diss. Bonn 2006 (zu den Parteigründern S. 170ff., 187-190, zur Gründung der Kreis-Union am Beispiel von Brand S. 300-305).

580 Ergebnis der ersten Landtagswahl am 20.4.1947: CDU 37,5, SPD: 32, KPD: 14, Zentrum 9,8; FDP: 5,9%. Arnold bildete eine Regierung aus CDU, SPD, KPD, Zentrum.

581 Die CDU gewann in den Landkreisen der Aachener Region bei der Bundestagswahl 1953 um die 70%, im Landkreis Monschau 76%, Zentrumspartei hier 4,8%. – Bundestagswahlergebnisse bei Lothar Weiß: Wahlen im 19. und 20. Jahrhundert. Bonn 2006.

582 1941 verboten, mit Vorläuferorgane seit 1882 bzw. 1894; seit 1996 unter dem Titel „Aachener Zeitung".

583 Vgl. Verzeichnis der Landräte, Sitzverteilung und Mitglieder (samt Ausschußzugehörigkeit) aller Kreistage in: Das Parlament des Kreises Aachen von 1945 bis heute. Aachen 1986.

allen wichtigen Fragen auf Kreisebene. Insofern hielt sich die Polarisierung zwischen „Schwarz" und „Rot", wie sie für die Landes- und Bundespolitik kennzeichnend war, in Grenzen.

Die SPD trug unter Führung Kurt Schumachers und bald Erich Ollenhauers wegen ihrer entschiedenen Gegnerschaft zum Nationalsozialismus, deren Reichstagsfraktion als einzige dem „Ermächtigungsgesetz" 1933 nicht zugestimmt hatte, das Gefühl des moralischen Führungsanspruchs in sich. Sie mußte sich aber, wie fast überall, so auch im äußersten Westen mit mageren Wahlergebnissen zufriedengeben. Die ersten sozialdemokratischen Ortsvereine formierten sich hier in Kohlscheid und Merkstein, gestützt auf die Arbeiterwohlfahrt[584]. Die bedeutendste Position, die der Partei regional zeitweilig zufiel, war die des Aachener Regierungspräsidenten.

Das Amt bekleidete bis 1950 Ludwig Philipp Lude, der aus der Gründergeneration der Sozialdemokraten im Landkreis Aachen stammte und während der Weimarer Republik Geschäftsführer des Deutschen Metallarbeiterverbands gewesen war. Lude hatte 1934 die erste sozialdemokratische Widerstandsorganisation im Westen aufgebaut, was ihm fünfjährige Zuchthaushaft eingetragen hatte. Seit 1944 hatte er sich in der Aufbauarbeit bewährt. Die amerikanische Militärregierung hatte Lude im März 1945 in das hohe Amt eingesetzt[585], und dieser hatte den Stolberger Zentrumspolitiker und Volksschulrektor Fritz Deutzmann für den Aufbau des Schulwesens an seine Seite geholt. Die Sozialdemokratie fand Stütze an den „Aachener Nachrichten", deren Lizenträger der Sozialdemokrat und Buchdrucker Heinrich Hollands war; seit 1949 erscheint das Blatt nominell als überparteiliches Organ.

Die von dem Westpreußen Kurt Schumacher geprägte Partei blieb bis zum Godesberger Programm von 1959 die Klassenpartei der Arbeiterschaft, des zentralistischen Staatsaufbaus und der nationalen Einheit, auch der Distanz gegenüber Religion und Kirchen. Sie lehnte das Erfolgsmodell „soziale Marktwirtschaft" und Adenauers Europapolitik ab, weil sie darin eine Festschreibung der Teilung Deutschlands und des Verlusts der Ostprovinzen angesichts der Millionen von

584 Vgl. Aretz: Kohlscheider Sozialdemokratie, S. 51-53.

585 Auf Ludes unveröffentlichte Tagebücher stützt sich Manfred Bierganz: Ludwig Philipp Lude – erster Regierungspräsident nach dem Zweiten Weltkrieg. In: BSGH 16, 1988, S. 169-185. – Ders.: Ludwig Philipp Lude (1895-1961). In: Eifel-Jb. 1997, S. 112-118.

Ludwig Philipp Lude – erster Regierungspräsident nach 1945.

Heimatvertriebenen sah[586]. So konnte die Partei auch in der Region Aachen aus ihrer Randrolle nicht herausfinden.

Die KPD vermochte hier zunächst ihren Rückhalt an der alten Mitgliederschaft und an der gewerkschaftlichen Arbeit in den Industrie- und Bergbaugebieten zu behaupten. Bei den Betriebsratswahlen erzielte sie beachtliche Erfolge gegen den Freien Deutschen Gewerkschaftsbund[587]. Sie versuchte sodann auf lokaler Ebene, wie die Ortsgruppe Weisweiler Mitte 1946, nach dem Vorbild der sowjetischen Besatzungszone mit der SPD zu fusionieren und eine sozialistische Einheitsliste zu bilden – ohne Erfolg. Die SPD-Parteispitze erkannte die Gefahr. So reisten prominente Sozialdemokraten zu Vorträgen und Parteikonferenzen in die Aachener Region, darunter Gustav Dahrendorf aus Hamburg, vor 1933 Mitglied des Reichstags, der sich der Zwangvereinigung von SPD und KPD in der sowjetischen Besatzungszone widersetzt hatte[588]. Im antikommunistischen Klima des Kalten Krieges und angesichts der Politik der SED in Mitteldeutschland büßte die KPD seit den Kommunalwahlen 1948 ihre starke Rolle ein und verschwand im Kreis Aachen zu Beginn der fünfziger Jahre von der Bildfläche.

Umbrüche in der regionalen Parteienstruktur, bei Wahlergebnissen und im Konfessionsproporz ergaben sich durch die nach dem Zusammenbruch des Dritten Reichs dramatisch veränderte Bevölkerungsstruktur.

---

586 Vgl. Kurt Klotzbach: Programmatik, praktische Politik und Organisation der deutschen Sozialdemokratie 1945 bis 1965. Berlin, Bonn 1982.

587 Vgl. Aretz: Kohlscheider Sozialdemokratie, S. 54.

588 Vgl. Aachener Nachrichten, 30.4.1946.

Von Ost nach West: Flüchtlinge und Vertriebene

Die Kreise Aachen und Monschau wurden von der Katastrophe, die sich in den preußischen Ostprovinzen und in Südosteuropa[589] ereignete, miterfaßt. Von dort waren etwa 14 Millionen Menschen auf der Flucht vor der Roten Armee oder von ihr vertrieben in den Westen unterwegs, wobei zwei Millionen ihr Leben verloren[590]. Da Stalin auch die Sowjetische Besatzungszone in Deutschland (SBZ) beanspruchte, kam es bald zu einem weiteren großen Flüchtlingsstrom aus Mitteldeutschland, darunter viele aus der bürgerlichen Intelligenz, die sich einer neuen Diktatur und ideologischen Gleichschaltung zu entziehen suchten. Bis zum Mauerbau 1961 flüchteten insgesamt drei Millionen aus der SBZ/DDR[591], obwohl das Überschreiten der 1952 errichteten Sperranlagen ohne „Interzonenpaß" oder die Beihilfe dazu als „Republikflucht" strafbar waren.

Die Städte der Aachener Region waren davon stark, wenn auch unterschiedlich betroffen. Stolberg nahm 6000 Ostvertriebene und 1000 Flüchtlinge aus der sowjetischen Besatzungszone auf[592], Aachen 17.000 Vertriebene und 2800 Flüchtlinge bzw. 7000 Zugewanderte aus der SBZ[593]. Selbst in kleineren Ortschaften riß der Flüchtlingszustrom über ein Jahrzehnt lang nicht ab[594]. Im Landkreis Aachen wurden Flüchtlingsausweise für über 25.000 Personen ausgestellt, doch wohnten nach vorsichtigen Schätzungen der Kreisverwaltung im Jahr 1960 hier 45.000 Vertriebene

---

589 Darauf bezogen Robert Streibel (Hg.): Flucht und Vertreibung. Wien 1994. – Wenzel Jaksch: Schuld und Schicksal im Donauraum. Stuttgart 1958 (Neuausg. mit Nachruf von Willy Brandt. München 1990).

590 Vgl. Norman M. Naimark: Ethnische Säuberung im 20. Jahrhundert. München 2004, S. 139-174. – Von den Vertreiberstaaten hat nur Ungarn die Vertriebenen 1990 um Vergebung gebeten, die Vertreibungsdekrete als „Dokumente der Schande" („Szili") bezeichnet und verfassungsrechtlich außer Kraft gesetzt.

591 Zu Zahl, Motiven und Typen der Flüchtlinge Volker Ackermann: Deutsche Vertriebene und Flüchtlinge aus der DDR 1945-1961. Osnabrück 1995.

592 Die Stadt zählte Ende 1950 32.000 Einwohner. Vgl. Stolberg (Rhld.) 1945-1970. Bericht über den Wiederaufbau. Stolberg 1971, S. 89, 93.

593 Bezogen auf den 31.12.1968: Einwohnerzahl 176.500; vgl. Verwaltungsbericht der Stadt Aachen 1968. Aachen 1969, S. 191f. – Bezogen auf den 31.5.1954: Einwohnerzahl 161.000 Einwohner, 11.000 Heimatvertriebene, 1000 SBZ-Flüchtlinge (am 30.6.1947: 2309 Heimatvertriebene, 250 SBZ-Flüchtlinge); vgl. Zehn Jahre Aufbau in Aachen. Aachen 1954, S. 183-185, 199f. – Der Verwaltungsbericht der Stadt Aachen für 1955, S. 202-204, nennt weitere 2500 Ortsfremde, die noch keinen Antrag auf Vertriebenenausweise gestellt haben; bezogen auf den 31.12.1960: Einwohnerzahl: 169.000, Heimatvertriebene 12.800, SBZ-Flüchtlinge 2200; vgl. Verwaltungsbericht der Stadt Aachen für 1960, S. 19, 190-193.

594 Zur Versorgungslage vgl. Amtliches Mitteilungsblatt des Landkreises Aachen (1946ff.).

und Flüchtlinge[595]. Zählt man die Flüchtlinge in Aachen-Stadt hinzu, so relativiert dies die offizielle Zahl von 44.144 für den gesamten Regierungsbezirk Aachen empfindlich[596]. Die praktische Betreuung übernahmen die Kreisflüchtlingsämter bzw. Flüchtlingsämter bei den Gemeinden, für die Unterbringung waren die örtlichen Wohnungsämter zuständig.

Fluchtbewegung seit 1945 in die Westzonen

Offizielle Zahlen

Westzonen 7,9 Millionen

Nordrhein- Westfalen 1,2 Millionen

Rheinland 464.122

Regierungsbezirk Aachen 44.144

Tatsächliche Zahlen

Kreis Aachen 45.000

Stadt Aachen 27.000

Kreis Monschau 1810[597]

Der ständig anschwellende Strom der mittellosen Heimatvertriebenen, die in Wirtshaussälen und Schulen, Auffanglagern und Baracken untergebracht und auf öffentliche Kosten versorgt werden mußte, bedeutete eine gewaltige Herausforderung. Schon Ende 1945 wurde die Nordrheinprovinz wegen der angespannten Wohnungslage für den innerdeutschen Flüchtlingsaustausch gesperrt. Im Aachener und Monschauer Kreistag, in Stadt- und Gemeinderäten waren nicht ‚große' Politik und weltanschauliche Grabenkämpfe Hauptthema, vielmehr ging es überall bis in die frühen fünfziger Jahre und mancherorts noch viel länger um die Beschaffung von Nahrungsmitteln, Brennstoff und Wohnraum[598], den Wiederaufbau

595 Vgl. Der Landkreis Aachen 1950-1960 [o.O. o. J.]. – Auch Verwaltungsbericht Landkreis Aachen 1945-1949, S. 62-64.

596 Das waren 22% der Bevölkerung in NRW (1947). Der Anteil der Vertriebenen in den Kreisen Aachen, Jülich und Geilenkirchen-Heinsberg lag offiziell bei 10-13% der Bevölkerung. Am gründlichsten Gertrude Stahlberg: Die Vertriebenen in Nordrhein-Westfalen. Berlin 1957. – In den Regierungsbezirk Düsseldorf kamen 284.070 Vertriebene, in den Kölner 135.908 (bezogen auf 1951). Vgl. Johannes-Dieter Steinert: Vertriebenenverbände in Nordrhein-Westfalen 1945-1954. Düsseldorf 1986, S. 70, 114, 147.

597 Bezogen auf das Jahr 1952 (7,1% der Bevölkerung). Vgl. Landkreis Monschau. Hg. zum 150-jährigen Bestehen 1966.

598 In Aachen waren 32.802 Wohnungen und 5.800 Wohnhäuser, 37 Kirchen und 46 Schulen zerstört, 60% der bebauten Fläche Ruinenfeld, ganze Straßenzüge waren unkenntlich.

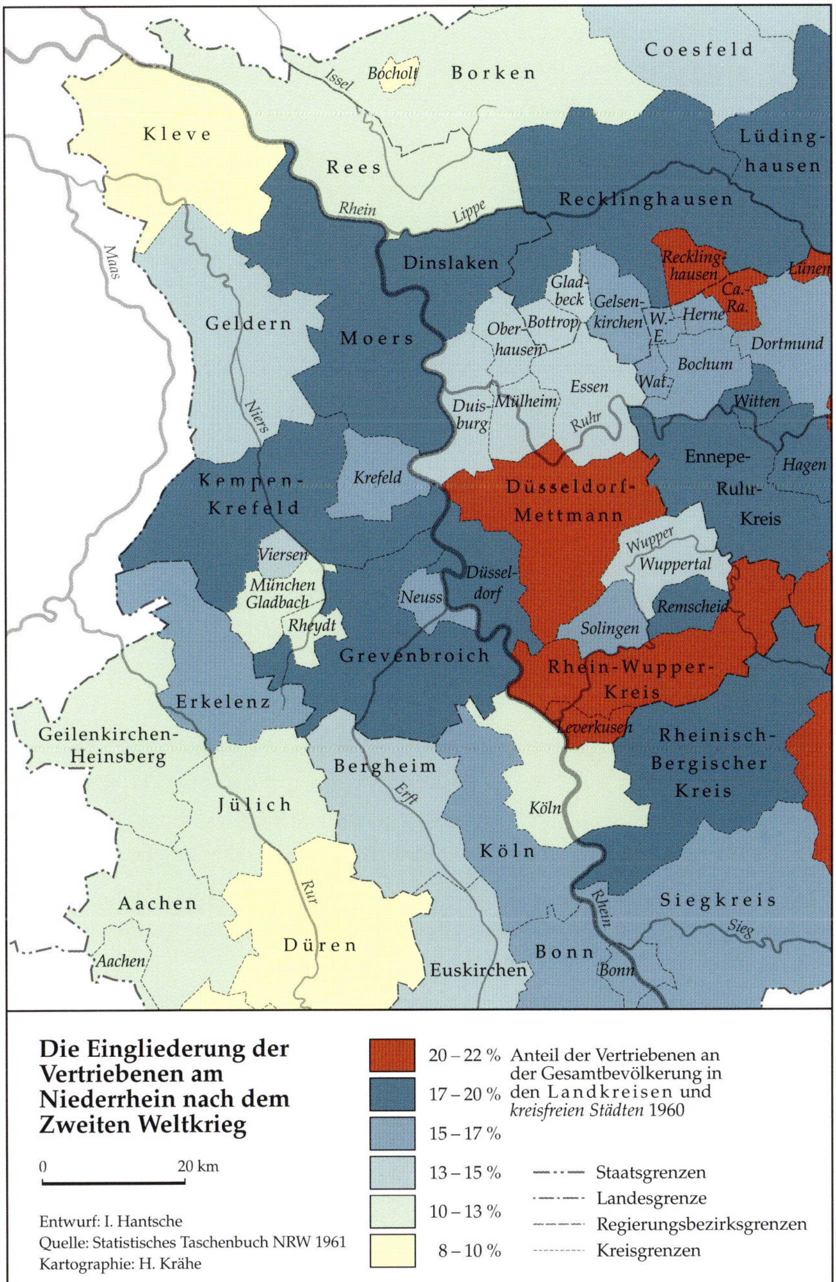

In der britischen Besatzungszone lebten 1946/47 23 Mio. Menschen, davon 14,3 Prozent Flüchtlinge und Vertriebene. Die Karte gibt den Stand von 1960 wieder, als die erste Aufbauphase bewältigt war.

ganzer Straßenzüge und Stadtteile[599], dann um die Räumung der Massenunterkünfte der Flüchtlinge und Vertriebenen.

Im Jahr 1950 war ein Drittel der westdeutschen Bevölkerung nicht auf dem Boden der Bundesrepublik geboren und die Frage, ob deren Integration gelänge, durchaus offen. Die britische Zone und die Region Aachen wurde nun zum Einweisungsgebiet für organisierte Umsiedlungstransporte vor allem aus Nieder- und Oberschlesien[600]. Diese Heimatvertriebenen sollten im Aachener Raum in ihren alten Berufen, Bergwerk und Metallindustrie, Arbeit finden. Sie kamen mit den Eindrücken unsäglichen Grauens von Flucht und Vertreibung, mit der Erfahrung des gemischtnationalen Zusammenlebens von deutscher und polnischer Sprache und Kultur, die älteren noch mit den Eindrücken des Volkstumskampfs in ihrer von den Siegermächten Polen 1922 widerrechtlich zugeschlagenen ostoberschlesischen Heimat und ihrer Sammlung in der „Deutschen Katholischen Volkspartei" – eine mit dem Rheinland und Saargebiet nach 1918 vergleichbare Grenzlandsituation.

Dieser plötzlich hereinbrechende Strom stellte die Aachener Region vor die größte Herausforderung seit Menschengedenken, und zwar auf lange Sicht. So wurden 1953 zur vorläufigen Unterbringung im Landkreis Aachen 28 Notunterkünfte in Sälen und Fabriken für 1350 Personen geschaffen[601]. Die nach dem ersten Weltkrieg gegründete Gemeinnützige Wohnungsbaugenossenschaft förderte den Bau von „Volkswohnungen"[602]. Mit Hilfe von Landes-, Kreis- und Gemeindemitteln entstanden in den Jahren 1956 bis 1958 in den meisten Kommunen Notunterkünfte in massiver Bauweise. In 18 schlichten Bauten mit 201 Wohnungen zogen 830 Personen vorübergehend ein, bis der Siedlungswohnbau fortgeschritten war. Die Baumaßnahmen wurde 1959 fortgesetzt, es entstanden 118 Wohnungen für 944 Personen. Außerdem stellte sich das Problem der beruflichen und sozialen Integration in ein festgefügtes sozial-konfessionelles Milieu mit fremder Mentalität und anderen Brauchtumsformen. Die Vertriebenen waren unerwünschte Fremde, der Empfang im Westen war für sie „ein Schock"[603]. Die katholischen Bischöfe von Osnabrück, Münster, Hildesheim und Aachen riefen Anfang 1946 „im Namen der Gerechtigkeit

---

599 Zur damaligen Diskussion (Wiederaufbau oder Neubau, räumliche und zeitliche Lenkung) vgl. Gerhard Rabeler: Wiederaufbau und Expansion westdeutscher Städte 1945-1960. Bonn [1990].

600 Vgl. Norbert Conrads (Hg.): Deutsche Geschichte im Osten Europas: Schlesien. Berlin 1994, S. 685-692. – Bernadette Nitschke: Vertreibung und Aussiedlung der deutschen Bevölkerung aus Polen 1945 bis 1949. München 2003.

601 Verf. folgt wörtlich dem Verwaltungsbericht des Landkreises Aachen 1950-1960, S. 73.

602 Vgl. Alsdorf. Geschichte in Daten, S. 154ff.

603 Andreas Kossert: Die Geschichte der deutschen Vertriebenen nach 1945. München 2008, S. 12.

und der Liebe" gemeinsam zur Hilfe auf[604]. Die Neubürger organisierten sich in Selbsthilfegruppen und Interessengemeinschaften[605].

Diese mußten sich mit weit unterdurchschnittlichen Einkommen zufriedengeben. Durch Fleiß und Anpassung suchten sie einen höheren Lebensstandard zu erreichen[606]. Ihrer besseren Eingliederung diente das Landesflüchtlingsgesetz 1948, das dem Sozialministerium einen Vertriebenenbeirat zuordnete[607], ferner das Soforthilfegesetz von 1949, erweitert durch das Lastenausgleichsgesetz von 1952, das Bundesvertriebenengesetz von 1953 und der öffentlich geförderte Siedlungs- und Wohnungsbau. Viele, die in Baracken und Notunterkünften hausten, kamen nun endlich in menschenwürdige Siedlungswohnungen[608]. Zu den für die Neubürger wichtigen kommunalen Dienststellen wurden in den fünfziger Jahren die Ausgleichsämter, die tausende von Anträgen für die Haupt- oder Hausratsentschädigung, Kriegsschadenrente und die Aufbaudarlehen für Wohnungsbau, Landwirtschaft und gewerbliche Wirtschaft zu bearbeiten hatten. Dadurch wurden die größten Härten gemildert, ohne daß ein voller Vermögensersatz möglich war. Nach Aachen flossen allein bis 1955 20 Mio. DM, nach Stolberg bis 1970 mindestens 40 Mio. DM an Lastenausgleichsmitteln[609], in den Landkreis Aachen bis Ende 1984 insgesamt 462 Mio. DM[610].

Das Mehrheitswahlrecht in der britischen Besatzungszone hatte der CDU bei den Aachener Kommunalwahlen im September 1946 einen haushohen Sieg eingetragen[611]. Das änderte sich nach Einführung des Verhältniswahlrechts und nach dem Zuzug der Vertriebenen aus den preußischen Ostprovinzen, wie ein Blick auf das Wahlverhalten der Schlesier zeigt. Diese hatten in den Wahlkreisen Breslau und Liegnitz mehrheitlich sozialdemokratisch gewählt und nur im katholischen Oppeln

---

604 Vgl. Nitschke: Vertreibung und Aussiedlung, S. 217, Fn. 208.

605 Anfang 1948 trafen sich erstmals 154 Delegierte aus den Regierungsbezirken Köln, Aachen und Düsseldorf in Rheydt. Hier folgten 1948 weitere Tagungen. Als Kontaktmann für Aachen fungierte Curt Bayer. Vgl. Steinert: Vertriebenenverbände in NRW, S. 73, 114.

606 Vgl. Kossert: Geschichte der deutschen Vertriebenen, S. 90.

607 Steinert: Vertriebenenverbände, S. 103.

608 Vgl. Theodor Grentrup: Art. Flüchtlinge und Vertriebene. In: Staatslexikon, 6. Aufl., Bd. 3, 1959, Sp. 350-373, hier Sp. 362.

609 Vgl. Verwaltungsbericht Aachen für 1955, S. 242-245; Stolberg 1945-1970. Bericht über den Wiederaufbau, S. 91.

610 Vgl. Stadt Aachen 1975-1985 [Verwaltungsbericht], S. 152.

611 Kreistag CDU 40, SPD 6, KPD 2 Mandate.

dem Zentrum zugeneigt[612]. Sie behielten diese Option nach 1945 zunächst bei. So holte die SPD bei den Kommunalwahlen 1948 kräftig auf und überrundete sogar die CDU in Eschweiler und Walheim[613]. SPD, CDU, FDP und Zentrum suchten die ost- und mitteldeutschen Wähler über Landesflüchtlingsausschüsse an sich zu binden, alle Parteien unterstützten das Recht auf Heimat. Den Erfolg trug am Ende die rheinische CDU davon, auch, weil Konrad Adenauer den vertriebenen Ostdeutschen eine positive Lösung der Heimatfrage versprach. Entgegen kam dem Werben des Bundeskanzlers die bedrohlich wirkende expansionistische Politik Stalins und der Ost-West-Konflikt[614]: Berlin-Blockade 1948, Niederschlagung des Volksaufstands in der DDR 1953, in Ungarn 1956, Bau der Berliner Mauer 1961.

Ebenso verstörend und befremdlich wirkte auf das regionale Milieu angesichts der damals noch bestehenden und als unüberwindlich geltenden konfessionellen Schranken[615], daß die evangelisch-lutherischen Niederschlesier den Konfessionsproporz veränderten, wie beispielsweise in der Stolberger Kirchengemeinde[616]. Die evangelischen Gemeinden erfuhren den größten Zuwachs ihrer Geschichte[617], der Anteil der Evangelischen betrug im Kreis Aachen in den sechziger Jahren 16,2 Prozent. Die zugezogenen Evangelischen verlangten ständig neue Konfessionsschulen, wobei der Gesetzgeber dem Elternwillen folgte und im Regierungsbezirk viele Zwergschulen entstanden[618]. Bistum Aachen und evangelische Rheinische Landeskirche[619] setzten auf Integration der Heimatvertriebenen in die bestehenden Kirchengemeinden und betrieben nicht den Aufbau von Parallelgemeinden.

---

612 Ergebnis der Reichstagswahlen 1928 in Breslau: SPD 37,8, Zentrum 15,8%; in Liegnitz: SPD 37,8, Zentrum 7,9%; in Oppeln: Zentrum 40, SPD 12,6%. Vgl. Konrad Fuchs: Politische Geschichte 1918-1945. In: Geschichte Schlesiens, Bd. 3. Stuttgart 1999, S. 81-104, hier S. 88 (mit Ergebnissen weiterer Wahlen).

613 In Aachen errang die CDU 21, SPD 12, KPD 3, RVP 2, im Kreistag CDU 20, SPD 18, KPD 4 Mandate. Vgl. Aachener Nachrichten, 18.10.1948.

614 Der Bund der Heimatvertriebenen und Entrechteten (BHE), seit 1953 Koalitionspartner in der von Adenauer geführten Bundesregierung, erreichte bei den Kommunalwahlen 1952 im Wahlkreis Aachen 0,9% (Düsseldorf 2,5, Köln 3,4%). Vgl. Steinert: Vertriebenenverbände, S. 198f.

615 Zu einem vorsichtigen Miteinander von Katholiken und Protestanten war es gelegentlich während des NS-Kirchenkampfes gekommen. So hatten die Armen Schwestern vom hl. Franziskus in Würselen in ihrem Kloster den Evangelischen 1939 einen Raum für den Gottesdienst zur Verfügung gestellt (nicht die Kapelle); in Alsdorf feierten Katholiken den Gottesdienst in der evangelischen Kirche. Vgl. Gatz: Geschichte des Bistums Aachen, S. 45f.

616 Vgl. Stolberg 1945-1970. Bericht über den Wiederaufbau, S. 51f.

617 Allgemein und ohne Vergleichszahlen: Geschichte der Ev. Kirchengemeinde Monschau 1939-1997, S. 25, 33, 35, 57.

618 Vgl. Deutzmann: Wiederaufbau der Schulabteilung, S. 423.

619 Diese mit dem größten Vertriebenenanteil aller Landeskirchen, sie wuchs zwischen 1949 und 1964 von 2,2 auf 4,1 Mio. Mitglieder. Vgl. Kossert: Geschichte der Vertriebenen, S. 243.

Zuwachs der Mitglieder evangelischer Kirchengemeinden nach 1945
Aachen: von 15.000 auf 33.000
Stolberg (Kerngemeinde): von 1650 (1947) auf 6000 (1966), mit Pfarrbezirken Mausbach, Brand und Eilendorf: 10.500 – bisher reformiert, nun überwiegend lutherisch
Würselen: von 422 auf 2656[620], wird selbständige Gemeinde

Die Eingliederung schritt langsamer voran als es im Rückblick scheint. Zehn Jahre nach Kriegsende war im Bundesdurchschnitt die Hälfte der Vertriebenen gut in das soziale Milieu eingegliedert, weitere 40 Prozent waren immerhin beschäftigt, 10 Prozent war dies überhaupt nicht gelungen[621]. Die männlichen Arbeitskräfte konnten, wie überall, so auch im Aachener Raum, die Lücken füllen, die durch den Kriegsverlust[622] entstanden waren. Sie traten auch in den Schul- und Verwaltungsdienst ein[623] und verliehen dem Traditionsmilieu manchen Impuls. Als Beispiel sei Gustav Matheisl in Monschau genannt. Matheisl stammte aus dem Egerland, hatte in Wien Musik studiert und brachte es nach 1945 fertig, mit dem traditionsreichen Monschauer Städtischen Gesangverein symphonische Chormusik aufzuführen, wie Joseph Haydns Oratorium „Die Schöpfung". So pflanzte Gustav Matheisl als Musiklehrer am Monschauer Gymnasium einer ganzen Nachkriegsgeneration ein tiefes Verständnis für die klassische Musik ein[624] und leistete ein Heimatvertriebener in der abgelegenen Eifel nachhaltige geistige und kulturelle Aufbauarbeit[625]. Dies ist in der persönlichen Erinnerung der Nachkriegsgeneration aufbewahrt und lebendig, aber wenig dokumentiert und wird vermutlich bald vergessen sein.

---

620 Zwischen 1946 und 1961.

621 Vgl. Grentrup: Art. Flüchtlinge und Vertriebene, Sp. 364.

622 Im Deutschen Reich 6 Mio. Männer, ebd. S. 369.

623 So Alfred Wolf, geb. 1896 in Nikolai/Schlesien, vor 1933 Stadtrat in Breslau, nach 1945 als Schul- und Kulturdezernent bei der Stadtverwaltung Monschau. Vgl. Lepper: Aachener Geschichtsverein, S. 41.

624 Vgl. Johannes Viehöver, Bruno Zimmermann: Erinnerungen an Gustav Matheisl. In: Das Monschauer Land. Jb. 35 (2007) S. 165-168.

625 Gleichzeitig führte in Eschweiler Studienrat Hubert Harff mit der „Städtischen Musikgesellschaft" (Chor und Orchester) die Konzert- und Oratorientradition fort. In Stolberg kam es zu einem kulturellen Aufbruch, als sich unter Studienrat Bruno Hütten die „Chorvereinigung der Stadt Stolberg" gründete und großbesetzte Oratorien aufführte. Das Kulturamt führte Fahrten zum Theater nach Aachen durch, 1968 bildete sich das Kammerorchester der Volkshochschule Stolberg unter Oberstudienrat Hubert Crombach.

Neben den lokalen Heimatvereinen entstanden Gruppierungen der bundesweit gegründeten Landsmannschaften aus den Ostprovinzen[626], auch das „Heimatwerk schlesischer Katholiken". Sie pflegten an „Heimatfesten der persönlichen Begegnung" Geschichte und Brauchtum ihrer Heimat; veranstaltet wurden Ausstellungen von Werken ost- und mitteldeutscher Künstler[627]. So bestanden im Kreis Aachen wie vielerorts verschiedene „Heimaten" nebeneinander: die der Eingesessenen und die der Flüchtlinge und Vertriebenen, von diesen im Herzen und in der Erinnerung bewahrt, wobei sie den Aachener Raum allmählich als ihre neue Heimat annahmen und in einheimische Familien einheirateten. Die Namen vieler Straßen und Plätze in Städten und Dörfern sollten an Städte und Persönlichkeiten aus den Ostprovinzen und an ein Stück deutscher Identität erinnern. Die Zugezogenen hoben sich durch ihre fremd klingenden Familiennamen mit vielen Zischlauten von den Einheimischen ab, während die Ostdeutschen viele französische Familiennamen kennenlernten. Neben die rheinische bzw. maasländische Mundart traten für die Dauer einer Generation die schlesische, west- und ostpreußische. Die zweite Generation der Mittel- und Ostdeutschen integrierte sich besser als anfangs erwartet und erhofft. Den Abschluß bildete in den achtziger Jahren die Errichtung des Oberschlesischen Landesmuseums in Ratingen-Hösel und des Museums für Kultur und Geschichte Schlesiens im Siebengebirge bei Bonn.

Die Geschichte der Flüchtlings- und Vertriebenengeneration, deren Familien Tragödien erlebt und durchlitten hatten, wurde im Zuge der Entspannungspolitik zwischen West und Ost, auch durch die seit 1968 gesuchte Abgrenzung der Nachkriegsgegenüber der Wiederaufbaugeneration aus der öffentlichen Erinnerungskultur zurückgedrängt[628] und die Vertreibungsgeschichte von Teilen der Forschung als Migrations- bzw. Wanderungsgeschichte begriffen[629].

Doch ist die Lebenswelt und Katastrophe dieses Teils des deutschen Volkes einerseits in der literarischen Erinnerung verwahrt – durch Hermann Sudermann und

---

626 Die Landesgruppe der Landsmannschaft Schlesien bestand in Nordrhein-Westfalen seit 1950, in Konkurrenz dazu die Landesgruppe Oberschlesien seit 1951. Vgl. Steinert: Vertriebenenverbände in NRW, S. 145.

627 Vgl. Stolberg 1945-1970. Bericht über den Wiederaufbau, S. 89-91.

628 Vgl. Jörg-Dieter Gauger, Manfred Kittel (Hg.): Die Vertreibung der Deutschen aus dem Osten in der Erinnerungskultur. Sankt Augustin 2004. – Manfred Kittel: Der historische deutsche Osten in der Erinnerungskultur der Bundesrepublik (1961-1982). München 2007.

629 So durch das Institut für Migrationsforschung und Interkulturelle Studien der Universität Osnabrück. – Zum Gang der Forschung Matthias Stickler: Organisation, Selbstverständnis und heimatpolitische Zielsetzungen der deutschen Vertriebenenverbände 1949-1972. Düsseldorf 2004, S. 13-31.

Werner Bergengruen aus dem Baltikum, Siegfried Lenz aus dem Masurenland, Günter Grass aus Danzig, Agnes Miegel und Marion Gräfin Dönhoff aus Ostpreußen, Heinz Piontek und Horst Bienek aus Schlesien[630]. Dieser Teil der deutschen Geschichte erfuhr andererseits nach dem politischen Umbruch von 1989/90 eine neue wissenschaftliche Annäherung[631]. Umstände und Folgen ethnisch begründeter Vertreibung erhielten durch den Bürgerkrieg im zerfallenden Jugoslawien nach 1990, die Flüchtlingstrecks zehntausender von Kosovo-Albanern nach Deutschland 1999 und den Einsatz deutscher Panzer und Kampfflugzeuge im Rahmen des NATO-Einsatzes auf dem Balkan eine vorher unbekannte Anschaulichkeit. Das Thema beschäftigte auch die Medien: Das Bonner Haus der Geschichte der Bundesrepublik zeigte die Ausstellung „Flucht, Vertreibung, Integration" (2005), die ARD den zweiteiligen Fernsehfilm „Die Flucht" (2006). Hinzu kam die Diskussion über die vom Deutschen Bundestag 2008 beschlossene Erinnerungs- und Dokumentationsstätte (im Berliner Deutschlandhaus beim Potsdamer Platz) über die Vertreibungen des 20. Jahrhunderts.

Inzwischen liegen viele regionalgeschichtliche Untersuchungen über die Integration und den Anteil der Vertriebenen am Wiederaufbau nach 1945 vor – noch nicht jedoch für Stadt und Region Aachen. Während über manche Aspekte von NS-Diktatur und Krieg, wie die Verfolgung der jüdischen Deutschen[632] und den Einsatz von Zwangsarbeitern aus der Sowjetunion, aus Polen, Kroatien und Frankreich im Kreis Aachen[633], von kommunaler Seite und Technischer Hochschule Untersuchungen angestoßen und gefördert worden sind, fehlen noch solche über die Generation der Heimatvertriebenen und Flüchtlinge.

Zusammen mit dem Lastenausgleich innerhalb der westdeutschen Nachkriegsgesellschaft wurde die „Wiedergutmachung" der Schäden aus Krieg und NS-Besatzung eingeleitet. Davon hing für die Existenz im Aachener Grenzraum gegenüber Niederlanden und Belgien viel ab.

---

630 Vgl. Frank-Lothar Kroll (Hg.): Flucht und Vertreibung in der Literatur nach 1945. Berlin 1997.

631 Zu nennen ist vor allem die von Wolf Jobst Siedler auf den Weg gebrachte „Deutsche Geschichte im Osten Europas" (Berlin 1992ff.).

632 Vgl. Eric Lucas: „Die Herrschaft". Geschichte einer jüdischen Großfamilie im Kreis Aachen von der Mitte des 19. Jahrhunderts bis zum 2. Weltkrieg. Aachen 1980.

633 Vgl. Thomas Müller: Zwangsarbeit in der Grenzzone. Der Kreis Aachen im Zweiten Weltkrieg. Aachen 2003. – Stefan Krebs: Zwangsarbeit in Stolberg/Rhld. Stolberg 2003. – Übergreifend Ulrich Herbert: Geschichte der Ausländerpolitik in Deutschland. München 2001, Kap. 3: Zur NS-Kriegswirtschaft.

Von belasteter zu neuer guter Nachbarschaft im Westen

Die Landkreise Aachen und Monschau waren 1945 wieder in die Grenzlage wie seit 1919 geraten und gegenüber den Niederlanden und Belgien auf einer Länge von 106 Kilometern abgeriegelt. Entlang der Staatsgrenze wurde Mitte 1945 eine Grenzzone von fünf Kilometer Tiefe geschaffen, die von der Bevölkerung geräumt werden sollte. Dies konnte die Aachener Kreisverwaltung nach mühsamen Verhandlungen mit dem britischen Kreiskommandanten abwenden. Aber die Zone durfte nur mit Grenzzonenpaß betreten und verlassen werden. Betroffen waren die Bewohner von Merkstein, Herzogenrath, Kohlscheid, Richterich, Laurensberg, Kornelimünster und Walheim[634]. Im Jahr 1946 wurden niederländische Gebietsansprüche auf die angrenzenden Kohlenfelder und belgische bis unmittelbar an die Dreilägerbachtalsperre durch die Presse bekannt. Dies erforderte abwehrende Verhandlungen der Landesregierung und nach Gründung der Bundesrepublik der Bundesregierung mit Den Haag und Brüssel.

Die beunruhigenden Nachrichten aus dem Westen verstärkten das Grenzland-Bewußtsein; es äußerte sich in der Namensgebung von Kultureinrichtungen, wie der Aachener „Grenzland-Musikschule" (1949), dem späteren „Grenzland-Konservatorium" bzw. „Grenzland-Institut" der Staatlichen Hochschule für Musik Rheinland (1972); in der Bezeichnung des aus dem kleinen „Zimmertheater" 1956 enstandenen „Grenzlandtheaters" des Kreises Aachen[635] oder der Gründung des „Verbands der Karnevalsvereine Aachener Grenzlandkreise" (einschließlich Kreis Heinsberg und früherem Kreis Jülich) in demselben Jahr[636]. Eine Generation später verwandelte sich das Grenzland- allmählich in ein Europabewußtsein. Der vorsichtigen Annäherung über die Grenze hinweg diente die Zusammenarbeit der Grenzland-Musikschule mit Musikvereinen in der Provinz Limburg, wobei es zu Austauschkonzerten kam. Mit Mitteln des Grenzlandsfonds veranstaltete der Kreis Schleiden jährlich das „Musikfest in Steinfeld", das der Aachener Domkapellmeister Rehmann 1946 begründet hatte und an dem sich der Aachener Domchor regelmäßig beteiligte[637].

---

634 Vgl. zum Folgenden Verwaltungsbericht Landkreis Aachen 1945-1949, S. 16-20.

635 Vgl. Sternstunden. Das Grenzlandtheater im Wandel der Zeit. Aachen 2007.

636 Aspekte wechselseitiger Wahrnehmung auf Alltagsebene v. a. um 1950 bei Jac van den Boogard [u. a.]: Grenz-Controle/Grens-Kontrolle. Aachen, Eupen, Maastricht. Remscheid 2008.

637 Vgl. Deutzmann: Wiederaufbau der Schulabteilung, S. 422.

Über die im 20. Jahrhundert willkürlich gezogenen und veränderten Grenzen hinweg lebten die familiären Bande zwischen dem Aachener Raum und Raeren, Eupen, Malmedy und den niederländischen Dörfern und Städten im Grenzgebiet weiter. Die Menschen trafen sich zu Familienfesten, Verwandten- und Freundesbesuchen diesseits und jenseits der Grenze, ob in Kriegs- oder Friedenszeiten. Sie empfanden das Kriegsende als Befreiung, fragten sich aber, was – falls die Siegermächte überhaupt einmal abzögen und ein deutscher Staat wiedererstehen sollte – an die Stelle Preußens träte.

Als nicht weniger drängend stellten sich die Versorgungsprobleme dar. So blühten in den Jahren 1945-1953, wie in den Weimarer Krisenjahren 1930-1933, im „Dreiländereck" Schwarzhandel und Schmuggel, vor allem von Kaffee und Tabak[638]. Dazu verführte das enorme Preisgefälle diesseits und jenseits der Grenze wegen der hohen deutschen Verbrauchssteuern. Mangelgüter, wie auf dem Schwarzmarkt erstandene Elektrogeräte, wurden von Deutschland herübergeschafft. ‚Spaziergänger' „packten" Kaffeebohnen „unter", Leichen- und Sanitätswagen

Kinder beim Schmuggelgeschäft im Aachener Grenzraum 1947.

638 Im Stil von Abenteuergeschichten aufbereitet von Wolfgang Trees: Schmuggler, Zöllner und die Kaffeepanzer. Aachen 2002.

verkehrten mit heiß begehrten materiellen Gütern, und „Rabatz-Kolonnen" preschten im Dunkeln schlagartig, oft mit Pritschenwagen, über britische Zöllner hinweg, die zunächst nur mit Fahrrädern ausgerüstet waren[639].

Dabei wurden viele verwahrloste Halbwüchsige und Kinder im Aachener Stadt- und Landkreis[640] teils zu Werkzeugen von Geschäftemachern, teils von ihren Eltern zum Schmuggel angehalten. Immer wieder setzten die Grenzpolizisten Waffen ein und griffen 1947 monatlich bis zu 600 Jugendliche auf. Die Militärregierung stellte „ganze Banden von schmuggelnden Kindern und Jugendlichen fest" und hielt die Stadt Aachen zur Errichtung von Auffanglagern für die Aufgegriffenen und den Landkreis von Heimschulen für die vielen Rückfälligen an[641].

Dieses Milieu thematisierte der Film „Sündige Grenze" nach einer Idee von Artur Brauner mit Dieter Borsche (als Student Hans Fischer) und Inge Egger (als junge Schmugglerin) in den Hauptrollen, wobei zahllose Aachener Kinder aus dem Schmugglermilieu und echte Zöllner, die sich in der Lebenswirklichkeit als Gegner gegenüberstanden, gemeinsam als Statisten mitwirkten. Hineinverwoben war, wie in allen Nachkriegsfilmen, eine Liebesgeschichte. Die Uraufführung fand Ende 1951 im Aachener Lichtspieltheater „Neues Bavaria" statt[642]. Die Schmuggeljahre wurden von der drastischen Absenkung der Kaffeesteuer von zehn auf drei Mark pro Kilogramm Mitte 1953 beendet. Bis dahin waren im Regierungsbezirk Aachen beim Kaffeeschmuggel jährlich 20 Millionen D-Mark umgesetzt worden[643].

Film „Sündige Grenze" (1951)

Das Drehbuch schrieb Robert Adolf Stemmle. Der Film (87 Minuten) erhielt das Prädikat „wertvoll", Jan Hendricks erhielt 1952 den Deutschen Filmpreis für Nebendarsteller. Der Film war bundesweit kein großer Erfolg, sein Thema war zu regionalspezifisch. Filmproduzent war Artur Brauner (geboren 1918 in Lodz). Er erzielte seinen größten Erfolg mit der Karl-May-Serie und produzierte 1992 seinen letzten und persönlichsten Film, „Hitlerjunge Salomon", der in den USA drei wichtige Filmkritikerpreise und den Golden Globe gewann, von der deutschen Auswahlkommission für den Oscar aber nicht nominiert wurde.

639 Vgl. Deubner: Rückblick auf das Jahr 1948, Bild Nr. 28.

640 Die hohe Jugendkriminalitätsrate beklagt der Verwaltungsbericht Landkreis Aachen 1945-1949, S. 67.

641 Vgl. Deutzmann: Wiederaufbau der Schulabteilung, S. 418-421.

642 Vgl. Trees: Schmuggler, S. 388-397 (mit Fimbildern).

643 Vgl. ebd. S. 418.

Eine auf Abfertigung wartende Menschenschlange am Zollamt Laurensberg/Vaals.

Die Menschen hofften auf Erleichterung der Lebensverhältnisse im Grenzgebiet, doch hing dies von dem Interessenausgleich zwischen den beteiligten Ländern und von der internationalen Lage ab. Einen ersten Schritt in diese Richtung bedeutete die Einführung des „kleinen Grenzausweises", der den Grenzübertritt für Anwohner an Orten außerhalb der deutsch-niederländischen und -belgischen Zollstellen erlaubte. Die Bahnlinie Aachen-Maastricht wurde 1954 wiedereröffnet. Zehn Jahre später verband die erste grenzübergreifende Autobahn in der Europäischen Wirtschaftsgemeinschaft Antwerpen, Lüttich und Aachen.

Ein anderes Beispiel: Auf der die Staatsgrenze bildenden Neustraße/Nieuwstraat zwischen Herzogenrath (niederländisch 's-Hertogenrade) und dem niederländisch-südlimburgischen Kerkrade, die beide vom 12. Jahrhundert bis 1815 eine Ortschaft gebildet hatten, verlief nach 1945 ein 2,30 Meter hoher Stacheldrahtzaun, seit 1955 ein 1,10 Meter hoher Maschendrahtzaun, seit 1970 stand hier noch ein „Grenzmäuerchen" aus knapp 50 Zentimeter hohen Betonblöcken; sie wurden mit Errichtung der „Euregio" schließlich 1991 beseitigt. Herzogenrath und Kerkrade suchten nun die Zusammenarbeit im Rahmen des „Zweckverbands Eurode", abgeleitet von „Europa" und „Rode/Roda", dem Namen für die erstmals 1104 erwähnte Burg „Rode" im „Land van (s'Hertogen)Rode".

Der Argwohn von Belgiern und Niederländern in die deutsche Friedensliebe saß tief nach dem Bruch der Neutralität der Niederlande, Belgiens und Luxemburgs, dem Luftangriff auf einen Teil Rotterdams an der Frontlinie am 14. Mai 1940, nach Vergeltungsmaßnahmen gegen Widerständler, Völkermord an den Juden und nach der Militärverwaltung in Belgien. Zu einer allmählichen Entkrampfung führte Konrad Adenauers Politik der Aussöhnung und Westbindung in enger Zusammenarbeit mit den Christdemokraten Robert Schuman und Alcide de Gasperi sowie dem belgischen Sozialisten Paul-Henri Spaak. Die Niederlande und Belgien waren 1949 Gründungsmitglieder des Nordatlantik-Pakts (NATO) und zusammen mit der Bundesrepublik des Gemeinsamen Markts für Kohle, Eisenerz, Schrott und Stahl im Jahr 1952, der Westeuropäischen Union 1954 sowie der Europäischen Wirtschafts- und Atomgemeinschaft 1957.

Belgien hatte innerhalb der britischen Zone einen Besatzungsraum ohne Verwaltungsrechte erhalten. Die belgischen Soldaten standen nach dem Beitritt der Bundesrepublik zur NATO im Mai 1955 nicht mehr, wie im Jahrzehnt nach 1918 und seit 1945, als Besatzungstruppen im Aachener Kreisgebiet, sondern blieben als Verbündete in Aachen-Brand, -Burtscheid, Eschweiler-Probsteier Wald, Stolberg stationiert[644]. Hier lagen 80 Prozent des I. Korps (Panzer, Infanterie, Artillerie), das aus ca. 31.000 und im Verteidigungsfall ca. 72.000 Mann bestand. Den belgischen Landstreitkräften wäre im Krisenfall die Verteidigung auf der Linie Aachen-Düren-Köln-Lüdenscheid-Arnsberg-Werl-Soest-Kassel zugefallen; sie unterstanden innerhalb des NATO-Kommandos Europa-Mitte dem Territorialkommando-Nord mit Sitz in Mönchengladbach. Um die belgischen Kasernen bildeten sich eigene Siedlungen mit mehreren tausend Familienangehörigen samt Infrastruktur. Hier entstanden kleine und konfliktfreie Parallelgesellschaften.

Aachen war seit 1960 wieder deutsche Garnisonstadt. Im Jahr 1964 wurde die Technische Schule des Heeres, des größten Truppenteils, nach Aachen verlegt, 1972 wurde ihr eine Fachschule des Heeres für Technik angegliedert. Belgien unterhielt 50 Kilometer von Aachen entfernt in der Nordeifel bis 2002 den Truppenübungsplatz „Vogelsang"[645], auf dessen Gelände die erwähnte gleichnamige Ordensburg aus

644 Vgl. Haak: Aachens Garnisongeschichte, S. 70-80, 99 (mit Karten und Bildmaterial).

645 Die belgische Regierung stellte das Gelände der britischen Rheinarmee und der niederländischen Armee gegen Gebühr zur Verfügung.

Die Grenzbefestigung, die auf der Neustraße in Herzogenrath bzw. Nieuwstraat in Kerkrade die deutsch-niederländische Grenze markierte, wurde nach 1949 im Laufe der Jahrzehnte immer niedriger bis sie ganz verschwand. Im Hintergrund die Grube „Domaniale Mijn" und rechts ein deutsches „Zollhäuschen" für Zöllner auf Beobachtungsposten.

der NS-Zeit liegt; 15 Kilometer westlich davon liegt auf belgischer Seite der bis heute betriebene Truppenübungsplatz „Elsenborn". Diese Art deutsch-belgischer Nachbarschaft wurde allenfalls durch die Präsenz von Militärfahrzeugen auffällig und endete 2003 im Rahmen der Reduzierung der belgischen Streitkräfte[646]. In den belgischen Siedlungen wohnen nun Deutsche. Der Sicherung der Strecke Aachen-Antwerpen kommt, von der Zivilbevölkerung unbemerkt, als „strategischer Autobahn" weiterhin Bedeutung zu.

646 Im Jahr 2007 wurde in Soest das „Museum der Belgischen Streitkräfte in Deutschland" eingerichtet.

In der Aachener Region wirkte sich die im Kalten Krieg für Bonn, Den Haag und Brüssel in gleicher Weise gebotene Zusammenarbeit positiv aus. Eine andere Grundlage der regionalen Kooperation bildete die deutsche „Wiedergutmachung" für Schäden aus Krieg und NS-Besatzung im Rahmen der Abkommmen mit zwölf westeuropäischen Staaten einschließlich Österreich zwischen 1959 und 1964. Vorausgegangen war 1952 das „Luxemburger Abkommen" mit dem Staat Israel und der Jewish Claims Conference, dessen zweites Zusatzprotokoll die individuellen Entschädigungen und die Rückerstattung jüdischer Vermögen – auch außerhalb Deutschlands – zum Gegenstand hatte, mithin die jüdischen Verfolgten in den Niederlanden und in Belgien bzw. deren Hinterbliebene einbezog. Daraus wird bis heute Entschädigung geleistet. Zugleich regelte das Londoner Schuldenabkommen 1953 die Rückzahlung der deutschen Kriegs- und Vorkriegsschulden[647]. Diese Entschädigungsleistungen waren alles andere als populär, aber Konrad Adenauer verlangte sie dem deutschen Volk ab, vom Bundestag darin breit unterstützt[648].

Die mit den Niederlanden schon 1952 eingeleiteten, seit 1958 konkretisierten Entschädigungsverhandlungen verliefen ausgesprochen schwierig; sie führten 1960 zu einem Abkommen, das erst 1963 von den beiden Kammern in Den Haag widerstrebend angenommen wurde, weil es hier als unzureichend galt. Das Ausgleichswerk regelte die bis 1966 durchgeführte pauschale Entschädigung von ca. 50.000 aus rassischen, weltanschaulichen oder politischen – wie bei allen Ausgleichsverträgen nicht auch aus militärischen und kriegswirtschaftlichen – Gründen Verfolgten, soweit sie, auch dies eine Einschränkung, vor und nach Ende der deutschen Besetzung niederländische Staatsbürger waren. Es ging auch um die Kriegsschäden im Land[649]. Dem Ausgleichsvertrag folgte 1961 ein Kulturabkommen mit Programmen zu Sprachförderung und Jugendaustausch[650].

---

647 Die Zahlungen von insgesamt 15,28 Mrd. DM liefen bis 1979.

648 Das Bundesfinanzministerium veranschlagte 1952 „Schilumim" (Globalentschädigung) und Individualentschädigung auf 8,8 Mrd. DM; sie wurden bis 2000 auf nominell 114 Mrd. DM ausgedehnt (und werden laufend ausgedehnt). Dazu im einzelnen Niels Hansen: Die deutsch-israelischen Beziehungen in der Ära Konrad Adenauer und David Ben Gurion. Düsseldorf 2002, bes. S. 270-273. – Hans Günther Hockerts: Wiedergutmachung in Deutschland. In: VfZ 49 (2001) S. 167-214.

649 125 Mio. DM für Verfolgte, 280 Mio. DM für alle anderen Forderungen, weitere 200 Mio. DM für NS-Geschädigte auf Grund der deutschen Entschädigungsgesetze. Vgl. Ernst Féaux de la Croix, Helmut Rumpf: Der Werdegang des Entschädigungsrechts unter national- und völkerrechtlichem und politologischem Aspekt. München 1985, S. 231-239. – Peter Helmberger: „Ausgleichsverhandlungen" der Bundesrepublik mit Belgien, den Niederlanden und Luxemburg. In: Grenzen der Wiedergutmachung. Göttingen 2006, S. 197-241, hier S. 218-227.

650 Vgl. Wolfgang Schanze: Die Entwicklung der kulturellen Beziehungen zwischen den Niederlanden und Deutschland von 1945 bis zur Gegenwart. Frankfurt a. M. 2008, zu den frühen kulturellen Kontakten im Aachener Raum S. 75f.

Deutscher Zöllner bei Rimburg an der Grenze zu den Niederlanden.

Doch blieben trotz aller Bemühungen auf politischer Ebene und trotz Verheiratung der drei letzten Königinnen der Oranje-Monarchie mit deutschen Prinzen die Beziehungen beider Völker psychologisch belastet, verstärkt durch den oft zu beobachtenden Inferioritätskomplex eines kleinen Landes gegenüber einem großen Nachbarn, der nach 1945 unerwartet schnell wiederaufgestiegen war. Die antideutschen Ressentiments traten 1966 bei der Hochzeit von Kronprinzessin Beatrix mit Claus von Amsberg in Amsterdam unverhüllt zutage. Noch 1993 belegte eine Studie des Rotterdamer Clingendael-Instituts, daß die Mehrheit der jungen Niederländer die Bundesrepublik Deutschland für kriegslüstern hielten. Zum Verdruß vieler kündet die Wilhelmus-Hymne, das Freiheitslied der Geusen aus dem 16. Jahrhundert, das seit 1898 als Nationalhymne gesungen wird, von der Abkunft des Nassauers „von deutschem Blut"[651].

Das Nachbarschaftsverhältnis war und ist, erkennbar an manchen Spannungen um die niederländischen Garnisonen in Norddeutschland und bei Fußball-Länderspielen, die immer noch den Nationalismus freisetzen, nicht so normalisiert

651 „Wilhelmus von Nassauen bin ich von deutschem Blut, dem Vaterland getreue, bleib ich bis in den Tod ...".

Die Karlspreisverleihung an die niederländische Königin im Jahr 1996 sollte auch die Versöhnung zwischen Deutschen und Niederländern nach 1945, die recht schwierig und langwierig war (und ist), zum Ausdruck bringen.

wie zwischen der Bundesrepublik und Frankreich oder Belgien[652]. Unverkrampfter ist das Verhältnis zu Limburg, das als letzte Provinz 1866 in das Königreich der Niederlande integriert worden war und intensiver mit dem Aachener Raum verbunden blieb als mit dem niederländischen Zentralstaat calvinistischer Prägung.

Die Entschädigungsverhandlungen mit Belgien begannen 1959 und liefen sich auf Grund der weitgehenden Forderungen der belgischen Delegation, die dem Druck der Verfolgtenverbände und der Öffentlichkeit ausgesetzt war und alle Widerstandskämpfer einbezogen wissen wollte, in nahezu allen Punkten fest. Konrad Adenauer griff, wie bei anderen Ausgleichsverträgen, wegen des gebotenen guten bilateralen Verhältnisses ein und bewog die deutsche Delegation zum Nachgeben. Der Vertrag konnte 1960 paraphiert werden und wurde 1961 von den Parlamenten beider Staaten ratifiziert[653].

Diesem Vertrag war ein erster Ausgleichsvertrag zur Berichtigung der Grenze vorausgegangen, der 1956 in Brüssel unterzeichnet worden und 1958 in Kraft getreten war; er betraf den Landkreis Monschau direkt[654]. Der Vertrag sollte die

652 Vgl. als eine Art Bestandsaufnahme den Katalog: Deutschland-Niederlande. Bonn 2001. – Auch Horst Lademacher: Wege und Wandlungen der deutsch-niederländischen Beziehungen im 19. und 20. Jahrhundert. Darmstadt 1990.

653 Die deutsche Delegation hatte anfänglich 30 Mio. DM angeboten, die belgischen Berechnungen für 130.000 Opfer lagen zwischen 90 und 110 Mio.; Brüssel forderte nach Einschränkung der Opfergruppen 83 Mio. DM, worauf Bonn einging. Vgl. Féaux/Rumpf: Werdegang des Entschädigungsrechts, S. 246-251. – Helmberger: Ausgleichsverhandlungen, S. 232-235.

654 Vertrag vom 24.9.1956. Vgl. Verhandlungen des Deutschen Bundestages, 3. Wahlperiode, Anlagen zu den stenographischen Berichten, Bd. 57, 1958, Drucksache 315. Dem folgte die Unterzeichnung eines „Protokoll[s] zur Festlegung des Verlaufs der deutsch-belgischen Grenze" am 6.9.1960 in Aachen. Vgl. Bundesgesetzblatt 1960 II, Nr. 54, 26.10.1960.

Beziehungen beider Staaten auf eine neue Grundlage stellen[655]. Gleichzeitig war ein deutsch-belgisches Kulturabkommen unterzeichnet worden[656].

Die Grenzberichtigung liquidierte das vorläufige belgische Verwaltungsregime im Grenzraum infolge des Pariser Sechs-Mächte-Abkommens vom 22. März 1949[657], verbesserte die Verkehrsverhältnisse und erleichterte die Zollüberwachung. An Belgien wurden etwa 1000 ha abgetreten, die seit 1949 unter belgischer Verwaltung standen; an die Bundesrepublik bzw. den Kreis Monschau fielen 950 ha – besonders nördlich der Straße Fringshaus-Roetgen-Lammersdorf – mit etwa 640 Bewohnern (der Aachener Stadtteile Bildchen, Losheim, Hemmeres) zurück, die ebenfalls seit 1949 unter belgischer Verwaltung standen[658], wobei die Bundesrepublik die belgischen Investitionen mit 1,3 Mio. DM abgolt. In belgisches Eigentum ging die Straße Konzen-Fringshaus über, die Verbindung Monschau-Aachen verläuft seitdem teilweise über belgisches Territorium.

Auch das Nutzungsrecht an den Gemeindewaldungen im Hohen Venn fiel an Belgien mitsamt dem jenseits der Grenze gelegenen privaten Grund und Boden, der von den Alteigentümern zurückgekauft werden konnte. Der belgische Ministerpräsident Spaak verzichtete für Belgien im Gegenzug auf die 1949 zugesprochenen Gebiete von Mützenich und auf Teile von Konzen und Roetgen mit Schwerzfeld[659]. Der Bahnkörper der Vennbahn, die 30 Kilometer über deutsches Territorium führt und für den Güterverkehr benutzt wurde, blieb bei Belgien; andernfalls hätte die Deutsche Bundesbahn die Strecke aus Rentabilitätsgründen stillgelegt. Für die bis 1956 erfolgte Aufrechterhaltung des Betriebs zahlte Bonn an Brüssel 4,9 Mio. DM[660].

Die Normalisierung im bilateralen Verhältnis machte gute Fortschritte. Seit 1968 durften Fußgänger zwischen dem Aachener Stadtgebiet und dem benachbarten Belgien an markierten Stellen des Aachener Waldes die Grenze ohne Formalitäten überschreiten.

---

655 Dazu die dem Vertrag beigefügte Denkschrift, ebd.

656 Dazu der dem Vertrag angehängte Briefwechsel der Außenminister von Brentano und Spaak, vom 24.9.1956, ebd. Die Bundesrepublik verzichtete auf die Einziehung entstandener Bundes-, Landes- und Kommunalabgaben des belgischen Kulturinstituts „Maison Belge" in Köln in Höhe von ca. 632.000 DM.

657 Vgl. Schärer: Deutsche Annexionspolitik im Westen, S. 270-272.

658 Nach dem belgischen Militärgouverneur Bolle im Volksmund „Bollenien" genannt.

659 Vgl. Landkreis Monschau. Hg. zum 150-jährigen Bestehen 1966.

660 Vgl. Denkschrift zum Vertrag v. 24.9.1956, Ziffern 4 u. 9.

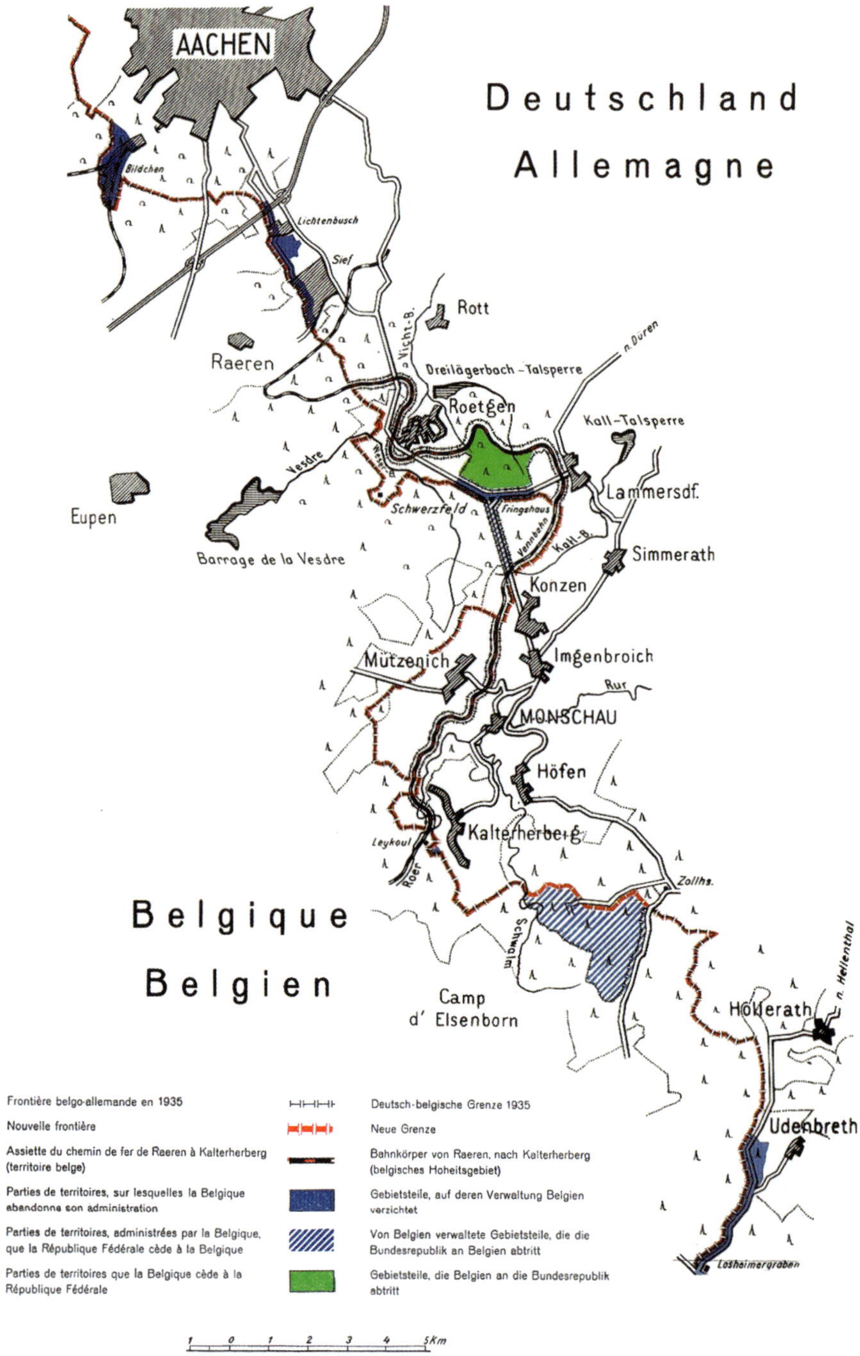

Der geänderte Grenzverlauf zwischen Deutschland und Belgien von 1956.

Zu einer Entkrampfung in dem durch die NS-Zeit belasteten Verhältnis zwischen den Deutschen in Kelmis, Eupen, Malmedy, St. Vith und Wallonen bzw. belgischem Gesamtstaat führte die 1968 eingeleitete Autonomie der deutschsprachigen Kantone im Zuge der Dezentralisierung des belgischen Staats. Diese sollte den schweren Konflikt um Sprache und Kultur zwischen Flamen (1973: 5,4 Mio., 2006: 6,1 Mio.) und Wallonen (1973: 3,1 Mio., 2006: 3,4 Mio.) beilegen. Dahinter stand die Einsicht, daß man „zur Anerkennung einer Sprachgrenze und zweier getrennter Kulturgebiete" bereit sein müsse[661]. Von den Deutschsprachigen (heute 74.500) war zunächst nicht die Rede. Aber die „Ostkantone" – auch „Neubelgien", „La Belgique allemande" oder „Land ohne Namen"[662] genannt – profitierten als Teil der Wallonie bzw. des Arrondissements Verviers und der Provinz Lüttich von der Verfassungsreform im Jahr 1970 in besonderem Maße. Kern des „compromis à la belge" war, daß sich Flamen und Wallonen nicht majorisierten.

Die Christlich-Soziale Partei (CSP), die in Brüssel in wechselnden Koalitionen und in Eupen und Kelmis unangefochten regierte, war indessen Protagonistin der Zentralstaatsidee, malte die Gefahr des „Heim-ins-Reich"-Gefühls und eines neuen Pangermanismus an die Wand und fürchtete um die Einheit der „belgischen Nation"[663]. Daher wirkte sie auf eine Assimilierung der sprachlich-ethnischen Minderheit hin. Sie dominierte die regionale Presse, vor allem das Eupener „Grenz-Echo" mit seiner Monopolstellung. Meinungsvielfalt, auch im Sinne einer Autonomielösung, wie sie damals in anderen Teilen Europas auf Grund einer ähnlichen Geschichte, erzwungener Gebietsabtretungen von 1919 und Instrumentalisierung durch den Nationalsozialismus gesucht und praktiziert wurde – am erfolgreichsten in Südtirol[664] –, ergab sich erst durch die Ostbelgienseite der „Aachener Volkszeitung". Diese errichtete 1965 eine Niederlassung in Eupen[665].

---

661 Robert Senelle: Die Revision der belgischen Verfassung 1967-1971. Brüssel 1972, S. 4.

662 So als guter Kenner der historisch-politischen Verhältnisse: Hubert Jenniges: Stationen auf dem Weg zur Autonomie des deutschen Sprachgebiets in Belgien (1968-1972). Eupen 2001, S. 21-25. – Zum Schrifttum Werner Mießen: Die Darstellungen der deutschsprachigen Gemeinschaft in der Literatur von 1945 bis heute. In: Gestalten und Entwicklungen. Löwen 2004, S. 197-207.

663 Zu deren Disparitäten seit der Gründung Belgiens vgl. Peter-Eckhard Knabe (Hg.): Das Königreich Belgien. Köln 1988. – Johannes Koll (Hg.): Belgien. Münster 2007.

664 Vgl. Rudolf Lill: Südtirol in der Zeit des Nationalismus. Konstanz 2002, Kap. IX-XIV. – Zum Vergleich der politisch-kulturellen Entwicklung in Südtirol-Bozen und Eupen-Malmedy die Beiträge von Rudolf Lill: Italien und seine deutsche Minderheit in Südtirol; u. von Ulrich Tiedau: Die Rechtslage der deutschsprachigen Bevölkerung in Belgien nach dem Zweiten Weltkrieg. In: Deutschsprachige Minderheiten 1945. München 2007, S. 373-434; 435-522.

665 Vgl. Jenniges: Stationen auf dem Weg zur Autonomie, S. 66. – Freddy Derwahl: Erinnerungen an die Ostbelgien-Ausgabe der Aachener Volkszeitung 1965-1991. In: Zwei Jahrhunderte deutschsprachige Zeitung in Ostbelgien. Eupen 2007, S. 249-265.

Anders jenseits des Hohen Venns im geschlossenen Eifelraum von Malmedy und St. Vith: Hier wirkte die Erinnerung an die hundertjährige preußische Kultur- und Aufbauleistung weiter, unterstützt vom Volksbildungswerk St. Vith, von markanten Priesterpersönlichkeiten, der „St. Vither Zeitung", bis diese 1965 aus Rentabilitätsgründen mit dem Eupener „Grenz-Echo" fusionieren mußte, und vom 1965 gegründeten Geschichts- und Museumsverein „Zwischen Venn und Schneifel" mit 2400 Mitgliedern[666]. In St. Vith kam es zu einem Aufbegehren gegen den mächtigen Eupener CSP-Verband. Und hier erntete 1971 der Landeshauptmann von Südtirol und Obmann der Südtiroler Volkspartei Silvius Magnago, der im Bündnis mit Innsbruck und Wien über Jahrzehnte hinweg Rom die Autonomielösung für seine Heimat förmlich abgerungen und abgehandelt hatte[667], Stürme der Begeisterung. Ein Interview mit ihm durfte im Belgischen Rundfunk freilich nicht ausgestrahlt werden[668].

Die Gründung des St. Vither Geschichts- und Museumsvereins war das Signal für die Gründung eines Geschichts- und Museumsvereins auch in Eupen[669], der die kulturautonome Strömung aufgriff und kanalisierte. Hier gründete sich 1971 die Christlich-Unabhängige Wählergemeinschaft, die bei der Parlamentswahl 19,9 Prozent der Wählerstimmen gewann, tief in das CSP-Wählerreservoir einzubrechen vermochte[670] und aus der heraus die Partei der deutschsprachigen Belgier (PDB) entstand. In vielen ostbelgischen Orten wurde 1972 die Parole „Los von Lüttich" plakatiert[671]. Es kam zu schweren Verwerfungen innerhalb der Christlich-Sozialen Partei und zwischen Eupen und den belgischen Eifel-Regionen. Zur Schlüsselfigur bei der Lösung des Nationalitätenkonflikts und zum Wegbereiter der kulturellen

666 Seit 1965 erscheint: Zwischen Venn und Schneifel. Zeitschrift für Geschichte, Folklore [später: Brauchtum] und Kultur. – Vgl. Jenniges: Stationen auf dem Weg zur Autornomie, S. 121, 123.

667 Zu seiner Stellung vgl. Lill: Südtirol, passim.

668 Dazu aus seinem Hintergrundwissen als Journalist des deutschsprachigen Belgischen Rundfunks in Brüssel Jenniges: Stationen auf dem Weg zur Autonomie, S. 119f.

669 Vgl. Jb. Eupen, Malmedy, St. Vith für Geschichte, Wirtschaft und Kultur 1 (1966)ff. – Geschichtliches Eupen 1 (1967)ff.

670 1974: 24,3% bei der Wahl für die Kammer in Brüssel. CSP (bzw. Liberale) errangen bei den Kammerwahlen 1946: 80,3% (Liberale 2,4); 1965: 64,5 (19,3); 1968: 51,9 (34,7); 1971: 37,9 (25,4). Die Sozialistische Partei ist eine kleine politische Gruppe. Vgl. Jenniges: Auf dem Weg zur Autonomie, S. 139, 196. – Weitere Wahlergebnisse bei Heinrich Rosensträter: Deutschsprachige Belgier, Bd. 3. Aachen 1985.

671 Vgl. Jenniges: Stationen auf dem Weg zur Autonomie, S. 163.

Das Regierungsgebäude der Deutschsprachigen Gemeinschaft in der Eupener Klötzerbahn.

Autonomie wurde der junge flämische Christdemokrat und Minister Leo Tindemans, der bald belgischer Premierminister wurde[672].

Die Verfassungsreform verwandelte den Zentralstaat in einen Bundesstaat und führte zur Errichtung der niederländischen, französischen, der zweisprachigen Brüsseler (1 Mio. Einwohner) und der deutschen Sprachregion, jeweils mit Kultur- und Bildungsautonomie. Die deutschsprachigen Kantone erhielten 1973 den „Rat der deutschen Kulturgemeinschaft" und im Zuge der weiteren Förderalisierung hin zu „Gemeinschaften" im Jahr 1980 zunehmende Selbstverwaltung auch bei Sozial- und Beschäftigungspolitik, Denkmal- und Landschaftsschutz sowie bei deren Finanzen[673]; die deutschsprachigen Kantone erhielten 1984 eine eigene Regierung (aus derzeit vier Mitgliedern), ein eigenes Parlament aus 25 Abgeordneten[674],

672 Dies arbeitet, neben den politisch-atmosphärischen Spannungen innerhalb der Regionen der deutschen Gemeinschaft, Jenniges, ebd., heraus.

673 Der Jahresetat betrug 2007 165 Mio. Euro.

674 Vgl. Ministerpräsident Karl-Heinz Lambertz: Die Deutschsprachige Gemeinschaft Belgiens. In: Eifel-Jb. 2005, S. 57-62. – Die CSP ist in der Deutschsprachigen Gemeinschaft seit 1999 in der Opposition.

1988 ein Staatsarchiv mit bedeutender historischer Bibliothek in Eupen[675] und 2001 höhere Finanzzuweisungen des Bundes und noch größere Autonomie bei der Steuererhebung. Die „Deutschsprachige Gemeinschaft" ist seitdem in der Europäischen Union die kleinste Region mit Gesetzgebungshoheit.

Zugleich mit der Herausbildung der Autonomie wuchs aber in der deutschen Sprachregion die national-kulturelle Abgrenzung gegenüber der Bundesrepublik und das Bewußtsein, nicht mehr dem deutschen Volk anzugehören. Ein aktueller Eupener Comic führt den vielsagenden Titel „Wir sind'n Volk"[676]. Seinen Ausdruck fand dies 1983 in der Umbenennung von „deutscher" in „deutschsprachige" Gemeinschaft, während sich die französische als „Communauté française" und nicht als „Communauté francophone" bezeichnet[677]. Die kleine deutsche Minderheit[678] sieht sich einerseits als „Sprungbrett" Belgiens in den deutschen Raum[679]; andererseits kultiviert sie immer stärker ihre Sonderexistenz sowohl gegenüber Wallonen als auch gegenüber Westdeutschen. Sie schärft dies durch Mundart und Eigenarten von Wortschatz, Satzbau und Grammatik in der Hochsprache. Ihre Leitfiguren entstammen nicht mehr der deutschen Geschichte, Kultur und Literatur. Forum der jungen Talente ist die Literaturzeitschrift „Krautgarten". Freddy Derwahl, der als einziger Schriftsteller der Region regelmäßig Romane schreibt, verarbeitete in seinem jüngsten, „Bosch in Belgien" (2006), die Suche der Menschen nach Identität und Heimat zwischen 1920 und 1956, dem Jahr des ersten Besuchs König Baudouins in Eupen bzw. in den Ostkantonen[680].

„Small is beautiful" lautet die Devise bei der deutschsprachigen belgischen Minderheit – der Gegensatz zum nationalen Selbstverständnis von 1920 und 1940 könnte nicht größer sein. Vergleichbare Abgrenzungsprozesse lassen sich in anderen Grenzregionen des deutschen Sprachraumes, bei Deutschschweizern und Deutschösterreichern, auch bei den Südtirolern gegenüber der deutschösterreichischen

675 Vgl. Alfred Minke: Fünfzehn Jahre staatliche Archivpflege in der deutschsprachigen Gemeinschaft. In: Gestalten und Entwicklungen, S. 209-225. – Ders.: Die Bestände des Staatsarchivs Eupen. Brüssel 2000.

676 Chudnoscnik Sunergia (Hg.): „Wir sind'n Volk". Eupen 1996. – Vgl. Mießen: Darstellungen der deutschsprachigen Gemeinschaft, S. 201.

677 Vgl. Jenniges: Stationen auf dem Weg zur Autonomie, S. 171, 175, 178-180.

678 Vgl. Gottfried Eisermann, Jürgen Zeh (Hg.): Die deutsche Sprachgemeinschaft in Ostbelgien. Stuttgart 1979. – Rosensträter: Deutschsprachige Belgier.

679 So Lambertz: Deutschsprachige Gemeinschaft, S. 60.

680 Vgl. Philippe Beck: Die deutschsprachige Literatur. In: Belgien. Münster 2007, S. 203-223, hier S. 212-221.

Kultur, beobachten[681] und mit Gefühlen von Unterlegenheit gegenüber dem gefestigten Binnendeutschtum und der hier mühelos gesprochenen deutschen Hochsprache erklären. Die aktuelle Auseinandersetzung um das Geschichtsbild zwischen älterer und jüngerer Generation der deutschsprachigen Belgier bezieht sich auf die Brüche im 20. Jahrhundert und die daraus folgenden Loyalitätskonflikte zwischen alter Zugehörigkeit zur deutschen Kultur und Nation und neuer Einbindung in den belgischen Staat[682], der ein labiles Nationalitätengebilde des 19. Jahrhunderts ist.

Dessen Instabilität wurde im Jahr 2007 spürbar, als die flämischen Parteien in einem Ausschuß des Brüsseler Regionalparlaments mit ihrer Mehrheit für die Aufspaltung des Wahl- und Gerichtsbezirks Brüssel-Halle-Vilvoorde votierten, so daß die frankophone Minderheit in den 35 zu Flandern gehörenden Brüsseler Umlandgemeinden nicht mehr für französischsprachige Parlamentskandidaten hätte stimmen und sich vor Gericht auf Niederländisch hätte verantworten müssen. Dies wäre auf eine Majorisierung der Wallonen hinausgelaufen.

Der tiefere Grund des Konflikts liegt in der flämischen Forderung nach mehr steuerlicher Autonomie und Reduzierung der flämischen Sozialtransferzahlungen an die sozialistisch regierte Wallonie. Während hier der Niedergang von Kohle und Stahl hohe Arbeitslosigkeit und Staatsverschuldung verursacht hat, ist dem früher strukturschwachen Flandern ein Modernisierungsschub und die Ansiedlung internationaler Unternehmen, wie Chemiekonzerne, gelungen. Die „Neue Flämische Allianz" unter Bart De Wever träumt nun von einer Republik Flandern, die der rechtsradikale „Vlaams Belang" laut fordert. An dem Konflikt scheiterte nach den Wahlen im Juni 2007 neun Monate lang die Regierungsbildung. Dies führte zur längsten Regierungskrise in der Geschichte Belgiens. Erstmals wurde in der Öffentlichkeit über ein Ende des 1830 gegründeten Königreichs spekuliert. Die Einheit symbolisierte nun in besonderer Weise die Krone und ihr Träger König Albert II. Unerwartet war auch die deutsche Sprachgemeinschaft vor die Frage ihrer Zukunft gestellt worden. Eine Übergangsregierung aus fünf Parteien beschloß Anfang 2008 einen Stufenplan zur weiteren Föderalisierung und Stärkung der Regionen.

Die tiefer liegenden national-kulturellen Wurzeln der Deutsch-Belgier im 19. Jahrhundert liegen für die junge Generation, ähnlich wie für junge Deutsche, in dunkler Vorzeit. Dies befördert eine gewisse Provinzialisierung von Sprache, Denken

681 Vgl. Matthias Pape: Österreich und Deutschland 1945-1965. Köln 2000, Kap. VII: Vom österreichischen Staat zur österreichischen Nation.

682 Vgl. Carlo Lejeune [u. a.]: Spuren in die Zukunft. Büllingen 2001.

und Lebenszuschnitt in den ohnehin ländlichen und kleinstädtischen Siedlungen Ostbelgiens – ähnlich wie in den Schweizer Ostkantonen, in denen das umgangssprachliche Schwyzerdeutsch bis in die Schulen hinein das Hochdeutsche längst verdrängt hat, oder wie in Innsbruck, Graz, Klagenfurt, Eisenstadt und deren grenznahem Umland. Im Raum Malmedy und St. Vith ist an die Stelle des einst starken, nach Deutschland weisenden nationalen ein regionales, aber kein europäisches Bewußtsein getreten; es beruht auf dem Eifelgedanken, lokalem Brauchtum und einer Flut von Belletristik[683] und schließt Monschau, Schleiden und Prüm ein.

In den belgischen „Ostkantonen" wohnen inzwischen 10.000 deutsche Staatsbürger der günstigen Grundstückspreise und steuerlichen Vorteile wegen. Sie arbeiten zum Großteil in Stadt und Kreis Aachen und leben in Belgien wie in einer Nische, ohne sich am kulturellen Leben der eingesessenen Bevölkerung zu beteiligen. Sie gehen auch bei den Kommunalwahlen kaum zu den Wahlurnen, wozu sie als EU-Bürger berechtigt wären[684]. Die Entwicklung am „Dreiländereck" zeigt, daß hier „Europa" eine regionalspezifische Ausformung angenommen hat. Die praktische Umsetzung der Europaidee wirkt sich im grenznahen Raum und Alltag gewinn- und nutzbringend aus, ohne jedoch bei der deutschen Sprachgemeinschaft und der Kolonie der deutschen Staatsbürger in Belgien zu einem belebenden Element im Austausch mit Wallonen und schon gar nicht mit Brüssel, dem Brennpunkt des Sprachenstreits, geworden zu sein. Die Aachener nutzen die offene Grenze, um billiger einzukaufen und fühlen sich als „gute Europäer".

Die deutsche Nachbarschaft zu Belgien und den Niederlanden zeigt indessen, daß das zusammenwachsende Europa ein solches der Nationalstaaten geblieben ist, die ihre Interessen wahrnehmen, diese allerdings besser als in der Zwischenkriegs- und frühen Nachkriegszeit aufeinander abstimmen. Die Fortentwicklung der europäischen Integration scheint auf eine „die Nationalstaaten überwölbende, aber nicht ablösende Einheit zur gemeinsamen Bewältigung übernationaler Aufgaben" hinauszulaufen[685]. Während der akademisch gebildeten zweiten Nachkriegsgeneration in der Bundesrepublik die Europaidee auch pädagogisch wichtig erscheint, kultivieren die beiden kleinen Nachbarländer ihr Nationalbewußtsein – einerseits aus einem elementaren Sicherheitsbedürfnis heraus, andererseits, weil sie um ihre nationale Identität ringen: in Belgien angesichts der national-kulturellen, in den Niederlanden

683 Vgl. Mießen: Darstellungen der deutschsprachigen Gemeinschaft, S. 205-207.

684 So die Beobachtung von Jenniges: Stationen auf dem Weg zur Autonomie, S. 177f.

685 Christian Hillgruber: Perspektiven der künftigen Rechtsform Europas. In: Zusammengesetzte Staatlichkeit in der Europäischen Verfassungsgeschichte. Berlin 2006, S. 257-284, hier S. 282.

angesichts der konfessionellen Spannungen. Beträchtliche Identifikation stiften dabei die Königshäuser. Die Niederländer profitieren zwar wie kaum ein anderes Volk vom europäischen Binnenmarkt und Export vor allem nach Nordrhein-Westfalen, sie haben aber, wie auch die Franzosen, den europäischen Verfassungsvertrag im Jahr 2005 abgelehnt, weil sie um ihre nationale Selbstbestimmung fürchten. Diese Unterschiede übersehen viele Deutsche der jüngeren Generation, wenn sie mit Niederländern, Belgiern oder Franzosen diskutieren. Anschaulich wird die Problematik bei Großveranstaltungen im Sport, wo alle Stereotypen bei der Wahrnehmung der jeweils anderen Nation ungebrochen fortleben.

Insgesamt jedoch und verglichen mit der Zwischenkriegszeit ist „Europa" im Aachener Grenzraum nach 1945 zu einer Erfolgsgeschichte geworden. Größere Probleme kamen durch veränderte weltwirtschaftliche Rahmenbedingungen auf die alte Industrieregion zu, und zwar kaum, daß der Wiederaufbau nach dem Krieg gelungen war. Dieser Umbruch stellte die Menschen vor eine weitere große Herausforderung, die noch anhält.

Der Strukturwandel im Kreis Aachen und in der gesamten Region wird besonders deutlich, wenn man einzelne Berufe betrachtet: die Bergleute des früheren EBV sind heute nur noch Symbol für die Zeit der Steinkohle und der vielen Zechen im Kreis Aachen und wurden durch neue technische Produktionen (im Bild CD Produktion bei der kanadischen Firma Cinram in Alsdorf) abgelöst.

Umbrüche der zweiten Nachkriegszeit

Wandel der wirtschaftspolitischen Rahmenbedingungen

Die Region Aachen kam, wie die Bundesrepublik insgesamt, in den Genuß des 1952/53 einsetzenden Wirtschaftsaufschwungs. Dessen Voraussetzung bildete der politische Wille der US-amerikanischen Regierung, Westeuropa und die Vereinigten Staaten von Amerika zu verklammern, wofür Päsident Wilson nach dem Ersten Weltkrieg innenpolitisch keine Mehrheit gefunden hatte. Aus den Verwerfungen der Zwischenkriegszeit und der zweiten Kriegskatastrophe zogen die Amerikaner die Konsequenz, den wirtschaftlichen und sicherheitspolitischen Zusammenschluß mit Westeuropa zu vollziehen, wodurch sie zur Stabilisierung Europas entscheidend beitrugen[686]. Zu den Instrumenten des Wiederaufbaus gehörte der amerikanische Colm-Dodge-Goldsmith-Plan, auf dem der scharfe Währungsschnitt von 1948 beruhte, weiterhin der Marshallplan, der die Liberalisierung der Nehmerländer im Außenhandel vorschrieb, sowie die von Ludwig Erhard durchgesetzte Freigabe der Preise und damit einhergehend das Ende der Bewirtschaftung – in Zeiten bitterster Armut ein Wagnis. Erhard, der keiner Partei angehörte, suchte den Rat von Nationalökonomen, die der Wirtschaftstheorie des Neoliberalismus anhingen. Diese war gegen den Totalitarismus und die kommunistische, faschistische und nationalsozialistische Zentralverwaltungswirtschaft von emigrierten deutschen und österreichischen Nationalökonomen in der Schweiz entwickelt worden[687].

Die neoliberale Theorie bzw. der Ordoliberalismus der Genfer und Freiburger Schule mit einem Ableger in Chicago (Wilhelm Röpke, Alexander Rüstow, Walter Eucken, Franz Böhm) bedeutete die Absage an ein Wirtschaften im Sinne des „Laissez faire" der Wirtschaftsliberalen des 19. Jahrhunderts. Diese Theorie kreiste um die Spannung zwischen individueller Selbstbestimmung und moralisch-ethischer Selbstbindung der Akteure am Markt. Zwar sollte den Marktkräften durch das Prinzip von Angebot und Nachfrage Anreiz geboten werden, doch sollte der starke Staat gegenüber den geballten Interessen der Wirtschaft und ihrer Verbände den Ordnungsrahmen setzen und Wettbewerbsbeschränkungen, die durch Kartelle

686 Zur Europapolitik Washingtons nach 1918 bzw. nach 1945 Klaus Schwabe: Weltmacht und Weltordnung. Amerikanische Außenpolitik von 1898 bis zur Gegenwart. Paderborn 2007.

687 Vgl. Grundtexte zur Sozialen Marktwirtschaft, 3 Bde., Stuttgart 1981-1994. – Franz Kromka: Markt und Moral. Neuentdeckung der Gründerväter. Grevenbroich 2008.

und Monopole entstehen, unterbinden. Zugleich verstand sich der Staat nicht als Wohlfahrtsstaat im Sinne einer organisierten Massenfürsorge.

Ludwig Erhards Devise lautete: „So viel Eigenvorsorge wie möglich, so viel solidarische Hilfe wie nötig". Der Nationalökonom an der Universität Köln und bald engste Mitarbeiter Ludwig Erhards im Bundeswirtschaftsministerium, Alfred Müller-Armack, prägte dafür den Begriff „soziale Marktwirtschaft"[688]; er wurde 1949 durch die Düsseldorfer Leitsätze der CDU in der Öffentlichkeit herausgestellt und zum Schlagwort, mit dem Konrad Adenauers CDU Wahlen gewann. Der „rheinische Kapitalismus" verband zwei an sich gegensätzliche Prinzipien miteinander: das der Freiheit auf dem Markt und des sozialen Ausgleichs als Sicherungsnetz. Dabei floß in die stetig ausgeweitete Sozialgesetzgebung das Ideenerbe der katholischen Soziallehre und der evangelischen Sozialethik ein[689].

Aus der Einbindung der Bundesrepublik in den westeuropäischen Binnenmarkt zog die Aachener Region Vor- und Nachteile. Zusammen mit weltweiten Prozessen und Krisen der Energiegewinnung stellte die Integration des westdeutschen Markts die Aachener Industriezweige nach 1960 vor immer neue Strukturprobleme. Sie lagen, kurz gesagt, in der Monostruktur des Wurmreviers und in der Industriearmut der Eifel.

Diese Entwicklung vollzog sich im globalen Rahmen zweier Phasen: des Wirtschaftsbooms seit 1948 und des Erdölembargos der arabischen Staaten bzw. der Ölpreiskrise seit 1973 mit dramatischen Auswirkungen auf die Weltwirtschaft und auf die Strukturen der Industrieproduktion, verschärft durch die zweite Ölpreiskrise von 1979. Die westdeutsche Boomphase – in historischer Perspektive Intermezzo und nicht Normalität[690] – war bis Ende der 1960er Jahre mitbegünstigt durch den Wettbewerbsvorteil niedriger Löhne, was relativen Wohlstand ermöglichte. Die zweite, noch anhaltende Phase einer tendenziell stagnierenden Entwicklung führte infolge

688 In seiner Schrift: Wirtschaftslenkung und Marktwirtschaft. Hamburg 1947. – Vgl. auch Alfred Müller-Armack: Art. Soziale Marktwirtschaft. In: Handwörterbuch der Sozialwissenschaften, Bd. 9, 1956, S. 390-392.

689 Vgl. Günter Brakelmann, Traugott Jähnichen (Hg.): Die protestantischen Wurzeln der Sozialen Marktwirtschaft. Gütersloh 1994. – Zu den positiven Folgen von Wettbewerb und Eigeninteresse für die Wertschöpfung die Denkschrift der Evangelischen Kirche in Deutschland: Unternehmerisches Handeln in evangelischer Perspektive (2008).

690 Vgl. Martin Werding: Wirtschaft und Wirtschaftspolitik in der Bundesrepublik Deutschland ab Mitte der 1970er Jahre. In: VfZ 56 (2008) S. 303-321, hier S. 318.

der Massenarbeitslosigkeit zur vielberufenen „Krise der Arbeitsgesellschaft"[691]. Diese Phase kennzeichnete, zumindest bis 2002, das Bestreben, bei global geänderten Wettbewerbsbedingungen an der Arbeitsmarkt- und Sozialpolitik festzuhalten und wachsende Staatsverschuldung hinzunehmen. Die steuerfinanzierten Zuschüsse in die Sozialversicherungssysteme wuchsen im Bundeshaushalt zwischen 1970 und 2005 von 32 auf 45 Prozent[692]. Seit 2002 reagiert der Staat darauf mit der Reduktion staatlicher Transfers, Zurückdrängung der Gewerkschaften, Subventionsabbau und Flexibilisierung des Arbeitsmarkts.

Die Phasen vor und nach 1973 hatten Folgen für die gesellschaftlich-kulturelle Entwicklung und die Werteorientierungen in den westeuropäischen Industrieländern insgesamt[693]. Zu fragen ist, wie sie sich in der Region Aachen ausgewirkt haben[694].

Ende von Feintuch- und Nadelindustrie

Die Aachener Tuchindustrie war nach den Zerstörungen des Weltkriegs nur langsam wieder in Gang gekommen, weil Maschinen und Rohstoffe fehlten. Von 5000 Webstühlen waren noch 500 intakt[695]. Aber schon die Liberalisierung des Außenhandels und die Koreakrise 1950/51 mit schwankenden Wollpreisen führten zu einem dramatischen Einbruch der wieder angelaufenen Produktion, brachten viele Unternehmen in Bedrängnis und verursachten Konkurse, so bei der Tuchfabrik Aachen AG mit 650 Arbeitsplätzen und bei fünf weiteren Unternehmen. Technische Innovationen, vor allem der Sulzer-Projektilwebautomat, veränderten um 1960 noch einmal die Produktionsbedingungen und führten ein „goldenes Jahrzehnt" herauf. Während die größeren Firmen die Produktivität durch den Abbau von Arbeitsplätzen steigern konnten, fehlte den kleineren mittelständischen Tuchbetrieben für neue Maschinen das Investitionskapital. Die Feintuchindustrie stellte sich auf Bekleidungsherstellung um. Hier ging indessen bald der Modetrend

691 Vgl. Joachim Matthes (Hg.): Krise der Arbeitsgesellschaft? Verhandlungen des 21. Deutschen Soziologentages in Bamberg 1982. Frankfurt a. M. 1983.

692 Vgl. Werding: Wirtschaftspolitik in der Bundesrepublik, S. 313, 315.

693 Vgl. Hartmut Kaelble (Hg.): Der Boom 1948-1973. Opladen 1992.

694 Zu Struktur, Wirtschaft und Bevölkerung: Landkreis Aachen – Gesamtplanung. Planergruppe um Erich Kühn (RWTH Aachen, Lehrstuhl Städtebau und Landesplanung), erstellt im Auftrag des Landkreises Aachen 1964. – Vgl. Aufriß von Paul Thomes: Ein Industrierevier im Umbruch. In: Wirtschaftsgeschichte der Region Aachen. Köln 2000, S. 11-56, hier S. 25. (in dem Band Beiträge zu allen Branchen).

695 Das Folgende nach Hans-Karl Rouette: Lebensfähiges Erbe der Aachener Textilvergangenheit. In: Wirtschaftsgeschichte der Region Aachen. Köln 2000, S. 250-263.

vom Wollmantel zum Baumwoll-Steppmantel und zu Jeans, Pullovern und T-Shirts. Innovationen, wie die Moll'schen Nähautomaten in Alsdorf, sicherten die Bekleidungsfertigung vor Ort.

Die Textilindustrie war auf nationaler Ebene Vorreiter des Strukturwandels. Bis in die Mitte der sechziger Jahre ging die Zahl der Tuchunternehmen im Aachener Raum um 60 Prozent zurück, darunter die Roetgener Webertradition; hier wurde die „Camo"-Tuchproduktion 1961 vollständig eingestellt. Seitdem zeichnete sich der Zusammenbruch der traditionellen Textilindustrie stetig ab, nachdem der Import von Geweben aus Billiglohnländern vereinfacht worden war und Chemiefasern die traditionellen Materialien abgelöst hatten. Die Spitzenqualität „Aachener Tuche" war nicht mehr gefragt, an die Stelle von Feintuch trat die marktgängige Konsumware. Zwischen 1950 und 1970 wurde die Hälfte der Arbeitsplätze abgebaut[696]. Die übriggebliebenen Unternehmen suchten die Kooperation in Form der Lorenz-, Königsberger- und Dechamps-Gruppe.

Der Kostendruck nahm durch die Globalisierung des Markts stetig zu. Die Textilunternehmen zogen dorthin, wo die Näherinnen noch billiger waren. Investoren suchen stets möglichst hohe Rendite, und den deutschen Kunden kann die Ware nicht billig genug sein. Beides zusammen entscheidet über Standorte von Unternehmen. Da die Bekleidungsindustrie, wie die Schirm- und Konfektionsproduktion, auf Handarbeit angewiesen und insofern personalintensiv ist, wurde die Fertigung seit den 1980er Jahren in Billiglohnländer verlegt, während in Aachen Firmenleitung, Musterung und Vertrieb, mitunter auch die Endfertigung verblieben. Nur die „gebrochene Fertigung" sicherte noch Produktivität. Von 170 Tuchfabriken im Jahr 1955 bestanden im Jahr 2000 noch etwa 20, die aber mehr Tuch (wenn auch kein Feintuch mehr) produzieren als zuvor, ermöglicht durch hohe Automatisierung und Reduzierung von Arbeitsplätzen.

Die Textilbranche in der Region Aachen zeigt das für die Bundesrepublik typische Phänomen: Zwar weist diese im weltweiten Vergleich (derzeit noch) die höchste Exportrate auf, die Arbeitsplätze zur Herstellung der exportierten Waren befinden sich aber wegen der hohen Lohnnebenkosten zur Finanzierung der Sozialsysteme längst zum Großteil im Ausland. Das gilt vor allem für die exportintensive Automobilindustrie, in deren Fabriken nur die Endfertigung stattfindet. Zusammen mit der Staatsverschuldung, die den wirtschaftspolitischen Handlungsspielraum

---

696 Vgl. Thomes: Industrierevier im Umbruch, S. 32.

Typisch für die Nadelfabrikation im Aachener Raum war das Aussortieren (Ausklinken) der schlechten Nadeln mit dem kleinen Finger, dem „Klenkes". Aachener grüßen sich gerne mit diesem abgespreizten kleinen Finger.

einschränkt, haben die gestiegenen Energie- und Arbeitskosten die internationale Konkurrenzfähigkeit Deutschlands geschwächt[697].

Eine vergleichbare Entwicklung durchlief die traditionsreiche Produktion von Stecknadel, Nähnadel und Nähmaschinennadel[698]. Auch dieser Industriezweig mußte nach 1945 fast völlig neu aufgebaut werden. Hier gelangen in Laboren und durch empirisch-wissenschaftliche Untersuchungen zahlreiche Neuerungen, wie die Tuftingnadel zur Herstellung von Fußbodenbelägen und die Filznadel zum mechanischen Verfestigen von Faservliesen. Auch gelang es, die arbeitsteilige Herstellung von Nähmaschinennadeln zusammenzufassen und schneller und präziser arbeitende Maschinen zur Nadelherstellung zu bauen. Städte wie Würselen konnten diese neue Nadelindustrie ansiedeln.

697 Vgl. ebd. S. 37.

698 Das Folgende nach Horst Lange: Ein Beitrag zur Geschichte der Nadelindustrie in der Aachener Region 1945-1998. In: Wirtschaftsgeschichte der Region Aachen vom Ende des Zweiten Weltkriegs bis zur Gegenwart. Köln 2000, S. 264-275.

Die Nadelfabrik Schmetz in Herzogenrath im Jahr 1970.

Auch dieser Industriezweig ist auf Handarbeit angewiesen. Die seit den 1960er Jahren stark steigenden Tariflöhne (1972 um 7,5, 1973 um weitere 8,5 Prozent) und die schlechte Ertragslage zwischen 1975 und 1979 durch fortschreitende Inflation zwangen die Firmen, immer mehr Personal abzubauen bzw. die Produktion nach Portugal und seit 1985 nach Asien, vor allem China und Indien, zu verlegen. Zugleich wurden Konzentrationsprozesse eingeleitet. Die Stolberger Metallwerke KG stellte 1981 ihre Stecknadelproduktion ein und wurde 1987 von den Kabel- und Metallwerken Gute Hoffnungshütte Hannover übernommen; die Eupener Nadelfabrik Beka fusionierte mit Lammertz in Aachen; die William Prym GmbH in Stolberg verlegte 1982 ihre Produktion von Iserlohn nach Aachen und 1995 die gesamte Nadelproduktion ins böhmische Budweis. Immer mehr Unternehmen, auch solche, die schon in napoleonischer Zeit am Markt gewesen waren, meldeten Vergleich oder Konkurs an. In Stadt und Kreis Aachen produzierten im Jahr 1998 nur noch drei Nadelfirmen mit 1180 Mitarbeitern 528,4 Mio. Nähmaschinennadeln und 95,1 Mio. Filz-, Tufting- und medizinische Nadeln, immerhin 20 Prozent der Weltproduktion[699].

699 Der Umsatz lag bei 138 Mio. DM, davon wurden jedoch 95% im Ausland erwirtschaftet. Vgl. ebd. S. 273.

Auch bei dieser Aachener Branche läßt sich ein für die Bundesrepublik typisches Phänomen beobachten: Die Firmen kompensierten die durch Streiks und Tarifvertragsverhandlungen durchgesetzten und zum Teil drastischen Lohnerhöhungen mit der Verlagerung von Arbeitsplätzen ins Ausland und sicherten dadurch ihren Standort in der Region. Aus dem regionalen Arbeitskräftemangel der sechziger Jahre quer durch alle Branchen entwickelte sich durch die überregulierte Struktur des Arbeitsmarkts seit 1974/75 ein zunehmender und sich verfestigender Arbeitsplatzmangel. Die Arbeitslosenquote in der Region übertraf, bedingt durch unterdurchschnittlich qualifizierte Frauen und Ausländer, den Bundesdurchschnitt bei weitem[700].

Den ‚sterbenden Industrien' wurden in den 1980er Jahren vielerorts Denkmäler in Form der damals neuen Industriemuseen gesetzt, auch in der Region Aachen. So erinnert an die Nadel-, Zink- und Kupferindustrie seit dem Jahr 1996 das Industriemuseum „Zinkhütter Hof" in Stolberg-Münsterbusch auf dem Gelände und in der Produktionshalle einer Glashütte – mit Bibliothek und Archiv, Veranstaltungsort und Bistro. Das Museumskonzept wendet sich auch an Kinder und Schüler. In den früheren Arbeiterwohnhäusern auf dem Gelände entsteht im Rahmen der „Euregionale" ein Lernzentrum mit Schülerwerkstätten, das über die Arbeitswelt in Vergangenheit und Zukunft unterrichtet. Der „Zinkhütter Hof" ist einer von sieben Standorten des dezentralen Rheinischen Industriemuseums, das der Landschaftsverband Rheinland unterhält. Ein anderer Standort ist eine in Euskirchen-Kuchenheim stillgelegte Tuchfabrik. Hier finden auch wissenschaftliche Konferenzen statt, wie 2007 in Zusammenarbeit mit der Regierung der Deutschsprachigen Gemeinschaft in Eupen zur „Wollroute in der Euregio Maas-Rhein".

Dramatischer als in der Tuch- und Nadelindustrie gestaltete sich der Umbruch im Kohlebergbau.

Wandel zu neuen Industrien nach Ende des Kohlebergbaus

Der Brennstoffmangel nach Kriegsende hatte noch einmal zu einer großen Nachfrage bei diesem alten Sektor der Aachener Industrieregion geführt, so daß sich der Steinkohlebergbau einschließlich der Nebenbetriebe mit 30.000 Beschäftigten (1962) zum führenden Wirtschaftsfaktor entwickelte[701]. Günstig wirkte sich zunächst

700 Im Jahr 1975 um 40%. Vgl. Zahlen bei Thomes: Industrierevier im Umbruch, S. 33, 41f.

701 Vgl. Götz Voppel: Die Aachener Bergbau- und Industrielandschaft. Wiesbaden 1965, S. 65.

die Gründung der Europäischen Gemeinschaft für Kohle und Stahl (Montanunion) im Jahr 1950 aus, weil sich die Absatzmärkte erweiterten. Es herrschte Vollbeschäftigung, ja Arbeitskräftemangel[702]. Die größten Gruben waren nach wie vor „Maria" und „Anna" in Alsdorf, die modernen „Emil Mayrisch" in Siersdorf und „Sophia-Jacoba" in Hückelhoven (Kreis Heinsberg), daneben „Carl Alexander" in Baesweiler, „Adolf" in Merkstein und das Verbundwerk Gouley/Laurweg in Würselen[703]. Sie waren alle in privater Hand und finanziell mit der in- und ausländischen Eisen- und Stahlindustrie verflochten[704].

Die Anthrazitzechen, wie „Gouley/Laurweg" und „Sophia-Jacoba", förderten hochwertige Hausbrandkohle bzw. stellten Briketts her, deckten 27 Prozent des nationalen Bedarfs und arbeiteten überwiegend für den Export nach Westeuropa[705]; dreimal so hoch war jedoch die Förderung der zur Verkokung geeigneten Fettkohle, die Hälfte davon wurde in Alsdorf erzeugt[706]. Sie ging in die Stahlerzeugung und in die Hütten der ARBED nach Luxemburg, ins Saarland und belgische Gent. Die höchste Produktion wurde 1972/73 mit über 2 Mio. Tonnen Koks erreicht.

Wegen der Kriegsschäden in Alsdorf, das im Herbst 1944 zum Kampfplatz geworden war, erreichte die Region erst 1958 wieder die Fördermenge von 1938. Doch setzte zu dieser Zeit bereits die erste große Absatzkrise ein, weil das Erdöl um 40 Prozent billiger war und viele Haushalte darauf umstellten[707]. So sank der Steinkohleanteil beim deutschen Energieverbrauch bis 1963 auf knapp 50 Prozent, bis 1974 auf 22,6 Prozent[708]. Die Verdrängung der Kohle durch das Mineralöl setzte sich bis zur ersten weltweiten Ölpreiskrise 1973 kontinuierlich fort, die Haldenbestände türmten sich auf. Als erstes Aachener Bergwerk schloß 1962 die Grube „Maria", weil die Magerkohle nicht mehr gefragt war, 1969 folgten die Zeche „Gouley",

702 Vgl. ebd. S. 61-64. Zu allen Branchen Zahlenmaterial bei Thomes: Industrierevier im Umbruch, S. 20.

703 Diese mit der höchsten Fördermenge 1956 (840.000 to). Vgl. Walter König: Der Steinkohlenbergbau im Raum Würselen vom Mittelalter bis zum 20. Jahrhundert. In: Würselen. Beiträge zur Stadtgeschichte, Bd. 1. Köln 1989, S. 219-265, hier S. 264.

704 Vgl. Paul Thomes: Der Steinkohlebergbau des Aachener Reviers nach dem Zweiten Weltkrieg. In: Acht Jahrhunderte Steinkohlenbergbau. Namur 2002, S. 389-401, hier S. 391-394.

705 Vgl. Immo Zapp: Die wirtschaftliche Bedeutung der Steinkohle für Würselen im 19. und 20. Jahrhundert. In: Würselen. Beiträge zur Stadtgeschichte, Bd. 1. Köln 1989, S. 271-323.

706 Vgl. Walter Schmidt: Der Eschweiler Bergwerks-Verein und die Grube Anna. In: Jahresblätter des Alsdorfer Geschichtsvereins 2005/2006, S. 51-78, hier S. 72 (mit Rückblick).

707 Vgl. Thomes: Industrierevier im Umbruch, S. 23f.

708 Vgl. Jörg Wiesemann: Der Aachener Steinkohlenbergbau. In: Wirtschaftsgeschichte der Region Aachen vom Ende des Zweiten Weltkriegs bis zur Gegenwart. Köln 2000, S. 200-219, hier S. 201.

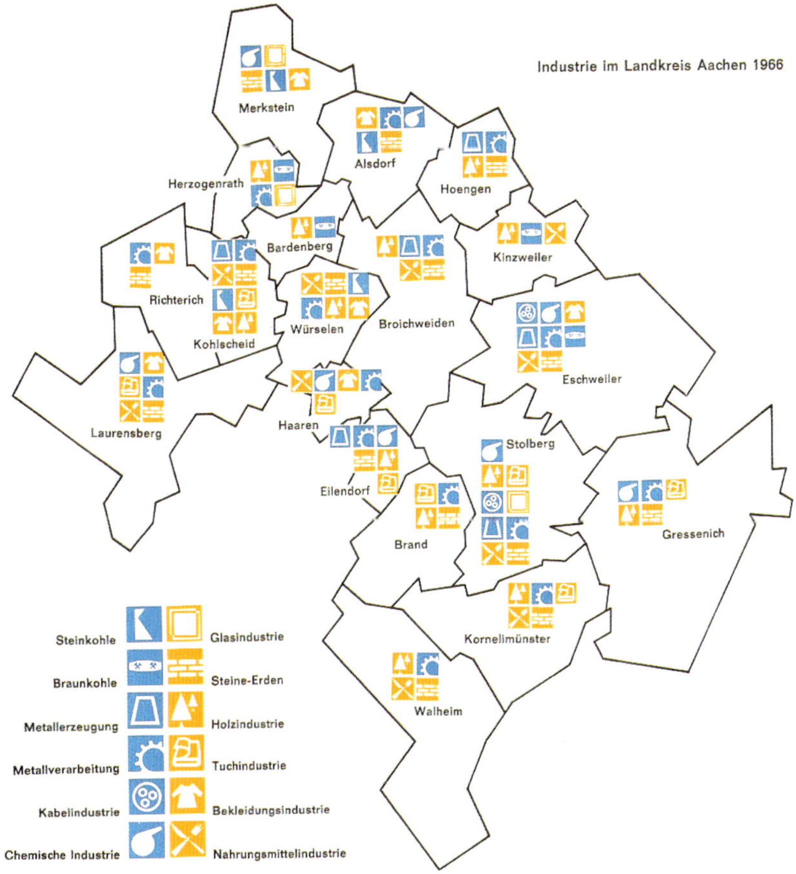

Die Industriestandorte im Landkreis Aachen in der Phase der Umstrukturierung 1966.

1971 die Zeche „Adolf", 1975 die Zeche „Carl Alexander", 1976 die Brikettfabrik in Würselen, 1982 jene in Alsdorf, 1992 die Zeche „Emil-Mayrisch".

Das Nebenprodukt der Herstellung von Koks – Gas für die Stromerzeugung – wurde vom Erdgas verdrängt. Die nächste Krise erreichte den Steinkohlebergbau 1975/77 mit der Rezession in der europäischen Stahlindustrie. Dies wirkte sich auf die Koksproduktion in Alsdorf unmittelbar aus, die sich aber noch bis 1992 behaupten konnte.

Die Dramatik der sich seit den ausgehenden fünfziger Jahren abzeichnenden Entwicklung enthüllt sich erst in der rückschauenden Betrachtung. Die Zeitgenossen glaubten noch, durch Zusammenlegung von Gruben und Konzentrationsprozesse, wie die Übernahme aller Bergwerke – ausgenommen die Zeche „Sophia-Jacoba" – durch den Eschweiler Bergwerksverein, auf Dauer konkurrenzfähig bleiben zu können[709]. Diese Hoffnung war nicht zuletzt getragen von dem im europäischen Vergleich hohen technischen Standard bis hin zur vollständigen Mechanisierung der Kohlegewinnung, wobei „aus dem Bergmann mit seiner körperlich anstrengenden Arbeit" „der maschinenbedienende Bergmechaniker geworden" war[710]. Die Zukunftshoffnung lag ferner in den niedrig gelegenen Flözen begründet, auch in der Erfindung neuer Produkte, wie Ancit (1967), das fast rauchfrei verbrennt und der Hausbrandkohle zu neuer Attraktivität verhalf.

Einen letzten Auftrieb erhielt die Steinkohle durch die zweite Ölpreiskrise seit 1979. Nun griffen, um die Entscheidung der privaten Unternehmen zu beeinflussen und eine gewisse Unabhängigkeit von Importländern zu gewährleisten, Bund und Land mit Subventionen ein. Sie sollten die Zechenfusion und Errichtung einer modernen Großschachtanlage in Alsdorf/Siersdorf abstützen (1979 280 Mio, 1983 120 Mio. DM Subventionen)[711]. So konnte zwar die Bergbautechnik – auch dank der Forschung an der RWTH Aachen – ihren letzten großen Triumph feiern, aber die rückläufige Stahlkonjunktur und die Dominanz von Öl, Erdgas und Kernenergie auf dem Wärmemarkt anstelle von Briketts bzw. Steinkohlekraftwerken, die über die Planung nicht hinausgelangten, wiesen der Industrie bald eine andere Richtung. Im Jahr 1986 zählte der regionale Steinkohlebergbau noch 11.300 Beschäftigte, 1989 übernahm die Ruhrkohle AG den traditionsreichen Eschweiler Bergwerksverein.

Die Industrie griff nicht nach den teuren deutschen Produkten – ob Kohle, Stahl oder Gas – sondern nach den billigeren, ebenso guten Importen und sicherte damit Arbeitsplätze in Südafrika, China und weiteren Schwellenländern, wo inzwischen ein langsames, aber stetiges Wirtschaftswachstum den Lebensstandard breiterer Schichten hebt.

Die Landesregierung investierte zur Verbesserung der Wirtschaftsförderung erhebliche Fördermittel in die Aachener Region, für neue Gewerbeflächen schon 1973 im Gebiet Kaninsberg, dem heutigen „Gewerbegebiet Aachener Kreuz". Dessen weitere Erschließung, auch im angrenzenden Gebiet Weiweg, hatte Bedeutung für die gesamte Region und erfolgte seit 1987. Hier kam es, nicht

709 Vgl. Voppel: Aachener Bergbaulandschaft, S. 63.

710 Vgl. Schmidt: Eschweiler Bergwerks-Verein, S. 74.

711 Dazu zeitnah Rudolf Bast: 1991: Alsdorf am Ende des 20. Jahrhunderts. In: Jahresblätter des Alsdorfer Geschichtsvereins 1991, S. 62-67.

Das Zechengelände in Alsdorf – zum einen vor dem Abbruch (Luftaufnahme), zum anderen nach der Geländesanierung (vom Fördertum aus) über eine Fläche von 14 Quadratkilometern.

zuletzt durch Investitionsfördermaßnahmen der Stadt Würselen, zur Ansiedlung Dutzender von Unternehmen neuer Branchen (Lüftungstechnik, Kunststoff- und Umwelttechnik, Computerhard- und -software, Autoglasindustrie, CD-Produktion, Verpackungsfertigung im Rahmen von Recycling-Maßnahmen) und zu Betriebserweiterungen. Dies führte allein bis 1993 zu 4500 neuen Arbeitsplätzen.

Da sich erst am Ausgang der siebziger Jahre das Ende der Kohleförderung mit Gewißheit herausstellte, wurde längere Zeit versucht, die gewachsene Industrieregion mit Hilfe von Steuermitteln zu subventionieren und zu stabilisieren. Städte und Gemeinden, Bergbaugesellschaften und Gewerkschaften, Presse und Unterschriftenkampagnen wirkten darauf hin: So trugen sich 1978 55.000 Unterzeichner in Listen für ein Steinkohlekraftwerk „pro Siersdorf" ein, und noch 1991 demonstrierten 10.000 Menschen in Hückelhoven für den Aufschluß eines neuen Kohlefeldes[712]. Auch Bergleute wurden weiterhin ausgebildet, für die es bald keine Arbeit mehr geben sollte[713].

Die Gestaltung des Wandels trieben alle Kreise der Region, Stadt Aachen und Industrie- und Handelskammer (IHK) Aachen voran. Diese suchte 1983 durch Gründung der „Aachener Gesellschaft für Innovation und Technologietransfer" (AGIT) als Betreiber eines Technologiezentrums den Transfer der Innovationen an der RWTH Aachen, die bisher an Großunternehmen vor allem der Automobilindustrie gelaufen waren[714], in die regionale Industrie zu lenken. Die IHK gab dabei organisatorische, technische und finanzielle Hilfe für die Gründung von 30 mittelständischen Unternehmen. Das Technologiezentrum Aachen war das erste Gründerzentrum der Bundesrepublik.

Um 1990 wurde die Ansiedlung von Zukunftstechnologien systematisch betrieben[715]. Dies verlangte allerdings den Menschen, wie schon früheren Generationen, viel ab: Nachqualifizierung, Umschulung, Selbständigkeit, niedrigeres Einkommen und Mobilität. 700 Bergleute des Eschweiler Bergwerkvereins fuhren nun in eine 120 Kilometer entfernte Zeche bei Kamp-Lintfort am linken Niederrhein ein. Aus den nicht kohlegebundenen Geschäftsbereichen des Eschweiler Bergwerkvereins entstand

712 Vgl. Wiesemann: Aachener Steinkohlenbergbau, hier S. 209-211.

713 Vgl. Thomes: Industrierevier im Umbruch, S. 39.

714 Dazu Anton Kurze (Hg.): Die Rheinisch Westfälische Technische Hochschule. Aachen 1961, mit Selbstdarstellung aller Fachbereiche; zur Vernetzung mit der westdeutschen Industrie S. 307-441.

715 Dazu Otto Eschweiler, Hans-Dietrich Indetzki: Wirtschaftsraum Aachen. In: Wirtschaftsgeschichte der Region Aachen vom Ende des Zweiten Weltkriegs bis zur Gegenwart. Köln 2000, S. 119-175.

eine Beteiligungsgesellschaft, der heute 37 Unternehmen mit 3000 Mitarbeitern angehören; ferner entstand auf dem Zechengelände der Grube „Laurweg" in Kohlscheid auf 23.000 qm der Technologiepark Herzogenrath als „High-Tech-Zentrum" mit über 100 Unternehmen und 1100 Mitarbeitern, wobei die niederländische Nachbarstadt Kerkrade Mitgesellschafter ist. Ein großer Erfolg war die Ansiedlung des Forschungs- und Entwicklungszentrums der schwedischen Firma Ericsson; schließlich entstand der Industrie- und Gewerbepark Alsdorf GmbH, dessen größter Gewinn der japanische Weltkonzern Mitsubishi Electric Corporation war, der hier die erste komplette Halbleiterfertigungsanlage errichtete. In Hückelhoven bildete sich aus einer Handwerksinitiative das Gründer- und Servicezentrum, das 500 Bergleute in neue Berufe brachte[716]. Manche Kommunen stellten Gewerbeflächen bereit und schufen mit maßvollen Gewerbesteuersätzen Anreize für Investitionen.

Am stärksten war von dem Umbruch der Aachener Kohlebergbau betroffen. Hier sind alle Arbeitsplätze weggebrochen, die letzte Steinkohlezeche der Region stellte 1997 im benachbarten Hückelhoven den Betrieb ein. Dagegen soll

Ein Mammutbagger frißt sich beim Braunkohletagebau an der Straße von Eschweiler nach Hehlrath tief in die Erde hinein (1950). Seit Schließung des Braunkohlegebiets im Inderevier bzw. der Grube „Zukunft" im Jahr 1987 ist der Braunkohletagebau im Kreis Aachen beendet. Am Ort der Grube „Zukunft" entstand der Blausteinsee, heute beliebtes Naherholungsgebiet.

716 Vgl. Wiesemann: Aachener Steinkohlenbergbau, S. 214f.

der Braunkohletagebau im Städtedreieck Köln-Aachen-Mönchengladbach auf einer Gesamtfläche von 2.500 Quadratkilometern[717] weiterhin mit jährlich 80 bis 100 Mio. Tonnen betrieben werden. Doch ist der Braunkohleabbau im Kreis Aachen beendet. Er lag noch 1969 mit 19,5 Mio. Tonnen fast dreimal, 1975 fast viermal so hoch wie bei der Steinkohle, geriet dann aber unter Druck des billigeren Erdöls[718]. Hauptförderort bleibt der Weisweiler Sprung, dessen Kohle im RWE-Kraftwerk Weisweiler verfeuert wird.

Einzelne der sanierten Grubengelände sind inzwischen Freizeitgelände, wie der „Grube-Adolf-Park" im Herzogenrather Stadtteil Merkstein, das Naherholungsgebiet Blausteinsee in Eschweiler und der „Carl-Alexander-Park" in Baesweiler. Am Ende dieses Kapitels der Industriegeschichte des Kreises stand die Errichtung des „Bergbaumuseums Grube Anna II" in Alsdorf, für viele Bergleute der wehmütige Abgesang auf eine vergangene Industriezeit, die ihre Familien über Generationen hinweg geprägt und geformt hat. War in Alsdorf und der gesamten Region im 19. Jahrhundert „das prägende Ereignis" die Entstehung des Bergbaus, so „das ebenso einschneidende Ereignis des 20. Jahrhunderts" der „Abschied vom Bergbau"[719].

Auf Landesebene verlor Nordrhein-Westfalen zwischen 1975 und 1993 allein im Bergbau 320.000 Arbeitsplätze. Die Umstellung auf „Zukunftstechnologien" erfolgte zögernd seit den 1980er Jahren. In der Region Aachen trieb die Industrie- und Handelskammer den Prozeß seit etwa 1990 voran. Die RWTH Aachen ist an dem regionalen Wandel mit Sonderforschungsbereichen und Foren, die der Vernetzung der Institute gelten (Weltraumforschung, Umwelt, Werkstoff), stärker als auf den ersten Blick erkennbar beteiligt[720] und auch an der Klärung der Frage von Ursachen und Wirkung dieses Strukturwandels[721]. Spürbar greift in der Aachener Region das von der Europäischen Union mit Errichtung des Binnenmarkts 1993 verfolgte Programm, das zu einer wesentlichen Deregulierung am Arbeitsmarkt und zur Stärkung des Wettbewerbs führt. Die auf Innovation und Reform bedachten Kräfte haben nun ihren stärksten Verbündeten in Brüssel. Das führt überall in

---

717 Die Lagerstätten werden auf 55 Mrd. Tonnen Kohle veranschlagt, davon sind 6 Mrd. abgebaut.

718 Vgl. Thomes: Industrierevier im Umbruch, S. 31, 34.

719 So Bast: Alsdorf am Ende des 20. Jahrhunderts, S. 66.

720 Vgl. Volker Hepple, Ulrich Kölsch: Die Hochschulen und Forschungsinstitute der Region. In: Wirtschaftsgeschichte der Region Aachen vom Ende des Zweiten Weltkriegs bis zur Gegenwart. Köln 2000, S. 176-194.

721 Vgl. Thomes: Industrierevier im Umbruch, S. 38ff.

Aussichtsplattform und Haldenfuß im Carl-Alexander-Park Baesweiler.

Westeuropa zu einem Umbau des Sozialstaats[722], mit dem sich die Identität der Mitgliedsstaaten von EWG/EU nach dem Zweiten Weltkrieg nicht zum geringsten Teil verbunden hat.

Mit dem Wandel der Industriestruktur ging eine Reform der Kommunalverwaltung einher, auf deren Effizienz sowohl Bürger wie Wirtschaft angewiesen waren und sind.

722 Vgl. Hartmut Kaelble, Günther Schmid (Hg.): Das europäische Sozialmodell. Berlin 2004.

Wandel der Gebiets- und Verwaltungsstruktur 1972

Den Einschnitt auf der administrativen Ebene markierte das „Aachen-Gesetz" im Rahmen der Kommunalreform in Nordrhein-Westfalen vom 1. Januar 1972, gefolgt von einer Funktionalreform am 11. Juli 1978. Die bereits begonnene Gemeindereform wurde mit der Kreisreform in den acht Neugliederungsräumen verbunden[723]. Am Ende der Gebietsreform verringerte sich die Zahl der kreisangehörigen Gemeinden von 2335 auf 373, der kreisfreien Städte von 38 auf 23 und der Kreise von 57 auf 31.

Das „Aachen-Gesetz" leitete das Neugliederungsverfahren in Nordrhein-Westfalen ein; danach sollten die städtischen „Ballungskerne" zu größeren Ver-

Der Landkreis Aachen mit den Grenzen seiner fünf Städte und 14 Gemeinden im Jahr 1966.

723 Diese waren Aachen, Bielefeld, Ruhrgebiet, Münster/Hamm, Niederrhein, Mönchengladbach/Düsseldorf/Wuppertal, Sauerland/Paderborn, Köln.

waltungseinheiten mit effektiveren Verwaltungsstrukturen zusammengefaßt werden[724], wobei die Region Aachen, wie alle Regionen, den Parteiproporz bei der Zusammensetzung der Stadt- und Gemeinderäte sowie des Kreistags nicht verändert sehen wollte[725]. Eingemeindet wurden vielfach die „Ballungsrandzonen", die „eine Stadtlandschaft mit ausgeprägten Siedlungsschwerpunkten" bilden sollten. Aachen wollte seine Standortqualität aus EWG-Sicht und seine Entwicklung innerhalb der Dreiländer-Agglomeration Aachen-Lüttich-Maastricht absichern[726]. Um Aachen als „Oberzentrum" für den gehobenen Bedarf sollten wenige „Mittelzentren" mit einem breit gefächerten Angebot an öffentlichen und privaten Versorgungsleistungen, wie Eschweiler, Stolberg und Würselen, darunter „Subzentren" für die Grundversorgung entstehen.

Es ging um Vergrößerung der Verwaltungseinrichtungen und Verringerung ihrer Anzahl auf der Basis einer vorgegebenen Mindesteinwohnerzahl für eine effektive Verwaltungsarbeit[727]; es ging ferner um die Errichtung neuer Strukturen für neue Aufgaben, wie Umweltschutz im Zuge der Umsiedlung der Schwerindustrie aus dem Inneren der Städte in neu erschlossene Gewerbegebiete an den Stadträndern[728], um Siedlungs- und Verkehrsplanung, auch um eine Steigerung der Attraktivität der Region für Investoren und den Gewinn neuer Arbeitsplätze. Angesichts der wegbrechenden Traditionsindustrie war die wirtschaftliche Umstrukturierung für die Region eine Lebensfrage und die kommunale Neugliederung ein notwendiger Prozeß. Dabei arbeiteten die Aachener Industrie- und Handelskammer und die Kommunalpolitik Hand in Hand[729]. Hinzu kam die vom Bundesgesetzgeber 1969 geregelte Gemeindefinanzreform; sie beteiligte die Städte und Gemeinden mit 14 Prozent an der Lohn- und Einkommenssteuer (heute 15 Prozent). Jeder Einwohner wurde nun zum begehrten Faktor der Steuerermittlung[730].

---

724 Dazu im Bundesvergleich Friedel Erlenkämper: Die Stadt-Umland-Problematik der Flächenstaaten der Bundesrepublik Deutschland. Stuttgart 1980; zur Kommunalreform in Nordrhein-Westfalen und ihren offensichtlichen Mängeln, S. 48-63.

725 Vgl. zum Folgenden die Begründung zum Gesetzentwurf in: Landtag Nordrhein-Westfalen, 7. Wahlperiode, Drucksache 830, 15.6.1971, Teil C (439 Druckseiten).

726 Ebd. S. 16, 26; zum Folgenden S. 22f., 37.

727 Die Kostenmehrbelastung durch die Reform für den Bürger betonte damals Hans Hirsch: Ökonomische Maßstäbe für die kommunale Gebietsreform. Köln 1971, S. 1.

728 Allein in Aachen waren zwischen 1970 und 1985 200 Betriebe aller Branchen in Wohn- und Mischgebieten betroffen. Vgl. Stadt Aachen. Verwaltungsbericht 1975-1985, Vorwort.

729 Dazu erschienen Verwaltungsberichte, Stellungnahmen und Planungsvorschläge der Stadt- und Kreisverwaltungen.

730 Vgl. Gerhard Curdes: Entwicklung des Aachener Stadtraumes. Dortmund 1999, S. 108.

Die Stadt Aachen wollte bereits um 1930 und mit neuem Nachdruck seit 1951 Gewerbe- und Wohnraumflächen gewinnen, um die Einnahmen aus Gewerbe- und Einkommenssteuern zu verbessern. Daher griff Oberstadtdirektor Anton Kurze die Anregung im Landesentwicklungsplan I für Nordrhein-Westfalen vom November 1966 zur Eingemeindung der angrenzenden Kreisgemeinden[731] auf und geriet dadurch naturgemäß in Gegensatz zu diesen. Der Kernsatz des Aachener Verwaltungschefs lautete: „Stadt und Kreis Aachen bilden nicht nur geographisch eine geschlossene Einheit, sondern sind auch strukturell und funktional eng miteinander verflochten"[732]. Dahinter stand das Konzept der „dezentralisierten Großstadt" mit Aachen als „Oberzentrum", das zur „Großstadt" aufrücken sollte.

Während Kurze, der Landtagsabgeordnete Hans Ferner und andere auf einen Anschluß des Kreises an die Stadt Aachen hinaus wollten, plädierte Oberkreisdirektor Otto Korn seit Mitte der sechziger Jahre für einen längerfristig nötigen Zusammenschluß von Stadt und Kreis[733] in Form eines Regionalverbundes. Dies beruhte auf dem Kreisentwicklungsplan, den Erich Kühn, Direktor des Instituts für Städtebau und Landesplanung an der RWTH Aachen, 1969 im Auftrag des Kreises vorgelegt hatte. In der Gesetzgebungsphase plädierte der Kreistag 1970 dann für einen „Regionalkreis". Korn sprach von einer „Entwicklungseinheit" zwischen Kreis und Stadt Aachen mit der Absicht, „den Aachener Wirtschaftsraum zu einer Einheit zusammenzufassen" und „die Aufgaben der Wasserwirtschaft, des öffentlichen Personennahverkehrs, des Schulwesens, der Müllbeseitigung und des Flugplatzes Merzbrück gemeinsam wahrzunehmen". Vom Wegfall der gemeindlichen Verwaltungsstufe versprach sich der Kreis Aachen eine „Vereinfachung, Straffung und Verbilligung der Verwaltung" und bessere Bedingungen für die wirtschaftliche Integration der Region[734].

Doch für Oberstadtdirektor Kurze war es undenkbar, daß eine alte Stadt wie Aachen ihre Kreisfreiheit aufgab und in einem größeren Verband aufging. Die Stadt Aachen hatte die darüber geführten Gespräche mit dem Kreis 1966

---

731 Vgl. Rolf Tiggemann: Die kommunale Neugliederung in Nordrhein-Westfalen. Meisenheim 1977, S. 174-188.

732 Vgl. Anton Kurze: Bericht der Stadt Aachen zur kommunalen Neugliederung. Aachen 1969, S. 2. – Kurze war Oberstadtdirektor 1954-1975, auch Vorstandsmitglied im Städtetag von Nordrhein-Westfalen.

733 Vgl. Otto Korn: Gedanken zur kommunalen Neugliederung im Aachener Raum mit einer Zielplanung für die Jahre 1980 bis 1990. Aachen 1968. – Korn war 1959-1971 im Amt. Zu seinem Beraterstab bei der Kommunalreform gehörten Winfried Camphausen und Helmut Etschenberg.

734 Begründung zum Gesetzentwurf, 15.6.1971, S. 23.

Gespräche im Vorfeld der kommunalen Neugliederung von 1972 fanden 1965/66 im Gästehaus des Wasserwerks in Rurberg statt. Beteiligt waren u. a. Oberbürgermeister Hermann Heusch, Oberstadtdirektor Dr. Anton Kurze, Oberkreisdirektor Dr. Otto Korn, Kreisdirektor Maaßen, Landtagsabgeordnete Anna Klöcker. Im Sonderheft der Heimatblätter des Kreises Aachen (27. Jg., 1971, Heft 3/4, S. 65) heißt es lapidar: „Die Stadt Aachen lud leider nicht mehr ein". Die Vorstellungen über die Zukunft von Stadt und Kreis lagen zu weit auseinander.

abgebrochen. Auch aus Sicht des Landes hätte ein Regionalkreis die Problematik der Großstadt-Umlandbeziehung nicht gelöst[735]. Denn das Ziel der kommunalen Neugliederung lag „primär darin, leistungsfähige Gemeinden einschließlich der kreisfreien Städte zu bilden, die die kommunale Versorgung so weit wie möglich allein bewätigen können" und den Kreisen ergänzende und ausgleichende Funktionen zuzuweisen[736]. Ein Regionalkreis Aachen sei für die gemeindebezogene wirtschaftliche Aufgabenerfüllung zu groß und für die regionale Erfüllung viel zu klein; schließlich dürften die Kreise als „eine die Ortsebene ergänzende Verwaltungseinheit" aus verfassungsrechtlichen Gründen (GG Art. 28) nicht aufgegeben werden. Und eine Sonderlösung für einen Teilraum wie den Aachener

735 Die Landesregierung übertrug Korns Vorstellungen sogleich auf das gesamte Bundesland, sprach von 14 „Regionalkreisen" (mit 1-2 Mio. Einwohner) um die Oberzentren des Landes, von der Konsequenz der Auflösung von Kreisen, Regierungsbezirken, eventuell auch der Landschaftsverbände, und lehnte das Modell ab. Vgl. Gesetzentwurf, 15.6.1971, Teil C, hier: Alternativen zur Kreisreform, S. 416-424.

736 Begründung zum Gesetzentwurf, 15.6.1971, S. 57f.

lehnte die Landesregierung ab. Die Stadt Aachen setzte sich mit ihren Vorstellungen durch und gewann etwa ein Drittel des Kreisgebiets hinzu, das Verhältnis zwischen Kreis und Stadt Aachen blieb über zwei Jahrzehnte lang belastet. Man kann jedoch in dem Neugliederungsentwurf des Kreises Aachen eine Vorstufe der späteren „Städteregion" erkennen, in deren Konzeption sich die Argumente von Kreis und Landesregierung wiederfinden.

Aachen blieb kreisfreie Stadt; ihr wurden die umliegenden Gemeinden Brand, Eilendorf, Haaren, Laurensberg, Richterich, Kornelimünster und Walheim zugeschlagen[737], nicht jedoch Kohlscheid, wie von Aachen angestrebt. Dieses fiel mit Merkstein an Herzogenrath. Aachen kam unter Oberbürgermeister Hermann Heusch[738] und Oberstadtdirektor Anton Kurze den unfreiwillig ‚Einverleibten' mit der Zusicherung entgegen, Stadtbezirksausschüsse bzw. -vertretungen an Stelle der bisherigen Bürgermeistereien zu bilden[739]. Dies wurde freilich durch die Gemeindeordnung seit dem 1. Januar 1975 für die kreisfreien Städte gesetzlich vorgeschrieben[740]. Aachen garantierte außerdem die bestehenden Einrichtungen, wie Schulen, Sportstadien, Sport-, Stadthallen und Schwimmbäder – die Errungenschaften der Wohlstandsjahre. Würselen, erst 1924 zur Stadt erhoben, gewann die Gemeinden Bardenberg und Broichweiden hinzu[741].

Die Vorbehalte gegen die Gebietsreform mußten sich im ländlichen Raum naturgemäß stärker artikulieren als in der Stadt. Das galt vor allem für den Landkreis Monschau, den kleinsten Kreis des Bundeslandes[742], der von Landwirtschaft, Großfamilien und Dorfgemeinschaften geprägt war und an dem die soziokulturellen Veränderungen der Nachkriegsgesellschaft nahezu spurlos vorübergegangen waren. Politik und Verwaltung im wirtschaftlich schwachen Monschau kämpften für einen „Eifelkreis". Die aussichtsreichste Variante sah einen Zusammenschluß der Kreise Monschau und Schleiden unter Hinzunahme der Gemeinden Veytal und Bad Münstereifel (Kreis Euskirchen), Nideggen und Abenden (Kreis Düren)

---

737 Vgl. Stadt Aachen 1955-1975. Zwanzig Jahre kommunale Arbeit. Aachen 1975, S. 115.

738 Im Amt 1952-1973, davor und danach Präsident der Industrie- und Handelskammer.

739 Vgl. Stadt Aachen 1955-1975, S. 24. – Es lag zumal in Kurzes Naturell, menschliche Härten zu vermeiden und die Gemeindedirektoren zu Leitern der Verwaltungsstellen in den Bezirken ohne Gehaltseinbußen zu ernennen.

740 Zu allen rechtlichen Aspekten eingehend Erlenkämper: Stadt-Umland-Problematik, S. 224-284.

741 Vgl. Ralf Kreiner: Würselen. Köln 2001.

742 Die Stadt zählte am 1.1.1970 2426, der Kreis 33.166 Einwohner. Vgl. Elmar Neuß: Monschau. Köln 1992. – Historisch ergiebige Rückblicke in: Heimatkalender 1972 Kreis Monschau. Hg. v. Kreis Monschau. – Noch zukunftsgläubig: Landkreis Monschau. Hg. zum 150-jährigen Bestehen 1966.

Der Kreis Aachen nach dem Vorschlag der Landesregierung vom 15. 6. 1971

274 063 Einwohner — 546 qkm — 432 Einwohner je qkm

Die Karte zur Kreisneugliederung von 1972 entspricht den Vorschlägen der Landesregierung und enthält noch nicht die Eifelgemeinde Roetgen, die durch Gerichtsentscheid dem Kreis Aachen zugeschlagen wurde sowie die Gemeinde Kohlscheid, die im Gesetzgebungsverfahren hinzu kam. – Vgl. damit die Karten auf S. 65 u. 228.

vor[743]. Einziger Wachstumsmarkt in dieser Region nahezu ohne Industrie wäre der Tourismus gewesen[744]. Dies bot jedoch keine ausreichende Grundlage für die Zukunft; von der Gemeindefinanzreform 1969 hätte ein dünn besiedelter „Eifelkreis" nicht profitiert.

So wurde der gesamte Kreis Monschau dem Kreis Aachen zugeschlagen, worin dieser eine Kompensation für die abgetretenen Kreisgemeinden sah. Die Stadt Monschau wurde mit den Gemeinden Imgenbroich, Konzen, Mützenich, Höfen, Kalterherberg und Rohren zusammengeschlossen, die Monschauer Ämter und Gemeindeverbände – solche Strukturen gab es im Kreis Aachen schon nicht mehr – wurden allesamt aufgelöst. Zugleich war damit der Kampf um die Fördermittel eingeleitet, die sich Monschau zur Strukturverbesserung aus dem Kreishaushalt erhoffte. Der Monschauer Verwaltungshaushalt wies einen jährlichen Fehlbetrag von 5 Mio. DM auf, Monschau blieb bis 1990 auf den kommunalen Ausgleichsstock des Landes angewiesen[745]. Keine Frage: Die Gebietsreform von 1972 traf die Monschauer Bürger in ihrem Selbstverständnis am schwersten. Der letzte Landrat, Hans Georg Weiss, sprach vom Monschauer Kreis als einem „liebgewordenen Kind, das sozusagen als Adoptivkind im Kreis Aachen aufgenommen werde"[746]. Das Unausweichliche war erkannt, doch wie dem Bürger vermitteln, der bei den nächsten Wahlen das Wort hatte?

Der Kreis Aachen bestand nur noch aus den nun erweiterten Städten Alsdorf[747], Baesweiler, Eschweiler, Herzogenrath, Stolberg, Würselen und Monschau sowie den Eifelgemeinden Roetgen[748] und – neu zugeschnitten – Simmerath. Vorher waren es, zusammen mit dem Landkreis Monschau, 36 selbständige Kommunen gewesen. Lokale und langanhaltende Bemühungen, aus Walheim, Kornelimünster und Roetgen eine geographisch und strukturell homogene „Münsterlandgemeinde" zu

---

743 Ausgearbeitet von Norbert Ley: Stellungnahme zur Kreisreform im Eifelraum des Landes NRW. Düsseldorf 1970. – Dazu der zit. Gesetzentwurf, 15.6.1971, Teil C, hier: Alternativen zur Kreisreform, S. 398-424.

744 Vgl. Strukturuntersuchung Nordeifel, Teil 1, Düsseldorf 1969, S. 199.

745 Bei Abschaffung des Ausgleichsstocks erhielt Monschau 1990 eine Schuldenentlastungshilfe von 8,84 Mio. Euro und eine Sonderhilfe zum Ankauf eines Rathauses. Seine wirtschaftliche Zukunft liegt in zwei neuen Gewerbegebieten in Imgenbroich/Konzen mit rund 1900 Arbeitsplätzen. Vgl. Hans-Günter Barth: Monschau auch heute lebendig. In: 650 Jahre „stat zu Monyoe". Aachen 2003, S. 119-128, hier S. 124, 126.

746 Eifeler Nachrichten, 4.1.1972.

747 Vgl. Alsdorf. Geschichte in Daten, S. 170f.

748 Der Verbleib Roetgens beim Kreis Aachen war im Gesetzentwurf nicht vorgesehen, wurde aber von der Gemeinde vor Gericht erstritten.

bilden, trieben den Lokalpatriotismus in die Höhe. Der Walheimer Gemeindedirektor Helmut Fisch attackierte in der Anhörung vor dem Landtagsausschuß die „überzogenen Wunschvorstellungen" Aachens. Er wurde darin von Landrat Edmund Tersluisen unterstützt, der Walheim gerne beim Kreis belassen hätte, und zog vor das Landesverfassungsgericht in Münster. Doch hatten diese Bemühungen weder politischen noch rechtlichen Erfolg.

Aachen selbst war nun, ob es dem Umland gefiel oder nicht, Motor der regionalen Wirtschaftsentwicklung geworden und sah sich am Ziel seiner Wünsche angelangt[749]. Es konnte endlich die „Raumnot" überwinden, gewann neue Wohn- und Gewerbeflächen und legte damit die Voraussetzung für neue Arbeitsplätze. Die Stadt wuchs von 58,7 auf 164,7 qkm und von 177.000 auf 237.000 Einwohner, viele Aufgaben der Kreisverwaltung (300 Stellen) mußten integriert werden[750]. Der Kreis Aachen zählte nun 286.000 Einwohner.

Aus Sicht des Landkreises hatte die Aachener ‚Gier' nach Eingemeindung den Blick für den Erhalt des seit der napoleonischen Zeit bestehenden, infolge der Gebietsabtretungen an Belgien jedoch um ein Drittel verkleinerten, für Stadt und Umland zuständigen staatlichen Regierungsbezirks auf der Mittelebene verstellt. Gegen die Auflösung des Regierungsbezirks Aachen, des mit 3098 qkm kleinsten in Nordrhein-Westfalen mit einem Anteil von 9 Prozent am Landesgebiet und (1967) einem Brutto-Inland-Sozialprodukt von 6720 DM je Einwohner (nur 80 Prozent des Landesdurchschnitts), opponierte vor allem die Industrie- und Handelskammer; sie warnte vor dem Verlust an regionaler Autonomie, an Gestaltungsmöglichkeiten und an Wirtschaftskraft sowie weiterer Arbeitsplätze – letztlich vergebens[751]. Der Regierungsbezirk Aachen, das sichtbare Zeichen der einst effektiven preußischen Verwaltung, wurde 1972 in den Regierungsbezirk Köln eingegliedert. Die Industrie- und Handelskammer hielt dagegen an den Grenzen ihres Kammerbezirks fest (Stadt und Kreis Aachen sowie die Kreise Heinsberg, Düren, Euskirchen).

Geschichte läßt sich „von oben" und „von unten" betrachten. Für den Bürger änderte sich am Aufwand für einen Behördenbesuch, Reizthema der öffentlichen Diskussion, nicht allzu viel. Die Entfernungen zu den neuen Verwaltungssitzen hielten sich in Grenzen, sieht man einmal vom Monschauer Land ab. Ohne Automobil

749 Zur benötigten Vergrößerung des Stadtgebiets Kurze: Bericht 1969.

750 Stadt Aachen 1955-1975, S. 12f., 31, 33.

751 Vgl. Thomes: Industrierevier im Umbruch, S. 31.

Das Aachener Kreishaus (hier im Modell) wurde nach Plänen Fritz Schallers 1955/57 erbaut und steht seit 1988 als typisches Gebäude der fünfziger Jahre unter Denkmalschutz. Der Berliner Fritz Schaller (1904-2002), der aus der Karlsruher Schule der zwanziger Jahre kam, trat zunächst mit beeindruckenden Thing- und Kultstätten im Dritten Reich hervor und unterhielt seit 1949 ein eigenes Architekturbüro in Köln. Davon gingen wesentliche Impulse für den modernen katholischen Kirchenbau in Deutschland aus, den der Kölner Kardinal Joseph Frings förderte. Schaller verband die Architektengeneration eines Rudolf Schwarz und Gottfried Böhm. Er plante ‚klassisch' gewordene Bauten im gesamten Erzbistum Köln, wie St. Johannes in Leverkusen-Alkenrath, auch das Priesterseminar in Essen-Werden und als Spätwerk Kirchen in Wuppertal, daneben Leverkusener Stadthaus mit Sparkasse (heute Stadtbibliothek) und Kölner Domplatte. Mit lockeren Gruppierungen einzelner Pavillons, Kapellen, Höfe und Laubengänge, mit geknickten und sich verjüngenden Betonstützen, mit filigran verarbeiteten Materialien schuf Schaller spannungsvolle Räume und städtebauliche Situationen.

wurde das Leben auf dem Land jedoch unbequemer, in den Städten wegen höherer Grundstückspreise, Grundbesitzabgaben und Mieten teurer.

Da sich keine Partei den Zwängen zur Neuordnung entziehen konnte und die Landesregierung unter Ministerpräsident Heinz Kühn (SPD) und Innenminister Willi Weyer (FDP) angesichts ihrer knappen Mehrheit die CDU-Oppositionsfraktion unter Heinrich Köppler in die Planung einband, hielt sich die Polarisierung der

Das Aachener Kreishaus steht auch wegen der großzügigen Eingangshalle und wegen des eleganten Treppenhauses unter Denkmalschutz.

Wähler in Grenzen. Allerdings wurde das „Aachen-Gesetz" nur mit einer Stimme Mehrheit über die parlamentarische Hürde gebracht, weil die CDU-Fraktion bei der dritten Lesung Roetgen als selbständige Gemeinde ohne die bebaute Ortslage Zweifall erhalten und Eschweiler aus dem Kreisgebiet herauslösen wollte[752]. Die Motive mancher Winkelzüge der Kommunal- und Landespolitik bei der kommunalen Neuordnung sind schwer durchschaubar und erinnern an den Länderschacher beim Reichsdeputationshauptschluß von 1803.

Die um 1970 fortschreitende Zentralisation lag in der Kontinuität der Entwicklung seit der napoleonischen Zeit: von der Säkularisation der lokalen geistlichen Herrschaften (Kornelimünster, Burtscheid) und der Bildung von Roer-Département, Mairien und Ämtern, über die Entstehung eines Großsiedlungsraumes und einer Städtelandschaft um Aachen seit der Frühindustrialisierung und die Eingliederung von Forst nach Aachen und Zusammenlegung von Burtscheid mit Aachen im Jahr

752 Landtag Nordrhein-Westfalen, 7. Wahlperiode, Drucksache 1306, 1.12.1971.

1897[753]. Neben dem preußischen Regierungsbezirk war der Provinzialverband Rheinland als Sonderform der kommunalen Selbstverwaltung errichtet worden, der 1953 im Landschaftsverband Rheinland mit Zuständigkeit für die überörtliche Sozialhilfe und Kulturpflege und übertragener Zuständigkeit (bis 2003) für den Bau und Unterhalt von Bundes- und Landstraßen aufging[754].

Insofern war das „Aachen-Gesetz" aus der Vogelperspektive gesehen ein Stück historischer Normalität. Es wurde aber von den betroffenen Zeitgenossen als tiefe Zäsur empfunden, da die Menschen in der Regel aus dem Erfahrungszeitraum von höchstens drei Generationen urteilen, die sie noch überblicken können, und dies zum Vergleich nehmen. Dahinter verschwinden die zumeist noch größeren Umbrüche und Probleme älterer Zeiten. Nach den schweren Zerstörungen im Weltkrieg und der Integration zehntausender Vertriebener war im Aachener Raum das Bedürfnis nach Stetigkeit und Verläßlichkeit ausgeprägt und allzu verständlich. Die Diskussion verlief qualvoll, wovon Berichte, Kommentare und Leserstimmen in der Lokalpresse („Aachener Volkszeitung", „Aachener Nachrichten", „Eifeler Nachrichten") zeugen. Am Ende entschieden jedoch die ökonomischen Zwänge – wie zu jeder Zeit.

Die Kommunalwahlen im April 1972 bestätigten trotz manchen Schlagabtausches und vielen Unmuts in den Dörfern und kleinen Gemeinden im Vorfeld der Kommunalreform die alten Kräfteverhältnisse mit leichten Einbußen bei den Christdemokraten. Es wirkte noch die Bindungskraft der Parteien[755]. Die bodenständigen Menschen der Region wechselten weder rasch ihr Gesang- noch ihr Parteibuch. Dies sollte sich aber eine Generation später ändern.

Zum Symbol der Gemeindereform wurden vielerorts neue Rathäuser in der brutalistischen Architekturströmung der sechziger und siebziger Jahre, die die plastischen Möglichkeiten des rohen Betons nutzte. Manches für die konservativ-repräsentative Architektur der fünfziger Jahre typische öffentliche Gebäude – mit filigran profilierten Fenstern aus Stahl bzw. Aluminium oder Glasbausteinwänden, schwungvoll gewendelten Treppenläufen, Foyers aus Rauchglas, Spiegeln und zierlichen Beleuchtungskörpern, oft in einem berauschenden

753 Vgl. Materialien bei Helmut Doerenkamp: Die Vereinigung der Städte Aachen und Burtscheid am 1.4.1897. Burtscheid 1987.

754 Zur Zuständigkeit vgl. Erlenkämper: Stadt-Umland-Problematik, S. 58f.

755 Im Kreistag gewann die CDU 1972 24 Sitze (1969: 25), SPD 23 (1969: 22), im Aachener Stadtrat gewann die CDU 53,6% (1969: 55,1); SPD 39,3, FDP 6,1.

Formenüberschwang im Gegensatz zur monumentalen Geradlinigkeit der dreißiger Jahre –, genügte nun den veränderten funktionalen Ansprüchen nicht mehr und wurde so verändert, daß es sein Gesicht verlor[756]. Doch blieb das Aachener Kreishaus, nach Plänen Fritz Schallers 1955/57 erbaut, erhalten und steht seit 1988 als typisches Gebäude der fünfziger Jahre unter Denkmalschutz, nicht zuletzt mit seiner Außenverkleidung aus römischem Travertin, großzügiger Eingangshalle, elegantem Treppenhaus und ausgewählt ausgestattetem Plenarsaal in Form eines Hexagons, in dem die Sitze für 60 Abgeordnete beidseitig quer zur Längsachse einander zugeordnet sind[757].

Noch hielten sich die mittelbaren Auswirkungen der Kommunalreform in Bezug auf den sozialen Zusammenhalt in Grenzen. Die Bürger identifizierten sich mit ihrer wenn auch größer gewordenen Kommune. Die Gemeinde war und blieb „Demokratie auf der kleinsten Ebene"[758]. Dazu gehörte der Lokaldialekt, auch im Gemeindeparlament. Richtig eingesetzt konnte er manche Kontroversen entschärfen, und seit den 1980er Jahren erfreute er sich landesweit neuer Beliebtheit[759]. Die Menschen identifizierten sich mit der kleinräumigen kulturellen Einheit, wie dem altehrwürdigen Kornelimünster und seiner Reichsabtei, in Burtscheid mit dem bedeutenden Bauwerk der Abteikirche von Johann Joseph Couven oder mit den im 19. Jahrhundert gegründeten Vereinen, zumal den Kirchenchören, Schützen-, Karnevals-, Männergesang-, Musik-, Turn- und Sportvereinen[760]. Diese konnten sich der ideellen und materiellen Unterstützung vor Ort sicher sein, bildeten regionale Dachorganisationen und traten mit Bundesschützen-, Kreisturn- und Sängerbundesfesten hervor.

Heimatgefühl und Identität verbürgte nicht zuletzt das von Kirchenjahr und von Heiligenfesten bestimmte Brauchtum, das den Jahreslauf begleitet und strukturiert, wie zum Ernte-, Martins-, Weihnachts-, Fastnachts- und Osterfest – am ungebrochensten in der Eifel bzw. im Monschauer Land, wo Landschaft und Kultur

756 Zu vielen Niederlagen der Denkmalpflege Jörg Schulze: Veränderungsdruck bei Bauten der 50er Jahre. In: Architektur und Städtebau der fünfziger Jahre. Bonn 1990, S. 170-189. – Vgl. auch Werner Durth, Niels Gutschow: Architektur und Städtebau der fünfziger Jahre. Bonn 1987.

757 Vgl. Emanuel Gebauer: Fritz Schaller. Der Architekt und sein Beitrag zum Sakralbau im 20. Jahrhundert. Köln 2000, S. 122-124, 178.

758 Erlenkämper: Stadt-Umland-Problematik, S. 99.

759 Beispiel ist die Publikation der Mundartgruppe des Alsdorfer Geschichtsvereins: Alsdörp ming Stadt. Mundart-Gedichte von Toni André, Hans Gohr, Hein Küsters. Alsdorf 1987.

760 Hier nur der Hinweis auf: Karneval im Aachener Grenzland. Alsdorf 2006.

eine idealtypische Einheit bilden[761]. Am Brauchtum hängen die Ausdrucksformen der Volksreligiosität. Diese orientiert sich oftmals an den Patrozinien der Kirchen und Kapellen; sie sind in der Region vorzugsweise der Gottesmutter, Abt Antonius, Antonius von Padua, Barbara, Hubertus, Johannes Baptist, Josef, Lambert, Laurentius, Luzia, Martin, Michael, Nikolaus, Pankratius, Petrus, Rochus, Sebastian und Stephanus gewidmet[762], und ihnen folgen die Vornamen vieler Katholiken. Die Volkskunde hat einen Wandel in den seit etwa 1880 bestehenden Brauchtumsformen des Rheinlands um 1930 festgestellt[763], als die Modernisierung der Jahrhundertwende den ländlichen Raum erreichte[764]. Hier trat nach 1980 ein weiterer Wandel ein, der von dem Umbruch der Industriestrukturen und von der Kommunalreform vermutlich beschleunigt, aber noch nicht näher untersucht worden ist.

Zur Volkskultur gehören die Sagen um den Aachener Dom[765], aus den ‚dunklen Eifelwäldern' und den Bergbaugebieten, die um die nicht mehr genau lokalisierbare Stadt Gression im Raum von Aachen, Kornelimünster, Köln, Düren, Jülich kreisen und in denen von den Taten der Stollen-, Gruben- und Berggeister Breinig, Mausbach, Gressenich und Hastenrath die Rede ist; ihnen fehlen als lokale Besonderheit die furchterregenden Wesenszüge anderer Zwergengestalten[766]. Jüngst sind als neue Textsorte die „Eifel-Krimis" entstanden, die auch um den Kaiserthron Karls des Großen kreisen[767]. Kein Gemeinwesen kann ohne derartige identitätsstiftende Bilder und Symbole bestehen, wobei die Überformung der faktischen Historie durch glättende Erinnerung und ausschmückende Erzählung oder die Kaschierung früherer Kontinuitätsbrüche nicht ins Gewicht fällt. Dafür ist im

761 Vgl. Karl Heinz Kurth: Sankt Martinsbrauchtum in der Eifel. In: Eifel-Jb. 2001, S. 157-161. – Ders.: Fastenzeit und Osterbräuche in der Eifel. Ebd. 2004, S. 54-60. – Ders.: Eifeler Fastnachtsbrauchtum im Wandel. Ebd. 2005, S. 202-206. – Matthias Zender: Das Volksleben in den Rheinlanden. In: Rheinische Geschichte, Bd. 3. Düsseldorf 1979, S. 759-862, hier S. 793-800.

762 Vgl. Handbuch des Bistums Aachen. Aachen 1962, S. 637-646.

763 Wertvoll als Bestandsaufnahme Josef Müller: Volkskunde. In: Kulturströmungen und Kulturprovinzen in den Rheinlanden. Bonn 1926, S. 190-231.

764 Vgl. Zender: Volksleben in den Rheinlanden, hier S. 774-808, 863-868. – Zum Wandel (u. a. bei Volkstracht, Volksliedern) um 1900 Adam Wrede: Eifeler Bauernleben in Sitte und Brauch. In: Eifel-Festschrift zur 25jährigen Jubelfeier des Eifelvereins. Bonn 1913, S. 392-423.

765 Vgl. Wilhelm Dithmar: Der große Aachener Sagenkreis. Aachen 1961. – Karl Guthausen (Hg.): Sagen und Legenden aus Eifel und Ardennen. 3 Bde., Aachen 1992-1996.

766 Vgl. Friedrich Holtz: Reichtum, Zwerge und Galmei. Bergbausagen aus den Erzabbaugebieten um Stolberg. In: Eifel-Jb. 1997, S. 75-82.

767 Vgl. Josef Zierden: Mordsappetit auf Eifelkrimis. Ebd. 2004, S. 74-78.

Die Würselener Jungenspiele gehören zum Maibrauchtum, das sich bis in Mittelalter nachweisen läßt. Im Festzug ziehen Fahnenschwenker und Pritschenjungen mit durch die Straßen. Hier eine Fotografie aus dem Jahr 2001.

Aachener Raum die Gestalt Karls des Großen, von der sich jede Generation ihr je eigenes Bild geformt hat, übermächtig und stellt das prägnanteste Beispiel dar[768].

Das Symbol für kleinräumige Zusammengehörigkeit blieben – zunächst einmal – die örtlichen Pfarreien mit Kirche und Friedhof, wo auch das zivile Leben beginnt und endet. Während die Landespolitik Konzentrationsprozesse einleitete, blieben die Bistumsstrukturen unangetastet, ja das kleine Bistum Aachen blähte, wie fast alle deutschen Bistümer, seinen Apparat parallel zu dem des Staats und der meisten Kommunen personell und institutionell mächtig auf[769]. Es reagierte auf die gesellschaftlichen Umbrüche nach Ende der Ära Adenauer mit dem Ausbau des kirchlichen Fürsorge- und Bildungswesens für Kinder, Jugendliche und Erwachsene, für

768 Vgl. Max Kerner: Karl der Große. Köln 2000, S. 251-270, mit der rhetorischen Schlußfrage: Hat Karl der Große eine Zukunft?, S. 271-277.

769 Dies fiel in die Regierungszeit der Bischöfe Johannes Pohlschneider (1955-1974) und Klaus Hemmerle (1975-1994) und der Generalvikare Anton Josef Wäckers (1968-1978) und Karlheinz Collas (1978-2003).

Erzieher und Katecheten[770]. Es richtete Seelsorgeregionen mit neuen Verwaltungen ein – gleichsam Generalvikariate im Kleinen – , die Kirchensteuermittel für Personal und Sachmittel verschlangen und manchen kommunalen Wahlbeamten in ein neues Amt, nunmehr ein kirchliches, brachten, nachdem er seine Funktion durch die Kommunalreform verloren hatte.

Wandel des Milieus

Der in den ausgehenden sechziger Jahren sich vollziehende Wandel in Gesellschaft und Werteorientierung erfaßte die Region Aachen zuerst und am nachhaltigsten auf der milieuprägenden katholisch-kirchlichen Ebene. Den größeren Hintergrund bildete die Autoritätskrise der katholischen Kirche Westeuropas nach dem von Papst Johannes XXIII. einberufenen und von Papst Paul VI. fortgesetzten Zweiten Vatikanischen Konzil (1962/65). Dieses hatte den Dialog eingefordert, sowohl mit den anderen Religionen, was die jahrhundertealte Gesprächsbarriere Roms – entgegen den reformistischen und ökumenischen Bestrebungen deutschsprachiger Theologen und Bischöfe seit der Aufklärung – gegenüber Protestantismus und Judentum endlich aufhob, als auch in der Kirche selbst durch diözesane Räte und Synoden. Im deutschsprachigen Raum wiesen ein gutes Jahrzehnt lang Reformisten wie die Kardinäle Julius Döpfner, Joseph Frings, Franz König und Hermann Volk die Richtung.

Zu den mutigen Reformkräften in Liturgie, Ökumene und christlich-jüdischem Dialog gehörte im Aachener Raum der im „Quickborn" und rheinischen Reformkatholizismus der Zwischenkriegszeit wurzelnde Josef Thomé, Pfarrer der Bergarbeiterpfarrei St. Balbina in Würselen-Morsbach. Thomé war eine Säule des 1942 gegründeten Kreises der „Freunde der kirchlichen Reform"[771]. Er scheute in wohlbedachten Artikeln seiner wöchentlichen Pfarrbriefe, die weit über die Gemeindegrenzen hinaus verbreitet waren, nicht den Konflikt mit dem kirchlichen Lehramt, das Papst Pius XII. der Forschung und dem Dialog mit der wissenschaftlichen Moderne übergeordnet hatte. So indizierte Rom Thomés Buch „Der

770 Vgl. etwa den seinerzeit einflußreichen Professor an der Pädagogischen Hochschule Aachen und Präsidenten der katholischen Elternschaft Deutschlands Franz Pöggeler: Erwachsenenbildung im Bistum. In: Pastoralblatt für die Diözesen Aachen, Berlin, Essen, Köln, Osnabrück 21 (1969) S. 144-150; auch Karlheinz Collas: Überlegungen zur kirchlichen Erwachsenenbildung in der Gemeinde. Ebd. 20 (1968) S. 258-265.

771 Vgl. Hubert Wolf, Claus Arnold (Hg.): Der Rheinische Reformkreis. Paderborn 2001, Biogramm zu Thomé S. 686-704.

mündige Christ" (1949), das Heilige Offizium zwang Thomé zur erneuten Ablegung des Antimodernismuseides, und im Aachener Generalvikariat war man oft ratlos, während ihn die Katholisch-Theologische Fakultät in Münster nach dem Konzil mit der Ehrendoktorwürde[772] und die Stadt Würselen mit dem Ehrenbürgerrecht auszeichneten.

Wie Thomé litten auch andere Geistliche unter dem Aachener Autoritarismus, der ein Abbild der „Papstkirche" Pius XII. war und der die aus dem Krieg heimgekehrten Theologiestudenten „wie kleine Kinder behandelt" hatte, ohne daß das Theologiestudium eine „Antwort" auf die „Suche nach Gott" gegeben hatte. Mancher Neupriester war gedemütigt worden[773], „der Glaube" war „fast ausschließlich von Gehorsam" geprägt und „Reflexion weder gesucht noch gefragt" worden[774]. Hatte die damalige Klerusgeneration dagegen nicht aufbegehrt, so änderte sich dies nun bei der jüngeren.

Josef Thomé mit Bischof Johannes Joseph van der Velden.

Im März 1968 fanden in allen nordrhein-westfälischen Bistümern erstmals Wahlen zu den Pfarrgemeinderäten statt. Dies schien auf „mehr Demokratie in der Kirche" hinzudeuten. Gleichzeitig unterstrich das päpstliche Lehramt das Verbot jeglicher Form künstlicher Geburtenkontrolle. Der Wandel des Zeitgeistes äußerte sich eruptiv auf dem 82. Deutschen Katholikentag in Essen im September 1968 unter dem Motto „Kirche mitten in dieser Welt". Dieser „Katholikentag der Rebellion und der Ratlosigkeit" (Anton Sterzl) mit seiner Atmosphäre zwischen Konzilsgeist und Sportpalast wirkte tief in die katholische Aachener Hochburg hinein – für

772 Vgl. Laudatio von Walter Rest (1971). In: Heimatblätter des Kreises Aachen 34 (1978) S. 43-54. – August Brecher: Josef Thomé 1891-1980. In: Christen zwischen Niederrhein und Eifel. Lebensbilder aus zwei Jahrhunderten, Bd. 3. Aachen 1993, S. 137-155.

773 So Domkapitular Wolfgang Schröer (geb. 1924), Pfarrer von Schleiden (seit 1969) und Mechernich (seit 1982), in: Erwin Gatz (Hg.): Erinnerungen rheinischer Seelsorger aus den Diözesen Aachen, Köln und Lüttich (1933-1986). Aachen 1988, S. 308-327, hier S. 310, 312.

774 So Lambert Drink (geb. 1914), Pfarrer an St. Josef in Aachen (seit 1956), ebd. S. 245-273, hier S. 255; ähnlich Jacques Geulen (geb. 1906), Pfarrer an St. Fronleichnam in Aachen (1949-1976), ebd. S. 108-134, bes. S. 120, 125f.

viele verstörend, für manche erlösend[775]. Jedenfalls war das Selbstbewußtsein des deutschen Laienkatholizismus enorm gewachsen. Die Bischöfe sahen in Essen „Massenpsychose", eine „rein innerweltliche Auffassung des Dienstes der Kirche an der Welt" und falsch verstandene „Demokratisierungstendenzen" vorwalten[776]. Sie erinnerten daran, daß es für Christen bei der Gestaltung von Staat und Gesellschaft immer nur um das „Vorletzte" gehe.

In diesen innerkirchlichen Umbruchsjahren regierte Johannes Pohlschneider das Bistum Aachen, ein in theologischen Fragen Konservativer aus dem Oldenburgischen, der die Reformen des II. Vatikanums uneingeschränkt mittrug und umsetzte[777]. Auf Aachener Diözesanebene kam es seit 1968 zu erheblichen Spannungen mit dem politisierten Bund der Katholischen Jugend (BDKJ)[778]. Über fünfzig Bistumskleriker beteiligten sich mit vielen Laien im Oktober 1968 an der Bochumer „Solidaritätsgruppe" katholischer Priester, die mehr innerkirchliche Mitsprache forderten und deren geistige Leitfigur Pfarrer Thomé war[779]. Das stand im Kontext der Forderung nach mehr Mitbestimmung in allen gesellschaftlichen Bereichen und der Lösung von Bevormundung: der Jugend von der Elterngeneration, der Frauen von der Vormacht der Männer, der Laien in der Kirche von der Vorherrschaft der Hierarchie.

Die Krise erfuhr ihre Zuspitzung durch die Auflehnung des holländischen Katholizismus gegen Rom im „Neuen Katechismus", der im Auftrag der reformorientierten niederländischen Bischöfe unter Bernard Kardinal Alfrink und rasch in deutscher[780], englischer und französischer Übersetzung erschien, in den Aachener Grenzraum intensiv hineinwirkte und in zentralen dogmatischen Aussagen von den deutschen Bischöfen und von Rom beanstandet wurde[781]; ferner durch das Pastoralkonzil in den Niederlanden im Jahr 1966 und die Bildung

775 Dazu erschienen 181 Pressemitteilungen der Nachrichtenredaktion des 82. Deutschen Katholikentages. – Kirche mitten in dieser Welt. Offizielle Berichtzeitung des 82. Deutschen Katholikentags 1968. – Abdruck aller Reden in: Mitten in dieser Welt. Paderborn 1968. – Anton Josef Wäckers: Erlebte und gelebte Kirche von Aachen. Aachen 1995, S. 307.

776 Vgl. Verlautbarung der deutschen Bischöfe vom 27.9.1968. In: Kirchlicher Anzeiger für die Diözeses Aachen, Stück 21, 4.11.1968.

777 Vgl. August Brecher: Johannes Pohlschneider 1899-1981. Aachen 1997.

778 Vgl. Erwin Gatz: Geschichte des Bistums Aachen in Daten 1930-1985. Aachen 1986, S. 125; zur Verschärfung im Jahr 1977, S. 156.

779 Vgl. Wäckers: Kirche von Aachen, S. 297-301.

780 Glaubensverkündigung für Erwachsene. Nijmwegen-Utrecht 1968.

781 Vgl. Gatz: Geschichte des Bistums Aachen, S. 124f., 127; das römische Dekret in: Kirchlicher Anzeiger für die Diözese Aachen, Stück 24, 16.12.1968. – Wäckers: Kirche von Aachen, S. 306f.

von 15.000 Gesprächsgruppen in den dortigen Pfarreien. Im Gefolge des Zweiten Vatikanums und der neu formulierten Freiheiten kam es zu einem drastischen Rückgang von Beichte und Gottesdienstbesuch und zur Amtsniederlegung von mehr als 1700 niederländischen Priestern.

Auch den Aachener Bischof erreichten nun, für Gläubige und Bistumsleitung völlig neu, reihenweise Anträge um Laisierung vom Priesteramt[782], die von Papst Paul VI. in der Regel im Sinne der Antragsteller entschieden wurden, kaum noch von Johannes Paul II. Zudem griffen die überkommenen Berufungsmechanismen für den Klerus nicht mehr, selbst nicht im abgelegenen Selfkant. Wie überall ging seit 1970 der Gottesdienstbesuch, Kern der überlieferten Sonntagskultur, deutlich zurück[783], fanden Wallfahrten keinen Zulauf mehr und sank in Aachen-Stadt und -Land die Teilnahme an den Pfarrgemeinderatswahlen erheblich[784]. Darauf war die Bistumsleitung geistig-geistlich nicht vorbereitet[785]. Während das traditionelle Priesterbild und das hohe Sozialprestige des Klerus im ländlichen Kreisgebiet unwandelbar schienen, hatte sich in den industriellen Kernzonen des Bistums, am ausgeprägtesten im Raum Stolberg-Eschweiler und Krefeld am Südwestrand des Ruhrgebiets, längst die Frage der soziologischen Ortsbestimmung des Weltpriesters in der modernen Industriegesellschaft – „Verkünder oder Sozialarbeiter?" – gestellt. Darauf wußte auch Bischof Pohlschneider keine rechte Antwort[786].

Die gesellschaftspolitische Diskussion trieben auf der unteren kirchlichen Ebene sozialpolitisch engagierte Kapläne, Pfarrer und Laien voran, darunter viele Soziologen und Sozialpädagogen. Diese gaben in den durch das Konzil geforderten und auch im Aachener Bistum von Bischof Pohlschneider errichteten Räten und Gremien den Ton an. Hier dominierten die Verbandsvertreter von KAB, CAJ, BDKJ, Pax Christi und anderer Organisationen die Repräsentanten aus den Pfarrgemeinderäten. Einfluß nahm die in der katholische Soziallehre damals vorherrschende Richtung, die der Sozialpolitik vor allen anderen gesellschaftlichen Aufgaben Vorrang einräumte

---

782 Vgl. Zahlen zur Entwicklung des Priesternachwuchses seit 1948 bei Gatz: Geschichte des Bistums Aachen, S. 64, 103, 105f., 117. – Dazu in Andeutungen („mancher Priester resignierte", „größere Zahl der Gesuche um Laisierung", fehlende „soziale Kontrolle" des priesterlichen Zölibats in den Pfarreien) Wäckers: Kirche von Aachen, S. 320-322.

783 Im Bistum Aachen 1973: 37,09%, ein Rückgang um 12,3% gegenüber 1969. Vgl. Gatz: Geschichte des Bistums Aachen, S. 141.

784 Vgl. ebd. S. 124, 157, 159.

785 Vgl. ebd. S. 127.

786 Wäckers: Kirche von Aachen, S. 320f.

und soziale Gerechtigkeit als soziale Gleichheit verstand[787]. Diese Richtung plädierte für eine angleichende Umverteilung von Einkommen und Vermögen, für eine über das Betriebsverfassungsgesetz hinausgehende paritätische Mitbestimmung und für die überbetriebliche Ertragsbeteiligung[788].

Protagonisten waren der führende katholische Sozialethiker Oswald von Nell-Breuning an der Jesuiten-Hochschule Sankt Georgen in Frankfurt am Main, die Würzburger Synode (1972/75) mit dem Beschluß „Kirche und Arbeiterschaft" sowie kirchliche Verbände, an erster Stelle die Katholische Arbeitnehmerbewegung mit Sitz in Köln und Christliche Arbeiter-Jugend (CAJ)[789]; diese unterhielt mit dem „Oswald-von-Nell-Breuning-Haus, Lernort Arbeit und Menschenwürde in Herzogenrath" im Kreis Aachen eine Heimvolkshochschule, die im Sinne einer „handlungsorientierten Wissenschaft" Monographien und Buchreihen publizierte. Im Jahr 1983 entstand der „Volksverein Mönchengladbach – Gemeinnützige Gesellschaft gegen Arbeitslosigkeit mbH", der sich mit dem Namen des vormals renommierten Volksvereins am Ort schmückte, auf die Initiative des Mönchengladbacher Propstes und Regionaldekans Edmund (im Volksmund „Eddi") Erlemann (Hauptpfarrer 1970-2003) zurückging und die „Volksvereinszeitung" herausgab, die heute noch drei Mal jährlich erscheint. Diese Gruppierungen und Verbände beriefen sich auf bestimmte Formulierungen der Konzilskonstitution „Gaudium et spes" und auf die Enzyklika Papst Johannes XXIII. „Mater et magistra" (1961), die beide den Vorrang der menschlichen Arbeit vor anderen Faktoren der Wirtschaft betonten[790]; sie wirkten auch in die Aachener Industrieregion hinein. Das Bistum reagierte darauf 1980 unter seinem neuen Bischof Klaus Hemmerle mit dem pastoralen Schwerpunktthema „Kirche und Arbeiterschaft".

Die alte Gleichung „christlich bzw. katholisch gleich konservativ" ging nicht mehr auf. Die Neuausrichtung eines Teils des nachkonziliaren Sozialkatholizismus blieb indessen innerkirchlich nicht unwidersprochen[791], sowohl bei der Mehrzahl der

---

787 Vgl. zu den Kontroversen Manfred Hermanns: Sozialethik im Wandel der Zeit. Paderborn 2006, S. 336-339.

788 Zum damaligen Diskussionsstand Anton Rauscher (Hg.): Mitbestimmung. Köln 1968. – Ders. (Hg.): Kapitalismuskritik im Widerstreit. Köln 1973.

789 Die KAB zählte 1976 im Bistum Aachen in fünf Bezirken 11.816 Mitglieder (CAJ 950). Vgl. Gatz: Geschichte des Bistums Aachen, S. 154. – Zu den Bistumseinrichtungen vgl. Handbuch des Bistums Aachen. Aachen 1994.

790 Erst die Enzyklika „Centesimus annus" (1991) Papst Johannes Pauls II. gab das römische Mißtrauen gegenüber der Marktwirtschaft auf und bekannte sich zur Sozialen Marktwirtschaft.

791 Dazu abwägend Julius Kardinal Döpfner: Ethische Grundsätze einer Wirtschaftsführung aus Sicht der katholischen Kirche. In: Ethos des Unternehmers. Trier 1990, S. 125-142.

Das Bistum Aachen mit Dekanats- und Regionalgrenzen von 1993.

katholischen Sozialethiker als auch bei der Katholischen Sozialwissenschaftlichen Zentralstelle Mönchengladbach[792], traf sich aber mit beiden Volksparteien, vor allem den CDU-Sozialausschüssen und Gewerkschaften und führte zu einer Annäherung zwischen katholischer Kirche und SPD/FDP, die seit 1966 die Landesregierung in Düsseldorf und seit 1969 die Bundesregierung bildeten. Am Zuge war nun die neue technokratische Intelligenz, die auf den „starken Staat", auf „Machbarkeit" und „Optimierbarkeit" von Mensch und Gesellschaft setzte. Die Funktionselite war von der Beherrschbarkeit der Ökonomie durch die Politik überzeugt[793].

Planung und Modernisierung wurden als Einheit begriffen. Leitbild wurde eine vorsorgende Sozialpolitik, die auf Städtebau und Raumordnung, Energie und Umwelt ausgriff[794], verbunden mit gesellschaftsverändernden Zielen im Sinne einer egalitären sozialen Demokratie. Vorausgesetzt wurden beträchtliche Verteilungsspielräume der öffentlichen Hand. Diese Zukunftsentwürfe sollten durch Bevölkerungswachstum und steigendes Wirtschaftswachstum finanziert werden, beides erfüllte sich jedoch nicht. Die Rechnung der Ökonomen durchkreuzten sowohl der dramatische Einbruch der Geburtenzahlen seit Mitte der sechziger Jahre, der vielberufene „Pillenknick"[795], als auch der schlagartige Einbruch des Wirtschaftswachstums[796], ausgelöst durch das Erdölembargo der arabischen Länder im Oktober 1973, das im Spätherbst zu autofreien Sonntagen führte. Dies bildet in der Erinnerung der Menschen eine markante Zäsur und wurde zum Symbol des Endes der Boom-Phase seit 1948. Kreditfinanzierte Ausgabenprogramme im Sinne einer keynesianischen Nachfragesteuerung unter der Kanzlerschaft von Helmut Schmidt vermochten weder die Konjunktur zu beleben noch die stetig steigende Arbeitslosigkeit aufzuhalten, erhöhten vielmehr die Staatsverschuldung drastisch[797]. Da die Bundesrepublik knapp die Hälfte aller Waren exportiert und die Deutschen die billigeren ausländischen Waren bevorzugen, konnte (und kann) der deutsche Staat allein keine erfolgreiche Konjunkturpolitik

792 Von den deutschen Bischöfen 1963 errichtet, mit Schlüsselfunktion im deutschen Sozialkatholizismus und bedeutenden Publikationsreihen.

793 Zum Modell des technischen, von Gutachterkämpfen geprägten Staats Helmut Schelsky: Der Mensch in der wissenschaftlichen Zivilisation. Köln 1961

794 Dazu Beiträge bei Franz-Josef Brüggemeier, Jens Ivo Engels (Hg.): Natur- und Umweltschutz nach 1945. Frankfurt a. M. 2005.

795 Die Zahl der Lebendgeburten pro Jahr sank 1965-1975 von 1,04 Mio. auf 601.000 und lag in den achtziger Jahren zwischen 584.000 und 677.000. Vgl. Statistisches Jb. der Bundesrepublik Deutschland 1990. Stuttgart 1990, S. 61; Datenreport 1992. Bonn 1992, S. 38-42, 45-48.

796 Der absolute Tiefstand lag 1975 bei Minus 0,9%.

797 Diese wuchs 1973-1975 von 17% auf 24% des Bruttoinlandsprodukts (BIP) und durch weitere kreditfinanzierte Ausgabenprogramme 1979-1982 auf 36% des BIP.

betreiben[798]. Und weil sich die Parteien über die Ausgestaltung des Sozialstaats nicht mehr einigen konnten, wurde die Haushaltskonsolidierung immer schwieriger und war die Steuerungsfähigkeit des Staates beeinträchtigt[799]. So kam es zur Mahnung des Vorsitzenden der Deutschen Bischofskonferenz an den Sozialkatholizismus, daß seine „unabdingbaren humanen Ziele langfristig nicht auf Kosten einer funktionstüchtigen Wirtschaft zu erreichen sind"[800].

Alles in allem: Die Kirche im Bistum Aachen suchte sich den Menschen in den verschiedenen Lebenslagen zuzuwenden. Dies lag in der Tradition des am Niederrhein ausgeprägten Sozialkatholizismus, der den regionalen Katholizismus mindestens so geprägt hat wie Hl. Schrift und kirchliche Tradition. Der Aufbau eines Netzes an „Caritaspflegestationen" und von Bildungshäusern in Aachen, Mönchengladbach, Krefeld und Wildenburg in der Nordeifel band indessen erhebliche finanzielle Ressourcen. Nicht nur der Staat, auch die Kirchen waren zum Leistungsträger gesellschaftlicher Ansprüche geworden, denen sie sich schwer entziehen konnten.

Da die staatliche Planung auch auf das Bildungswesen ausgriff – Bundeskanzler Willy Brandt hatte die Bildungspolitik 1969 „an die Spitze der Reformen" gestellt und die Bundesregierung das Hochschulrahmengesetz verabschiedet –, ergaben sich in der Schulpolitik Spannungen zu den Kirchen. Der Streit in Nordrhein-Westfalen über gegliedertes Schulwesen einschließlich Bekenntnisschulen oder integrative Gesamtschule rief Elternverbände, Parteien, Kirchen, auch den Aachener Bischof als Schulreferenten der Deutschen Bischofskonferenz auf den Plan und führte 1978 zu einem von der Landes-CDU unterstützten Volksbegehren gegen die „Kooperative Schule". In dem damals heftigen Ringen um das Welt- und Menschenbild und angesichts immer neuer Pläne der Landesregierung zur Umgestaltung des Schulsystems (Gemeinschaftsschule, integrative Gesamtschule, Kooperative Schule) und von Curricula, die die Emanzipation von den tradierten gesellschaftlichen Leitvorstellungen zu beflügeln suchten, entstand eine Art „Kulturkampf"-Stimmung, in der das Bistum nicht zurückstecken wollte. Die Devise des Generalvikariats lautete: „Jeder Vorrang der kommunalen Bildungseinrichtungen ist abzulehnen."[801].

---

798 Diese Lehre zog Helmut Schmidt im Abstand späterer Jahrzehnte aus seiner Konjunkturpolitik.

799 Vgl. Hans Günther Hockerts (Hg.): Bundesrepublik Deutschland 1966-1974. Baden-Baden 2006.

800 Döpfner: Ethische Grundsätze, S. 132.

801 So Prälat Philipp Boonen, Leiter der Hauptabteilung „Außerschulische Bildung" und der Bischöflichen Akademie des Bistums, in: Ders. (Hg.): Erwachsenenbildung in Momentaufnahme. Aachen 1973, S. 19.

Der Staat mußte in dieser Auseinandersetzung die Erfahrung machen, daß kulturelle und mentale Bindungen stärker waren als eine noch so gut gemeinte Zukunftsplanung für Bildung und Erziehung. Das Bistum Aachen mußte eine Generation später die Erfahrung machen, daß alle noch so guten und wünschenswerten Projekte von den materiellen Möglichkeiten abhängen und war zum finanziellen Offenbarungseid gezwungen. Während hier die Verwaltungs- und Personalkosten förmlich explodierten, hatten sich die Kommunen bereits um deren Eindämmung bemüht. Auch von hierher empfängt die auf Vereinfachung der Verwaltungsabläufe zielende Gebiets- und Verwaltungsreform von 1972 im Rückblick neues Licht.

Demonstrierende Aachener Studenten am Elisenbrunnen.

Der Milieuwandel zeichnete sich vor allem in den urbanen Zentren ab. Hier entstand die Kritik an der autoritären „Kanzlerdemokratie", der die Bundesrepublik ihre politische Stabilität verdankte. Heute besteht weitgehender Konsens darüber, daß der Neuaufbau nach der NS-Diktatur, als die Demokratie allmählich ‚eingeübt' werden mußte, anders kaum gelungen wäre. Der 1967/68 aufbrechende Jugendprotest gegen die hierarchischen Strukturen in Staat und Gesellschaft, gegen bürgerlich-verzopfte Moralvorstellungen und Verhaltensformen, sodann der Protest der „Außerparlamentarischen Opposition" gegen die „Notstandsverfassung" der großen Koalition zur Ablösung der alliierten Vorbehaltsrechte im Notstandsfall (Grundgesetz Art. 5 Abs. 2), ferner die Demonstrationen gegen das militärische Eingreifen der USA an der Seite des vom kommunistischen Nordvietnam überfallenen Militärregimes in Südvietnam und die Sympathien für die messianischen Revolutionsparolen eines Lenin, Mao, Ho Chi Minh, Castro oder Che Guevara äußerten sich in der Aachener Provinz eher verhalten.

Diese war kein Zentrum der Studentenrevolte mit ihren sozialrevolutionären und marxistisch durchtränkten Parolen, Provokationen und vulgären Aktionen[802] sowie der breiten Re-Ideologisierungswelle[803]. Der Protest der Aachener Studenten und Assistenten nahm durch den vom Sozialistischen Deutschen Studentenbund geführten Teil der Studentenschaft, etwas zeitversetzt gegenüber dem Bundesgebiet, 1969/70 in Hochschule und Innenstadt hin und wieder lautstarke Formen an und vergrößerte wiederum, wie in Kulturkampf und Drittem Reich, die Distanz zwischen bürgerlicher Öffentlichkeit und Hochschule.

Die Veränderung des hochschulpolitischen Klimas wurde sichtbar, als 1970 mit Hans Werner Schwerte erstmals ein Mitglied der 1965 gegründeten Philosophischen Fakultät im Großen Rat der Hochschule zum Rektor der Technischen Hochschule gewählt wurde[804]. Zustande kam die Wahl des linksliberalen Schwerte durch die von der sozialliberalen Landesregierung geschaffene „Gruppenuniversität" und ein Bündnis aus Studenten, Assistenten, wenigen liberalen Professoren und den in Aachen einflußreichen, gewerkschaftlich organisierten, nichtwissenschaftlichen Mitarbeitern gegen die Mehrheit der Ordinarien[805]. Der neue Rektor Schwerte, aus Königsberg gebürtig, war Fachvertreter derjenigen Germanistik, die auf dem Deutschen Germanistentag 1966 in München eine Selbstbesinnung der führenden nationalen Wissenschaft im Hinblick auf ihre Rolle im Dritten Reich eingeleitet hatte[806]. Schwerte wirkte als Reformer, der Geistes- und Naturwissenschaften besser mit den Ingenieurwissenschaften zu vernetzen suchte. Er warb für die Ideen der Aufklärung, der Demokratie und des Fortschritts, etablierte innerhalb der Aachener Germanistik das Forschungsgebiet „Deutsch-Jüdische Literaturgeschichte" und schlug sich auf die Seite der lärmenden und revoltierenden Jugend. Er war ein erfolgreicher Wissenschaftspolitiker und wurde 1971 und 1972 als Rektor wiedergewählt.

---

802 Vgl. den selbstkritischen Rückblick eines Berliner Aktivisten: Götz Aly: Unser Kampf. 1968. Frankfurt a. M. 2008. – Thomas P. Becker, Ute Schröder: Die Studentenproteste der 60er Jahre. Köln 2000, hier Chronik 1965-1970, S. 96-301.

803 Vgl. Karl Dietrich Bracher: Zeit der Ideologien. Stuttgart 1982; hier: Neue Weltorientierung: ideologische Aufbrüche der sechziger Jahre; S. 291-313.

804 Vgl. Claus Leggewie: Von Schneider zu Schwerte. München 1998, hier: Aachener Tumulte, S. 268-285.

805 Vgl. ebd. S. 272f., 275, 279.

806 Vgl. Germanistik – eine deutsche Wissenschaft. Frankfurt a. M. 1967.

Schwerte wich vom typischen Karriereverlauf beim Übergang vom Dritten Reich in die Bundesrepublik ein gutes Stück weit ab. Sein ursprünglicher Name war „Hans Ernst Schneider". Als solcher hatte er sich 1945 für tot erklären lassen und eine neue Identität unter dem Namen „Schwerte" beschafft. In der Zeit des Dritten Reichs war er in der SS-Wissenschaftseinrichtung „Ahnenerbe" mit „Sonderaufgaben" in den Niederlanden, dann im persönlichen Stab des Reichsführers-SS eingesetzt gewesen. Schwerte fungierte 1974-1981 als „Landesbeauftragter" für die Pflege und Förderung der Beziehungen zwischen den Hochschulen Nordrhein-Westfalens und den Niederlanden und Belgien, seinen Einsatzgebieten im Dritten Reich, und wurde hoch dekoriert. Erst 1995 enthüllte ein niederländisches Fernsehteam seine Doppelidentität als Hauptsturmführer Hans Ernst Schneider. Dies entwickelte sich zu einem international beachteten Skandal, die RWTH Aachen füllte die Schlagzeilen – die New York Times titelte „German Scholar Unmasked as Former SS Officer". Das Ansehen der an der Hochschule ohnehin randständigen Philosophischen Fakultät war beschädigt[807], die Spekulationen darüber, wer in die „Causa Schwerte" noch verwickelt gewesen sein könnte, schossen ins Kraut[808]. Die linksliberalen Professoren samt Gefolgschaft sahen sich düpiert, hatten sie doch Schwerte als einen der ihren betrachtet und gefördert.

Aus dem aufklärerischen, die globalen Prozesse verfolgenden Potential der „68er"-Generation heraus entwickelten sich in den achtziger Jahren in den Städten des Kreises Aachen, wie auch andernorts, zahlreiche alternative Initiativen, Preisstiftungen und Bewegungen, darunter die „Grünen" mit ökologischen, pazifistischen und basisdemokratischen Zielen, „Bioläden" und „Secondhandshops" als Ausdruck einer konsumkritischen Haltung, ferner Arbeitskreise für die Dritte Welt, für Asybewerber- und Flüchtlingshilfe und seit 1988 der „Aachener Friedenspreis" als Gegenstück zum Karlspreis der Aachener Honoratioren. Viele dieser Initiativen waren vernetzt mit Professoren und Instituten der Aachener Philosophischen Fakultät, mit Pfarrgemeinderäten und noch mehr mit evangelischen Gemeinden und der Studentengemeinde, Kirchenkreis und Superintendentur, Gewerkschaften und SPD-Unterbezirken. Mancher „Engagierte" absolvierte erfolgreich den „Marsch

807 Vgl. Helmut König [u. a.] (Hg.): Der Fall Schwerte und die NS-Vergangenheit der deutschen Hochschulen. München 1997. – Der Fall Schneider/Schwerte. Paderborn 1996. – Aleida Assmann: Der lange Schatten der Vergangenheit. München 2006, S. 141-144. – Ludwig Jäger: Art. Hans Ernst Schneider. In: NDB Bd. 23, 2007, S. 296-298.

808 Vgl. Ludwig Jäger: Der Fall Schneider/Schwerte und die Diskussion der Germanistik. München 1998. – Dazu einschränkend Klaus Weimar: Schneider/Schwerte und die Germanistik und Ludwig Jäger. In: Merkur 53, 2 (1999) S. 445-453. – Zu den Aufgeregtheiten an RWTH und Aachener Fachhochschule vgl. Hermann Lübbe: Vom Parteigenossen zum Bundesbürger. München 2007, S. 66-75.

durch die Institutionen", ob lokale oder regionale, in Hochschule, Kirche oder Kommunalpolitik, und fand sich schließlich in einer gut honorierten und mit Pensionsanspruch ausgestatteten bürgerlichen Existenz wieder. Die einmal ausgelöste Bewegung führte innerhalb einer Generation zu einem veränderten politischen Bewußtsein, das sich in neuen Mehrheitsverhältnissen widerspiegelte.

Der Wandel des Milieus wurde nach 1945 durch drei Zuwanderungsschübe mitbewirkt: zunächst durch die Flüchtlinge und Vertriebenen, ein Jahrzehnt später durch die ersten „Gastarbeiter" aus dem EWG-Mitgliedsstaat Italien und bald auch aus Griechenland, Jugoslawien, Spanien und Portugal[809]; der dritte Schub seit den 1980er Jahren stellt die Region bis heute vor eine noch größere Herausforderung, war – zumindest auf der regionalen Ebene – noch nicht Gegenstand wissenschaftlicher Untersuchung und soll im Folgenden von der Bundesebene ausgehend skizziert werden.

Wandel der Bevölkerungsstruktur

Ein großer Teil der Ausländer, der eingebürgerten Ausländer und deutschstämmigen Einwanderer, die nun allesamt „Zuwanderer" oder „Migranten" genannt werden, leben in den westdeutschen Ballungsräumen, auch im Raum Aachen[810]. Die Bevölkerungsstruktur hat sich bundesweit vor allem durch etwa 3,5 Millionen Muslime, davon etwa 2,4 Millionen türkischer Herkunft, von denen eine Million in Nordrhein-Westfalen leben[811], und durch drei Millionen deutschstämmige Spätaussiedler verändert, die nach 1990 aus den Nachfolgestaaten der ehemaligen Sowjetunion in der Hoffnung auf bessere Lebensbedingungen in die Heimat ihrer Vorfahren ausgewandert sind. Da die Spätaussiedler Anspruch auf die deutsche Staatsbürgerschaft haben, werden sie zwar als Zuwanderer in das Bundesgebiet nachgewiesen, wegen der Niederlassungsfreiheit aber nicht gesondert in den Landes- und Kommunalstatistiken geführt. Nach dem Beitritt Polens und

809 Vgl. Ulrich Herbert: Geschichte der Ausländerpolitik in Deutschland. München 2001, Kap. IV: Zur Gastarbeiterpolitik bis zum Anwerbestop im Jahr 1973.

810 Im Kreis Aachen lebten (1.1.2007) ca. 28.500 Ausländer, in der Stadt Aachen ca. 36.500, d.i. 11,4% von Stadt und Kreis Aachen (570.000), in NRW am 31.12.2005 offiziell 1,9 Mio. (10,7%); in Deutschland hatten 2007 15,4 Mio. (18,7%) einen Migrationshintergrund (bezogen auf Zuwanderer seit 1950 und deren Nachkommen) lt. Statistischem Bundesamt (Nov. 2008).

811 Kreis Aachen (1.1.2007): 10.773 Staatsangehörige aus der Türkei, 1275 aus Marokko, 1009 aus ehemaligem Jugoslawien, 887 aus Kroatien, 929 aus Serbien und Montenegro, 688 aus Bosnien und Herzegowina, 453 aus Mazedonien u. a.; in Stadt Aachen 7300 Türken, gefolgt von 1700 Niederländern, 1600 Griechen, 1300 Polen u. a.

Rumäniens zur Europäischen Union kommt inzwischen in einigen Kreiskommunen ein hoher Anteil der Zuwanderer dorther[812].

Die Deutschen im Westen der ‚alten' Bundesrepublik sind seit den 1980er Jahren verstärkt mit den Erscheinungsformen von Parallelgesellschaften konfrontiert, die in benachbarten Ländern mit älterer und längerer Kolonialvergangenheit, wie Frankreich und den Niederlanden, seit längerem zum Problem und Sprengsatz der Lebens- und Alltagswelt geworden sind. Die ansässige Bevölkerung empfindet vor allem eine Spannung zwischen der Kultur Westeuropas und der Kultur des Orients, in dem religiöses und staatliches Gesetz tendenziell kongruent sind. Beide haben geschichtlich verschiedene Entwicklungen durchgemacht und jeweils unterschiedliche Zivilisationen hervorgebracht. In Europa hat sich seit dem Investiturstreit des 11. Jahrhunderts zunehmend die Autonomie des religiös-sittlichen Bereichs gegenüber der politisch-staatlichen Gewalt herausgebildet[813]. Das Christentum hat in einem langen Prozeß zur Entsagung der Gewaltausübung in religiösen Fragen gefunden[814] und jedem theokratischen Herrschaftssystem widersprochen[815]. Die kulturelle Differenz drückt sich im Verständnis der Individual- und Bürgerrechte[816], wie Religionsfreiheit, Würde, Ehre, Toleranz, Respekt und Dialog[817] und in dem Recht aus, die eigene Religion zu verlassen.

Derzeit scheint sich eine Tendenz zu entwickeln, daß sich die säkularisierten Muslime in Deutschland, die auf einer Trennung von Staat und ihrer Religion bestehen, zur Werteordnung des Grundgesetzes und zum Gewaltmonopol des Staates bekennen, das ihnen ein Leben ohne religiöse Bevormundung sichert[818]. Im Kreis Aachen ist unverkennbar, daß viele integrierte Ausländer der jüngeren Generation Deutschland als ihre Heimat betrachten und die bestehende Gesellschaft mitgestalten wollen. Und die meisten Politiker und Parteien im Kreis Aachen halten der Region

---

812 In Stolberg und Würselen kamen im ersten Halbjahr 2007 doppelt so viele Einwanderer aus Polen und den Nachfolgestaaten der UdSSR wie aus der Türkei.

813 Vgl. Stefan Weinfurter: Canossa – Die Entzauberung der Welt. München 2006.

814 Vgl. Arnold Angenendt: Das Christentum zwischen Bibel und Schwert. Münster 2007.

815 Vgl. Karl-Heinz Ladeur, Ino Augsburg: Die Herausforderung des „neutralen" Staates durch neue Formen von Religiosität in der postmodernen Gesellschaft. Tübingen 2007.

816 Vgl. die Hamburger juristische Dissertation von Lorenz Müller: Islam und Menschenrechte. Hamburg 1996. – Gudrun Krämer: Reflexionen zeitgenössischer Muslime zu Islam, Menschenrechten und Demokratie. Baden-Baden 1999.

817 Vgl. Ursula Spuler-Stegemann: Muslime in Deutschland. Freiburg i. Br. 2002, S. 336f.

818 Vgl. die aus Istanbul stammende Soziologin Necla Kelek: Die fremde Braut. Ein Bericht aus dem Inneren des türkischen Lebens in Deutschland. Köln 2005 (ausgezeichnet mit dem Geschwister-Scholl-Preis der Stadt München und dem Hildegard-von-Bingen-Preis).

die Immigrationsgeschichte der letzten zweihundert Jahre, die Beweglichkeit und Aufnahmebereitschaft der Maas-/Rheinländer zugute, geben den Integrationsprozeß nicht für verloren und suchen nach Lösungen. Der Ministerpräsident des Landes stellt aber auch „die Frage nach der Vereinbarkeit von Demokratie und Islam". „Wir brauchen eine Antwort. Klar. Eindeutig. Unzweifelhaft"[819]. Die beiden großen Kirchen pflegen zwar den Dialog mit Vertretern von Judentum und Islam, unterstreichen aber die Unterschiede im Gottesbild und die Notwendigkeit, den Wahrheitsanspruch des eigenen Glaubens zu bewahren[820].

Offensichtlich haben sich auch in der Region Aachen sozial bestimmte Inversionswohnlagen mit teilweise hohem Ausländeranteil gebildet, schon am Erscheinungsbild der Stadtviertel und Straßenzüge, an Verhalten und Sprache in den öffentlichen Verkehrsmitteln erkennbar oder an Kindergärten mit erheblichem Anteil von Kindern aus Einwandererfamilien. So ist in den meisten Aachener Kommunen, vergleichbar mit der Industrialisierungsphase, ein (groß-)städtisches Submilieu mit entsprechendem Konfliktpotential multiethnischer Städte entstanden[821]. Dafür kennzeichnend sind Stadtviertel und „Problemschulen" mit hohem Ausländeranteil und mit deutschen Schülern „dominanter Herkunftsprägung" aus sozial schwachen oder instabilen familiären Verhältnissen[822]. Dabei liegen die Probleme in jeder Kreiskommune anders. Viele Kommunen haben lokale und landesweite Lösungspotentiale längst noch nicht genutzt. Nur Eschweiler hat bisher ein Integrationskonzept entwickelt. An einem solchen wird derzeit auch auf Kreisebene

---

819 Jürgen Rüttgers anläßlich der Eröffnung der größten Moschee Deutschlands in Duisburg-Marxloh. Zit. n. FAZ 27.10.2008. Dazu der ernüchternde Befund bei Lukas Wick: Islam und Verfassungsstaat. Würzburg 2009.

820 Vgl. die Handreichung der Evangelischen Kirche in Deutschland „Klarheit und gute Nachbarschaft" (November 2006) mit weitgehenden Änderungen gegenüber der Handreichung „Zusammenleben mit den Muslimen in Deutschland" (2000). – Auch die Katholische Deutsche Bischofskonferenz hat auf ihrer Herbstkonferenz 2008 neue Leitlinien (erstmals 2003) zum Verhalten gegenüber islamischen Gemeinschaften erlassen. Auf „multireligiöse Feiern" und gemeinsames Beten soll zukünftig verzichtet werden.

821 Aachens Oberbürgermeister führt zwar ein Stadterneuerungsprojekt im schwierigen Ostviertel der Stadt ins Treffen, stellt aber resignierend fest, „Erfolg stellt sich nur langsam ein. Noch gilt für die Stadt eher die Feststellung, dass die schichten-spezifischen Egoismen deutlicher werden und bürgerschaftlicher Gemeinsinn abhanden kommt". Jürgen Linden: Aachen auf dem Weg zur heutigen kommunalen Selbstverwaltung. In: Das Aachener Rathaus. Aachen 2006, S. 397-510, hier S. 508.

822 Der nachhaltigen Förderung guten Zusammenlebens von Menschen unterschiedlicher Herkunft und der Prävention rechtsradikaler Tendenzen dient das Programm „Kommunen gegen den Rechtsextremismus" der Landesregierung (gefördert mit 21 Mio. Euro), dem sich der Kreis Aachen 2001 angeschlossen und wofür er das Projekt „Miteinander im Kreis Aachen – gegen Rassismus und Fremdenfeindlichkeit" entwickelt hat; es soll von der „Städteregion Aachen" fortgeführt werden.

gearbeitet. In den Eifelgemeinden des Südkreises werden die relativ wenigen Ausländer durch Nachbarschaftshilfe und Vereine integriert.

In jeder Kommune des Kreises Aachen mit Ausnahme der Eifel bestehen inzwischen mehrere Moscheen der türkischen – diese mit Abstand die größten –, der albanischen und marokkanischen Vereine. Der türkische Imam (Vorbeter) kommt für maximal fünf Jahre nach Deutschland und kennt in der Regel deutsche Sprache und deutsche Lebensgewohnheiten nicht. Die verschiedenen Moscheestämme stabilisieren sich im friedlichen Miteinander, viele sind erst auf der Suche nach Formen der Zusammenarbeit untereinander. Manche Moschee ist noch in einem Provisorium untergebracht, einige islamische Gemeinden haben neue Gebetshäuser errichtet. Eine besonders ansprechende und in das Ortsbild eingefügte Moschee entsteht in Baesweiler.

An nahezu jeder Moschee unterhält der örtliche Moscheeverein eine Koranschule, die die Kinder nachmittags, am Wochenende und in den Schulferien besuchen. Die türkischen Koranschulen[823] folgen den Richtlinien des türkischen Staates, die allerdings manche Gemeinde den politisch-sozialen Verhältnissen vor Ort anpaßt. Gelehrt wird auch die islamische Kultur, und zwar in der nationalen Ausprägung des jeweiligen Moscheevereins. Anders als an den öffentlichen Schulen steht hier die Erziehung zum Gehorsam gegenüber den vorfindlichen Autoritäten, die Vermittlung einer Gemeinschaftsideologie und die Geschlechtertrennung, die auch beim Gebet in der Moschee gilt und die Frauen in Nebenräumen absondert, im Vordergrund. Um dem abzuhelfen, ist die Landesregierung dabei, das Fach Islamkundeunterricht an den Schulen einzurichten, wofür die Lehramtsausbildung an der Universität Münster anläuft. Hier ist jedoch ein offener Konflikt zwischen dem Inhaber der Islam-Professur und dem Koordinationsrat der Muslime in Deutschland über die Anwendung der historisch-kritischen Methode auf den Koran entbrannt, die der Koordinationsrat nicht duldet, die aber zum Rüstzeug jeder Geisteswissenschaft, auch der evangelischen und katholischen Theologie, zählt. Die Unterweisung in nichtdeutscher Sprache an den Koranschulen „verschärft" nach Ansicht deutscher Bildungsexperten „die innere Zerissenheit der Jugendlichen", „anstatt ihnen zu helfen"[824]. Allerdings wird der Unterricht in der Region Aachen teilweise, so beim albanischen Moscheeverein, in Deutsch gehalten, dient dadurch der besseren Integration und ist mit schulischer Nachhilfe verbunden.

---

823 Vgl. Hasan Alacacioglu: Außerschulischer Religionsunterricht für muslimische Kinder und Jugendliche türkischer Nationalität in NRW. Münster 1999, S. 218-223.

824 Ebd. S. 265, 270; zu den Lehrinhalten, S. 198, 258.

Moscheeturm am Aachener Westbahnhof im Morgenlicht.

Die Aufsicht dieser Schulen liegt beim jeweiligen Moscheevorstand. Die Kenntnis der vermittelten Inhalte und Erziehungsmethoden, auch der Schülerzahlen, entzieht sich den deutschen Behörden. Die türkischen Lehrkräfte in den Moscheevereinen unterstehen vielmehr der Überwachung durch den Religionsattaché des zuständigen türkischen Generalkonsulats, in der Region Aachen des Kölner Generalkonsulats; an ihn müssen die Imame über das Gemeindeleben berichten, vor allem über die Arbeit der türkischen Vereine, die nicht der Auslandsorganisation der staatlichen türkischen Religionsbehörde, der Türkisch-Islamischen Union der Anstalt für Religion (DITIB)[825], angeschlossen sind[826].

Die nordrhein-westfälische Landesregierung hat auf diese Problemlage mit der Bildung eines eigenen Integrationsministeriums reagiert. Sie versucht seit 2007 die beiden größten Probleme mit einem Zehn-Punkte-Programm zu beheben. Zum einen soll der ungenügenden deutschen Sprachkenntnis entgegengewirkt werden, woran sich schulischer und beruflicher Erfolg sowie soziale Integration entscheiden; zum anderen wirkt sie der Zwangsehe bzw. der vom Vater der Braut

825 Mit Sitz für Deutschland in Köln, ihr sind 750 Ortsvereine angeschlossen.

826 Vgl. Alacacioglu: Außerschulischer Religionsunterricht, S. 220f., 267.

arrangierten Ehe[827] entgegen, die mit dem Menschenbild und den Rechtsnormen Europas unvereinbar ist. Die Landesregierung bietet den vielen jungen Mädchen, denen die Verbringung in die Türkei zu einer traditionellen Verheiratung droht[828], Beratung an und auch die Möglichkeit, sie notfalls vor ihren Eltern in Sicherheit zu bringen und ihnen zu einer neuen Identität mit neuem Namen und neuem Wohnort zu verhelfen[829].

Die Hauptlast der Integration tragen Länder und Kommunen, und die hier generalisiert dargestellten Probleme bedürfen eigener Lösungsansätze in jeder Kommune. Der Kreis Aachen bietet in den kreisangehörigen Kommunen, in denen er Träger der örtlichen Jugendhilfe ist, erweiterte Betreuungsangebote, Schulsozialarbeit und „Streetworker" in Zentren der offenen Jugendarbeit an. Deutschen wie eingewanderten Jugendlichen sollen durch Aus- und Weiterbildung attraktive Lebensperspektiven eröffnet werden. Im Aachener Raum bestehen weniger religiös als mehr sozial begründete Schwierigkeiten, die durch verbesserte Sprachkompetenz gesteuert werden können. Der Erfolg der Integration hängt bei allen Nationalitäten unmittelbar von Bildung und beruflichem Erfolg ab.

Erfolgversprechend scheint der im Kreis Aachen entwickelte Ansatz des „Miteinanders", den die „Regionale Arbeitsstelle zur Förderung von Kindern und Jugendlichen" des Kreises Aachen mitentwickelt hat. Dies soll eine nachhaltige soziale Begegnung zwischen Mehrheits- und Minderheitsgesellschaft und die frühestmögliche gemeinsame Sprach- und Begabungsförderung deutscher Kinder und denen aus Einwandererfamilien bewirken – von der Krabbelgruppe über den Kindergarten bis hin zur Förderung der Erziehungskompetenz junger Eltern. Vorreiter bei der Umsetzung ist Baesweiler, wo das ideale Mischungsverhältnis eines gleich großen Anteils von in- und ausländischen Kindern in den Gruppen erreicht werden konnte. Der Ansatz des „Miteinanders" soll auch bei der Weiterbildung von Jugendlichen greifen. Erreicht werden soll unter anderem die Aufwertung der nichtdeutschen Muttersprache zum Nutzen von Handel, Handwerk und Industrie. Dahinter steht die

827 Dazu, redigiert vom Deutschen Institut für Menschenrechte Berlin bzw. von Heiner Bielefeldt, Petra Follmar-Otto: Zwangsverheiratung in Deutschland. Baden-Baden 2007. – Auch Kelek: Die fremde Braut.

828 30 bis 40% der jungen Türkinnen in Deutschland werden in die Türkei verheiratet. Vgl. Spuler-Stegemann: Muslime in Deutschland, S. 189.

829 Das Ministerium für Generationen, Familie, Frauen und Integration des Landes NRW unter Armin Laschet (Vorsitzender der CDU Aachen-Stadt) hat bundesweit die erste Online-Beratung eingerichtet (in sechs Sprachen, 84% der Beratungen erfolgen in Deutsch, jeweils von Beraterinnen aus dem Kulturkreis der Hilfesuchenden), die inzwischen viel genutzt wird: www.zwangsheirat-nrw.de (eingesehen am 2.12.2008).

Einsicht, daß es sich Regionen mit hohem Ausländeranteil wie Aachen nicht leisten können, die Ressourcen und das Potential vieler junger Menschen ungenutzt zu lassen.

Die Wissenschaft kann solche Prozesse und wechselseitigen Wahrnehmungen nicht politisch bewerten und allenfalls, so problematisch Vergleiche meistens sind, auf ähnliche Entwicklungen und deren Ursachen und Folgen seit der Zeit der Reformation und Glaubensflüchtlinge hinweisen. Dies könnte helfen, den Blick für den Unterschied von wirtschaftlicher und sozial-kultureller Integration zu schärfen. Im Aachener Raum wäre an die aus Aachen ins jülische Stolberg emigrierten evangelischen Kupferschmiede und deren wirtschaftlich-sozialen Aufstieg – eine Erfolgsgeschichte – zu erinnern, aber auch an die politisch-konfessionelle Stellung ihrer Nachfahren an Umbrüchen der regionalen Entwicklung. Sie standen im Kulturkampf als Nationalliberale im Bündnis mit Bismarck gegen ihre katholische Umwelt und hoben sich in der Krise der Weimarer Republik vom antitotalitären Konsens von Zentrumspartei und katholischer Kirche ab; zu erinnern wäre ferner an die vor und nach dem Ersten Weltkrieg aus den preußischen Ostprovinzen, aus dem Saarland und Ruhrgebiet in die Aachener Bergwerksregionen übergesiedelten mehrheitlich evangelischen Arbeitsmigranten. Zwar gelang deren Integration in die Arbeitswelt, aber ihre weltanschauliche und parteipolitische Beheimatung stand quer zum Milieu, so daß sie nach 1930 für die extremistischen Parteien anfällig wurden, besonders in der wirtschaftlichen Notlage von 1932/33. Zu erinnern wäre schließlich an die Flüchtlinge und Vertriebenen aus Mittel- und Ostdeutschland nach 1945, ihre Aufbauleistung und Integration durch Preisgabe eines Teils ihrer kulturellen Identität und Anpassung von Verhaltensmustern und Lebensweisen an den äußersten Westen ihres Vaterlandes. Diese Integration verlief zunächst mühsam und veränderte vielerorts vorübergehend den Parteiproporz in den Gemeinderäten, ist aber spätestens in der zweiten Generation geglückt.

So könnte der Blick in die regionale Geschichte durchaus Einsichten fördern – nicht, um darin Handlungsanweisungen zu finden, vielmehr um die Grundprobleme aktueller Entwicklungen in ihrer historischer Tiefenschärfe besser zu erkennen und derzeitige Erwartungen gegen historische Erfahrung abzuwägen.

Der Wandel hat den Aachener Katholizismus, der lange Lebensmacht war und die Region in den großen Auseinandersetzungen mit dem Staat – in Kulturkampf und NS-Kirchenkampf – geprägt und geformt hat, nach den Reformen des Zweiten Vatikanischen Konzils ein weiteres Mal erfaßt. Auch das Bistum Aachen, das die kreisfreien Städte Aachen, Krefeld, Mönchengladbach und die Kreise Aachen, Düren, Heinsberg, Viersen und Teile der Kreise Neuss und Euskirchen umfaßt, ist inzwischen zu einschneidenden Veränderungen gezwungen.

Wandel der Bistumsstruktur

Den Lebensnerv des Bistums Aachen traf die Zuspitzung des Defizits im Personal- und Finanzbereich. Das Bistum war nach der ersten Strukturreform zwischen 1967 und 1973 und der Errichtung von acht Regionen – darunter Monschau, Schleiden und Aachen-Land –, von Pastoralverbänden und neuen Dekanatsgrenzen zunächst ein stabiler Pfeiler im Sozial- und Bildungssystem, das überdies manche Härten der kommunalen Gebietsreform von 1972 auszugleichen und abzufangen vemochte. Aber die Regionalstellen wurden personell und finanziell so gut ausgestattet, daß für deren Lenkung in der Bistumszentrale neue Stellen geschaffen werden mußten. Es kam zu einer Überorganisation.

So steht das Bistum heute vor noch größeren Finanz- und Strukturproblemen als die meisten Kommunen. Die zunehmende finanzielle Überforderung durch Personal- und Sachkosten für Einrichtungen der Bildung und Sozialfürsorge waren zwar seit längerem erkannt, in den Beschlußgremien wie dem Diözesanpriesterrat aber Änderungen und Einschnitte immer wieder vertagt worden, um den Konsens nicht zu gefährden – insofern ein getreues Spiegelbild des Verhaltens der Entscheidungsgremien in der (west-)deutschen Gesellschaft.

Das Bistum Aachen gehört neben dem Ruhrbistum Essen und dem Diasporabistum Berlin zu den am stärksten überschuldeten Bistümern. Hinzu kommt der Nachwuchsmangel bei Klerus und Orden nach Auflösung des katholischen Submilieus in den ländlichen Regionen wie dem Selfkant und die nachlassende Bindungskraft der Aachener Kirche, vor allem in den größeren Städten[830]. Das Bild an den Sonntagen bestimmen immer mehr leere Kirchenbänke[831]. Daher hat das Bistum im Jahr 2003 unter Bischof Heinrich Mussinghoff[832] und Generalvikar Manfred von Holtum einen

830 Das Bistum zählt (2007) 1.170.000 Katholiken (57% der Bevölkerung) und 344 Diözesanpriester im aktiven Dienst (Prognose für 2012: 270, 2017: 175, 2022: 106 Priester).

831 Im Bistum Aachen verringerte sich die Zahl der regelmäßigen Gottesdienstbesucher 2006 gegenüber 2005 um 5,1% auf 130.353 (11,1%), bundesweit einer der geringsten Werte.

832 Im Jahr 1995 gewählt, zuvor Offizial (Leiter des kirchlichen Gerichts) und Dompropst in Münster (Aachener Amtszeit bis 2015).

tief in die Substanz einschneidenden Konsolidierungsprozeß einleiten müssen[833], ohne diesen, wie bei den Verwaltungs- und Strukturreformen auf kommunaler Ebene, durch einen Diskussionprozeß breit abzustützen. So wurden die zuletzt 1957 und 1973 geänderten Dekanatsstrukturen aufgelöst[834]. Die in napoleonischer Zeit umschriebenen Pfarrgrenzen blieben zwar formal-kirchenrechtlich erhalten, die Pfarreien behielten Kirchenvorstände und Pfarrgemeinderäte, wurden aber in der Seelsorge in Gemeinschaften von Gemeinden und auf rechtlicher Ebene in Kirchenverbänden gebündelt. Sie sind seit 2007 bei der Finanz-, Personal-, Bau- und Liegenschaftsverwaltung vier Verwaltungszentren in Aachen, Erkelenz, Schleiden und Viersen-Bockert zugeordnet.

Diesem (freiwilligen) Verbund sind jedoch 180 der 529 Pfarreien, die ihre Aufgaben nach wie vor selbständig erledigen, nicht beigetreten. Gegen den befürchteten Verlust der pfarrlichen Basis formierte sich das Aktionsbündnis „Kirche vor Ort" der Kirchenvorstände von 110 Gemeinden mit ca. 260.000 Gläubigen, das den Dialog mit der Bistumsspitze und Mitspracherechte einforderte und zahllose schriftliche Einsprüche einlegte. Viele Gläubige fragten, ob mit rein administrativen Maßnahmen ein lebendiges Gemeindebewußtsein gefördert werden könne und verorteten die Pfarreien „zwischen Chaos und Neuorientierung"[835]. Spürbar wurde Kritik daran, daß sich aus dem strukturellen Umbruch kein geistig-geistlicher Aufbruch entwickele und das Bistum seine Identität nach dem Abschied der alten Industrien und Sozialstrukturen, mit denen der Milieukatholizismus seit dem 19. Jahrhundert dicht verwoben war, kaum schärfe; vernehmbar war der Ruf nach spiritueller Führung, um die Identifizierung mit der Aachener Ortskirche zu fördern, ja, die Autorität von Bischof und Generalvikar scheint, erstmals in der Geschichte des Bistums, innerkirchlich in Zweifel gezogen. Die Zeiten, in denen ein rheinischer, mit Klugheit und Mutterwitz gesegneter Bischof dem Bistum in schwierigen Jahren vorstand, sind lange vorüber.

---

833 Bis Ende 2008 wurden 303 Planstellen abgebaut, davon ein Drittel in der Verwaltung. Dennoch ergibt sich durch sinkende Einnahmen seit 2005 ein jährliches strukturelles Defizit im Bistumsetat von ca. 30 Mio Euro (Einnahmen 2004: 274 Mio; Einnahmen 2007: 241,1 Mio). Die Schulden beliefen sich 2008 auf 58 Mio.

834 Das Bistum ist desweiteren dabei, die Verwaltungsstrukturen zu „straffen" und zu „professionalisieren", Personal zu entlassen, Auszubildende nicht mehr einzustellen, die pastorale Ausbildung befristet auszusetzen, Gehälter zu kürzen, ebenso Zuschüsse an Kindertagesstätten, Jugend- und Erwachsenenverbände, Ehe- und Familienberatung und an die Priesterausbildung in Kolumbien. Die Bildungsstätten wurden reduziert, die Kirchenmusikschule (St.-Gegorius-Haus) wurde geschlossen. Vgl. Matthias Kreuels (Hg.): Das Gregoriushaus Aachen. 126 Jahre Kirchenmusik-Ausbildung 1881-2007. Aachen 2007.

835 So Thema einer Veranstaltung des Diözesanrats der Katholiken in Aachen, 20.8.2008.

Der Bischof, der nach katholischem Selbstverständnis und Kirchenrecht das letzte Wort hat, ordnete Ende 2008 die Zusammenlegung von 125 Stadt- und Stadtrandpfarreien mit je eigener Geschichte, individueller Tradition[836] und eigenem Vermögenshaushalt, der sich oft Stiftungen frommer Bürger samt daran hängenden Auflagen verdankt, zu 45 Sprengeln bzw. Großgemeinden für Anfang 2010 an. Die Pfarreien dürfen darüber entscheiden, wie sich die Auflösung vollzieht, unter welchem Namenspatron die neue Großpfarrei ‚firmiert' und welches Gebäude als Hauptkirche dient, während die restlichen Kirchen „so weit wie möglich" erhalten bleiben können[837]. Das Bistum ist bereits dabei, Kirchen zu entwidmen, die nun als Ausstellungsorte kultureller „Superlative" dienen[838]. So werden die sieben Pfarreien der Aachener Innenstadt zu einer einzigen fusioniert, für die bald nur noch zwölf Priester zur Verfügung stehen, um zumindest die „sakramentale Grundversorgung" sicherzustellen. Darin unterstützt den Bischof inzwischen der Diözesanpriesterrat, während ein Drittel der Stadtgemeinden opponiert. Hatte die Deutsche Bischofskonferenz 1977 noch den „Priester in Ruf- und Reichweite" gewünscht, so erinnert die Lage drei Jahrzehnte später an die bittere Zeit des Kulturkampfs, als auch nicht mehr Seelsorge möglich war – damals durch staatliche Pression, heute durch eine innerkirchliche Strukturkrise erzwungen. Außerdem geht die Personal- und Finanzhoheit für die 303 pfarreigenen Kindertagesstätten 2010 auf die Verwaltung der vier Kirchengemeindeverbände über.

Nicht weniger schlägt zu Buche, daß der nach 1945 noch einmal geschlossen wirkende und über zwei Generationen stabile Verbands- und Sozialkatholizismus nicht mehr tragfähig genug ist, ohne daß bereits neue gesellschaftspolitische Konzepte vorliegen. Die gesellschaftskritischen neomarxistischen Ansätze der späten sechziger und siebziger Jahre haben zwar ihre Faszination verloren, und „Religion", „moralische Autorität" und „Werte" sind keine Reizwörter mehr. Es läßt sich schwerlich behaupten, daß die Menschen Sinn- und Glaubensfragen heute weniger berühren als früher und daß Moderne und Religiosität einander ausschließen. Dies bezeugte im Jahr 2005 die Teilnahme der deutschen Öffentlichkeit am Tod des charismatischen Papstes Johannes Paul II., an der Wahl seines Nachfolgers und am XX. Weltjugendtag der katholischen Kirche in Köln.

---

836 Zu den Bruderschaften der Aachener Kirchen vgl. Jürgen Herres: Städtische Gesellschaft und katholische Vereine im Rheinland 1840-1870. Essen 1996, S. 214-216.

837 Vgl. Aachener Zeitung (Stadtausgabe), 10.11.2008.

838 So Aachener Nachrichten, 12.9.2007, bezüglich St. Paul in Aachen als Station der „Route Charlemagne", der jüngst entwickelten städtischen Eventkultur.

Die großen Gruppen aus dem Kreis Aachen und der Stadt Aachen gingen im Meer der internationalen Gäste des XX. Weltjugendtages der Kath. Kirche im Jahr 2005 in Köln unter.

Die junge Generation verschiedenster Nationen einte anläßlich dieser Ereignisse, ob in Rom oder Köln, ein anderes Lebensgefühl als das der erwähnten Achtundsechziger und ihrer Kinder; es war nicht mehr vom Kalten Krieg und Kampf der Ideologien bestimmt, sondern von dem Gefühl, in einer Welt ohne Grenzen zu leben, in der Glaube und Religion Halt vermitteln und in der die Hoffnung auf Gerechtigkeit, Frieden und Bewahrung der Schöpfung existiert. Doch sind Religiosität, Werteorientierung und Sexualmoral seit etwa vierzig Jahren immer weniger an die Kirchen als Körperschaften öffentlichen Rechts gebunden, wie der ungebrochen rückläufige Trend bei Taufen und Trauungen auch katholischer Ehepartner zeigt. Überdurchschnittlich sind davon die Ballungsgebiete Westdeutschlands einschließlich des Aachener Raumes betroffen[839].

Auch an den Hochschulen ist nach der Einrichtung der „Gruppenuniversität", die um 1970 zu einer breiteren Partizipation von Assistenten, Studenten und nicht-

839 Vgl. Statistik der Deutschen Bischofskonferenz vom Mai 2007. http://www.dbk.de//zahlen_fakten/index.html (eingesehen am 2.12.2008). In Nordrhein-Westfalen ließen sich 2007 von 80.100 Ehepaaren 24.700 kirchlich trauen, die ev. Trauungen sanken seit 1997 um 27,2% auf 10.400, die katholischen um 35,4% auf 14.300.

wissenschaftlichen Mitarbeitern führen sollte, ein weiterer Wandel eingetreten. Das Pendel scheint von dem einen Extrem ins andere auszuschwingen, geht es doch nun um Stärkung der „universitären Managementstrukturen", um „professionalisierte Fakultätsleitungen" und „Freiräume für unternehmerisches Handeln"[840]. Dadurch sollen die Entscheidungsprozesse verkürzt und soll die Forschung auf die Kernkompetenzen der Hochschule konzentriert werden.

Wandel an der RWTH Aachen

An der Technischen Hochschule Aachen, mit 30.000 Studenten und 10.000 Beschäftigten der größte Arbeitgeber und Ausbilder der Region, ist durch das nordrhein-westfälische „Hochschulfreiheitsgesetz" von 2007 an die Stelle der Universitätsverfassung eine neue „Grundordnung" getreten. Strukturen und Nomenklaturen sind nun der Organisationsform von Kapitalgesellschaften nachgebildet.

Auf die wirtschaftliche Herausforderung des neuen Gesetzes ist die Aachener Hochschule gut vorbereitet; sie ist im deutschen Vergleich Spitzenreiter bei der Einwerbung von Drittmitteln aus Industrie und Wirtschaft[841]; nicht zuletzt darauf beruhen in ihrem naturwissenschaftlich-technischen Schwerpunkt Prestige und Rang der Lehrstuhlinhaber, wobei manche Institutsetats an den Haushalt kleinerer Kommunen heranreichen. Genannt sei das renommierte „Laboratorium für Werkzeugmaschinenbau und Betriebslehre" (WZL) der Fakultät für Maschinenwesen. Die RWTH Aachen hat, wie oben beim Wandel zu neuen Industrien nach Ende des Kohlebergbaus dargelegt, die Zusammenarbeit mit der regionalen Industrie und Wirtschaft erheblich intensiviert und verbessert. Das zahlt sich nun für sie selbst am meisten aus.

Rund um die Hochschule wird bis 2015 ein technologieorientierter „Campus" errichtet, auf dem Hochschulinstitute im räumlichen Verbund mit bis zu 150 Unternehmen, darunter der Energiekonzern Eon, im „Großcluster" Forschung und Entwicklung betreiben sollen. Der „Campus" entsteht auf einer

840 So eines der zahllosen Papiere aus dem Rektorat der RWTH Aachen: Zukunftskonzept einer Spitzen-Universität (2007) (i. A. Corinna Bertz).

841 Im Jahr 2006 warb die RWTH Aachen 135 Mio. Euro ein (TU München 105, TU Stuttgart 102 Mio.). Die höchsten Drittmitteleinnahmen je Professur erzielten Lübeck (450.000 Euro), Stuttgart (433.000), Aachen (428.000).

Hausschild am renommierten Laboratorium für Werkzeugmaschinenbau (WZL) der RWTH Aachen.

Million Quadratmeter Fläche in den Gebieten Westbahnhof, Seffent/Melaten und im Kernbereich der Hochschule. Die Investitionssumme ist auf drei Milliarden Euro veranschlagt, mehr als 5000 Arbeitsplätze sollen entstehen.

Doch steht die RWTH Aachen wie alle Hochschulen inmitten eines weiteren Umbruchs. Sie hat die Studiengänge formal – nicht inhaltlich – den international gestuften („modularisierten") Studiengängen aus Bachelor- und Masterphase angeglichen. Dies liegt auf der Linie der „Empfehlung" der EU-Mitgliedsstaaten in Bologna von 1999 („Bologna-Prozeß"). Die gestuften Studiengänge sollen einerseits der hohen Quote an Studienabbrechern quer durch alle Fächer entgegenwirken[842] und andererseits berufsqualifzierend ausbilden: in den Technik- und Naturwissenschaften für die klassischen Berufsfelder ohne Abstriche bei den Anforderungen; in den Geisteswissenschaften (nun „Humanities"), also den ‚klassischen Bildungsfächern', wie Philosophie, Literaturwissenschaft oder Geschichte, für einen „Job" in Tourismus, Medien, Vertrieb, Kundenbetreuung oder in einer „anspruchsvollen Sekretariatstätigkeit"[843].

Das Studium kennt keine Phase mehr der Eigeninitiative, des Testens von Neigungen, der behutsamen Einführung in abstrakte Begriffswelten wie der theoretischen Physik. Begabte und motivierte Studenten empfinden die Verschulung als Gängelung. Die Studiengänge sind auf drei Jahre verkürzt, faktisch „Schmalspurstudien"[844] – abgesehen von Medizin, Rechtswissenschaft, katholischer und evangelischer Theologie, in denen sich Staat und Kirchen Unwägbarkeiten nicht leisten können oder wollen. Die Hochschulen sollen, analog zu den Fachhochschulen, für die heute viel zitierte „Wissensgesellschaft" bzw. „Informationsgesellschaft" verwertbares „Wissen" „produzieren" und „popularisieren"[845]. Der zeitaufwendige und mühevolle Erwerb von Bildung und Urteilsfähigkeit tritt nach Einschätzung von 60 Prozent der Studenten und auch des Deutschen Hochschulverbandes dahinter zurück[846]. Während Wilhelm von Humboldt den einzelnen Studenten einem Selbsterziehungsprozeß zum frei entscheidenden, vernünftigen Menschen unterwerfen wollte[847], entscheidet nun der vorsorgende Staat darüber, was für den studierenden Bürger gut ist. Die Reform erscheint nicht wenigen als „eine riesige komplizierte Sparmaßnahme"[848].

Die RWTH Aachen gehört seit 2007 – als einzige in Nordrhein-Westfalen – zu den neun deutschen „Elite-Hochschulen". Damit nimmt sie an dem Bund-Länder-

842 Dennoch liegt die Abbrecherquote an Universitäten immer noch bei 20%, an Fachhochschulen bei 22%; bei 50% in den natur-, bei 30% in den ingenieurwissenschaftlichen Fächern. Vgl. „Studienqualitätsmonitor 2007" des Hochschul-Informations-Systems vom Februar 2008.

843 http://www.histinst.rwth-aachen.de/de/assets/File/Unterlagen/FachspezifischeZiele BachelorInternet.pdf (eingesehen am 2.12.2008).

844 So der Philosoph Otfried Höffe beim 57. Nobelpreisträgertreffen in Lindau 2007. Zit. n. Forschung & Lehre, hg. v. Deutschen Hochschulverband (Bonn), 2007, Nr. 11, S. 651.

845 Vgl. Leitkommentar von Heike Schmoll: Wissensfabriken. In: FAZ, 24.8.2007.

846 So Ergebnis des 10. Studierendensurveys des Bundesbildungsministeriums von 2006/07.

847 Zu den Mißverständnissen, denen das Bildungsanliegen Wilhelm von Humboldts seit den 1970er Jahren (v. a. bei Sprachphilosophie und Anthropologie) ausgesetzt ist, Uwe Andreas Michelsen: Wilhelm von Humboldt – Sprachforscher, Bildungstheoretiker und Gestalter des deutschen Bildungswesens. In: Europa der Regionen – L'Europe des Régions. Bonn 2002, 409-428.

848 Jürgen Kaube: Art. Die offene Lehrsklavenhaltergesellschaft und ihre Feinde. In: FAZ, 27.11.2007.

Das „Super C" neben dem Hauptgebäude der RWTH (2008) ist Symbol des „Elite"-Status' der traditionreichen Technischen Hochschule Aachen.

Programm zur Stärkung der universitären Spitzenforschung („Exzellenzinitiative") teil, aus dem von 2006 bis 2011 1,9 Milliarden Euro[849] für beantragte Projekte[850] in erster Linie in der anwendungsbezogenen Forschung, in Technik und Naturwissenschaften, verteilt werden. Den Aachener Erfolg beim Wettbewerb um den „Elite"-Status, der auf fünf Jahre begrenzt ist, ermöglichten vor allem zwei Voraussetzungen: das Konzept der Verknüpfung von Ingenieur- und Naturwissenschaften „RWTH 2020: Meeting Global Challenges" und die „Juelich-Aachen-Research-Alliance" („Jara"), d.h. die Zusammenarbeit mit dem Kernforschungszentrum Jülich in den drei Bereichen Informationstechnologie („Jara-Fit"), Hirnforschung mit optischen Verfahren („Jara-Brain") und Simulation am Bildschirm („Jara-Sim").

Die im Rahmen der „Exzellenzinitiative" genehmigten drei Forschungsverbünde („Cluster") untersuchen die Unterschiede der Produktionsbedingungen zwischen Hoch- und Niedriglohnländern, die mobile Datenübertragung und die

849 Im Vergleich mit den amerikanischen Universitäten handelt es sich um kleine Fördersummen. Allein die Universität Harvard verfügt über ein Vermögen von 36 Mrd. Dollar. Das Massachusetts Institute of Technology verfügt über den doppelten Etat von RWTH Aachen und Kernforschungszentrum Jülich zusammen.

850 In den drei Förderlinien: Zukunftkonzept der Hochschule, Graduierten-„schulen" zur Förderung des Nachwuchses, Zentren für die interdisziplinäre Spitzenforschung („Exzellenzcluster").

Herstellung neuer synthetischer Kraftstoffe auf der Basis von Biomasse. In einer bestimmten Ausrichtung des „Zukunftskonzepts" wird im Zusammenwirken von „Humanities and Technology" („HumTec") nach gewissen Schnittstellen zwischen Geisteswissenschaften und Ingenieur- sowie Naturwissenschaften bei Themen von „hoher sozialer und globaler Relevanz" gefragt, wie „Gender Mainstreaming and cultural diversity"[851]. Bedenkt man, daß die anwendungsbezogenen Fächer überhaupt erst vor hundert Jahren den Weg zur Anerkennung als gleichberechtigte Wissenschaftsgruppe beschritten haben, so versteht man das Urteil vom „atemberaubenden" „Umschwung von Humboldt zu Bologna", „dessen Tragweite in der Öffentlichkeit kaum begriffen wird"[852].

Überall gilt, daß die Fördermittel für Ideen fließen, die noch zu entwickeln sind, „belohnt wurden Antragsexzellenz und Forschungsvorhaben, deren Gelingen in den Sternen steht. Vorerst wurden Schaufensterpuppen ins Fenster gestellt"[853]. Die „Cluster" bewirken, daß die Forschung nach Gesichtspunkten hochschulpolitischer, in den ‚weichen' Disziplinen nach solchen gesellschaftspolitischer Opportunität ausgerichtet wird. Doch bleibt daran zu erinnern, daß die Technik immer nur das erfindet und erforscht, „was sie gemäß der jeweiligen ideengeschichtlichen Situation kann, keineswegs, was sie von außen her, von Gesellschaft oder Wirtschaft oder Staat her, sollte"[854].

Ungelöst ist die Frage, wie „Exzellenz" in der Forschung mit der Lehre verbunden werden kann. Die Mittelzuweisung bemißt sich in Nordrhein-Westfalen nach der Auslastung der Studiengänge und der Anzahl der Abschlüsse innerhalb der vorgegebenen Regelstudienzeit. Hochschulen und Professoren vermarkten ihre Studiengänge im Wettbewerb untereinander in einem wortschöpferischen ‚Neuenglisch' von Ökonomie und Soziologie – auch die „Aachen University" mit der Hochschulzeitung „RWTH insight".

---

851 Strategiepapier „RWTH 2020" (2007). Die ausfüllungsbedürftige Generalklausel läßt (rheinischer) Übersetzungs- und Interpretationskunst manchen Spielraum.

852 Gustav Seibt: Ende einer Lebensform. Der atemberaubende Untergang der deutschen Universität. In: Süddeutsche Zeitung, 21.6.2007. – Ders.: Humboldts Vermächtnis. In: Ders.: Deutsche Erhebungen. Springe 2008, S. 98-106.

853 Leitkommentar von Heike Schmoll: Exzellenzpause erwünscht. In: FAZ, 22.10.2007. – Dies.: Die Institution frißt ihre Kinder. Warum die Exzellenzinitiative Elitebildung verhindert. In: Forschung & Lehre 2008, S. 76-78.

854 So Hans Martin Klinkenberg: Geschichte der ingenieurwissenschaftlichen Forschungen in Rheinland-Westfalen. In: Rheinland-Westfalen im Industriezeitalter, Bd. 4. Wuppertal 1984, S. 9-23, hier S. 18.

Die RWTH auf Werbefahrt.

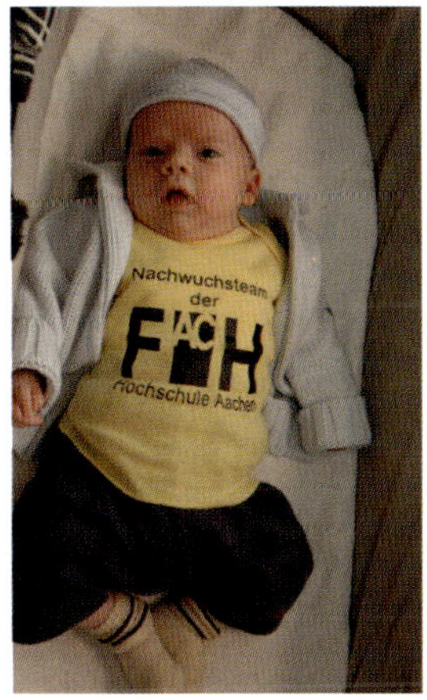

Werbung der Fachhochschule Aachen.

Die Umstrukturierung betrifft die Philosophische Fakultät, die jüngste, ohnehin wichtige Kernfächer entbehrende Fakultät[855], am stärksten. Die Fakultät hat, zumal bei der wiedergewonnenen Lehramtsausbildung, anderen Axiomen zu folgen als Wirtschafts- und Naturwissenschaftler, Ingenieure und Architekten. Sie führt zwar den Dialog mit diesen im „Forum Technik und Gesellschaft" und sucht mit dem im Rahmen der Lehramtsausbildung verbindlichen Modul „Faszination Technik" den Bezug zur Konzeption „Technische Hochschule" zu wahren. Da sie jedoch bei der Einwerbung von Drittmitteln mit den naturwissenschaftlich-technischen Fächern nicht mithalten kann, erscheint sie als Kostgängerin der übrigen Fakultäten. Vor allem aber: Ihre Fächer sind nicht auf unmittelbare Anwendbarkeit gerichtet. Sie suchen, möglichst unabhängig von Zeitgeist, politisch korrekten Formulierungen und ökonomischen Erwägungen, nach der Wahrheit und sind allein dem forschenden Geist verpflichtet. Es geht ihnen mehr um vielschichtige qualitative als quantitative Analysen, um Sinnerhellung und zweckfreie Deutungen, letztlich um Hermeneutik[856],

855 Die Fakultät widmete schon früh die für die interdisziplinäre Verknüpfung zentrale Latinistik um, während die Fakultät für Bauingenieurwesen jüngst auf die Studiengänge Kunst- und Baugeschichte verzichtete. Die Fakultät für Wirtschaftswissenschaften löste ihr renommiertes Institut für Internationale technische und wirtschaftliche Zusammenarbeit (ITWZ) auf; die Fakultät für Elektrotechnik und Informationstechnik ist dabei, den Lehrstuhl für Geschichte der Technik umzuwidmen, was auch die Philosophische Fakultät betrifft.

856 Die dafür maßgeblichen theoretischen Überlegungen hat in unserer Zeit, weltweit rezipiert, der Heidelberger Philosoph Hans-Georg Gadamer (1900-2002) formuliert („Wahrheit und Methode", Tübingen 1960 [u. ö.]).

um Auslegung und Verstehen von Texten[857], Bildern und Kunstwerken. Dazu gehört die Frage nach den gewachsenen Grundlagen der Region als Voraussetzung für die zukünftige Entwicklung.

Neben der Technischen Hochschule behauptet die Fachhochschule Aachen mit ihrem technischen Fächerkanon ihren Rang; sie wurde 1971 gegründet und ist mit der früheren Fachhochschule Jülich zusammengeschlossen. Hier sind 8000 Studenten in 28 Bachelor- und 14 Masterstudiengängen der Ingenieur- und Wirtschaftswissenschaften sowie des Multimedia Design eingeschrieben[858]. Die Fachhochschule Aachen orientiert sich mit ihrem Angebot an den Erfordernissen des globalisierten Arbeitsmarkts, darunter sind so attraktive Studiengänge wie „Entrepreneurship" (Gründung und Führung von Unternehmen), „Facility-Management" und „Service-Management".

Der Schlüssel zur Arbeitswelt liegt indessen nicht ausschließlich in einem Studium. Gerade die Region Aachen zeigt überdeutlich die Bedeutung des dualen Ausbildungssystems für die Handwerks- und Industrieberufe, in dem praktische Erfahrungen im Betrieb durch theoretische Erkenntnisse in den Berufskollegs ergänzt und vertieft werden, mit hoher Durchlässigkeit und vielen Qualifizierungsmöglichkeiten. Darin liegt der im internationalen Vergleich hohe Fertigungsstandard von Handwerk, Industrie und Dienstleistung begründet. Meister, Techniker und Ingenieure bilden nach dem Besuch von Berufskollegs, Fachoberschulen, Technikerschulen und Fachhochschulen den Mittelbau in den vielen mittelständischen und Großunternehmen auch der Aachener Region. Viele Schüler finden den Zugang zu ihren Berufen vor allem über Haupt- und Realschulen und die Berufskollegs, die in Stadt und Kreis Aachen 20.000 Jugendliche besuchen. Besonders Begabten bietet das Land Nordrhein-Westfalen die Möglichkeit, ein sogenanntes Verbundstudium zu betreiben, in dem in sieben Studiengängen entweder Ausbildung oder Beruf mit einem Fachhochschulstudium kombiniert werden[859]. Diese Möglichkeit wird inzwischen von 3000 Studenten genutzt.

857 Ein Glanzstück Aachener Forschung zur spätmittelalterlichen Technik und Wissenschaft ist die mit DFG-Mitteln geförderte Edition des handschriftlichen Maschinenbuchs von Konrad Gruter aus Werden an der Ruhr für Erich VII., König von Dänemark, Norwegen und Schweden, in der Vatikanischen Bibliothek: Konrad Gruter von Werden: De Machinis et rebus mechanicis. Ein Maschinenbuch aus Italien für den König von Dänemark 1393-1424. Hg. von Dietrich Lohrmann, Horst Kranz, Ulrich Alertz, 2 Bde., Città del Vaticano: Biblioteca Apostolica Vaticana 2006 (Studi e testi, Bd. 428 u. 429).

858 Vgl. www.fh-aachen.de/kurzprofil.html (eingesehen am 2.12.2008).

859 Beteiligt sind die Fachhochschulen in Bielefeld, Bochum, Dortmund, Köln, Münster, Niederrhein und Südwestfalen. Vgl. www.verbundstudium.de (eingesehen am 2.12.2008).

Städteregion Aachen

Kreis und Stadt Aachen schließen sich zum 21. Oktober 2009 zu einer „Städteregion" zusammen[860]. Die kommunale Aufgabenerledigung soll durch eine Funktionalreform gebündelt werden – etwas grundsätzlich anderes als die nordrhein-westfälische Gebietsreform der siebziger Jahre. Ging es damals um die Bildung von Großgemeinden und größeren Kreisen zur Verwaltungsvereinfachung und um die Vergrößerung des ‚Spielfeldes' aller kommunalen Behörden auf der Gemeinde-, Stadt- und Kreisebene, so verschwindet nun der Kreis Aachen überhaupt. Die Stadt Aachen überträgt einen nicht unbedeutenden Aufgabenstamm und dazu gehörige Mitarbeiterstellen an die Städteregion, wobei eine für die Beteiligten haushaltsneutrale Umschichtung vorgesehen ist. Aachen bleibt im wesentlichen (im Sinne der Gemeindeordnung von NRW) kreisfreie Stadt samt den Bezirken, erhält jedoch einen einschränkenden Sonderstatus. Aachen wird regionsangehörige Stadt und gehört somit der neuen Gebietskörperschaft mit neuen Rechten und Pflichten an. Die Stadt untersteht in ihren originären kommunalen Aufgaben weiterhin der unmittelbaren Aufsicht des Regierungspräsidenten. Die Städteregion zahlt die Landschaftsverbandsumlage.

Unter dem Titel „Der Markstein von Merkstein" berichtete die Aachener Zeitung am 26. Oktober 2001 über den „Starschuss" auf dem Weg in die „StädteRegion Aachen". Landrat Carl Meulenbergh und Oberbürgermeister Dr. Jürgen Linden hatten 2001 die politischen Kräfte der Region eingeladen und über ihre Vision informiert.

860 Gesetz zur Bildung der Städteregion Aachen (Aachen-Gesetz) vom 26.2.2008. Landtag NRW, Drucksache 14/5556 (nicht mehr gedruckt, im Internet einsehbar).
– Details unter www.staedteregion-aachen.de

Das Gebiet besteht ab Oktober 2009 aus einer „Region" mit „regionszugehörigen" Städten und Gemeinden und erhält, um verfassungskompatibel zu bleiben, die Rechtsstellung eines Kreises im Sinne von Grundgesetzartikel 28. Der Begriff „Region" ist bundes- und landesrechtlich nicht definiert und auch im Aachen-Gesetz nicht mit Inhalt gefüllt. Dabei halten Gemeinden und Gemeindeverbände an der in der nordrhein-westfälischen Gemeindeordnung vorgesehenen „Allzuständigkeit"[861] fest. Nicht relativiert wird das Prinzip der kommunalen Selbstverwaltung und der Subsidiarität, die möglichst viele Aufgaben auf der unteren Ebene beläßt und nur hilfsweise auf eine höhere verlagert. Den regionsangehörigen Städten und Gemeinden verbleiben die bisherigen Aufgaben.

Die Landesregierung hat der Bildung der Städteregion, nachdem sie in Stadt und Kreis Aachen schließlich fast einstimmig gewollt war, zugestimmt, und der Landtag hat das Aachener Experiment durch ein Sondergesetz Anfang 2008 einstimmig ermöglicht, wobei eventuelle spätere Änderungen von den bis 2014 gesammelten Erfahrungen abhängig gemacht werden. Zur Vorgabe gehört, daß die Städteregion die Grundlagen des Finanzausgleichs nicht berührt. Falls Aufgaben von staatlichen Sonder- und Mittelbehörden abgegeben werden, fallen diese an die Städteregion. Sollte die Stadt Aachen solche Aufgaben selbst wahrnehmen wollen, wäre ihr dies unbenommen, sie müßte dann die Kosten selbst tragen.

Die Landesregierung hat die Bildung der Städteregion mit Blick auf deren besondere Lage am Dreiländereck unterstützt, ohne darin, worauf der Landkreistag Nordrhein-Westfalen Wert legte, ein Modell mit präjudizierender Wirkung für die regionale und interkommunale Zusammenarbeit in anderen Regionen und Gebieten des Landes sehen zu wollen – etwa für Bonn/Rhein-Sieg-Kreis oder Düsseldorf/Kreis Mettmann. Der Gesetzgeber ist nicht allen Wünschen der Region gefolgt. Zwar ist ein Hauptaspekt der Reform die Stärkung der regionalen Wirtschaftskraft, doch hat die Städteregion nicht die wichtige Kompetenz für die Regionalplanung und für den Flächennutzungsplan nach dem Baugesetzbuch erhalten, um Flächen für Investoren in Gewerbe, Handel und Wohnungsbau auszuweisen. Und Bezeichnungen wie „Städteregionstag" und „Städteregionsrat" atmen bürokratischen Geist, der in der Region wenig Zustimmung finden dürfte.

861 Gestützt durch die Selbstverwaltungsgarantie von GG Art. 28 Abs. 2 und Landesverfassung NRW Art. 78 Abs. 1.

Die Städteregion Aachen im Jahr 2009.

Die Städteregion hatte seit 2004 einen Vorlauf in Form eines Zweckverbands, der durch die Beteiligung aller Kommunen demokratisch legitimiert war[862]. Zwar kooperierten Kommunen und Kreis bereits in verschiedenen Zweckverbänden: bei der Sparkasse Aachen, dem Straßenverkehrsamt für Stadt und Kreis Aachen und seit vier Jahrzehnten beim Schulverband für Abendrealschule und Abendgymnasium.

862 Vgl. Tagesordnungspunkte 2 u. 3 der Sitzung der Verbandsversammlung „StädteRegion Aachen" (gegründet 2004), 21.11.2006.

Das hätte sich zwar auf andere Bereiche durch weitere Zweckverbände ausdehnen lassen, wäre aber nach Meinung aller Beteiligten keine Ideallösung gewesen, weil viele Zweckverbände Unübersichtlichkeit schaffen und nun alle Aufgaben der Kontrolle ein- und derselben Volksvertretung unterstehen.

Ab dem Jahr 2009 gehen u. a. auch Sozialhilfe, Gesundheitsamt, Ausländerbehörde, Katasteramt, Straßenverkehrsamt und Veterinärwesen in die Zuständigkeit der Städteregion über. Diese soll außerdem die Infrastrukturentwicklung koordinieren und die Werbung für die Kulturveranstaltungen der regionsangehörigen Städte und Gemeinden sowie den Tourismus fördern. Die Väter der Städteregion[863] versprechen sich davon einen deutlichen „Synergieeffekt" in der Verwaltung, indem Doppelzuständigkeiten aufgehoben werden, also für den Steuerzahler spürbare Einsparungen[864], und eine bessere Position beim Einwerben von Fördermitteln aus europäischen Fonds. Kurzum: Die Städteregion möchte im Wettbewerb der Regionen besser wahrgenommen werden.

Die Region Aachen hat seit Gründung der Bundesrepublik in der Nähe der politischen Entscheidungszentren von Bonn und Brüssel gelegen; sie hofft durch die Städteregion ihre Interessen nach außen besser vertreten zu können, nachdem der Regierungssitz nach Berlin verlegt worden ist und die Einbindung der neuen EU-Mitgliedsländer Mitteleuropas viel politische Aufmerksamkeit bindet. Mit der Städteregion vergleichbare Regionalstrukturen bestehen in Form der „Deutschen Sprachgemeinschaft" in Belgien und in der niederländischen „Parkstad Limburg". Beide Länder sind über 105 Kilometer Länge direkte Nachbarn im Europa der Regionen. Das grenzüberschreitende Gewerbegebiet „Avantis" liegt auf dem Boden von Heerlen und Aachen. Im „Eurode Business Center", grenzüberschreitend zwischen Kerkrade und Herzogenrath errichtet, arbeiten Firmen aus beiden Ländern sowie öffentliche Stellen, etwa in einer gemeinsamen deutsch-niederländischen Polizeiwache, zusammen.

Durch die Neustrukturierung will die Region Aachen der Gefahr vorbeugen, neben den Ballungsräumen der Rheinschiene, den Nachbarregionen in Belgien und der niederländischen Provinz Limburg mit ihren erheblichen Ambitionen in

863 Landrat Carl Meulenbergh (CDU), Aachens Oberbürgermeister Jürgen Linden (SPD) und Baesweilers Bürgermeister Willi Linkens (CDU).

864 Das Personal der Städteregion besteht aus ca. 750 Stellen der Kreisverwaltung, ca. 250 der Aachener Stadtverwaltung und ca. 130 der bisherigen Zweckverbände. Die Zielvorgabe liegt bei einer Reduzierung der Personal- und Sachkosten von 3% bis 2009 und 10% bis 2015 auf der Basis des Ist-Zustandes 2005.

Im Erweiterungsbau neben dem Kreishaus wird ein Teil der Verwaltung der Städteregion Aachen untergebracht.

Biowissenschaften und Pharmazeutik ins Abseits zu geraten. Die Provinz Limburg möchte Stärke aus der Kooperation mit der Medizinischen Fakultät der RWTH Aachen ziehen und sieht sich in ihren wirtschaftlich-technischen Entwicklungsmöglichkeiten als Zentrum der „Technologischen Topregion" Eindhoven-Löwen-Lüttich-Aachen. Noch nie war der Wille aller Grenznachbarländer, mit der Addition ihrer Vorzüge und Vorteile gemeinsam aufzutreten, derartig ausgeprägt.

Für die Wahl zum „Städteregionstag" (entsprechend dem Kreistag) und des ersten „Städteregionsrats" (entsprechend dem Landrat) bestimmt das Gesetz die Zahl der zu wählenden Vertreter für den Städteregionstag mit 72. Davon wird die Hälfte direkt in den Wahlbezirken, die andere über Listenwahl bestimmt. Im Städteregionstag wird ein natürliches Spannungsverhältnis zwischen Aachen auf Grund seiner Einwohner- und Mandatszahl und dem Umland (32:40) bestehen[865]. Bei der Definition der Rahmenbedingungen für die wirtschaftliche und kommunalpolitische Entwicklung wird es darauf ankommen, das Spannungsverhältnis

865 Aachen zählt 259.000, Stolberg 58.000, Eschweiler 55.000 Einwohner.

zwischen dem „Bedeutungsüberschuß"[866] Aachens und den umliegenden Städten und Gemeinden partnerschaftlich auszugleichen.

Das Gesetz regelt auch die Finanzierung der Städteregion und sieht dabei für den Landeshaushalt keine Mehrbelastung vor. Die Städteregion muß also im kommunalen Finanzausgleich kostenneutral arbeiten, sie erhält dieselben Schlüsselzuweisungen wie der Kreis Aachen ohne die Stadt Aachen. Während der Kreis als Umlageverband durch eine geschickte Finanzpolitik inzwischen nahezu schuldenfrei ist[867], leiden die meisten Kommunen an einer nicht nur strukturell bedingten hohen Verschuldung. Die Haushalte einiger Kommunen sind derzeit nicht genehmigungsfähig, sind Nothaushalte, was den Kommunen die Hände bindet, vor allem bei den „freiwilligen Leistungen" für die Bürger; andere Kommunen sind an ein Haushaltssicherungskonzept gebunden. Baesweiler, Herzogenrath und Simmerath weisen (2008) ausgeglichene Haushalte auf[868]. Die Stadt Aachen verfügt seit 2007, nachdem Einnahmen und Ausgaben ausgeglichen sind und der Schuldenabbau eingeleitet ist, über ein „genehmigtes Haushaltssicherungskonzept"; die Stadt muß ihren Haushalt der Bezirksregierung nur anzeigen, hat also Handlungspielraum zurückgewonnen[869]. So dürfen die meisten Kommunen zum Zeitpunkt der Errichtung der Städteregion über ihre Struktur- und Finanzpolitik nicht mehr selbst uneingeschränkt entscheiden.

Dabei ist die kommunale Finanzentwicklung ein landesweites Problem. Das Innenministerium in Düsseldorf sieht ein Zeichen für die weiter angespannte Finanzlage der Kommunen in dem neuen Höchstand der Kassenkredite, die Ende 2006 bei ca. 12,54 Mrd. Euro lagen, während die Investitionsschulden um ca. 500 Mio. Euro vermindert wurden. Im Mai 2007 befanden sich 190 der 427 Städte, Gemeinden und Kreise in Nordrhein-Westfalen in der Haushaltssicherung, davon verfügten 113 über ein nicht genehmigtes Haushaltssicherungskonzept, weil sie die Rahmenbedingungen der Gemeindeordnung nicht erfüllen konnten[870].

---

866 Erlenkämper: Stadt-Umland-Problematik, S. 100.

867 Schuldenstand 1.1.2009: 22,3 Mio (1.1.1994: 71,67 Mio Euro).

868 Damit korreliert die Arbeitslosenquote: im Nordkreis (Alsdorf, Baesweiler, Herzogenrath, Würselen) 7,7%, in Eschweiler 9,9%, Stolberg 9,2% und in der Nordeifel (Monschau, Roetgen, Simmerath) 4,1% (Stand Sept. 2008).

869 Die Voraussetzung dafür legt das Gesetz über das Neue Kommunale Finanzmanagement (2004), ein Systemwechsel innerhalb des Rechnungswesens unter Aufgabe der Kameralistik, in dem das Kommunalvermögen bei der Haushaltsaufstellung mitveranschlagt wird.

870 Vgl. Homepage des NRW-Innenministeriums: www.im.nrw.de/bue/64.htm (eingesehen am 2.12.2008).

Zum Zeitpunkt der Bildung der Städteregion sind nahezu überall in der Region die politischen Mehrheitsverhältnisse zerfasert[871], insbesondere, nachdem der Verfassungsgerichtshof des Landes im Jahr 1999 die „Ungleichgewichtung der Wahlerstimmen" bemängelt und die Fünf-Prozent-Sperrklausel zur Zusammensetzung der Stadträte und Kreistage außer Kraft gesetzt hat; das hat populistischen und extremen Gruppen den Einzug in die Kommunalvertretungen erleichtert. Zudem haben die beiden Volksparteien ihre Bindungskraft eingebüßt und sind die Milieus in Auflösung begriffen: Wertkonservativ oder wirtschaftsliberal Denkende fühlten sich seit den 1990er Jahren nicht mehr bei der CDU, gewerkschaftlich und ökologisch Denkende nicht mehr bei der SPD aufgehoben. Hatte die SPD zu Beginn der neunziger Jahre etwa 920.000 Mitglieder und die CDU etwa 750.000, so lag die CDU Ende 2008 mit 530.000 leicht vor der SPD mit 523.000 (neben 165.000 CSU-Mitgliedern). Beide Volksparteien können Sterbefälle und Austritte von Mitgliedern nicht mehr wettmachen. Die Gewerkschaften sind seit 1992 um 4,5 Millionen (2007: 6,5 Mio.) Mitglieder geschrumpft.

Diese Entwicklung ist auch in Stadt und Kreis Aachen spürbar, die Kandidatensuche für öffentliche Ämter dauert in der einen oder anderen Kommune länger als früher. Wie große Teile der Gesellschaft, so halten auch die regionalen Parteiapparate an den überkommenen Strukturen fest. Die „Ochsentour" mit stunden- und nächtelangen Ortsvereinsversammlungen und ermüdenden Diskussionen ohne greifbares Ergebnis macht parteipolitische Arbeit für Bürger mit Familie und Beruf kaum zumutbar, zumal die Lebens- und Familienverhältnisse komplexer geworden sind. Die Parteien bringen selbst das politische Personal hervor, „nicht das innovationsfreudige Unternehmertum, nicht die Wissenschaft und auch nicht das anspruchsvolle Beamtentum"[872]. Bei den Jugendlichen unter 30 Jahren bekunden überhaupt nur noch

Das Grüne Sofa war Instrument der Werbung für die Städteregion Aachen, hier mit 2008 den neun Bürgermeistern der Kreiskommunen, Landrat Carl Meulenbergh und dem Aachener Oberbürgermeister Dr. Jürgen Linden

871 Vgl. Der Kreis Aachen, 2005, S. 22f., 68-77.

872 Majid Sattar: Leitkommentar Politik als Beruf. FAZ, 30.12.2008.

neun bzw. acht Prozent ein tiefergehendes Interesse an Politik und Wirtschaft, an eigener politischer Aktivität noch sechs Prozent[873].

Von 1994 bis 1999 bestand in Aachen das erste schwarz-grüne Bündnis in Nordrhein-Westfalen auf Kreisebene; es wurde 2004 erneuert – ebenso in einigen Kreiskommunen[874]. In sieben der neun Kommunalparlamente bestehen stabile Mehrheiten.

Sitzverteilung nach der Kommunalwahl vom 26. September 2004
Kreistag: CDU 25, SPD 18, Grüne 5, FDP 3, UWG (bürgerlich) 3, Republikaner 2; Landrat: Carl Meulenbergh (CDU): im ersten Wahlgang 50,23% (Schwarz-Grünes Bündnis).
Aachen: CDU 22, SPD 19, Grüne 10, FDP 3, Die Linke 1, ABL (Aachener Bürger-Liste) 1, UWG 1, Gemeinsam gegen Sozialkahlschlag - Wahlbündnis Aachen 1 (Rot-Grünes Bündnis).
Alsdorf: CDU 14, SPD 13, Freie Wählergemeinschaft 3, Republikaner 3, Grüne 3, FDP 2.
Baesweiler: CDU 28, SPD 7, Grüne 2, FDP 1
Eschweiler: SPD 24, CDU 16, UWG 4, Grüne 3, FDP 3
Herzogenrath: CDU 19, SPD 17, Grüne 5, FDP 3
Monschau: CDU 20, SPD 6, Grüne 2, FDP 2, Bürger 2
Roetgen: CDU 11, SPD 8, Grüne 5, FDP 2
Simmerath: CDU 18, SPD 6, UWG 4, Grüne 2, FDP 2
Stolberg: CDU 19, SPD 18, FDP 4, Grüne 3, UWG 2, NPD 2, DVU 1, ABS (Aktive Bürger Stolberg) 1 („Ampel"-Bündnis aus SPD, FDP, Grünen)
Würselen: CDU 17, SPD 14, UWG 7, Grüne 3, FDP 3.

Jenseits der Errichtung der Städteregion stellt sich die Frage nach der Zukunft kommunaler Selbstverwaltung. Die Städteordnung des Freiherrn vom Stein von 1808, die „Magna Charta deutschen Städtewesens", „verwirklichte erstmals in Deutschland den Gedanken echter politischer Repräsentation"[875] und Partizipation. Steins „Nassauer Denkschrift" von 1807 steht am Beginn der Selbstverwaltung in

873 Vgl. Renate Köcher: Art. Schleichende Veränderung. FAZ 20.8.2008.

874 Derzeit in Herzogenrath, Roetgen, bis 2004 in Würselen.

875 Erich Botzenhart: Karl Freiherr vom Stein 1757-1831. In: Die großen Deutschen, Bd. 2. Berlin 1956, S. 413-432, hier S. 421. – Auch Franz Schnabel: Deutsche Geschichte im 19. Jahrhundert, Bd. 1. Freiburg i. Br. 1929, Kap.: Der Freiherr vom Stein und die Reform des Staates, S. 316-364, hier S. 359-362. – Gerhard Ritter: Stein. Stuttgart 1981, S. 266-289.

Deutschland[876]. Ihr Hauptziel war die „Belebung des Gemeingeistes und Bürgersinns", die Beseitigung von „Formenkram und Dienst-Mechanismus" in der Verwaltung sowie die „Selbsttätigkeit" des Bürgers, der sich nicht mehr von Obrigkeitsstaat und Bürokratie gängeln lassen und von seinen Freiheitsrechten Gebrauch machen sollte. Nicht individueller Eigennutz, sondern „Volk" und „Nation" waren Steins Leitideen. Dies lief auf eine sittlich-moralische Fundierung des Politischen hinaus.

Wollte Stein die patriotische Saite im Bürger zum Klingen bringen, so regiert in der Kommunalpolitik heute die Sprache der Ökonomie und der politischen Korrektheit, die, wie zuerst in den USA, stets beide Geschlechter anspricht: Die Kommune ist „Dienstleistungsunternehmen"; „Bürgerinnen und Bürger" werden als Kunden gesehen, es geht um „New Public Management". Als Mittel „höchstmöglicher politischer Partizipation" wird der Bürgerentscheid ins Treffen geführt[877], den immerhin 20 Prozent der Stimmberechtigten unterstützen müssen, der aber de jure auf Initiative des Rats vor Ablauf von zwei Jahren durch einen neuen Bürgerentscheid und nach zwei Jahren vom Rat aus eigenem Recht abgeändert werden kann[878]. Faktisch haben sich jedoch in der Region Aachen die Bürger mit dem Instrument von Bürgerbegehren bzw. Bürgerentscheid durchgesetzt, so für den Fortbestand des Freibads Herzogenrath-Merkstein und jüngst gegen das Kultur- und Ausstellungszentrum „Bauhaus Europa" in Aachen.

Zum historischen Bezugspunkt wird die Einführung der repräsentativen Demokratie nach 1945 gemacht[879]. Dabei scheint die liberale Weimarer Republik, an die das Grundgesetz vielfach anknüpft, der geschichtlichen Erinnerung längst entschwunden, noch mehr der ausgeprägte Parlamentarismus des Kaiserreichs, das Ringen um Freiheit und Einheit in der Paulskirche 1848 und die Ideale der preußischen Staatsreformer von 1807. Dies wirft die Frage auf, ob sich Verwaltungen wie Unternehmen darstellen sollen und welche Sprache und historische Erinnerung Bürgersinn, Bürgerbeteiligung[880] und den Willen zum Ehrenamt zu wecken vermag. Wie wird der Wähler, der bisher schon den Entscheidungen des Kreistags ferner

---

876 Abdruck in: Freiherr vom Stein: Briefe und amtliche Schriften, Bd. 2, Tl. 1. Stuttgart 1959, S. 380-398.

877 So Jürgen Linden: Aachen auf dem Weg zur heutigen kommunalen Selbstverwaltung.

878 Gemeindeordnung für das Land NRW § 26 Abs. 8.

879 Linden: Aachen auf dem Weg.

880 An den Kommunalwahlen einschließlich zum Kreistag und von Bürgermeistern und Landrat am 26.9.2004 beteiligten sich 58,23% (Landesdurchschnitt: 54,4) an der Landtagswahl 2005 62,71, der Bundestagswahl 2005 77,78%.

stand als den Debatten seines Gemeinderats, auf die Beratungen und Beschlüsse des Städteregionstags bzw. Städteregionsrats reagieren?

Hinein spielt das Legitimitätsproblem der großen politischen Einheiten unserer Zeit: sei es der Großstädte, was sinkende Wahlbeteiligungen anzeigen; sei es der „Euro-Maximalismus" seit dem Vertrag von Maastricht von 1992, der immer stärker in alle Lebensbereiche regelnd eingreift, ohne daß die Bürger die Entscheidungen der Wahlkörperschaft übersehen und angemessen mitvollziehen können, was zu „Europamüdigkeit" geführt hat – auch im Kreis Aachen[881]. Es geht heute um einen Abwägungsprozeß zwischen bestehenden wirtschaftlichen Zwängen und der Suche nach noch mehr Effizienz der Verwaltung und dem staatspolitischen Ethos der angemessenen Bürgerbeteiligung, ohne die ein Gemeinwesen keinen inneren Zusammenhalt gewinnen kann.

881 Beteiligung an der Europawahl am 13.6.2004 im Kreis Aachen: 41,89% (auf Bundesebene 43%).

Ausblick: Umbrüche und regionale Identität

Wirtschaftliche Prosperität und sozial-kulturelle Stabilität als Fundament eines demokratisch verfaßten Gemeinwesens bedingen einander. Für das eine können auf Grund empirischer Daten Rahmenbedingungen gesetzt werden, das andere kann nur langsam wachsen. Der Technologietransfer verläuft heute schneller als je zuvor, was die sozialen und kulturellen Strukturen berührt. Den Aachener Technologiezentren stehen manche publikumsträchtige „Events" gegenüber – wie die internationalen Reit-, Spring- und Fahrtturniere des Aachen-Laurensberger Rennvereins an der Soers seit 1927, das „Kultursommer"-Potpourri in den Städten der Region seit etwa 1990 oder die Freilichtaufführungen aus leicht bekömmlicher Opera buffa, Operette und Musical seit dem Jahr 2000 auf der Burg in Monschau. Diese „Open Air Klassik" mit Musikern aus Osteuropa und Weißrußland soll zur Entwicklung des Eifel-Tourismus und zur Stärkung der städtischen Wirtschaftskraft beitragen, analog zum Monschauer Weihnachtsmarkt. So reüssiert hier wie andernorts das Musikdrama in der Arena als „höherer Jux der Kunst"[882] – bei unberechenbarem Eifelwetter. Von nationaler und europäischer Bedeutung, zugleich der wichtigste Faktor im regionalen Tourismus, ist das Ensemble von Aachener Dom[883] – mit der Marienkirche Karls des Großen[884], dem Oktogon und Krönungsstuhl des Kaisers – gotischem Rathaus und Katschhof[885].

Kultur und Kulturtourismus werden heute als „weicher" Standortfaktor der Wirtschafts- und Strukturförderung begriffen und in einem kaum übersetzbaren Basic Simple English (BSE) vermarktet. Doch setzt kulturelle Teilhabe jenseits der ‚Alltagskultur' Kenntnisse, Erfahrung und ernsthafte Auseinandersetzung mit einem Thema oder Gegenstand voraus: mit Drama oder Roman, Symphonie oder Streichquartett, Gemälde oder Bauwerk. Kunst zeichnet aus, daß sie nie restlos erklärt werden kann, immer neuer Erschließung bedarf und daraus ihre Faszinationskraft bezieht.

882 Jürgen Kesting: Zum Tode von Luciano Pavarotti. In: FAZ, 7.9.2007 (Feuilleton).

883 Seit 1978 UNESCO-Weltkulturerbe. Vgl. Erich Stephany: Der Dom zu Aachen. Mönchengladbach 1983.

884 Vgl. Ludwig Falkenstein: Karl der Große und die Entstehung des Aachener Marienstiftes. Paderborn 1981 (mit dem Ergebnis, daß die Marienkirche von Anfang an Stifts- und Pfarrkirche, nicht Pfalzkapelle war).

885 Zum Umgang der Stadt (Untere Denkmalbehörde) mit ihrem archäologischen Erbe Andreas Rossmann: Knatsch am Katschhof. In: FAZ, 28.7.2005.

Die Region Aachen besitzt wegen ihrer Randlage und Einwohnerzahl nicht die Magnete der Kultur (Literatur, Kunst, Musik) und ihrer Vermittlung (Theater, Museum, Konzertsaal) wie Köln, Düsseldorf oder Bonn. Um so mehr Gewicht hat das Aachener Suermondt-Ludwig-Museum mit seiner großen und bedeutenden Gemäldesammlung niederländischer Meister sowie zeitgenössischen Bildern und Plastiken von Künstlern des Aachener Raumes, das durch eine Stiftung von Irene und Peter Ludwig 1992/94 erweitert werden konnte, sowie das „Ludwig Forum für internationale Kunst" für die Kunstentwicklung seit den 1960er Jahren; zu nennen ist auch die Sammlung „Kunst aus Nordrhein-Westfalen" in der ehemaligen Reichsabtei Kornelimünster, der inzwischen der Abzug durch die Landesregierung droht.

Von Bedeutung für die Region insgesamt ist das Aachener Theater- und Konzertleben; es war und ist nach den Zerstörungen im Zweiten Weltkrieg von unzulänglichen Sälen und manchen Kabalen behindert[886]. Das Theater in Aachen bezieht seit den 1990er Jahren das Musical mit ein. Das Orchester hat neben der Verpflichtung am Theater in den Symphoniekonzerten den inzwischen gefestigten Kanon der zeitgenössischen Musik in beachtlicher Breite aufgeführt, von den Rheinländern Bernd Alois Zimmermann, Jürg Baur und Karlheinz Stockhausen über Luciano Berio, Hans Werner Henze, Aribert Reimann, Wolfgang Rihm, Alfred Schnittke, Dieter Schnebel bis zu Wilfried Maria Danner und Toru Takemitsu. Nordrhein-Westfalen, wo es im Jahrzehnt nach 1945 viele begeisterte Amateur-Jazzer gab, hat sich zu einem Zentrum des Jazz und der improvisierten Musik in Europa entwickelt; unter den rund 25 Jazz-Festen des Landes behauptet das Aachener seit 1988 seinen Rang.

Aus dem traditionsreichen Aachener Musikleben stechen nichtkommunale Initiativen hervor. Eine überregionale Attraktion ist „Der Junge Chor Aachen" unter der künstlerischen Leitung von Fritz ter Wey, mit einem Schwerpunkt in der a-cappella-Chormusik des 20. Jahrhunderts[887]; in jüngerer Zeit die „Carmina mundi" mit Erfolgen im Deutschen Chorwettbewerb und die „Capella Aquensis", die sich der Oratorienliteratur widmet. Andere Leuchttürme sind die „Aachener Bachtage" des Aachener Bachvereins und die „Gesellschaft für zeitgenössische Musik Aachen" für E-Musik, Jazz und Rock mit der „Klangbrücke" am alten Kurhaus. Aus der Bürgerschaft heraus entstand jüngst die Initiative zum Bau eines „Hauses

886 Vgl. Alfred Beaujean: Aachens Musikleben von Karajan bis zur Gegenwart. In: Musik verbindet. Aachener Musikleben. Aachen 2006, S. 5-19.

887 Der Chor (1966 gegründet) ist durch über 50 Rundfunkproduktionen bekannt und national und international vielfach ausgezeichnet worden.

Der Stuhl Karls des Großen im Aachener Dom.

der Musik" mit Konzertsälen für symphonische und Kammermusik, die nach den Zerstörungen des letzten Weltkriegs immer noch fehlen[888]. Für die bildende Kunst sind die Initiativen der „Peter und Irene Ludwig-Stiftung" zu nennen.

Drückt sich in diesen privaten Unternehmungen die zentralörtliche Stellung der Stadt Aachen für die regionale Kulturpflege aus, so leistet der Kreis Aachen seinen Beitrag dazu mit dem „Grenzlandtheater Aachen". Es bezog vor gut einem Jahrzehnt ein neues Haus an alter Stelle, bringt derzeit acht Produktionen in jeder Spielzeit aus dem klassischen Repertoire und der „klassischen Moderne" bis zum anspruchsvollen Boulevard-Theater und Musical[889]. Die Vorstellungen sind ausverkauft, und ein Abonnement ist schwer zu erhalten; das Theater geht auf Tournée in die Städte und Gemeinden des Kreises und auch darüber hinaus. Der Kreis fördert zusammen mit den Kommunen seit einigen Jahren die Schultheatertage von Kindern und Jugendlichen für ihre Altersgenossen.

888 Vgl. die genannte Broschüre Musik verbindet.

889 Vgl. Sternstunden. Das Grenzlandtheater im Wandel der Zeit Aachen 2007.

Während Kreis und Kommunen nach den materiellen und geistigen Zerstörungen beider Weltkriege erhebliche bildungspolitische und finanzielle Anstrengungen unternahmen, um breitere Bevölkerungskreise an Bildung und Kultur heranzuführen und Initiativen dazu aus der Bürgerschaft aufnahmen und förderten[890], ist auch hier ein Umbruch zu verzeichnen: „Kultur" ist zum Schlagwort für alle Formen von Konsum und Unterhaltung geworden. Daran orientieren sich inzwischen die Kommunen, deren Sparmaßnahmen die anspruchsvolle Kulturarbeit betreffen und deren Kulturprogramme eher dem gehobenen Unterhaltungsbedürfnis mittels „Highlights" dienen, wie jüngst „Stolberg goes Brazil" samt „Walking Acts", Aachener „Kulturfestival" „across the borders" oder „Eschweiler Music Festival". Die Umsetzung wird „Eventmanagern" mit Erfahrung im Stadtmarketing übertragen. Davon heben sich wiederum hochwertige private Initiativen ab, wie der Eschweiler Kunstverein mit Ausstellungen im Kulturzentrum Talbahnhof, die über das Stadtgebiet hinaus ausstrahlen.

Trat an die Stelle der im 19. Jahrhundert entstandenen Unterhaltungs- und Trivialkunst in der Mitte des 20. Jahrhunderts die Amerikanisierung des Lebens- und Konsumverhaltens, so am Ende des Jahrhunderts die Subkultur der global vernetzten Unterhaltungsindustrie (CD, Video, Internet) mit noch schlichteren Welterklärungsmustern. Ein Indiz dafür sind die von ihrem religiösen Ursprung abgelösten, aus der iro-amerikanischen Subkultur übernommenen „Halloween"-Maskeraden und -Parties, die die ‚stillen' Gedenktage Reformationsfest und Allerheiligen und das Sankt-Martins-Brauchtum überlagern und auch in kleinen, bodenständig-katholischen Aachener Kommunen vom Stadtmarketing („Happy Halloween") gefördert werden[891].

Identität, ein viel gebrauchtes Schlagwort unserer Zeit, und das Bewußtsein von Heimat, das sich als „Produkt eines Gefühls der Übereinstimmung mit der kleinen eigenen Welt" ohne „ständige Irritationen"[892] definieren läßt, sind im Raum Aachen an die jeweilige Kommune, in den größeren Städten oft an den Stadtteil gebunden, kaum an den Großraum, an Kreis oder „Euregio", vielmehr an Schule,

---

890 Bereits erwähnt wurden die Chor- und Orchestervereinigungen in Eschweiler, Monschau und Stolberg, hier auch die Gründung des Kammerorchesters, Konzerte im Rittersaal der Burg und Theaterfahrten nach Aachen (1977 noch 417 Abonnenten); das meiste besteht nicht mehr.

891 In der Nacht zum 1.11.2007 mußte die Polizei allein in der Stadt Aachen zu 230 Einsätzen wegen alkoholisierter Jugendlicher und wegen Sachbeschädigung ausrücken.

892 So der Volkskundler Hermann Bausinger (1984), zit. n. Carola Müller: Der Heimatbegriff. Versuch einer Anthologie. In: Wesen und Wandel der Heimatliteratur. Bern 1989, S. 207-263, hier S. 253. Die Bedeutung von „Heimat" findet sich in keinem Wort einer anderen Sprache.

Szene aus dem Stück „Acht Frauen" von Robert Thomas (2005) im Grenzlandtheater Aachen.

Verein, Lokalteil der Zeitung und besonders an den Sportverein[893]. So lesen etwa die Aachener erst seit Anfang 2009 in ihrer Zeitung, was in Monschau, und die Eschweiler, was in Würselen vor sich geht, nachdem eine Seite für Stadt und Kreis Aachen eingerichtet worden ist. Erhalten hat sich die schon vor hundert Jahren von den einen beklagte, von den anderen geschätzte Gemächlichkeit, die ‚Weltverbesserern' Grenzen setzt. Erhalten haben sich auch, trotz der über drei Jahrzehnte zurückliegenden Eingemeindungen, gewisse Animositäten zwischen den Bewohnern von Stadt und Land, von Nord- und Südkreis, und – wegen der Kleinräumigkeit recht ausgeprägt – zwischen Monschauer Stadt- und Landbürgern. Je mehr die supranationale und überregionale Vernetzung zunimmt, desto größer wird das Bedürfnis der Identifizierung mit der kleinräumigen „Heimat".

Dies unterscheidet die Region Aachen von den naturräumlich und historisch gewachsenen Landschaften in Nordrhein-Westfalen: von Eifelraum, Köln-Bonner Raum, Bergischem Land bzw. Städtedreieck um Wuppertal-Solingen-Remscheid, ehemals kurkölnischem Sauerland, Münsterland, Lipperland oder Paderborner Land. Das territoriale Eigenbewußtsein äußert sich hier schon in dem Namenszusatz

893 Dazu der Soziologe Friedrich Fürstenberg: Die soziale Vermittlung von Heimat, ebd. S. 193-206.

„Land"[894]. Als Erbe der preußischen Kulturpflege, die von einem bodenständigen Beamtentum viefach gefördert wurde, bestehen im westfälischen Landesteil der Verein für Geschichte und Altertumskunde Westfalens (1824/25 gegründet) und tausende von Mitgliedern zählende Heimat- und Geschichtsvereine, unterstützt von professionell arbeitenden Archivaren in jeder Kommune und jedem Kreis[895], Zusammenschlüssen auf Kreis- und Landesebene jeweils mit Geschäftsstellen[896] und dem jährlichen „Tag der westfälischen Geschichte". Viele westfälische Städte, auch mittlerer Größe, besitzen Darstellungen ihrer geschichtlichen Entwicklung, die im Raum Aachen erst einige Städte vorgelegt haben.

Der traditionsreiche Aachener Geschichtsverein bezieht sich nach wie vor auf den früheren preußischen Regierungsbezirk[897]. Der 1888 gegründete Eifelverein, der den „Fremdenverkehr" in Gang setzen und die Wirtschaftskraft der notleidenden Eifel stärken sollte und früh den Naturschutz einbezogen hat, zählt 30.000 Mitglieder in 161 Ortsgruppen; er ragt in den Südteil des Kreises Aachen hinein. Die übrigen lokalen Heimat- und Geschichtsvereine sind, abgesehen vom Monschauer (mit stattlicher Vereinsbibliothek) und Stolberger (1981 neu gegründet), vergleichsweise kleine Neugründungen, so in Burtscheid 1969, Eschweiler 1974[898], Breinig 1977, Kohlscheid 1979, Alsdorf 1980, Eilendorf und Hahn-Friesenrath 1983, Haaren-Verlautenheide 1984, Baesweiler 2002 und Roetgen 2005[899]. Diese Vereine widmen sich von der Archäologie über die Siedlungs- und Kulturgeschichte, Mundart- und Namenskunde bis zu naturkundlichen Themen sowie Natur- und Denkmalschutz, sind aber untereinander nicht vernetzt.

---

894 Zu den Unterschieden von rheinischer und westfälischer Tradition Franz Petri: Nordrhein-Westfalen – Ergebnis geschichtlicher Entwicklung oder politische Neuschöpfung? In: Rhein. Vjbll. 31 (1966/67) S. 139-176.

895 Dagegen besteht im Aachener Raum eine geordnete Archivverwaltung weder auf Kreis- noch, von Ausnahmen abgesehen, auf Kommunalebene.

896 Der Westfälische Heimatbund als Dachverband der 530 lokalen und regionalen Geschichtsvereine zählt 130.000 Mitglieder, der Rheinische Heimatbund ging nach 1960 im Rheinischen Verein für Denkmalpflege und Landschaftsschutz (gegr. 1909) auf und zählt ca. 5000 Mitglieder. Der Landschaftsverband Rheinland unterhält eine Fachstelle für Regional- und Heimatgeschichte für Vereine und Institutionen.

897 Vgl. Lepper: Aachener Geschichtsverein. – Seit 1990 besteht auch ein Geschichtsverein für das Bistum Aachen (ca. 500 Mitglieder) mit eigenem Periodicum.

898 Neugründung einschließlich von derzeit neun Arbeitskreisen und „Schriftenreihe des Eschweiler Geschichtsvereins" Bd. 1 (1978), zuletzt Bd. 24 (2006) mit Gesamtregister. Der Verein betreut auch das Zeitungsarchiv der Stadt Eschweiler.

899 Vgl. Lepper: Aachener Geschichtsverein, S. 58f. – Ders.: Zur Wiederentdeckung der „Heimatgeschichte" in der Region Aachen. Ein kritischer Bericht. In: ZAGV 93 (1986) S. 163-176.

Der Raum der heutigen „Euregio Maas-Rhein" hat, was oft übersehen wird, eine bis in die Spätantike zurückreichende Geschichte. Die alte politische und kulturräumliche Einheit von Rheinland und mittlerem Maasland ohne naturräumliche Grenze ist erst 1815 und 1918 zerschnitten worden. Der Lütticher Kunst und Kulturhistoriker Jean Lejeune hat bald nach dem Zweiten Weltkrieg diese Bezüge, Verklammerungen und Verbindungen in knappen Strichen – um aussagekräftiges Bildmaterial bereichert – von der Spätantike bis zum Ersten Weltkrieg nachgezeichnet. Er hat die kulturelle Gemeinsamkeit an den Bauwerken und Kunstschätzen der Städte Aachen, Lüttich und Maastricht veranschaulicht. Die Oberhäupter aller drei Städte wollten ein Zeichen setzen, indem sie dem Buch ein gemeinsames Geleitwort voranstellten. Albert Heusch, Sohn des langjährigen Aachener Oberbürgermeisters, hat Lejeunes Buch ins Deutsche übersetzt[900].

Diese Sichtweise lag auf der Linie der Geschichtswissenschaft an den Universitäten Bonn und Mainz, die sich im Rückgriff auf Forschungen der Zwischenkriegszeit seit Gründung der Bundesrepublik – nicht erst, wie heute immer öfter zu hören und zu lesen ist, seit den späten sechziger Jahren – von der rein machtstaatsgeschichtlichen Betrachtungsweise gelöst und das gemeinsame Erbe der westeuropäischen Stämme, Völker und Nationen seit der Spätantike freigelegt hat. Dabei wurde Europa nicht, wie vielfach heute, in eine Frühzeit hineinkonstruiert und wurden neuzeitliche Vorstellungen und Begriffe nicht in die Vergangenheit übertragen[901]. Am Beispiel der Kultgeschichte und Kultverbreitung von frühen Heiligen – des Hl. Lambert von Lüttich und Hl. Servatius von Maastricht – sowie der volkstümlichen Verehrung von Heiligen und Schutzpatronen konnte der Bonner Volkskundler Matthias Zender die Einheit des rhein-maasländischen Raumes nachweisen[902]. Eine weithin beachtete Ausstellung in Köln und Brüssel vergegenwärtigte 1972 die gemeinsame kunstgeschichtliche Vergangenheit dieses Raumes zwischen 800 und 1400 und dokumentierte sie in zwei voluminösen Katalogbänden[903].

---

900 Jean Lejeune: Pays sans frontière: Aix-la-Chapelle/Liège/Maastricht. Brüssel 1958. Deutsche Übersetzung von Albert Heusch: Land ohne Grenze. Aachen/Lüttich/Maastricht. Brüssel 1958.

901 Dazu prägnant der Bonner Mediävist und einflußreiche Kulturpolitiker Paul Egon Hübinger: Elemente eines europäischen Geschichtsbildes: Mittelalter. In: Geschichte in Wissenschaft und Unterricht 5 (1954) S. 13-28.

902 Vgl. Matthias Zender: Die Heiligen des mittleren Maaslandes und der Rheinlande in Kultgeschichte und Kultverbreitung. Düsseldorf 1959.

903 Rhein und Maas: Kunst und Kultur 800-1400, 2 Bde., Köln 1972; frz. Ausgabe Brüssel 1972.

Die „Euregio Maas-Rhein" bedürfte längst einer das 20. Jahrhundert einschließenden kulturhistorischen Darstellung[904], wenn der durch Wirtschaft und Verkehr verzahnte Rhein-Maas-Raum nicht nur von der heute vorwaltenden Idee wirtschaftlicher Wettbewerbsfähigkeit und „nützlichen, ökonomisch verwertbaren Wissens"[905] her verstanden werden soll, wie das Schlagwort „Wissenskultur(en)" der Kultursoziologie oder der Aachener Werbeslogan für eine „europäische Kultur- und Wissensregion" nahelegen. Damit werden die Tiefenkräfte von Nation und Region nicht erfaßt.

Diesen war Heinrich Böll auf der Spur, der wie kein anderer Schriftsteller nach 1945 die rheinische Befindlichkeit auszudrücken vermochte und den moralischen Kontrapunkt zur politischen Grundausrichtung von Staat und Gesellschaft formulierte; er hat vor fast fünfzig Jahren das Spannungsverhältnis zwischen modernen Industriestrukturen und historischen Tiefenkräften in ‚seinem' Bundesland beschrieben[906]: „So schwindet im Zentrum des Landes die Landschaft, erhält sich nur in den Außenwinkeln, zwischen Arnsberg und Brilon im Sauerland, in der Eifel, am Niederrhein, und zwischen Bonn und Hamm, Krefeld und Hagen wächst alles andere zu einer riesigen Stadt zusammen, die mehr Einwohner hat als Schweden und Norwegen miteinander. Die uralten Linien bleiben, zäh, wie Grenzen sind; wie lange sie noch Bedeutung haben, wann sie anfangen werden, fiktiv zu sein, ist nicht zu bestimmen; noch ist man Rheinländer von Aachen bis kurz hinter Wuppertal, Sauerländer von Schwelm bis Niedermarsberg, ist aber in Siegburg kein Siegerländer. Vorsicht, überall tritt man auf föderalistische Hühneraugen, verletzt Partikulargefühl! In diesem Bundesland Nordrhein-Westfalen hat Europa die Spuren seines Reichtums und seiner Fülle hinterlassen und die Spuren all seiner Krankheiten; hier sind unzählige Herzogtümer, Bistümer, Städte und Reiche immer wieder auseinandergerissen, immer wieder zusammengeflickt worden, und an den Nahtstellen schmerzt es noch immer. Durch die einheitliche Farbe, die das Bundesland Nordrhein-Westfalen kennzeichnet, schimmert noch das fleckige, vielfältige Gebilde des späten Mittelalters hindurch, was wie ein Narrenkleid aussah. Steinkohle, Braunkohle, Stahl, Samt und Seide, Chemie und Erdöl, die neuen Herrscher, haben die unsichtbaren Linien noch nicht ausgemerzt, über die der D-Zug gleichgültig hinwegbraust."

---

904 Dazu jüngst Dietrich Lohrmann: „Zwischen Maas und Rhein": Skizzen aus der Vorgeschichte der Euregio. In: Europa der Regionen – L'Europe des Régions Bonn 2002, S. 347-362. – Detlef Arens (Hg.): Rhein-Maas. Kulturraum in Europa. Köln 1991. – Gabriele M. Knoll: Aachen und das Dreiländereck. Köln 1993.

905 Thomas Assheuer: Art. Das Effizienz-Märchen. In: Die Zeit, 17.1.2008.

906 Heinrich Böll: Nordrhein-Westfalen (1960). In: Ders.: Aufsätze, Kritiken, Reden. Köln 1967, S. 50-54, hier S. 53.

Heinrich Böll verwies auf die alten Verbindungslinien zwischen Rheinland und Westfalen und schlug schon damals das Thema der regionalen Identität an. Diese zu bewahren ist heute viel schwieriger als in den siebziger Jahren, so reformbewegt diese waren und dem Grundgefühl der Intellektuellengeneration Bölls entsprachen, die den „restaurativen Geist" der Ära Adenauer hinter sich lassen wollte. Die Bindungskraft der tradierten religiösen Normen, des Brauchtums, der Geschichte und Kultur im weitesten Sinne, also dessen, worin sich die Menschen als Angehörige eines Volkes, einer Region oder Landschaft wiedererkennen, hat sich seitdem über mehrere Phasen hin abgeschwächt. Aber die Suche nach Orientierungspunkten und Werten hat nicht nachgelassen.

Der Optimismus, mit dem die ältere Generation das Land nach 1945, mancher beflügelt von der rheinischen Devise „Et hät noch immer jot jejange" oder beschwingt von einer Melodie des Aacheners Peter Kreuder („Ich tanze mit Dir in den Himmel hinein"), wiederaufgebaut hat und der durch wachsenden Wohlstand breiterer Schichten gerechtfertigt schien, wurde in der „zweiten Nachkriegszeit" auf die Probe gestellt. Die Menschen im Aachener Raum sind seitdem von erheblichen wirtschaftlichen, sozial-kulturellen und kommunalen Strukturveränderungen betroffen. Die tragenden Säulen der Region Aachen seit 1800, seien es die alten Industrien, sei es der Milieukatholizismus, haben – eigentümlich miteinander verschränkt – die Menschen, ihr Weltbild und Verhalten, lange geprägt, aber bestehen nicht mehr oder sind in Auflösung begriffen. Ob sich etwas tragendes Neues bereits entwickelt hat, wird sich erst später aus der Retrospektive erschließen.

Siglen und Abkürzungen

AHVN: Annalen des Historischen Vereins für den Niederrhein
BSG: Beiträge zur Stolberger Geschichte
BSGH: Beiträge zur Stolberger Geschichte und Heimatkunde
EHS: Europäische Hochschulschriften
FAZ: Frankfurter Allgemeine Zeitung
Heimatblätter: Heimatblätter des Kreises Aachen
HJb: Historisches Jahrbuch
HZ: Historische Zeitschrift
Jb.: Jahrbuch
NDB: Neue Deutsche Biographie
NF: Neue Folge
QDZ: Quellen und Darstellungen zur Zeitgeschichte
RGBl.: Reichsgesetzblatt
Rhein. Vjbll.: Rheinische Vierteljahrsblätter
SEG: Schriftenreihe des Eschweiler Geschichtsvereins
VfZ: Vierteljahrshefte für Zeitgeschichte
VKfZ: Veröffentlichungen der Kommission für Zeitgeschichte
ZAGV: Zeitschrift des Aachener Geschichtsvereins

Zur Gestaltung des Anmerkungsapparats

Zur Entlastung des Anmerkungsapparats sind die bibliographischen Angaben auf das Wesentliche beschränkt. Führt eine Veröffentlichung mehrere Titel, wird nur der Haupttitel genannt. Der Untertitel tritt an die Stelle des Haupttitels, wenn er das eigentliche Thema bezeichnet. Als Erscheinungsort wird nur der Hauptsitz des Verlages genannt. Unverändert nach- oder neugedruckte Aufsätze werden in der Regel nach dem Erstdruck zitiert. Wird in den Großkapiteln ein Titel wiederholt zitiert, werden nur Autor und Kurztitel genannt. Die vollständigen Nachweise (mit Herausgebernamen bei Sammelwerken, Zier-, Unter- und Reihentitel sowie Angaben zu Neuauflagen, Nach- und Neudrucken) finden sich im Literaturverzeichnis. Nicht aufgenommen sind hier Lexikonartikel und Verwaltungsberichte von Kreisen und Städten.

Quellen- und Literaturverzeichnis

Aachen im 19. Jahrhundert. Die Zeit der Frühindustrialisierung. Hg. v. Stadtgeschichtlichen Museum Burg Frankenberg Aachen. Aachen 1991.

Aachen und seine Umgebungen 1840. Aachen [1980] (Reprotechnik Gerd Gering).

ACHESON, DEAN: Present at the Creation. My Years in the State Department. London 1969.

ACKERMANN, VOLKER: Der „echte" Flüchtling. Deutsche Vertriebene und Flüchtlinge aus der DDR 1945-1961. Osnabrück 1995 (Studien zur historischen Migrationsforschung, Bd. 1).

ADELMANN, GERHARD (Hg.): Der gewerblich-industrielle Zustand der Rheinprovinz im Jahre 1836. Amtliche Übersichten. Bonn 1967 (Veröffentlichungen des Instituts für geschichtliche Landeskunde der Rheinlande an der Universität Bonn).

ADENAUER, KONRAD: Briefe 1945-1947. Bearb. v. HANS PETER MENSING. Berlin 1983 (Adenauer. Rhöndorfer Ausgabe).

Akten der Reichskanzlei. Weimarer Republik, Kabinette Marx III und IV (1926/28). Boppard 1988.

Akten deutscher Bischöfe über die Lage der Kirche 1933-1945, Bd. 4: 1936-1939. Bearb. v. LUDWIG VOLK. Mainz 1981 (VKfZ, Reihe A, Bd. 30).

Akten zur deutschen auswärtigen Politik 1918-1945, Serie B: 1925-1933, Bd. I/1, I/2. Göttingen 1966-1967.

ALACACIOGLU, HASAN: Außerschulischer Religionsunterricht für muslimische Kinder und Jugendliche türkischer Nationalität in NRW. Eine empirische Studie zu Koranschulen in türkisch-islamischen Gemeinden. Münster 1999 (Fremde Nähe, Bd. 10).

Alsdörp ming Stadt. Mundart-Gedichte von TONI ANDRÉ, HANS GOHR, HEIN KÜSTERS. Hg. v. d. Stadt Alsdorf. Alsdorf 1987.

ALY, GÖTZ: Unser Kampf. 1968 – ein irritierender Blick zurück. Frankfurt a. M. 2008.

AMBERG, JOSEF: „Es kamen die schlimmsten Tage unseres Lebens". Der Raum Würselen im Zweiten Weltkrieg. Würselen 1986.

ANDRAE, UWE: Die Rheinländer, die Revolution und der Krieg 1794-1798. Studie über das rheinische Erzstift Köln unter der Besatzung durch die französischen Revolutionstruppen 1794-1798 im Spiegel von Petitionen. Essen 1994 (Düsseldorfer Schriften zur Neueren Landesgeschichte Nordrhein-Westfalens, Bd. 37).

ANGENENDT, ARNOLD: Toleranz und Gewalt. Das Christentum zwischen Bibel und Schwert. 3. Aufl. Münster 2007.

ARENS, DETLEF (Hg.): Rhein-Maas, Kulturraum in Europa. Ergebnisse eines Symposions in Aachen. Köln 1991.

ASSMANN, ALEIDA: Der lange Schatten der Vergangenheit. Erinnerungskultur und Geschichtspolitik. München 2006.

VON ASTEN, HERBERT: Die religiöse Spaltung in der Reichsstadt Aachen und ihr Einfluß auf die industrielle Entwicklung. In: ZAGV 68 (1956) S. 77-190.

AUBIN, HERMANN, THEODOR FRINGS, JOSEF MÜLLER: Kulturströmungen und Kulturprovinzen in den Rheinlanden. Geschichte, Sprache, Volkskunde. Bonn 1926 (Veröffentlichungen des Instituts für geschichtliche Landeskunde an der Universität Bonn). Nachdruck ebd. 1966.

BAECK, LUDWIG: Die jüdische Religionsgemeinschaft. In: JOSEPH HANSEN (Hg.): Die Rheinprovinz 1815-1915. Hundert Jahre preußischer Herrschaft am Rhein, Bd. 2. Bonn 1917, S. 234-247.

BARIÉTY, JACQUES: Les relations franco-allemandes après la première guerre mondiale 1918-1925. Paris 1977.

BARKHAUSEN, ERNST: Die Tuchindustrie in Montjoie – ihr Aufstieg und Niedergang. Aachen 1925. Nachdruck [o.O.] 1997.

BARTH, HANS-GÜNTER: Monschau auch heute lebendig. In: 650 Jahre „stat zu Monyoe". Aachen 2003 (Heimatblätter, Jg. 57/58) S. 119-128.

BAST, RUDOLF: 1991: Alsdorf am Ende des 20. Jahrhunderts. In: Jahresblätter des Alsdorfer Geschichtsvereins 1991, S. 62-67.

BASTIN, ARNULF: Die Tagebücher 1869-1941 der Julie Bastin geb. Prym als historische Quelle – ein Beitrag zur Wirtschafts- und Sozialgeschichte der preußischen Rheinlande. Phil. Diss. Tübingen 1989.

BAYER, CLEMENS M. M.: Art. Talismann Karls des Großen. In: Reallexikon der Germanischen Altertumskunde, 2. Aufl., Bd. 30. Berlin, New York 2005, S. 272-276.

BEAUJEAN, ALFRED: Aachens Musikleben von Karajan bis zur Gegenwart. In: Musik verbindet. Aachener Musikleben. Menschen, Häuser, Visionen. Hg. v. Förderverein „Haus für Musik" Aachen e.V. Aachen 2006, S. 5-19.

DERS.: Herbert von Karajan in Aachen – Erlebtes und Dokumentiertes. In: ZAGV 109 (2007) S. 239-270.

BECK, PHILIPPE: Die deutschsprachige Literatur. In: JOHANNES KOLL (Hg.): Belgien. Geschichte, Politik, Kultur, Wirtschaft. Münster 2007, S. 203-223.

BECKER, HANS-JÜRGEN: Das Rheinische Recht und seine Bedeutung für die Rechtsentwicklung in Deutschland im 19. Jahrhundert. In: Juristische Schulung 25 (1985) S. 338-345.

BECKER, THOMAS P. u. UTE SCHRÖDER: Die Studentenproteste der 60er Jahre. Archivführer – Chronik – Bibliographie. Köln, Weimar, Wien 2000.

BECKER, WINFRIED: Der Kulturkampf als europäisches und deutsches Problem. In: Historisches Jahrbuch 101 (1981) S. 422-446.

DERS.: Der politische Katholizismus in Rheinland-Westfalen vor 1890. Programmatische Entwicklung und regionale Verankerung. In: KURT DÜWELL, WOLFGANG KÖLLMANN (Hg.): Rheinland-Westfalen im Industriezeitalter, Bd. 1. Wuppertal 1983, S. 271-292.

BEHR, HANS-JOACHIM: Die Reichskreise. In: PETER BERGHAUS, SIEGFRIED KESSEMEIER (Hg.): Köln-Westfalen 1180-1980. Landesgeschichte zwischen Rhein und Weser [Katalog zur Ausstellung im Westfälischen Landesmuseum Münster und in der Josef-Haubrich-Kunsthalle Köln], Bd. 1. Münster 1980, S. 258-261.

BENDER, WILHELM: Eschweiler während der Besatzungszeit 1918 bis 1929 (Manuskript 1930 im Auftrag der Stadtverwaltung verfaßt). Hg. v. Eschweiler Geschichtsverein. Eschweiler 1991.

BERGENGRÜN, ALEXANDER: David Hansemann. Berlin 1901.

BERS, GÜNTER (Hg.): Die Sozialdemokratische Partei im Agitationsbezirk obere Rheinprovinz 1897-1918. Rechenschaftsberichte und Parteitagsprotokolle, Teil 1: 1897-1905. Köln 1973.

DERS.: Katholische Arbeitervereine im Raum Aachen 1903-1914. Hamburg 1979 (Die Arbeiterbewegung in den Rheinlanden, Nr. 12).

DERS. (Bearb.): Die Kommunistische Partei Deutschlands (KPD) im Raum Köln-Aachen gegen Ende der Weimarer Republik. Eine Dokumentation zum Jahr 1932. Reinbek 1993 (Die Arbeiterbewegung in den Rheinlanden).

BIELEFELDT, HEINER u. PETRA FOLLMAR-OTTO: Zwangsverheiratung in Deutschland. Baden-Baden 2007 (Schriftenreihe des Bundesministeriums für Familie, Senioren, Frauen und Jugend, Bd. 1).

BIERGANZ, MANFRED: Ludwig Philipp Lude – erster Regierungspräsident nach dem Zweiten Weltkrieg. In: BSGH Bd. 16, 1988, S. 169-185.

DERS.: Ludwig Philipp Lude (1895-1961). In: Eifel-Jahrbuch 1997, S. 112-118.

BOBERACH, HEINZ: Wahlrechtsfragen im Vormärz. Die Wahlrechtsanschauung im Rheinland 1815-1849 und die Entstehung des Dreiklassenwahlrechts. Düsseldorf 1959 (Beiträge zur Geschichte des Parlamentarismus und der politischen Parteien, Bd. 15).

BÖLL, HEINRICH: Nordrhein-Westfalen (1960). Neudruck in: DERS.: Aufsätze, Kritiken, Reden. Köln, Berlin 1967, S. 50-54.

BOONEN, PHILIPP (Hg.): Erwachsenenbildung in Momentaufnahme. Aus der Arbeit der Bischöflichen Akademie des Bistums Aachen. Aachen 1973 (Aachener Beiträge zu Pastoral- und Bildungsfragen, H. 4).

BOTZENHART, ERICH. Karl Freiherr vom Stein 1757-1831. In: HERMANN HEIMPEL, THEODOR HEUSS, BENNO REIFENBERG (Hg.): Die großen Deutschen, Bd. 2. Berlin 1956, S. 413-432.

BOTZENHART, MANFRED: Deutscher Parlamentarismus in der Revolutionszeit 1848-1850. Düsseldorf 1977 (Handbuch der Geschichte des deutschen Parlamentarismus).

BOVENTER, KARL u. FRIEDRICH SCHMITZ: Die Alsdorfer Bürgermeister der französischen und der preußischen Zeit. Alsdorf 1990 (Jahresblätter des Alsdorfer Geschichtsvereins).

BRACHER, KARL DIETRICH: Zeit der Ideologien. Eine Geschichte politischen Denkens im 20. Jahrhundert. Stuttgart 1982.

BRAKELMANN, GÜNTER u. TRAUGOTT JÄHNICHEN (Hg.): Die protestantischen Wurzeln der Sozialen Marktwirtschaft. Ein Quellenband. Gütersloh 1994.

BRAMMERTZ, SERGE: Grenzübergreifende polizeiliche Zusammenarbeit am Beispiel der Euregion Maas-Rhein. Freiburg i. Br. 1999 (Kriminologische Forschungsberichte aus dem Max-Planck-Institut für ausländisches und internationales Strafrecht, Bd. 81).

BRANS, HANS OTTO: Gesundheitswesen und Heilkunde in Stolberg vom 17. Jahrhundert bis 1950. Stolberg 1992 (BSG, Bd. 20).

BRAUBACH, MAX: Treue zu Kurköln. In: DERS.: Kurköln. Gestalten und Ereignisse aus zwei Jahrhunderten rheinischer Geschichte. Münster 1949, S. 503-520.

DERS.: Landesgeschichtliche Bestrebungen und historische Vereine im Rheinland. Überblick über ihre Entstehung und Entwicklung. Düsseldorf 1954 (Veröffentlichungen des Historischen Vereins für den Niederrhein, Bd. 8).

DERS.: Der junge Görres als „Cisrhenane" (zuerst 1967). Neudruck in: DERS.: Diplomatie und geistiges Leben im 17. und 18. Jahrhundert. Gesammelte Abhandlungen. Bonn 1969 (Bonner Historische Forschungen, Bd. 33) S. 807-833.

BRECHER, AUGUST: Oberpfarrer Nellessen (1783-1859) und der Aachener Priesterkreis. In: ZAGV 76 (1964) S. 45-205.

DERS.: Kirchenpresse unter NS-Diktatur. Die katholische Kirchenzeitung für das Bistum Aachen im Dritten Reich. Aachen 1988.

DERS.: Geschichte der Stadt Stolberg in Daten. Aachen 1990 (BSGH, Bd. 17).

DERS.: Bischof mitten im Volk. Johannes Joseph van der Velden 1891-1954. Aachen 1992.

DERS.: Josef Thomé 1891-1980. Mündiges Christsein zwischen Gesetz und Freiheit. In: KARL SCHEIN (Hg.): Christen zwischen Niederrhein und Eifel. Lebensbilder aus zwei Jahrhunderten, Bd. 3. Aachen 1993, S. 137-155.

DERS.: Stolberger Alltag in zwei Jahrhunderten. Geschichte in Geschichten, Teil 2: Vom Ende des Ersten Weltkrieges bis zum Wiederaufbau nach dem Zweiten Weltkrieg 1918-1951. Stolberg 1995 (BSG, Bd. 21b).

DERS.: Bischof einer Wendezeit der Kirche. Dr. Dr. Johannes Pohlschneider 1899-1981. Aachen 1997.

BREIJ, MIEKE u. JON BAUMHAUER: Die Stämme unter dem Löwen. Beiträge zu einer Familiengeschichte (von) Baumhauer. Utrecht, München 2001.

BREUER, DIETER (Hg.): Die Moderne im Rheinland. Ihre Förderung und Duchsetzung in Literatur, Theater, Musik, Architektur, angewandter und bildender Kunst 1900-1933. Vorträge des Interdisziplinären Arbeitskreises zur Erforschung der Moderne im Rheinland. Köln 1994.

DERS.: Moderne und Heimatkunst. Zu Walter Hasenclevers Gedicht „Heimkehr". In: DERS. (Hg.): Die Moderne im Rheinland. Köln 1994, S. 31-39.

DERS. u. GERTRUDE CEPL-KAUFMANN (Hg.): Moderne und Nationalsozialismus im Rheinland. Vorträge des Interdisziplinären Arbeitskreises zur Erforschung der Moderne im Rheinland. Paderborn 1997.

DERS. u. GERTRUDE CEPL-KAUFMANN (Hg.): „Deutscher Rhein – fremder Rosse Tränke?". Symbolische Kämpfe um das Rheinland nach dem Ersten Weltkrieg. Essen 2005 (Düsseldorfer Schriften zur Neueren Landesgeschichte und zur Geschichte Nordrhein-Westfalens, Bd. 70).

BRUCKNER, CLEMENS: Zur Wirtschaftsgeschichte des Regierungsbezirkes Aachen. Mit einem Schlußwort von Hermann Kellenbenz: Die Wirtschaft des Aachener Bereichs im Gang der Jahrhunderte. Köln 1967 (Schriften zur rheinisch-westfälischen Wirtschaftsgeschichte, Bd. 16).

BRÜGGEMEIER, FRANZ-JOSEF u. JENS IVO ENGELS (Hg.): Natur- und Umweltschutz nach 1945. Konzepte, Konflikte, Kompetenzen. Frankfurt a. M., New York 2005 (Geschichte des Natur- und Umweltschutzes, Bd. 4).

BUCHHEIM, CHRISTOPH, MICHAEL HUTTER, HAROLD JAMES (Hg.): Zerrissene Zwischenkriegszeit. Wirtschaftshistorische Beiträge. Knut Borchardt zum 65. Geburtstag. Baden-Baden 1994.

BUCHHEIM, CHRISTOPH: Das NS-Regime und die Überwindung der Weltwirtschaftskrise in Deutschland. In: VfZ 56 (2008) S. 381-412.

Bunker in Alsdorf. Erinnerungen an eine dunkle und gefahrvolle Zeit (Jahresblätter des Alsdorfer Geschichtsvereins 2007/2008).

CEPL-KAUFMANN, GERTRUDE, DOMINIK GROSS, GEORG MÖLICH (Hg.): Wissenschaftsgeschichte im Rheinland unter besonderer Berücksichtigung von Raumkonzepten. Kassel 2008 [Studien des Aachener Kompetenzzentrums für Wissenschaftsgeschichte, Bd. 2].

CHARRIER, LANDRY: Die „Force Noire" in den deutsch-französischen Beziehungen. In: DIETER BREUER, GERTRUDE CEPL-KAUFMANN (Hg.): „Deutscher Rhein – fremder Rosse Tränke?". Symbolische Kämpfe um das Rheinland nach dem Ersten Weltkrieg. Essen 2005 (Düsseldorfer Schriften zur Neueren Landesgeschichte und zur Geschichte Nordrhein-Westfalens, Bd. 70) S. 57-64.

COLLAS, KARLHEINZ: Überlegungen zur kirchlichen Erwachsenenbildung in der Gemeinde. In: Pastoralblatt für die Diözesen Aachen, Berlin, Essen, Köln, Osnabrück 20 (1968) S. 258-265.

CONRAD, HERMANN: Preußen und das französische Recht in den Rheinlanden. In: JOSEF WOLFFRAM, ADOLF KLEIN (Hg.): Recht und Rechtspflege in den Rheinlanden Festschrift zum 150jährigen Bestehen des Oberlandesgerichts Köln. Köln 1969, S. 78-107.

CONRADS, CLAUDIA: Die Christlich-Demokratische Union in Aachen. Von der Gründung bis zur Konsolidierung. Phil. Diss. Bonn 2006.

CONRADS, NORBERT (Hg.): Deutsche Geschichte im Osten Europas: Schlesien. 3. Aufl. Berlin 1994.

COX, H[EINRICH] L[EONHARD]: Die Auswirkungen der deutsch-niederländischen Staatsgrenze von 1815 auf die volkstümliche Heiligenverehrung im Rhein-Maasgebiet. Ein Beitrag zur kulturräumlichen Stellung des Rhein-Maas-Gebietes. In: Rheinisch-westfälische Zeitschrift für Volkskunde 28 (1983) S. 111-131.

CÜPPERS, HEINZ: Beiträge zur Geschichte des römischen Kur- und Badeortes Aachen. In: DERS. [u. a.]: Aquae Granni. Beiträge zur Archäologie von Aachen. Köln, Bonn 1982 (Rheinische Ausgrabungen, Bd. 22) S. 1-75.

CURDES, GERHARD: Entwicklung des Aachener Stadtraumes. Der Einfluß von Leitbildern und Innovationen auf die Form der Stadt. Dortmund 1999.

DAHM, KARL-WILHELM: Pfarrer und Politik. Soziale Position und politische Mentalität des deutschen evangelischen Pfarrerstandes zwischen 1918 und 1933. Köln, Opladen 1965.

DANN, OTTO (Hg.): Religion – Kunst – Vaterland. Der Kölner Dom im 19. Jahrhundert. Köln 1983.

Das Monschauer Land historisch und geographisch gesehen. Hg. v. Geschichtsverein des Kreises Monschau. Redaktion HERMANN PRÜMMER. Monschau 1955.

Das Parlament des Kreises Aachen von 1945 bis heute. Stand November 1986. Hg. v. Oberkreisdirektor (Pressestelle). Aachen 1986.

Der Deutsche Sängerbund 1862-1912. Aus Anlaß des fünfzigjährigen Bestandes hg. v. Gesamtausschusse des Deutschen Sängerbundes [o.O. 1912].

Der Fall Schneider/Schwerte. Paderborn 1996 (Sprache und Literatur, Sonderheft 77).

DERWAHL, FREDDY: Erinnerungen an die Ostbelgien-Ausgabe der Aachener Volkszeitung 1965-1991. In: Zwei Jahrhunderte deutschsprachige Zeitung in Ostbelgien. Eupen 2007, S. 249-265.

Des Königlichen Stuhls und der Kaiserlichen freyen Reichs-Stadt Aachen Raths- und Staats-Kalender oder Schematismus auf das Jahr Christi 1786. Reprografischer Nachdruck (aus der Sammlung Dietmar Kottmann Aachen) Essen 1997.

DEUBNER, AXEL: Rückblick auf das Jahr 1948. Trümmerbahnen und Trümmerverwertung. Ein Stück aus Aachens jüngerer Geschichte. Aachen 2008.

Deutschland-Niederlande. Heiter bis wolkig. Hg. v. Haus der Geschichte der Bundesrepublik Deutschland. Bonn 2001.

DEUTZMANN, FRITZ: Erinnerungen an den Wiederaufbau der Schulabteilung. In: 150 Jahre Regierung und Regierungsbezirk Aachen. Beiträge zu ihrer Geschichte. Aachen 1967, S. 413-424.

Die Ausstellung Karl der Große – Werk und Wirkung. 10. Ausstellung unter den Auspizien des Europarates im Rathaus zu Aachen 1965. Redaktion WOLFGANG BRAUNFELS. Düsseldorf 1965.

DITHMAR, WILHELM: Der große Aachener Sagenkreis. 125 Aachener Sagen und sagenhafte Erzählungen über Kaiser Karl den Großen und aus dem Aachener Raum auf historischer Grundlage zusammengestellt und neubearbeitet. 3. Aufl. Aachen 1961.

DÖPFNER, JULIUS KARDINAL: Ethische Grundsätze einer Wirtschaftsführung aus Sicht der katholischen Kirche. In: LOTHAR ROOS, CHRISTIAN WATRIN (Hg.): Ethos des Unternehmers. 2. Aufl. Trier 1990 (Beiträge zur Gesellschaftspolitik, Bd. 30) S. 125-142.

DOEPGEN, HEINZ: Die Abtretung des Gebiets von Eupen und Malmédy an Belgien im Jahr 1920. Bonn 1966 (Rheinisches Archiv, Bd. 40).

DOERENKAMP, HELMUT u. KURT JÜNGER: Die Zerstörung des alten Burtscheid im Zweiten Weltkrieg. Eine Dokumentation in Wort und Bild anläßlich des 40. Jahrestages der Bombardierung Burtscheids am 11. April 1944. Burtscheid 1984 (Gesellschaft Burtscheid für Geschichte und Gegenwart, Schriften, Bd. 1).

DOERENKAMP, HELMUT: Die Vereinigung der Städte Aachen und Burtscheid am 1.4.1897. Burtscheid 1987 (Gesellschaft Burtscheid für Geschichte und Gegenwart, Schriften, Bd. 4).

DOMARUS, MAX: Hitler. Reden und Proklamationen 1932-1945. Kommentiert von einem deutschen Zeitgenossen, Bd. 1: Triumph 1932-1938. Würzburg 1962.

DROZ, JACQUES: Le libéralisme rhénan 1815-1848. Contribution à l'histoire du libéralisme allemand. Paris 1940.

DÜWELL, KURT u. WOLFGANG KÖLLMANN (Hg.): Rheinland-Westfalen im Industriezeitalter, Bd. 1: Von der Entstehung der Provinzen bis zur Reichsgründung; Bd. 2: Von der Reichsgründung bis zur Weimarer Republik; Bd. 3: Vom Ende der Weimarer Republik bis zum Land Nordrhein-Westfalen; Bd. 4: Zur Geschichte von Wissenschaft, Kunst und Bildung an Rhein und Ruhr. Wuppertal 1983-1985.

DÜWELL, KURT: Die Unruhen der Aachener Textilarbeiter 1830. In: Rheinland-Westfalen im Industriezeitalter, Bd. 1: Von der Entstehung der Provinzen bis zur Reichsgründung. Wuppertal 1983, S. 114-125.

DURTH, WERNER u. NIELS GUTSCHOW (Red.): Architektur und Städtebau der fünfziger Jahre. Bonn 1987 (Schriftenreihe des Deutschen Nationalkomitees für Denkmalschutz, Bd. 33).

VON EICHENDORFF, JOSEPH: Erlebtes. In: DERS.: Werke, Bd. 1. Redaktion JOST PERFAHL. München 1970, S. 895-950.

EISERMANN, GOTTFRIED u. JÜRGEN ZEH (Hg.): Die deutsche Sprachgemeinschaft in Ostbelgien. Stuttgart 1979 (Bonner Beiträge zur Soziologie, Bd. 17).

ENGBERG, GISELA u. ELISABETH FISCHER-HOLZ: Emmi Welter. Sitzstreik gegen Adenauer. In: ARMIN LASCHET (Hg.): Aachen, Adenauer und die Bonner Republik. Erinnerungen an Abgeordnete aus dem „Wahlkreis Karls des Großen". Eupen 1995, S. 35-49.

ENGELBRECHT, JÖRG: Grundzüge der französischen Verwaltungspolitik auf dem linken Rheinufer (1794-1814). In: CHRISTOF DIPPER, WOLFGANG SCHIEDER, REINER SCHULZE (Hg.): Napoleonische Herrschaft in Deutschland und Italien – Verwaltung und Justiz. Berlin 1995 (Schriften zur Europäischen Rechts- und Verfassungsgeschichte, Bd. 16) S. 79-91.

DERS.: Das Rheinland und die Rheinländer. Struktur und Identität des Nordrheinlandes und seiner Menschen. In: DERS., NORBERT KÜHN, GEORG MÖLICH (Hg.): Rheingold. Menschen und Mentalitäten im Rheinland. Eine Landeskunde. Köln, Weimar, Wien 2003, S. 3-49.

ENSSLE, MANFRED J.: Stresemann's territorial revisionisme. Germany, Belgium, and the Eupen-Malmédy Question 1919-1929. Wiesbaden 1980 (Veröffentlichungen des Instituts für Europäische Geschichte Mainz, Bd. 94).

ERBEL, ARNO: Von der französischen Munizipalverfassung zur Rheinischen Gemeindeordnung von 1845. In: 150 Jahre Regierungsbezirk Köln. Berlin 1966, S. 250-258.

ERDMANN, KARL DIETRICH: Adenauer in der Rheinlandpolitik nach dem Ersten Weltkrieg. Stuttgart 1966.

DERS.: Die Weimarer Republik. In: Gebhardt. Handbuch der deutschen Geschichte, Bd. 4. Stuttgart 1973; dtv-Ausgabe Bd. 19, München 1980.

ERLENKÄMPER, FRIEDEL: Die Stadt-Umland-Problematik der Flächenstaaten der Bundesrepublik Deutschland. Bestandsaufnahme und Versuch eines Beitrages zur Lösung. Stuttgart, Berlin, Köln, Mainz 1980 (Neue Schriften des Deutschen Städtetages, H. 39).

ESCHWEILER, OTTO u. HANS-DIETRICH INDETZKI: Wirtschaftsraum Aachen: Von der Montanregion zur Technologieregion. In: KLARA VAN EYLL, OTTO ESCHWEILER (Hg.): Wirtschaftsgeschichte der Region Aachen vom Ende des Zweiten Weltkriegs bis zur Gegenwart. Köln 2000, S. 119-175.

EWALD, WILHELM: Die Rheinischen Schützengesellschaften. Düsseldorf 1933 (Zeitschrift des Rheinischen Vereins für Denkmalpflege und Heimatschutz, [Bd.] 26).

EWIG, EUGEN: Die Civitas Ubiorum, die Francia Rinensis und das Land Ribuarien. In: Rhein. Vjbll. 19 (1954) S. 1-29. Neudruck in: DERS.: Spätantikes und fränkisches Gallien. Gesammelte Schriften (1952-1973). Hg. v. HARTMUT ATSMA, Bd. 1. Zürich, München 1979 (Beihefte der Francia, Bd. 3/2) S. 472-503.

DERS.: Résidance et capitale pendant le haut Moyen Age. In: Revue historique 230 (1963) S. 25-72. Neudruck in: DERS.: Spätantikes und fränkisches Gallien, Bd. 1. Zürich, München 1979, S. 362-408.

VAN EYLL, KLARA: Der Aachener Wirtschaftsraum in der ersten Hälfte des 19. Jahrhunderts. Aspekte der Frühindustrialisierung im preußischen Westen (Vortrag Aachen 1979). In: Wirtschaftliche Nachrichten der Industrie- und Handelskammer zu Aachen 12 (1979) S. 684-690; 13 (1980) S. 12-17.

FABER, KARL-GEORG: Die kommunale Selbstverwaltung in der Rheinprovinz im 19. Jahrhundert. In: Rhein. Vjbll. 30 (1965) S. 132-151.

DERS.: Die Rheinlande zwischen Restauration und Revolution. Probleme der rheinischen Geschichte von 1814 bis 1848 im Spiegel der zeitgenössischen Publizistik. Wiesbaden 1966.

DERS.: Die Rheinländer und Napoleon. In: Francia 1 (1973) S. 374-394.

FABRICIUS, WILHELM: Erläuterungen zum geschichtlichen Atlas der Rheinprovinz, Bd. 2: Die Karte von 1789. Einteilung und Entwicklung der Territorien von 1600 bis 1794. Bonn 1898 (Publikationen der Gesellschaft für Rheinische Geschichtskunde, Bd. 2).

FALKENSTEIN, LUDWIG: Der „Lateran" der karolingischen Pfalz zu Aachen. Köln 1966 (Kölner Historische Abhandlungen, Bd. 13).

DERS.: Karl der Große und die Entstehung des Aachener Marienstiftes. Paderborn, München, Wien, Zürich 1981 (Quellen und Forschungen aus dem Gebiet der Geschichte, NF H. 3).

FAULENBACH, HEINER: Die evangelische Gemeinde in Aachen in der Zeit des Nationalsozialismus. In: ZAGV 101 (1997/98) S. 125-160.

FAYMONVILLE, KARL, JOSEPH LAURENT, RICHARD PICK, MAX SCHMID-BURGK (Bearb.): Die Kunstdenkmäler der Stadt Aachen, Bd. 3: Die profanen Denkmäler und die Sammlungen der Stadt Aachen. Düsseldorf 1924 (Die Kunstdenkmäler der Rheinprovinz, Bd. 10/3).

FAYMONVILLE, KARL (Bearb.): Die Kunstdenkmäler des Kreises Monschau. Düsseldorf 1927 (Die Kunstdenkmäler der Rheinprovinz, Bd. 11/I).

FÉAUX DE LA CROIX, ERNST, u. HELMUT RUMPF: Der Werdegang des Entschädigungsrechts unter national- und völkerrechtlichem und politologischem Aspekt. München 1985 (Die Wiedergutmachung nationalsozialistischen Unrechts durch die Bundesrepublik Deutschland, Bd. 3).

FEHRENBACH, ELISABETH: Rheinischer Liberalismus und gesellschaftliche Verfassung. In: WOLFGANG SCHIEDER (Hg.): Liberalismus in der Gesellschaft des deutschen Vormärz. Göttingen 1983 (Geschichte und Gesellschaft, Sonderheft 9) S. 272-294. Neudruck in: E. FEHRENBACH: Politischer Umbruch und gesellschaftliche Bewegung. Ausgewählte Aufsätze zur Geschichte Frankreichs und Deutschlands im 19. Jahrhundert. Hg. v. HANS-WERNER HAHN u. JÜRGEN MÜLLER. München 1997, S. 111-131.

Festschrift aus Anlaß des 100jährigen Bestehens der Sozialdemokratischen Partei Deutschlands und des 50jährigen Bestehens des SPD Ortsvereins [!] Weisweiler. [o.O.] 1963.

FOERSTER, ERICH: Die Entstehung der Preußischen Landeskirche unter der Regierung König Friedrich Wilhelms des Dritten nach den Quellen erzählt. Ein Beitrag zur Geschichte der Kirchenbildung im deutschen Protestantismus, 2 Bde., Tübingen 1905-1907.

FORST, LUDWINA: Königs Weg [,] auf den Spuren des 1. Aachener Stadtkonservators Hans Königs (1903-1988). Aachen 2008.

FORSTER, GEORG: Ansichten vom Niederrhein. Von Brabant, Flandern, Holland, England und Frankreich im April, Mai und Junius 1790. Bearb. v. GERHARD STEINER. [Ost-]Berlin 1958 (Georg Forsters Werke. Sämtliche Schriften, Tagebücher, Briefe, Bd. 9).

FRIESS-REIMANN, HILDEGARD: Der organisierte Karneval seit der Reform in Köln 1823. Köln 1989 (Geschichtlicher Atlas der Rheinlande, Beiheft XI/5).

FROHN, CHRISTINA: „Löblich wird ein tolles Streben, Wenn es kurz ist und mit Sinn" – Karneval in Köln, Düsseldorf und Aachen 1823-1914. Phil. Diss. Bonn 1999.

FUCHS, KONRAD: Politische Geschichte 1918-1945. In: JOSEF JOACHIM MENZEL (Hg.): Geschichte Schlesiens, Bd. 3: Preußisch-Schlesien 1740-1945. Österreichisch-Schlesien 1740-1918/45. Stuttgart 1999, S. 81-104.

FÜRSTENBERG, FRIEDRICH: Die soziale Vermittlung von Heimat. In: KARL KONRAD POLHEIM (Hg.): Wesen und Wandel der Heimatliteratur. Am Beispiel der österreichischen Literatur seit 1945. Bern, Frankfurt a. M., New York, Paris 1989, S. 193-206.

GAST, PAUL: Die Verfassung und Verwaltung. In: DERS. (Hg.): Die Technische Hochschule zu Aachen 1870-1920. Eine Gedenkschrift. Aachen 1920, S. 108-174.

GASTEN, ELMAR: Aachen in der Zeit der nationalsozialistischen Herrschaft 1933-1944. Frankfurt a. M. 1993 (EHS, Reihe 3, Bd. 541).

GATZ, ERWIN: Rheinische Volksmission im 19. Jahrhundert dargestellt am Beispiel des Erzbistums Köln. Ein Beitrag zur Geschichte der Seelsorge im Zeitalter der katholischen Bewegung. Düsseldorf 1960 (Studien zur Kölner Kirchengeschichte, Bd. 7).

DERS.: Kirche und Krankenpflege im 19. Jahrhundert. Katholische Bewegung und karitativer Aufbruch in den preußischen Provinzen Rheinland und Westfalen. München, Paderborn, Wien 1971.

DERS.: Franziska Schervier (1819-1876). In: Zeitgeschichte in Lebensbildern. Aus dem deutschen Katholizismus des 19. und 20. Jahrhunderts, Bd. 3. Mainz 1979, S. 50-61.

DERS.: Geschichte des Bistums Aachen in Daten 1930-1985. Der Weg einer Ortskirche. Aachen 1986.

DERS.: Erinnerungen rheinischer Seelsorger aus den Diözesen Aachen, Köln und Lüttich (1933-1986). Aachen 1988.

GAUGER, JÖRG-DIETER u. MANFRED KITTEL (Hg.): Die Vertreibung der Deutschen aus dem Osten in der Erinnerungskultur. Sankt Augustin 2004.

GEBAUER, EMANUEL: Fritz Schaller. Der Architekt und sein Beitrag zum Sakralbau im 20. Jahrhundert. Köln 2000 (Stadtspuren – Denkmäler in Köln, Bd. 28).

Gemeinschaftliches Gesangbuch bey den protestantischen Gemeinden in Stollberg bey Aachen. Frankfurt a. M. 1802.

GERHARDT, JOHANNES: Der Erste Vereinigte Landtag in Preußen von 1847. Untersuchungen zu einer ständischen Körperschaft im Vorfeld der Revolution von 1848/49. Berlin 2008 (Quellen und Forschungen zur Brandenburgischen und Preußischen Geschichte, Bd. 33).

Germanistik – eine deutsche Wissenschaft. Beiträge v. EBERHARD LÄMMERT, WALTHER KILLY, KARL OTTO CONRADY, PETER V. POLENZ. Frankfurt a. M. 1967.

Geschichte der Evangelischen Kirchengemeinde Monschau 1939-1997. Hg. aus Anlaß „400 Jahre Evangelische Gemeinde in Monschau" v. Presbyterium der Ev. Kirchengemeinde Monschau. Monschau 1997.

GEUENICH, DIETER: Landesgeschichte – Regionalgeschichte – „Rheinische Geschichte". In: BERND KORTLÄNDER, GUNTER E. GRIMM (Hg.): „Rheinisch". Zum Selbstverständnis einer Region. Stuttgart, Weimar 2001 (Heinrich-Heine-Institut Düsseldorf, Bd. 9) S. 9-21.

GIELEN, VIKTOR: Der Kreis Eupen unter preußischer Herrschaft 1815-1920. Eupen 1972.

DERS.: Aachen im Vormärz. 2. Aufl. Eupen 1983.

DERS.: Es stand im „Echo". Aachen 1914-1932. Eupen 1986.

GIERSIEPEN, HELGA (Bearb.): Die Inschriften des Aachener Doms. Wiesbaden 1992 (Die Deutschen Inschriften, Bd. 31, Düsseldorfer Reihe, Bd. 1).

DIES. (Bearb.): Die Inschriften der Stadt Aachen. Wiesbaden 1993 (Die Deutschen Inschriften, Bd. 32, Düsseldorfer Reihe, Bd. 2).

Glaubensverkündigung für Erwachsene. Deutsche Ausgabe des Holländischen Katechismus. Nijmwegen-Utrecht 1968.

GOETERS, J. F. GERHARD u. RUDOLF MAU (Hg.): Die Anfänge der Union unter landesherrlichem Kirchenregiment (1817-1850). Leipzig 1992 (Die Geschichte der Evangelischen Kirche der Union. Ein Handbuch, Bd. 1).

GORDON, SARAH: Hitler, Germans, and the „Jewish Question". Princeton 1984.

GOTTO, KLAUS u. KONRAD REPGEN (Hg.): Die Katholiken und das Dritte Reich. 3. erw. u. überarb. Aufl. Mainz 1990.

GRAB, WALTER: Ein Volk muß seine Freiheit selbst erobern. Zur Geschichte der deutschen Jakobiner. Frankfurt a. M., Olten, Wien 1984.

GRAML, HERMANN: Reichskristallnacht. Antisemitismus und Judenverfolgung im Dritten Reich. 3. Aufl. München 1998 (Deutsche Geschichte der neuesten Zeit).

GRAUMANN, SABINE: Französische Verwaltung am Niederrhein. Das Roerdepartement 1798-1814. Essen 1990 (Düsseldorfer Schriften zur Neueren Landesgeschichte und zur Geschichte Nordrhein-Westfalens, Bd. 27).

GROSS, BERND u. PETER SCHMITT-EGNER: Europas kooperierende Regionen. Rahmenbedingungen und Praxis transnationaler Zusammenarbeit deutscher Grenzregionen in Europa. Baden-Baden 1994.

GROSSMANN, ACHIM u. SUSANNE MIX: 100 Jahre SPD in Bardenberg und Würselen. Würselen 2003.

GROTEN, MANFRED u. ANDREAS RUTZ (Hg.): Rheinische Landesgeschichte an der Universität Bonn. Traditionen, Entwicklungen, Perspektiven. Göttingen 2007.

GROTHE, EWALD: Wunsch und Wirklichkeit. Die rheinische und kurhessische Verfassungsbewegung im Vormärz. Ein Vergleich. In: Blätter für deutsche Landesgeschichte 137 (2001) S. 135-159.

GRÜBER, PROPST HEINRICH: Erinnerungen aus sieben Jahrzehnten. Köln, Berlin 1968.

GRUCHMANN, LOTHAR: Justiz im Dritten Reich 1933-1940. Anpassung und Unterwerfung in der Ära Gürtner. München 1988 (QDZ, Bd. 28).

Grundtexte zur Sozialen Marktwirtschaft. Zeugnisse aus zweihundert Jahren ordnungspolitischer Diskussion, 3 Bde., Stuttgart, New York 1981-1994.

GRÜNTHAL, GÜNTHER: Das preußische Dreiklassenwahlrecht. Ein Beitrag zur Genese und Funktion des Wahlrechtsoktrois vom Mai 1849. In: HZ 226 (1978) S. 17-66.

GUTHAUSEN, KARL (Hg.): Sagen und Legenden aus Eifel und Ardennen, 3 Bde., Aachen 1992-1996

HAAK, ERHARD: Aachens Garnisongeschichte. Daten, Fakten, Bilder. Als Typoskript gedruckt Aachen 1989.

HAASE, ANNEMARIE: Das „Unruhige Dreieck" Aachen-Stolberg, Verviers und Eupen im Vormärz. In: GUIDO MÜLLER, JÜRGEN HERRES (Hg.): Aachen, die westlichen Rheinlande und die Revolution 1848/49. Aachen 2000, S. 55-69.

HABETHA, KLAUS (Hg.): Wissenschaft zwischen technischer und gesellschaftlicher Herausforderung: Die Rheinisch-Westfälische Technische Hochschule Aachen 1870 bis 1995. Aachen 1995.

HAFFNER, SEBASTIAN: Anmerkungen zu Hitler. München 1978.

HAHN, HELMUT u. WOLFGANG ZORN (Hg.): Historische Wirtschaftskarte der Rheinlande um 1820. Bonn 1973 (Rheinisches Archiv, Bd. 87).

Handbuch 1927 über den Landkreis. Nach amtlichem Material zusammengestellt u. hg. v. der Kreisverwaltung Aachen-Land. Aachen 1927.

Handbuch des Bistums Aachen. Zweite Ausgabe. Hg. v. Bischöflichen Generalvikariat. Aachen 1962; dritte Ausgabe 1994.

HANSEMANN, DAVID: Preußen und Frankreich. Staatswirtschaftlich und politisch, unter vorzüglicher Berücksichtigung der Rheinprovinz. 2. verb. u. verm. Aufl. Leipzig 1834.

HANSEN, JOSEPH: Beiträge zur Geschichte von Aachen, Heft 1. Bonn 1886.

DERS.: Die Gesellschaft für Rheinische Geschichtskunde in den Jahren 1881-1906. Vortrag gehalten in der 26. Jahresversammlung der Gesellschaft. Bonn 1907.

DERS. (Hg.): Die Rheinprovinz 1815-1915. Hundert Jahre preußischer Herrschaft am Rhein, 2 Bde., Bonn 1917.

DERS.: Preußen und Rheinland von 1815 bis 1915. Hundert Jahre politischen Lebens am Rhein. Bonn 1918. Nachdruck Köln 1990 (Rheinprovinz. Dokumente und Darstellungen zur Geschichte der Rheinischen Provinzialverwaltung und des Landschaftsverbandes Rheinland, Bd. 4).

DERS. (Hg.): Rheinische Briefe und Akten zur Geschichte der politischen Bewegung 1830-1850, Bd. 1: 1830-1845. Essen 1919. Nachdruck Osnabrück 1967 (Deutsche Geschichtsquellen des 19. Jahrhunderts, Bd. 1).

DERS.: Rheinland und Rheinländer. Bonn, Leipzig 1925.

DERS. (Hg.): Quellen zur Geschichte des Rheinlandes im Zeitalter der Französischen Revolution (1780-1801), 4 Bde., Bonn 1931-1938 (Publikationen der Gesellschaft für Rheinische Geschichtskunde, Bd. 42).

HANSEN, NIELS: Aus dem Schatten der Katastrophe. Die deutsch-israelischen Beziehungen in der Ära Konrad Adenauer und David Ben Gurion. Ein dokumentierter Bericht. Düsseldorf 2002 (Forschungen und Quellen zur Zeitgeschichte, Bd. 38).

HANSMANN, WILFRIED: Das Rote Haus in Monschau. Hg. v. d. Stiftung Scheibler-Museum – Rotes Haus in Monschau. Köln 1994.

HANTSCHE, IRMGARD: Atlas zur Geschichte des Niederrheins. Kartographie Harald Krähe. 5., überarb. Aufl. Bottrop, Essen 2004 (Schriftenreihe der Niederrhein-Akademie, Bd. 4).

HARLANDER, TILMAN: Moderne und antimoderne Tendenzen im Wohnungsbau: Das Rheinland zwischen 1933 und 1945. In: DIETER BREUER, GERTRUDE CEPL-KAUFMANN (Hg.): Moderne und Nationalsozialismus im Rheinland. Vorträge des Interdisziplinären Arbeitskreises zur Erforschung der Moderne im Rheinland. Paderborn 1997, S. 467-499.

HARTLIEB VON WALLTHOR, ALFRED: Staatsverwaltung und landschaftliche Selbstverwaltung in den Rheinlanden und in Westfalen im 19. und 20. Jahrhundert. In: PETER BERGHAUS, SIEGFRIED KESSEMEIER (Hg.): Köln-Westfalen 1180-1980 [Katalog zur Ausstellung im Westfälischen Landesmuseum Münster und in der Josef-Haubrich-Kunsthalle Köln], Bd. 1. Münster 1980, S. 262-268.

HASHAGEN, JULIUS: Die Rheinlande beim Abschlusse der französischen Fremdherrschaft. In: JOSEPH HANSEN (Hg.): Die Rheinprovinz 1815-1915. Hundert Jahre preußischer Herrschaft am Rhein, Bd. 1. Bonn 1917, S. 1-56.

HAUSENSTEIN, WILHELM: Pariser Erinnerungen. Aus fünf Jahren diplomatischen Dienstes 1950-1955. München 1961.

HÄUSSLING, ANGELUS A.: Das Erbe Karls des Großen in der abendländichen Liturgie. In: ZAGV 104/105 (2002/2003) S. 561-575.

HEFFTER, HEINRICH: Die deutsche Selbstverwaltung im 19. Jahrhundert. Geschichte der Ideen und Institutionen. 2. Aufl. Stuttgart 1969.

HEGEL, EDUARD: Die katholische Kirche in den Rheinlanden 1815-1945. In: FRANZ PETRI, GEORG DROEGE (Hg.): Rheinische Geschichte, Bd. 3: Wirtschaft und Kultur im 19. und 20. Jahrhundert. Düsseldorf 1979, S. 329-412.

VON HEHL, ULRICH: Katholische Kirche und Nationalsozialismus im Erzbistum Köln 1933-1945. Mainz 1977 (VKfZ, Reihe B, Bd. 23).

DERS., CHRISTOPH KÖSTERS [u. a.] (Bearb.): Priester unter Hitlers Terror. Eine biographische und statistische Erhebung. 3. wesentlich veränd. u. erw. Aufl. Paderborn 1996 (VKfZ, Reihe A, Bd. 37).

HEINEN, ARMIN: Umweltgeschichte. Ein lexikalischer Versuch zur Geschichte der Neuzeit. In: HORST KRANZ, LUDWIG FALKENSTEIN (Hg.): Inquirens subtilia diversa. Dietrich Lohrmann zum 65. Geburtstag. Aachen 2002, S. 515-535.

HEINEN, ERNST: Anfänge des politischen Katholizismus in Aachen. Der Piusverein (1848-1854/55). In: ZAGV 100 (1995/96) S. 327-471.

DERS.: Aufbruch, Erneuerung, Politik. Rheinischer Katholizismus im 19. Jahrhundert. In: Rhein. Vjbll. 64 (2000) S. 266-289.

HELMBERGER, PETER: „Ausgleichsverhandlungen" der Bundesrepublik mit Belgien, den Niederlanden und Luxemburg. In: HANS-GÜNTER HOCKERTS, CLAUDIA MOISEL, TOBIAS WINSTEL (Hg.): Grenzen der Wiedergutmachung. Die Entschädigung für NS-Verfolgte in West- und Osteuropa 1945-2000. Göttingen 2006, S. 197-241.

HENKE, JOSEF: Die Hochburgen der „katholischen Parteien". Materialien vom Kaiserreich bis zur Bundesrepublik Deutschland. In: JOST DÜLFFER, BERND MARTIN, GÜNTER WOLLSTEIN (Hg.): Deutschland in Europa. Kontinuität und Bruch. Gedenkschrift für Andreas Hillgruber. Frankfurt a. M., Berlin 1990, S. 348-373.

HENNING, FRIEDRICH-WILHELM: Handbuch der Wirtschafts- und Sozialgeschichte Deutschlands, Bd. 2: 19. Jahrhundert. Paderborn 1996; Bd. 3, Teil 1: Deutsche Wirtschafts- und Sozialgeschichte im Ersten Weltkrieg und in der Weimarer Republik 1914 bis 1932. Ebd. 2003.

HEPPLE, VOLKER u. ULRICH KÖLSCH: Die Hochschulen und Forschungsinstitute der Region. In: KLARA VAN EYLL, OTTO ESCHWEILER (Hg.): Wirtschaftsgeschichte der Region Aachen vom Ende des Zweiten Weltkriegs bis zur Gegenwart. Köln 2000, S. 176-194.

HERBERT, ULRICH: Geschichte der Ausländerpolitik in Deutschland. Saisonarbeiter, Zwangsarbeiter, Gastarbeiter, Flüchtlinge. München 2001.

HERBORN, WOLFGANG: Der Wandel der religiösen Lebensformen: Wallfahrtswesen und Heiligenverehrung in Würselen. In: MARGRET WENSKY, FRANZ KERFF (Hg.): Würselen. Beiträge zur Stadtgeschichte, Bd. 2. Köln 1995, S. 407-439.

HERMANN, ALFRED (Hg.): Eifel-Festschrift zur 25jährigen Jubelfeier des Eifelvereins. Bonn 1913.

HERMANN, MARIE-LUISE u. ADAM EISEN (Hg.): Vor 50 Jahren mußten sie die Heimat verlassen. Die Evakuierung im Herbst 1944 und die Rückkehr nach Eschweiler 1945. Berichte Eschweiler Bürger über ihre Erlebnisse während der Evakuierungszeit. Eschweiler 1994 (SEG, Bd. 15).

HERMANNS, MANFRED: Sozialethik im Wandel der Zeit. Persönlichkeiten, Forschungen, Wirkungen des Lehrstuhls für Christliche Gesellschaftslehre und des Instituts für Christliche Sozialwissenschaften der Universität Münster 1893-1997. Paderborn 2006 (Abhandlungen zur Sozialethik, Bd. 49).

HERMANNS, WILL: Der schöne deutsche Rhein. Landschaft, Kunst und Kultur. Berlin [1930].

DERS.: Stadt in Ketten. Geschichte der Besatzungs- und Separatistenzeit 1918-1929 in und um Aachen. Aachen 1933.

DERS.: Heimatchronik des Landkreises Aachen. Köln 1953.

DERS.: Gesammelte Werke, Bd. 1. Aachen 1974 (Beiträge zur Kultur- und Wirtschafts-Geschichte Aachens und seiner Umgebung, Bd. 2).

HERRES, JÜRGEN: Städtische Gesellschaft und katholische Vereine im Rheinland 1840-1870. Essen 1996.

DERS.: Rhein-Preußen. Eine deutsch-deutsche Beziehungsgeschichte im 19. Jahrhundert. In: MANFRED GROTEN (Hg.): Die Rheinlande und das Reich. Vorträge gehalten auf dem Symposion anläßlich des 125-jährigen Bestehens der Gesellschaft für Rheinische Geschichtskunde 2006. Düsseldorf 2007 (Publikationen der Gesellschaft für Rheinische Geschichtskunde, Vorträge, Bd. 34) S. 159-202.

HERZIG, ARNO: Die jüdische Minderheit Rheinland-Westfalens im Assimilationsprozeß (1780-1860). In: KURT DÜWELL, WOLFGANG KÖLLMANN (Hg.): Rheinland-Westfalen im Industriezeitalter, Bd. 2: Von der Reichsgründung bis zur Weimarer Republik. Wuppertal 1984, S. 72-85.

HILLGRUBER, CHRISTIAN: Perspektiven der künftigen Rechtsform Europas. In: HANS-JÜRGEN BECKER (Hg.): Zusammengesetzte Staatlichkeit in der Europäischen Verfassungsgeschichte. Berlin 2006 (Der Staat, Beiheft 16) S. 257-284.

HIRSCH, HANS: Ökonomische Maßstäbe für die kommunale Gebietsreform. Eine Kritik der nordrhein-westfälischen Reformvorhaben unter besonderer Berücksichtigung des Aachen-Gesetzes. Köln 1971 (Abhandlungen zur Kommunalpolitik, Bd. 3).

HOCKERTS, HANS GÜNTHER: Wiedergutmachung in Deutschland. Eine historische Bilanz 1945-2000. In: VfZ 49 (2001) S. 167-214.

DERS. (Hg.): Bundesrepublik Deutschland 1966-1974. Eine Zeit vielfältigen Aufbruchs. Baden-Baden 2006 (Geschichte der Sozialpolitik in Deutschland seit 1945, Bd. 5).

HOESCH, WILHELM: Beiträge zur Geschichte des Eisens. In: Stahl und Eisen. Zeitschrift für das deutsche Eisenhüttenwesen 26 (1906) S. 1256f.

HOLTZ, FRIEDRICH: Reichtum, Zwerge und Galmei. Bergbausagen aus den Erzabbaugebieten um Stolberg. In: Eifel-Jahrbuch 1997, S. 75-82.

DERS.: Erze und Umwelt. Ambivalenzen einer glänzenden Wirtschaftsentwicklung im Stolberger Raum. In: Eifel-Jahrbuch 2001, S. 56-66.

DERS.: Die Abwanderung der Kupfermeister von Aachen nach Stolberg. Religionskonflikt oder Standortfrage? In: Eifel-Jahrbuch 2005, S. 153-158.

HÖNINGS, ERNST: „Des freien Reichsstifts zu St. Cornelii auf der Inden unschätzbares Heiligtum". Die Christusreliquien im Wallfahrtsort Kornelimünster und ihr Kult in Mittelalter und Neuzeit. Jülich 1993 (Forum Jülicher Geschichte, H. 8).

HUBATSCH, WALTHER: Deutsche Grenzprobleme 1813-15. In: Die Welt als Geschichte 16 (1956) S. 179-195.

HÜBINGER, PAUL EGON: Spätantike und frühes Mittelalter. Ein Problem historischer Periodenbildung. In: Deutsche Vierteljahrsschrift für Literaturwissenschaft und Geistesgeschichte 26 (1952) S. 1-48. Neudruck in: DERS. (Hg.): Zur Frage der Periodengrenze zwischen Altertum und Mittelalter. Darmstadt 1969 (Wege der Forschung, Bd. 51) S. 145-205.

DERS.: Elemente eines europäischen Geschichtsbildes: Mittelalter. In: Geschichte in Wissenschaft und Unterricht 5 (1954) S. 13-28. Neudruck in: DERS.: Ausgewählte Aufsätze und Vorträge. Beiträge zur Geschichte Europas und der Rheinlande in Mittelalter und Neuzeit. Hg. v. MAGNUS DITSCHE u. RAYMUND KOTTJE. Siegburg 1990 (Bonner Historische Forschungen, Bd. 53) S. 40-55.

DERS.: Bewahren und forschen. Festvortrag zur 150-Jahrfeier des Landeshauptarchivs Koblenz und des Hautptstaatsarchivs Düsseldorf am 14. Mai 1982 in Rolandseck. In: Jahrbuch für westdeutsche Landesgeschichte 8 (1982) S. 285-299. Neudruck in: DERS.: Ausgewählte Aufsätze und Vorträge. Siegburg 1990, S. 73-87.

HÜTTENBERGER, PETER: Die Gauleiter. Studie zum Wandel des Machtgefüges in der NSDAP. Stuttgart 1969 (Schriftenreihe der VfZ, Bd. 19).

HUYSKENS, ALBERT: Die Gründung der rheinisch-westfälischen polytechnischen Schule. In: PAUL GAST (Hg.): Die Technische Hochschule zu Aachen 1870-1920. Aachen 1920, S. 1-107.

DERS., in Verbindung mit BERNHARD POLL (Hg.): Das alte Aachen, seine Zerstörung und sein Wiederaufbau. Aachen 1953 (Aachener Beiträge zur Baugeschichte und Heimatkunst, Bd. 3).

JÄGER, LUDWIG: Seitenwechsel. Der Fall Schneider/Schwerte und die Diskussion der Germanistik. München 1998.

JAKOBI, HUBERT: Die Einführung der Dampfmaschine in den Eschweiler Bergbau. In: SEG 22 (2003) S. 85-98.

JAKSCH, WENZEL: Europas Weg nach Potsdam. Schuld und Schicksal im Donauraum. Stuttgart 1958. Neuausgabe mit einem Nachruf von WILLY BRANDT. München 1990.

JANSSEN, WILHELM: Kleine Rheinische Geschichte. Düsseldorf 1997.

JAUD, RALPH J.: Der Landkreis Aachen in der NS-Zeit. Politik, Wirtschaft und Gesellschaft in einem katholischen Grenzgebiet 1929-1944. Frankfurt a. M., Berlin, Bern, New York, Paris, Wien 1997.

JENNIGES, HUBERT: Hinter ostbelgischen Kulissen. Stationen auf dem Weg zur Autonomie des deutschen Sprachgebiets in Belgien (1968-1972). Eupen 2001.

JERS, NORBERT: Bruckner-Rezeption zwischen religiöser Inbrunst und nationalistischer Instrumentalisierung. Die Zeit zwischen den Weltkriegen am Beispiel Aachen. In: Kirchenmusikalisches Jahrbuch 89 (2005) S. 107-123.

JESERICH, KURT G. A., HANS POHL, GEORG-CHRISTOPH VON UNRUH (Hg.): Deutsche Verwaltungsgeschichte, Bd. 4: Das Reich als Republik und in der Zeit des Nationalsozialismus. Stuttgart 1985.

JUNG, OTMAR: Plebiszit und Diktatur. Die Volksabstimmung der Nationalsozialisten. Die Fälle „Austritt aus dem Völkerbund" (1933), „Staatsoberhaupt" (1934) und „Anschluß Österreichs" (1938). Tübingen 1995 (Beiträge zur Rechtsgeschichte des 20. Jahrhunderts, Bd. 13).

KAELBLE, HARTMUT (Hg.): Der Boom 1948-1973. Gesellschaftliche und wirtschaftliche Folgen in der Bundesrepublik Deutschland und in Europa. Opladen 1992 (Schriften des Zentralinstituts für sozialwissenschaftliche Forschung der Freien Universität Berlin, Bd. 64).

DERS. u. GÜNTHER SCHMID (Hg.): Das europäische Sozialmodell. Auf dem Weg zum transnationalen Sozialstaat. Berlin 2004 (WZB-Jahrbuch 2004).

KALKMANN, ULRICH: Die Technische Hochschule Aachen im Dritten Reich (1933-1945). Aachen 2003 [Aachener Studien zu Technik und Gesellschaft, Bd. 4].

KALLEN, GERHARD: Das Kölner Erzstift und der „ducatus Westfalie et Angarie" (1180). Köln 1957 (Gesellschaft für Rheinische Geschichtskunde, Vorträge, H. 12).

KALTENBACH, J[OHANN] H[EINRICH]: Der Regierungsbezirk Aachen. Ein Wegweiser für Lehrer, Reisende und Freunde der Heimathkunde. Aachen 1850.

Karneval im Aachener Grenzland. Das Brauchtum Karneval in den Vereinen des Aachener Grenzlandes. 50 Jahre Verband der Karnevalsvereine Aachener Grenzlandkreise e.V. Hg. v. Verband der Karnevalsvereine Aachener Grenzlandkreise e.V. Alsdorf 2006.

KASTIES, BERT u. MANFRED SICKING (Hg.): Aachener machen Geschichte. Porträts historischer Persönlichkeiten. Sammelband. Aachen 2002.

KASTNER, DIETER (Bearb.): Der Rheinische Provinziallandtag und die Emanzipation der Juden im Rheinland 1825-1845. Eine Dokumentation, 2 Tle., Köln 1989 (Landschaftsverband Rheinland, Archivberatungsstelle. Rheinprovinz, Bd. 2).

KEINEMANN, FRIEDRICH: Das Kölner Ereignis. Sein Widerhall in der Rheinprovinz und in Westfalen, 2 Tle., Neustadt/Aisch 1974 (Publikationen der Gesellschaft für Rheinische Geschichtskunde, Bd. 59).

KELEK, NECLA: Die fremde Braut. Ein Bericht aus dem Inneren des türkischen Lebens in Deutschland. 9. Aufl. Köln 2007.

KELLER, CHRISTOPH: Archäologische Forschungen in Aachen. Katalog der Fundstellen in der Innenstadt und in Burtscheid. Mainz 2004 (Rheinische Ausgrabungen, Bd. 55).

KERFF, FRANZ: Wahlen und politische Parteien in Bardenberg, Broich, Weiden und Würselen während der Weimarer Republik (1919-1932). In: MARGRET WENSKY, FRANZ KERFF (Hg.): Würselen. Beiträge zur Stadtgeschichte, Bd. 2. Köln 1995, S. 13-44.

KERNER, MAX u. KLAUS RICKING: Aachen und das Polytechnikum. Aspekte der frühen Beziehung von Stadt und Hochschule. In: ZAGV 98/99 (1992/93) S. 547-593.

KERNER, MAX (Hg.): Der verschleierte Karl. Karl der Große zwischen Mythos und Wirklichkeit. Aachen 1999.

DERS.: Karl der Große. Entschleierung eines Mythos. Köln, Weimar, Wien 2000.

DERS.: Die politische Instrumentalisierung Karls des Großen im 19. und 20. Jahrhundert. In: ZAGV 104/105 (2002/2003) S. 231-276.

Kirche mitten in dieser Welt. Offizielle Berichtzeitung des 82. Deutschen Katholikentags 1968.

KITTEL, MANFRED: Vertreibung der Vertriebenen? Der historische deutsche Osten in der Erinnerungskultur der Bundesrepublik (1961-1982). München 2007 (Schriftenreihe der VfZ, Sondernummer).

KLEFISCH, PETER: Die Kreisleiter der NSDAP in den Gauen Köln-Aachen, Düsseldorf und Essen. Düsseldorf 2000 (Veröffentlichungen der staatlichen Archive des Landes Nordrhein-Westfalen, Bd. 45).

KLEIN, ADOLF: Die rheinische Justiz und der rechtsstaatliche Gedanke. In: JOSEF WOLFFRAM, ADOLF KLEIN (Hg.): Recht und Rechtspflege in den Rheinlanden. Köln 1969, S. 113-264.

KLEIN, GOTTHARD: Der Volksverein für das Katholische Deutschland 1890-1933. Geschichte, Bedeutung, Untergang. Paderborn 1996 (VKfZ, Reihe B, Bd. 75).

KLEINERTZ, EVERHARD: Joseph Hansen (1862-1943). In: JOSEPH HANSEN: Preußen und Rheinland von 1815 bis 1915. Hundert Jahre politischen Lebens am Rhein (Bonn 1918). Nachdruck Köln 1990 (Landschaftsverband Rheinland, Archivberatungsstelle. Rheinprovinz, Bd. 4) S. 273-325.

KLEINMANN, HANS OTTO: Geschichte der CDU 1945-1982. Stuttgart 1993.

KLEU, GERD: Die Neuordnung der Ostkantone Belgiens 1945-1956. Politik, Kultur und Wirtschaft in Eupen, Malmedy und St. Vith. Essen 2007.

KLINKENBERG, HANS-MARTIN (Hg.): Die Rheinisch-Westfälische Technische Hochschule Aachen 1870-1970, 2 Bde., Stuttgart 1970.

DERS.: Geschichte der ingenieurwissenschaftlichen Forschungen in Rheinland-Westfalen aufgezeigt an der Entwicklung der Rheinisch-Westfälischen Technischen Hochschule (RWTH) von der polytechnischen Schule zur Technischen Hochschule. In: KURT DÜWELL, WOLFGANG KÖLLMANN (Hg.): Rheinland-Westfalen im Industriezeitalter, Bd. 4: Zur Geschichte von Wissenschaft, Kunst und Bildung an Rhein und Ruhr. Wuppertal 1984, S. 9-23.

KLÖCKER, MICHAEL: Die Sozialdemokratie im Regierungsbezirk Aachen vor dem 1. Weltkrieg. Funde und Befunde zur Wilhelminischen Ära unter besonderer Berücksichtigung der Vorkriegsjahre. Wentorf/Hamburg 1977 (Die Arbeiterbewegung in den Rheinlanden, Nr. 6).

KLOTZBACH, KURT: Der Weg zur Staatspartei. Programmatik, praktische Politik und Organisation der deutschen Sozialdemokratie 1945 bis 1965. Berlin, Bonn 1982.

KNABE, PETER-ECKHARD (Hg.): Das Königreich Belgien. Geschichte und Kultur. Köln 1988 (Kölner Schriften zur Romanischen Kultur, Bd. 11).

KNOLL, GABRIELE M.: Aachen und das Dreiländereck. Fahrten rund um die Karlsstadt und ins Maasland nach Lüttich und Maastricht. Köln 1993 (DuMont Kunst-Reiseführer).

KOCH, JOSEPH: Geschichte der Aachener Nähnadelzunft und Nähnadelindustrie bis zur Aufhebung der Zünfte in der französischen Zeit (1798). In: ZAGV 41 (1920) S. 16-122.

KÖHLER, HENNING: Adenauer und die rheinische Republik. Der erste Anlauf 1918-1924. Opladen 1986.

Köln-Westfalen 1180-1980. Landesgeschichte zwischen Rhein und Weser [Katalog zur Ausstellung im Westfälischen Landesmuseum Münster und in der Josef-Haubrich-Kunsthalle Köln], 2 Bde., hg. v. PETER BERGHAUS u. SIEGFRIED KESSEMEIER. Münster 1980.

KÖNIG, HELMUT, WOLFGANG KUHLMANN, KLAUS SCHWABE (Hg.): Vertuschte Vergangenheit. Der Fall Schwerte und die NS-Vergangenheit der deutschen Hochschulen. München 1997.

KÖNIG, WALTER: Der Steinkohlenbergbau im Raum Würselen vom Mittelalter bis zum 20. Jahrhundert. Eine historisch-bergtechnische Untersuchung. In: MARGRET WENSKY, FRANZ KERFF (Hg.): Würselen. Beiträge zur Stadtgeschichte, Bd. 1. Köln 1989, S. 219-265.

KÖNIG, WOLFGANG: Wilhelm II. und die Moderne. Der Kaiser und die technisch-industrielle Welt. Paderborn 2007.

Kohle und Eisen im Inderevier. Das frühindustrielle Zentrum in Eschweiler-Pumpe-Stich. Hg. v. Lehrstuhl für Planungstheorie der RWTH Aachen und dem Eschweiler Geschichtsverein. Aachen 1989.

KOHLHAAS, ANTON: Geschichte des Steinkohlenbergbaues im heutigen Stadtgebiete von Stolberg (Rhld.). Stolberg 1965 (BSGH, Bd. 12).

KOLL, JOHANNES (Hg.): Belgien. Geschichte, Politik, Kultur, Wirtschaft. Münster 2007.

KOLLER, CHRISTIAN: „Von Wilden aller Rassen niedergemetzelt". Die Diskussion um die Verwendung von Kolonialtruppen in Europa zwischen Rassismus, Kolonial- und Militärpolitik (1914-1930). Stuttgart 2001 (Beiträge zur Kolonial- und Überseegeschichte, Bd. 82).

KOLTES, MANFRED: Das Rheinland zwischen Frankreich und Preußen. Studien zu Kontinuität und Wandel am Beginn der preußischen Herrschaft (1814-1822). Köln 1992 (Dissertationen zur neuere Geschichte, Bd. 22).

Konrad Adenauer und die CDU der britischen Besatzungszone 1946-1949. Dokumente zur Gründungsgeschichte der CDU Deutschlands. Hg. v. d. Konrad-Adenauer-Stiftung. Bonn 1975.

KOOPS, TILMAN u. MARTIN VOGT (Hg.): Das Rheinland in zwei Nachkriegszeiten 1919-1930 und 1945-1948. Koblenz (Selbstverlag des Bundesarchivs) 1995.

KORN, OTTO: Gedanken zur kommunalen Neugliederung im Aachener Raum mit einer Zielplanung für die Jahre 1980 bis 1990. Aachen 1968.

KORR, A.: Die Einführung der Dampfkraft in die Aachener Industrie bis zum Jahre 1831. Staatswiss. Diss. Tübingen 1921 [masch.].

KOSELLECK, REINHARD: Preußen zwischen Reform und Revolution. Stuttgart 1967 (Industrielle Welt, Bd. 7). 3. Aufl. ebd. 1981 (Sonderausgabe ebd. 1987).

KOSSERT, ANDREAS: Die Geschichte der deutschen Vertriebenen nach 1945. München 2008.

KRÄMER, GUDRUN: Gottes Staat als Republik. Reflexionen zeitgenössischer Muslime zu Islam, Menschenrechten und Demokratie. Baden-Baden 1999 (Studien zur Ethnizität, Religion und Demokratie, Bd. 1).

KRAUS, THOMAS R.: Auf dem Weg in die Moderne. Aachen in französischer Zeit 1792/93, 1794-1814. Handbuch-Katalog zur Ausstellung im „Krönungssaal" des Aachener Rathauses 1995. Aachen 1994 (ZAGV, Beihefte, Bd. 4).

KREBS, STEFAN: Zwangsarbeit in Stolberg/Rhld. Eine erste Bestandsaufnahme. Stolberg 2003 (BSG, Bd. 26).

DERS. u. WERNER TSCHACHER: „Im Sinne der rassischen Erneuerung unseres Volkes" – Albert Huyskens, die Westdeutsche Gesellschaft für Familienkunde und das Aachener Stadtarchiv im Nationalsozialismus. In: ZAGV 109 (2006) S. 215-238.

KREINER, RALF: Würselen. Köln 2001 (Rheinischer Städteatlas, Lieferung XIV, Nr. 79).

KREUELS, MATTHIAS (Hg.): Das Gregoriushaus Aachen. 126 Jahre Kirchenmusik-Ausbildung 1881-2007. Aachen 2007.

KROLL, FRANK-LOTHAR: Friedrich Wilhelm IV. und das Staatsdenken der deutschen Romantik. Berlin 1990 (Einzelveröffentlichungen der Historischen Kommission zu Berlin, Bd. 72).

DERS. (Hg.): Flucht und Vertreibung in der Literatur nach 1945. Berlin 1997.

KROMKA, FRANZ: Markt und Moral. Neuentdeckung der Gründerväter. Grevenbroich 2008.

KRÜGER, PETER: Das Reparationsproblem der Weimarer Republik in fragwürdiger Sicht. Kritische Überlegungen zur neuesten Forschung. In: VfZ 29 (1981) S. 21-47.

KÜHN, NORBERT: Die Reichsabtei Kornelimünster im Mittelalter. Geschichtliche Entwicklung, Verfassung, Konvent, Besitz. Aachen 1982 (Veröffentlichungen des Stadtarchivs Aachen, Bd. 3).

KÜPPERS, KURT: Marienfrömmigkeit zwischen Barock und Industriezeitalter. Unterschungen zur Geschichte und Feier der Maiandacht in Deutschland und im deutschen Sprachgebiet. St. Ottilien 1987 (Münchner Theologische Studien, Abt. 1, Bd. 27).

KURTH, KARL HEINZ: Sankt Martinsbrauchtum in der Eifel. In: Eifel-Jahrbuch 2001, S. 157-161.

DERS.: Fastenzeit und Osterbräuche in der Eifel. In: Eifel-Jahrbuch 2004, S. 54-60.

DERS.: Eifeler Fastnachtsbrauchtum im Wandel. In: Eifel-Jahrbuch 2005, S. 202-206.

KURZE, ANTON (Hg.): Aachen. Die Rheinisch Westfälische Technische Hochschule. Aachen 1961 (Monographien des Bauwesens, Bd. 22).

DERS.: Bericht der Stadt Aachen zur kommunalen Neugliederung. Studie über die Verflechtung zwischen der Stadt Aachen und ihrem Umland. Planungsamt der Stadt Aachen 1969.

LADEMACHER, HORST: Die nördlichen Rheinlande 1815-1953. In: FRANZ PETRI, GEORG DROEGE (Hg.): Rheinische Geschichte, Bd. 2: Neuzeit, 3. Aufl. Düsseldorf 1980, S. 475-866.

DERS.: Zwei ungleiche Nachbarn. Wege und Wandlungen der deutsch-niederländischen Beziehungen im 19. und 20. Jahrhundert. Darmstadt 1990.

LADEUR, KARL-HEINZ u. INO AUGSBURG: Toleranz, Religion, Recht. Die Herausforderung des „neutralen" Staates durch neue Formen von Religiosität in der postmodernen Gesellschaft. Tübingen 2007.

LAMBERTZ, KARL-HEINZ: Die Deutschsprachige Gemeinschaft Belgiens. Bindeglied zwischen romanischem und germanischem Kulturkreis inmitten der Euregio Maas-Rhein. In: Eifel-Jahrbuch 2005, S. 57-62.

Landkreis Monschau. Hg. zum 150-jährigen Bestehen 1966 v. Landkreis Monschau.

LANDSBERG, ERNST: Die Gutachten der Rheinischen Immediat-Justiz-Kommission und der Kampf um die rheinische Rechts- und Gerichtsverfassung 1814-1819. Bonn 1914 (Publikationen der Gesellschaft für Rheinische Geschichtskunde, Bd. 31).

Landtag Nordrhein-Westfalen, 7. Wahlperiode, Drucksachen Bd. 4, Drucksache 830, 15.6.1971 (Entwurf eines Gesetzes zur Neugliederung der Gemeinden und Kreise des Neugliederungsraumes Aachen).

LANGE, EDUARD: Eupen, Malmedy, Monschau. Berlin 1921.

LANGE, HORST: Geschichtsträchtig! – Zukunftsträchtig? Ein Beitrag zur Geschichte der Nadelindustrie in der Aachener Region 1945 bis 1998. In: KLARA VAN EYLL, OTTO ESCHWEILER (Hg.): Wirtschaftsgeschichte der Region Aachen vom Ende des Zweiten Weltkriegs bis zur Gegenwart. Köln 2000, S. 264-275.

LAUSCHER, HANS GERD: Der Gutshof Reichenstein. Arbeiten und Wirtschaften in der Mitte des 19. Jahrhunderts. Aachen 2008 (Heimatblätter, Jg. 62).

LEBRUN, PIERRE: L'industrie de la laine à Verviers pendant le XVIIIe et le début du XIXe siècle. Contribution à l'étude des origines de la révolutions industrielle. Liège 1948 (Bibliothèque de la Faculté de philosophie et lettres de l'Université de Liège, Fasc. 114).

LEGGEWIE, CLAUS: Von Schneider zu Schwerte. Das ungewöhnliche Leben eines Mannes, der aus der Geschichte lernen wollte. München 1998.

LEJEUNE, CARLO, ANDREAS FICKERS, FREDDY CREMER: Spuren in die Zukunft. Anmerkungen zu einem bewegten Jahrhundert. Büllingen 2001.

LEJEUNE, CARLO: Die Säuberung, Bd. 1: Ernüchterung, Befreiung, Ungewißheit (1920-1944). Büllingen 2005.

LEJEUNE, JEAN: Pays sans frontière: Aix-la-Chapelle/Liège/Maastricht. Brüssel 1958. Dt. Übers. v. ALBERT HEUSCH: Land ohne Grenze. Aachen/Lüttich/Maastricht. Brüssel 1958. 2. Aufl. ebd. 1960.

LENTZ, JOCHEN: Das Wahlverhalten in den Kantonen Eupen, Malmedy und St. Vith bei den Parlamentswahlen von 1925 bis 1939, 2 Tle., Eupen 2000 (Förderverein des Archivwesens in der Deutschsprachigen Gemeinschaft).

LEPPER, HERBERT [Hg.]: Sozialer Katholizismus in Aachen. Quellen zur Geschichte des Arbeitervereins zum hl. Paulus für Aachen und Burtscheid 1869-1878(88). Mönchengladbach 1977 (Veröffentlichungen des Bischöflichen Diözesanarchivs Aachen, Bd. 36).

DERS.: Der Aachener Geschichtsverein 1929-1979. In: ZAGV 86/87 (1979/80) S. 1-116.

DERS.: Zur Wiederentdeckung der „Heimatgeschichte" in der Region Aachen. Ein kritischer Bericht. In: ZAGV 93 (1986) S. 163-176.

DERS.: „Rettet das ‚deutsche Volksheiligtum'!" Die Gründung des „Karlsvereins zur Restauration des Aachener Münsters 1847-1850". In: CLEMENS BAYER, THEO JÜLICH, MANFRED KUHL (Hg.): Celica Iherusalem. Festschrift für Erich Stephany. Köln, Siegburg 1986, S. 119-181.

DERS.: Der „Kulturkampf" im Rheinland und seine Auswirkungen auf Belgien und die Niederlande – Eine Skizze. In: DETLEF ARENS (Hg.): Rhein-Maas, Kulturraum in Europa. Ergebnisse eines Symposions in Aachen. Köln 1991, S. 70-86.

DERS. (Bearb.): Von der Emanzipation zum Holocaust. Die Israelitische Synagogengemeinde zu Aachen 1801-1942. Geschichtliche Darstellung, 2 Bde., Aachen 1994.

LEVISON, WILHELM: Der Sinn der rheinischen Tausendjahrfeier 925-1925 (Vortrag in der Jahresversammlung der Gesellschaft für rheinische Geschichtskunde, Köln, 14. März 1925). In: Elsaß-Lothringisches Jahrbuch 4 (1925) S. 1-34. Neudruck in: DERS.: Aus rheinischer und fränkischer Frühzeit. Ausgewählte Aufsätze. Düsseldorf 1948, S. 172-201.

LEY, NORBERT: Stellungnahme zur Kreisreform im Eifelraum des Landes NRW. Düsseldorf 1970.

LILL, RUDOLF: Katholische Kirche und Nationalsozialismus. Versuch einer Bilanz – mit besonderer Berücksichtigung der Rheinprovinz. In: PHILIPP BOONEN (Hg.): Lebensraum Bistum Aachen. Tradition – Aktualität – Zukunft. Aachen 1982 (Aachener Beiträge zu Pastoral und Bildungsfragen, Bd. 10) S. 140-176.

DERS.: Der Bischof zwischen Säkularisation und Kulturkampf (1803-1885). In: PETER BERGLAR, ODILO ENGELS (Hg.): Der Bischof in seiner Zeit. Bischofstypus und Bischofsideal im Spiegel der Kölner Kirche. Festgabe für Joseph Kardinal Höffner, Erzbischof von Köln. Köln 1986, S. 349-396.

DERS.: Der Ultramontanismus. Die Ausrichtung der gesamten Kirche auf den Papst. In: MANFRED WEITLAUFF (Hg.): Kirche im 19. Jahrhundert. Regensburg 1998, S. 76-94.

DERS.: Südtirol in der Zeit des Nationalismus. Konstanz 2002.

DERS.: Die Macht der Päpste. Kevelaer 2006 (Topos Taschenbücher, Bd. 603).

DERS.: Italien und seine deutsche Minderheit in Südtirol. In: MANFRED KITTEL [u. a.] (Hg.): Deutschsprachige Minderheiten 1945. Ein europäischer Vergleich. München 2007, S. 373-434.

LINDEN, JÜRGEN: Aachen auf dem Weg zur heutigen kommunalen Selbstverwaltung. In: GEORG K. HELG, JÜRGEN LINDEN: Vom Kaiserglanz zur Bürgerfreiheit. Das Aachener Rathaus – Ein Ort geschichtlicher Erinnerung. Aachen 2006, S. 397-510.

LÖHR, WOLFGANG: Carl Sonnenschein (1876-1929). In: Zeitgeschichte in Lebensbildern. Aus dem deutschen Katholizismus des 19. und 20. Jahrhunderts, Bd. 4. Mainz 1980, S. 92-102.

DERS.: Johannes Joseph van der Velden (1891-1954). In: Zeitgeschichte in Lebensbildern. Aus dem deutschen Katholizismus des 19. und 20. Jahrhunderts, Bd. 6. Mainz 1984, S. 76-87.

LOHRMANN, DIETRICH: „Zwischen Maas und Rhein“: Skizzen aus der Vorgeschichte der Euregio. In: RICHARD BAUM, BÉATRICE DUMICHE, GILLES ROUET (Hg.): Europa der Regionen – L'Europe des Régions: Euregio Maas-Rhein – Région Champagne-Ardenne. Akten des Interdisziplinären Kolloquiums der Universitäten Aachen und Reims. Bonn 2002 (Abhandlungen zur Sprache und Literatur, Bd. 143) S. 347-362.

DERS.: Politische Instrumentalisierung Karls des Großen durch die Staufer und ihre Gegner. In: ZAGV 104/105 (2002/2003) S. 95-112.

LOHSE, GERHART: Josef Ponten (1883-1940). In: Rheinische Lebensbilder, Bd. 2. Köln 1966, S. 275-287.

VAN LOO, WILHELM: Notgeld. Stadt- und Landkreis Aachen. Aachen 1975 (Heimatblätter, Jg. 31).

LÜBBE, HERMANN: Der Nationalsozialismus im deutschen Nachkriegsbewußtsein. In: HZ 236 (1983) S. 579-599.

DERS.: Vom Parteigenossen zum Bundesbürger. Über beschwiegene und historisierte Vergangenheiten. München 2007.

LUCAS, ERIC: „Die Herrschaft“. Geschichte einer jüdischen Großfamilie im Kreis Aachen von der Mitte des 19. Jahrhunderts bis zum 2. Weltkrieg. Aachen 1980 (Heimatblätter, Jg. 36).

MACHA, JÜRGEN, ELMAR NEUSS, ROBERT PETERS: Rheinisch-Westfälische Sprachgeschichte. Köln, Weimar, Wien 2000 (Niederdeutsche Studien, Bd. 46).

MARENBERG, GÜNTER: Preußische Meilensteine im Aachener Raum. Aachen 1993 (Heimatblätter, Jg. 48).

MARGRY, PETER JAN u. HENK TE VELDE: Die Prozessionsfrage in Limburg: Der Kampf um Religion und Öffentlichkeit in den Niederlanden. In: CHRISTOPHER CLARK, WOLFRAM KAISER (Hg.): Kulturkampf in Europa im 19. Jahrhundert. Leipzig 2003 (Comparativ, Jg. 12, H. 5/6) S. 81-96.

DE MARTENS, GEO[RGES] FRÉD[ÉRIC] (Hg.): Noveau Recueil de Traités […] des Puissances et états de l'Europe […], Bd. II. Göttingen 1818 (Supplément au Recueil des principaux Traités, Bd. VII: 1808-1818).

MASSMANN, PETER: 150 Jahre Aachener Musikleben. In: Beiträge zur Musikgeschichte der Stadt Aachen, [Bd.] 2. Köln 1979 (Beiträge zur rheinischen Musikgeschichte, H. 125) S. 86-91.

MATTHES, JOACHIM (Hg.): Krise der Arbeitsgesellschaft? Verhandlungen des 21. Deutschen Soziologentages in Bamberg 1982. Frankfurt a. M., New York 1983.

MATZERATH, HORST: Der Nationalsozialismus und die Oberbehörden und Großstadtverwaltungen in Rheinland und Westfalen 1929-1933. In: KURT DÜWELL, WOLFGANG KÖLLMANN (Hg.): Rheinland-Westfalen im Industriezeitalter, Bd. 3: Vom Ende der Weimarer Republik bis zum Land Nordrhein-Westfalen. Wuppertal 1984, S. 116-136.

MAURENBRECHER, ROMEO: Die Rheinpreußischen Landrechte, 2 Bde., Bonn 1830.

McDOUGALL, WALTER A.: France's Rhineland Diplomacy 1914-1924. The last Bid for a Balance of Power in Europe. Princeton 1978.

MEIER, KURT: Kreuz und Hakenkreuz. Die evangelische Kirche im Dritten Reich. München 1992.

MEISSNER, ARMIN: Die erste Schlacht von Aldenhoven 1793. In: Jahresblätter des Alsdorfer Geschichtsvereins 2005/2006, S. 29-49.

DU MESNIL, HERBERT: Preußisch Dienen und Genießen. Die Lebenszeiterzählung des Ministerialrats Dr. Herbert du Mesnil (1875-1947). Bearb. v. JÜRGEN KLOOSTERHUIS. Köln, Weimar, Wien 1998 (Veröffentlichungen aus den Archiven Preußischer Kulturbesitz, Bd. 21).

METZMACHER, HELMUT: Der Novemberumsturz 1918 in der Rheinprovinz. In: AHVN 168/169 (1967) S. 135-265 [Phil. Diss. Bonn].

MEUTHEN, ERICH (Bearb.): Aachener Urkunden 1101-1250. Bonn 1972 (Publikationen der Gesellschaft für rheinische Geschichtskunde, Bd. 58).

MICHELSEN, UWE ANDREAS: Wilhelm von Humboldt – Sprachforscher, Bildungstheoretiker und Gestalter des deutschen Bildungswesens. In: RICHARD BAUM, BÉATRICE DUMICHE, GILLES ROUET

(Hg.): Europa der Regionen – L'Europe des Régions: Euregio Maas-Rhein – Région Champagne-Ardenne. Akten des Interdisziplinären Kolloquiums der Universitäten Aachen und Reims. Bonn 2002 (Abhandlungen zur Sprache und Literatur, Bd. 143) S. 409-428.

MIES, PAUL: Das Kölnische Volks- und Karnevalslied. Ein Beitrag zur Kulturgeschichte der Stadt Köln von 1823 bis 1923 im Lichte des Humors. Köln, Krefeld 1951.

MIESSEN, WERNER: „Ostbelgien", „Herzland Europas", „Land ohne Namen"... Die Darstellungen der deutschsprachigen Gemeinschaft in der Literatur von 1945 bis heute: Bibliografische Notizen. In: WOLFGANG JENNIGES (Hg.): Gestalten und Entwicklungen. Historische Streifzüge zwischen Rhein und Maas. Hubert Jenniges zum 70. Geburtstag als Festgabe gewidmet. Löwen, St. Vith 2004, S. 197-207.

MINKE, ALFRED: 1674-1999. 325 Jahre Eupen. Daten, Fakten, Hintergründe. Eupen 1999.

DERS.: Die Bestände des Staatsarchivs Eupen. Allgemeine Übersicht (Gerichtsbezirk Eupen). 2. erw. u. verb. Aufl. Brüssel 2000 (Generalstaatsarchiv und Staatsarchive in der Provinz, Archivführer, Bd. 48).

DERS.: Fünfzehn Jahre staatliche Archivpflege in der deutschsprachigen Gemeinschaft: Eine Zwischenbilanz (1988-2003). In: WOLFGANG JENNIGES (Hg.): Gestalten und Entwicklungen. Historische Streifzüge zwischen Rhein und Maas. Hubert Jenniges zum 70. Geburtstag als Festgabe gewidmet. Löwen, St. Vith 2004, S. 209-225.

Mitten in dieser Welt. 82. Deutscher Katholikentag 1968 in Essen. Hg. v. Zentralkomitee der deutschen Katholiken. Paderborn 1968.

MÖLICH, GEORG, JOACHIM OEPEN, WOLFGANG ROSEN (Hg.): Klosterkultur und Säkularisation im Rheinland. Essen 2002 (Publikation des Landschaftsverbandes Rheinland).

MÖLICH, GEORG, MEINHARD POHL, VEIT VELTZKE (Hg.): Preußens schwieriger Westen. Rheinisch-preußische Beziehungen, Konflikte und Wechselwirkungen. Duisburg 2003.

MÖLLER, HORST: Parlamentarismus in Preußen 1919-1932. Düsseldorf 1985 (Handbuch der Geschichte des deutschen Parlamentarismus).

DERS.: Fürstenstaat oder Bürgernation. Deutschland 1763-1815. Berlin 1989 (Die Deutschen und ihre Nation [Bd. 1]).

DERS.: Die Weimarer Republik. Eine unvollendete Demokratie. 8. erw. Aufl. München 2006.

MOLINARI, INGEBORG: Stolberg im 19. Jahrhundert, Bd. 2: Leben und Leute von 1815-1900. Stolberg 1989 (BSG, Bd. 15b).

MÜLLER, CAROLA: Der Heimatbegriff. Versuch einer Anthologie. In: KARL KONRAD POLHEIM (Hg.): Wesen und Wandel der Heimatliteratur. Am Beispiel der österreichischen Literatur seit 1945. Bern, Frankfurt a. M., New York, Paris 1989, S. 207-263.

MÜLLER, JOSEF: Volkskunde. In: HERMANN AUBIN, THEODOR FRINGS, JOSEF MÜLLER: Kulturströmungen und Kulturprovinzen in den Rheinlanden. Geschichte, Sprache, Volkskunde. Bonn 1926 (Veröffentlichungen des Instituts für geschichtliche Landeskunde an der Universität Bonn). Nachdruck ebd. 1966, S. 190-231.

MÜLLER, KLAUS: Franz Dautzenberg (1769-1828). In: Rheinische Lebensbilder, Bd. 7. Köln 1977, S. 63-81.

MÜLLER, LORENZ: Islam und Menschenrechte. Sunnitische Muslime zwischen Islamismus, Säkularisation und Modernismus. Hamburg 1996 (Deutsches Orient-Institut, Mitteilungen, Bd. 54).

MÜLLER, MATTHIAS RICHARD: Der Krieg, der nicht sterben wollte. Monschau 1944/45. Berichte amerikanischer und deutscher Zeitzeugen. München 2002.

MÜLLER, MICHAEL: Karneval als Politikum. Zum Verhältnis zwischen Preußen und dem Rheinland im 19. Jahrhundert. In: KURT DÜWELL, WOLFGANG KÖLLMANN (Hg.): Rheinland-Westfalen im Industriezeitalter, Bd. 1: Von der Entstehung der Provinzen bis zur Reichsgründung. Wuppertal 1983, S. 207-223

MÜLLER, THOMAS: Zwangsarbeit in der Grenzzone. Der Kreis Aachen im Zweiten Weltkrieg. Aachen 2003 (Aachener Studien zur Wirtschafts- und Sozialgeschichte, Bd. 1).

MÜLLER-ARMACK, ALFRED: Wirtschaftslenkung und Marktwirtschaft. Hamburg 1947, 2. Aufl. ebd. 1948.

NAIMARK, NORMAN M.: Flammender Haß. Ethnische Säuberung im 20. Jahrhundert. Aus dem Amerikanischen v. Martin Richter. München 2004.

NESCHWARA, CHRISTIAN: Französisches Notariat in Österreich. Seine Einführung unter napoleonischer Fremdherrschaft, sein Fortleben im Vormärz und sein Einfluß auf die österreichischen Notariatsordnungen. In: WERNER OGRIS, WALTER H. RECHBERGER (Hg.): Gedächtnisschrift Herbert Hofmeister. Wien 1996, S. 471-489.

NEUSS, ELMAR: Monschau. Köln 1992 (Rheinischer Städteatlas, Lieferung X, Nr. 56).

DERS.: Historische Raumbildung im St. Vither und im Monschauer Land im Vergleich. In: WOLFGANG JENNIGES (Hg.): Gestalten und Entwicklungen. Historische Streifzüge zwischen Rhein und Maas. Hubert Jenniges zum 70. Geburtstag als Festgabe gewidmet. Löwen, St. Vith 2004, S. 227-252.

NIKOLAY-PANTER, MARLENE: Geschichte, Methode, Politik. Das Institut für geschichtliche Landeskunde der Rheinlande 1920-1945. In: Rhein. Vjbll. 60 (1996) S. 233-262.

NIPPERDEY, THOMAS: Jugend und Politik um 1900 (zuerst 1974). Neudruck in: DERS.: Gesellschaft, Kultur, Theorie. Gesammelte Aufsätze zur neueren Geschichte. Göttingen 1976 (Kritische Studien zur Geschichtswissenschaft, Bd. 18) S. 338-359.

DERS.: Deutsche Geschichte 1800-1866. Bürgerwelt und starker Staat. München 1983.

DERS.: Deutsche Geschichte 1866-1918, Bd. 1: Arbeitswelt und Bürgergeist. München 1990; Bd. 2: Machtstaat vor der Demokratie. Ebd. 1992.

NITSCHKE, BERNADETTE: Vertreibung und Aussiedlung der deutschen Bevölkerung aus Polen 1945 bis 1949. München 2003 (Schriften der Bundeszentrale für Kultur und Geschichte der Deutschen im östlichen Europa, Bd. 20).

Noch zukunftsgläubig: Landkreis Monschau. Hg. zum 150-jährigen Bestehen 1966.

VAN NORDEN, GÜNTHER (Hg.): Kirchenkampf im Rheinland. Die Entstehung der Bekennenden Kirche und die Theologische Erklärung von Barmen 1934. Köln 1984 (Schriftenreihe des Vereins für Rheinische Kirchengeschichte, Bd. 76).

OBST, DIETER: „Reichskristallnacht". Ursachen und Verlauf des antisemitischen Pogroms vom November 1938. Frankfurt a. M. 1991 (EHS, Reihe 3, Bd. 487).

OTTMANN, KARL: Hansemann als Eisenbahnpolitiker. In: BERNHARD POLL (Hg.): David Hansemann 1790–1864–1964. Zur Erinnerung an einen Politiker und Unternehmer. Aachen 1964, S. 65-78.

PABST, KLAUS: Eupen-Malmédy in der belgischen Regierungs- und Parteienpolitik 1914-1940. In: ZAGV 76 (1964) S. 206-515.

DERS.: Neutral-Moresnet. Ein Dorf ohne Staatszugehörigkeit (1815-1915). In: 150 Jahre Regierung und Regierungsbezirk Aachen. Beiträge zu ihrer Geschichte. Aachen 1967, S. 45-57.

DERS.: Zwischenspiel: Das „Bistum Eupen und Malmedy" 1921-1925. Kirche und Nationalismus nach dem Ersten Weltkrieg im Aachener Raum. In: PHILIPP BOONEN (Hg.): Lebensraum Bistum Aachen. Tradition – Aktualität – Zukunft. Aachen 1982 (Aachener Beiträge zu Pastoral und Bildungsfragen, Bd. 10) S. 26-62.

DERS.: Geschichtszeitschriften und Geschichtsvereine im Rheinland seit 1815. In: KURT DÜWELL, WOLFGANG KÖLLMANN (Hg.): Rheinland-Westfalen im Industriezeitalter, Bd. 1. Wuppertal 1983, S. 317-336.

DERS.: Der Vertrag von Versailles und der deutsche Westen. In: KURT DÜWELL, WOLFGANG KÖLLMANN (Hg.): Rheinland-Westfalen im Industriezeitalter, Bd. 2: Von der Reichsgründung bis zur Weimarer Republik. Wuppertal 1984, S. 271-289.

PACELLI, EUGENIO: Die Lage der Kirche in Deutschland 1929. Bearb. v. HUBERT WOLF u. KLAUS UNTERBURGER. Paderborn 2006 (VKfZ, Reihe A, Bd. 50).

PAPE, MATTHIAS: Kurt Wolffs Erinnerungen an Bonn. Mit einem Lebensbild Kurt Wolffs. In: Bonner Geschichtsblätter 39 (1989) [1993] S. 305-352.

DERS.: Ungleiche Brüder. Österreich und Deutschland 1945-1965. Köln, Weimar, Wien 2000.

DERS.: Der Karlskult an Wendepunkten der neueren deutschen Geschichte. In: Historisches Jahrbuch 120 (2000) S. 138-181.

DERS.: Revolution und Reichsverfassung – Die Verfassungsdiskussion zwischen Fürstenbund und Rheinbund. In: ELISABETH WEISSER-LOHMANN, DIETMAR KÖHLER (Hg.): Verfassung und Revolution. Hegels Verfassungskonzeption und die Revolutionen der Neuzeit. Hamburg 2000 (Hegel-Studien, Beiheft 42) S. 40-84.

DERS.: Die Verfassungsgebung in Preußen 1848/50. Akteure – Ziele – Handlungsspielräume. In: Zeitschrift für Neuere Rechtsgeschichte 22 (2000) S. 188-217.

DERS.: Karl der Große – Franke? Deutscher? oder Europäer? Karlsbild und Karlskult in der Gründungsphase der Bundesrepublik Deutschland. In: Jahrbuch für Europäische Geschichte 4 (2003) S. 243-254.

DERS.: August von Platens „Klaglied Kaiser Otto des Dritten" (1834) – Historisches Bild und ästhetischer Gehalt. In: Literaturwissenschaftliches Jahrbuch NF 44 (2003) S. 147-172.

DERS.: Historische Perspektiven einer Großregion. In: Der Kreis Aachen. Hg. v. Kreis Aachen. Aachen 2005, S. 26-33.

DERS.: Der Ausschluß der deutschen und österreichischen Wissenschaftler aus den internationalen Forschungsorganisationen nach dem Ersten Weltkrieg. Ein Seitenaspekt der Pariser Friedensordnung. In: GERALD KOHL, CHRISTIAN NESCHWARA, THOMAS SIMON (Hg.): Festschrift für Wilhelm Brauneder zum 65. Geburtstag. Rechtsgeschichte mit internationaler Perspektive. Wien 2008, S. 457-475.

PAUELS, ANGELIKA (Bearb.): Unter Adler und Schwan. Die Chronik der Bürgermeisterei Burtscheid für die Jahre 1814-1886. Aachen 1997 (Veröffentlichungen des Stadtarchivs Aachen, Bd. 9).

PEHLE, WALTER H.: Die nationalsozialistische Machtergreifung im Regierungsbezirk Aachen unter besonderer Berücksichtigung der staatlichen und kommunalen Verwaltung 1922-1933, 2 Tle., Phil. Diss. Düsseldorf 1976.

PELTZER, RUD[OLPH] ARTHUR: Geschichte der Messingindustrie und der künstlerischen Arbeiten in Messing (Dinanderies) in den Ländern zwischen Maas und Rhein von der Römerzeit bis zur Gegenwart. In: ZAGV 30 (1908) S. 235-463.

PETRI, FRANZ u. GEORG DROEGE (Hg.): Rheinische Geschichte, Bd. 2: Neuzeit. 3. Aufl. Düsseldorf 1980; Bd. 3: Wirtschaft und Kultur im 19. und 20. Jahrhundert. Ebd. 1979.

PETRI, FRANZ: Nordrhein-Westfalen – Ergebnis geschichtlicher Entwicklung oder politische Neuschöpfung? In: Rhein. Vjbll. 31 (1966/67) S. 139-176. Neudruck in: DERS.: Zur Geschichte und Landeskunde der Rheinlande, Westfalens und ihrer westeuropäischen Nachbargebiete. Aufsätze aus vier Jahrzehnten. Hg. v. EDITH ENNEN [u. a.]. Bonn 1973, S. 325-356.

PFEIFER, MARIA A., GABRIELE HARZHEIM, HANS-GEORG BRUNEMANN: ThemenTouren im Nationalpark Eifel. Hg. v. NRW-Stiftung und Eifelverein. Köln 2004.

PLUM, GÜNTER: Gesellschaftsstruktur und politisches Bewußtsein in einer katholischen Region 1928-1933. Untersuchung am Beispiel des Regierungsbezirks Aachen. Stuttgart 1972 (Studien zur Zeitgeschichte).

PÖGGELER, FRANZ: Erwachsenenbildung im Bistum. In: Pastoralblatt für die Diözesen Aachen, Berlin, Essen, Köln, Osnabrück 21 (1969) S. 144-150.

POLL, BERNHARD (Hg.): Das Schicksal Aachens im Herbst 1944. Authentische Berichte (II). Aachen 1962.

POMMERIN, REINER: „Sterilisierung der Rheinlandbastarde". Das Schicksal einer farbigen deutschen Minderheit 1918-1937. Düsseldorf 1979.

DERS.: Die räumliche Organisation von Staat und Partei in der NS-Zeit. Köln 1992 (Geschichtliche Atlas der Rheinlande, Beiheft V/3).

PONTEN, JOSEF u. JOSEF WINCKLER (Hg.): Das Rheinbuch. Eine Festgabe rheinischer Dichter. Stuttgart, Berlin, Leipzig 1925.

POSSEHL, INGUNN: Der Regierungsbezirk Aachen von Kriegsende bis zum Dawes-Abkommen 1917-1924. Phil. Diss. Aachen 1975.

Quellen und Materialien zur Alsdorfer Ortsgeschichte 1191-1991 (Jahresblätter des Alsdorfer Geschichtsvereins 1991).

QUIX, CHRISTIAN: Geschichte der Stadt Aachen nach Quellen bearb. mit einem Codex diplomaticus Aquensis, 2 Bde., Aachen 1840-1841.

RABELER, GERHARD: Wiederaufbau und Expansion westdeutscher Städte 1945-1960 im Spannungsfeld von Reformideen und Wirklichkeit. Ein Überblick aus städtebaulicher Sicht. Bonn [1990] (Schriftenreihe des Deutschen Nationalkomitees für Denkmalschutz, Bd. 39).

RAMJOUÉ, FRITZ: Die Eigentumsverhältnisse an den drei Aachener Reichskleinodien. Stuttgart 1968.

RAMM, HANS-JOACHIM: Vom Burgflecken zur Industriestadt – Strukturwandel in der Stolberger Wirtschaft vom Spätmittelalter bis zum 20. Jahrhundert. In: ZAGV 106 (2004) S. 121-156.

VAN RANDENBORGH, LUCAS: Zum französischen Notariatswesen. Jur. Diss. Kiel 1990.

Rauchclub 1876 Haal 125 Jahre. Der älteste Rauchclub der Welt feiert sein 125-jähriges Jubiläum [o.O. o. J.].

RAUSCHER, ANTON (Hg.): Mitbestimmung. Referate und Diskussion auf der Tagung katholischer Sozialwissenschaftler 1968 in Mönchengladbach. Köln 1968 (Veröffentlichungen der Katholischen Sozialwissenschaftlichen Zentralstelle, Bd. 4).

DERS. (Hg.): Kapitalismuskritik im Widerstreit. Köln 1973 (Veröffentlichungen der Katholischen Sozialwissenschaftlichen Zentralstelle Mönchengladbach).

Regesten der Reichsstadt Aachen (einschließlich des Aachener Reiches und der Reichsabtei Burtscheid). Hg. v. der Gesellschaft für rheinische Geschichtskunde und der Stadt Aachen, 6 Bde. [bisher 1251-1400], Bonn 1937-2008 (Publikationen der Gesellschaft für rheinische Geschichtskunde, Bd. 47).

REINERS, HERIBERT (Bearb.): Die Kunstdenkmäler der Landkreise Aachen und Eupen. Düsseldorf 1912 (Die Kunstdenkmäler der Rheinprovinz, Bd. 9/II).

REINTGES, THEO: Ursprung und Wesen der spätmittelalterlichen Schützengilden. Bonn 1963 (Rheinisches Archiv, Bd. 58).

REPGEN, KONRAD: Märzbewegung und Maiwahlen des Revolutionsjahres 1848 im Rheinland. Bonn 1955 (Bonner Historische Forschungen, Bd. 4).

DERS.: Klerus und Politik 1848. Die Kölner Geistlichen im politischen Leben des Revolutionsjahres – als Beitrag zu einer „Parteigeschichte von unten". In: Aus Geschichte und Landeskunde. Forschungen und Darstellungen. Franz Steinbach zum 65. Geburtstag gewidmet. Bonn 1960, S. 133-165. Neudruck in: DERS.: Von der Reformation zur Gegenwart. Beiträge zu Grundfragen der neuzeitlichen Geschichte. Hg. v. KLAUS GOTTO u. HANS GÜNTER HOCKERTS. Paderborn [u. a.] 1988, S. 99-128.

DERS.: Historische Klopfsignale für die Gegenwart. Münster 1974.

REUMONT, ALFRED VON: Aus König Friedrich Wilhelms IV. gesunden und kranken Tagen. Leipzig 1885.

REUTER, KARL: Nationalsozialismus und Heimatpflege. In: Heimatblätter des Landkreises Aachen, 5. Jg., 1. April 1932.

Rhein und Maas: Kunst und Kultur 800-1400, 2 Bde., Köln 1972; frz. Ausgabe Brüssel 1972.

Rheinischer Städteatlas, hg. v. Amt für rheinische Landeskunde Bonn des Landschaftsverbands Rheinland.

RIBHEGGE, WILHELM: Nordrhein-Westfalen als historische Landschaft (1989). Neudruck in: DERS.: Europa – Nation – Region. Perspektiven der Stadt- und Regionalgeschichte. Darmstadt 1991, S. 21-47.

DERS.: Preußen im Westen. Kampf um den Parlamentarismus in Rheinland und Westfalen 1789-1947. Münster 2008.

RICHTER, REINHARD: Nationales Denken im Katholizismus der Weimarer Republik. Münster 2000 (Theologie, Bd. 29).

RICKING, KLAUS: Der Geist bewegt die Materie. Mens agitat molem. 125. Jahre Geschichte der RWTH Aachen. Aachen 1995.

RITTER, GERHARD: Stein. Eine politische Biographie (Neuausgabe 1958). 4. Aufl. Stuttgart 1981.

RODERBURG, A[NDREAS] u. K[ARL] PFERDMENGES (Hg.): Aus der Heimatgeschichte des Landkreises Aachen, 1. Heft. Aachen 1925.

ROMEYK, HORST: Die leitenden staatlichen und kommunalen Verwaltungsbeamten der Rheinprovinz 1816-1945. Düsseldorf 1994 (Publikationen der Gesellschaft für Rheinische Geschichtskunde, Bd. 69).

DERS.: Heinrich Haake (1892-1945). In: Rheinische Lebensbilder, Bd. 17. Köln 1997, S. 187-222.

ROSENBROCK, GERD: Unter dem Schwan – eine lutherische Gemeinde in Stolberg von 1592 bis zur Vereinigung mit der reformierten Gemeinde im Jahr 1860. Stolberg 1992 (BSG, Bd. 19).

ROSENKRANZ, ALBERT (Hg.): Das Evangelische Rheinland – ein rheinisches Gemeinde- und Pfarrerbuch, Bd. 1: Die Gemeinden. Düsseldorf 1956.

ROSENSTRÄTER, HEINRICH: Deutschsprachige Belgier. Geschichte und Gegenwart der deutschen Sprachgruppe in Belgien, Bd. 3. Aachen 1985.

ROSSBACHER, KARLHEINZ: Heimatkunstbewegung und Heimatroman. Zu einer Literatursoziologie der Jahrhundertwende. Stuttgart 1975 (Literaturwissenschaft – Gesellschaftswissenschaft, Bd. 13).

ROUETTE, HANS-KARL: Aachener Textil-Geschichte(n). Entwicklungen in Tuchindustrie und Textilmaschinenbau der Aachener Region. Aachen 1992.

DERS.: Lebensfähiges Erbe der Aachener Textilvergangenheit. Umgang mit stetem Wandel im Textil- und Bekleidungsgewerbe. In: KLARA VAN EYLL, OTTO ESCHWEILER (Hg.): Wirtschaftsgeschichte der Region Aachen vom Ende des Zweiten Weltkriegs bis zur Gegenwart. Köln 2000, S. 250-263.

RULAND, HERBERT: Die Deutschsprachige Gemeinschaft Belgiens. Leben und Leiden einer Grenzbevölkerung. In: Eifel-Jahrbuch 2005, S. 48-56.

RUPPERT, KARSTEN: Im Dienst am Staat von Weimar. Das Zentrum als regierende Partei in der Weimarer Demokratie 1923-1930. Düsseldorf 1992 (Beiträge zur Geschichte des Parlamentarismus und der politischen Parteien, Bd. 96).

SAUERMANN, DIETMAR: Geschichte des Schützenwesens im kurkölnischen Sauerland und am Hellweg. In: DERS., FRIEDRIKE SCHEPPER, NORBERT KIRCHNER: Schützenwesen im kurkölnischen Sauerland. 2. Aufl. Arnsberg 1986, S. 9-60.

SCHAETZKE, HANS JAKOB: Vor Ort. Eschweiler Bergwerksverein. Geschichte und Geschichten eines Bergbauunternehmens im Aachener Revier. Herzogenrath 1992.

SCHALLER, DIETER: Das Aachener Epos für Karl den Kaiser. In: Frühmittelalterliche Studien 10 (1976) S. 134-168. Neudruck mit Nachträgen in: DERS.: Studien zur lateinischen Dichtung des Frühmittelalters. Stuttgart 1995, S. 129-163.

SCHANZE, HELMUT: Rheinromantik. Zwischen literarischer und musikalischer Romantik. In: SIEGFRIED KROSS (Hg.): Musikalische Rheinromantik. Kassel 1989 (Beiträge zur rheinischen Musikgeschichte, H. 140) S. 11-37.

SCHANZE, WOLFGANG: Die Entwicklung der kulturellen Beziehungen zwischen den Niederlanden und Deutschland von 1945 bis zur Gegenwart. Frankfurt a. M. 2008 (EHS, Reihe 3, Bd. 1054).

SCHÄRER, MARTIN R.: Deutsche Annexionspolitik im Westen. Die Wiedereingliederung Eupen-Malmedys im zweiten Weltkrieg. 2. verbesserte, um eine Einleitung und ein Register vermehrte Aufl. Frankfurt a. M. 1978 (EHS, Reihe 3, Bd. 38).

SCHATZ, KLAUS: Vaticanum I 1869-1870, 3 Bde., Paderborn 1992-1994 (Konziliengeschichte, Reihe A).

SCHEIBLER, HANS CARL u. KARL WÜLFRATH (Hg.): Westdeutsche Ahnentafeln, Bd. 1. Weimar 1939 (Publikationen der Gesellschaft für Rheinische Geschichtskunde, Bd. 44).

SCHEIBLER, W[ALTER] (Hg.): Zwischen zwei Fronten. Kriegstagebuch des Landkreises Monschau. Monschau 1959.

SCHEIN, KARL u. ROLAND WENTZLER: „Hoffnung und Gewißheit". Aachens Dom und Domschatz in Kriegs- und Nachkriegszeit. Dokumente und Berichte. Aachen 2006 (Veröffentlichung für die Mitglieder des Karlsvereins-Dombauvereins, Bd. 8).

SCHELLENBERGER, BARBARA: Katholische Jugendverbände im Bistum Aachen 1933-1938. In: Geschichte im Bistum Aachen 2 (1994) S. 297-316.

SCHELSKY, HELMUT: Der Mensch in der wissenschaftlichen Zivilisation. Köln 1961 (Arbeitsgemeinschaft für Forschung des Landes Nordrhein-Westfalen, Geisteswissenschaften, H. 69).

SCHENK, M[ICHAEL]: Ein Wort über und für den Bestand eines Rheinischen Provinzialrechts. Köln 1842.

SCHIEDER, WOLFGANG: Das italienische Experiment. Der Faschismus als Vorbild in der Krise der Weimarer Republik. In: HZ 262 (1996) S. 73-125.

SCHILD, INGEBORG: Preußisch geprägte Architektur im Rheinland des 19. Jahrhunderts. In: GEORG MÖLICH, MEINHARD POHL, VEIT VELTZKE (Hg.): Preußens schwieriger Westen. Rheinisch-preußische Beziehungen, Konflikte und Wechselwirkungen. Duisburg 2003, S. 249-281.

Schinkel im Rheinland. Ausstellung der Stiftung Schlösser und Gärten Potsdam-Sanssouci und der Nationalgalerie der Staatlichen Museen zu Berlin. Düsseldorf 1991.

SCHIVELBUSCH, WOLFGANG: Geschichte der Eisenbahnreise. Zur Industrialisierung von Raum und Zeit im 19. Jahrhundert. München, Wien 1977.

SCHLEICHER, KARL: Geschichte der Stolberger Messingindustrie. 2. Aufl. Stolberg 1974.

DERS. (Hg.): Feuersturm über Stolberg. Die Leiden der Zivilbevölkerung von Anfang September bis Ende November 1944. Nach Aufzeichnungen, Tagebüchern und persönlichen Erinnerungen. Stolberg 1994 (BSG, Bd. 22).

SCHLEMMER, MARTIN: „Los von Berlin". Die Rheinstaatbestrebungen nach dem Ersten Weltkrieg. Bonn 2007 (Rheinisches Archiv, Bd. 152).

SCHLÖGL, RUDOLF: Glaube und Religion in der Säkularisierung. Die katholische Stadt. Köln, Aachen, Münster 1700-1840. München 1995 (Ancien Régime. Aufklärung und Revolution, Bd. 28).

SCHMIDT, CHARLES: Das Großherzogtum Berg 1806-1813. Eine Studie zur französischen Vorherrschaft in Deutschland unter Napoleon I. Aus dem Französischen [Paris 1905] übersetzt v. LOTHAR KELLERMANN u. mit Beiträgen v. BURKHARD DIETZ, JÖRG ENGELBRECHT, HEINZ-K. JUNK. Neustadt/Aisch 1999 (Bergische Forschungen, Bd. 27).

SCHMIDT, MARTIN: Tuchmanufakturen im Raum Aachen. Frühneuzeitliche Werkbauten als Spiegel einer Betriebsform zwischen Verlag und zentralisierter Produktion. In: DIETRICH EBELING (Hg.): Aufbruch in eine neue Zeit. Gewerbe, Staat und Unternehmer in den Rheinlanden des 18. Jahrhunderts. Köln 2000, S. 129-164.

SCHMIDT, WALTER: 1848: Beginn des Steinkohlenbergbaus in Alsdorf. In: Jahresblätter des Alsdorfer Geschichtsvereins 1991, S. 32-52.

DERS.: Der Eschweiler Bergwerks-Verein und die Grube Anna. In: Jahresblätter des Alsdorfer Geschichtsvereins 2005/2006, S. 51-78.

SCHMITT, BERNHARD: Armee und staatliche Integration: Preußen und die Habsburgermonarchie 1815-1866. Rekrutierungspolitik in den neuen Provinzen: Staatliches Handeln und Bevölkerung. Paderborn [u. a.] 2007 (Krieg in der Geschichte, Bd. 36).

SCHMITT-EGNER, PETER: Handbuch zur Europäischen Regionalismusforschung. Theoretisch-methodische Grundlagen, empirische Erscheinungsformen und strategische Optionen des Transnationalen Regionalismus im 21. Jahrhundert. Wiesbaden 2005 (Regionalisierung in Europa, Bd. 4).

SCHMITZ, FRIEDRICH: Die ehemalige Freiherrlichkeit Alsdorf und das Land Herzogenrath. In: Jahresblätter des Alsdorfer Geschichtsvereins 1983, S. 24-38.

DERS.: 1665: ein staatsrechtliches Gutachten über den Rechtsstatus der Freiherrlichkeit Alsdorf. In: Jahresblätter des Alsdorfer Geschichtsvereins 1991, S. 19-26.

SCHMITZ-EHMKE, RUTH: Die Ordensburg Vogelsang. Architektur, Bauplastik, Ausstattung. 2. veränd. u. erw. Aufl. Köln 2003 (Arbeitsheft Landeskonservator Rheinland, Nr. 41).

SCHNABEL, FRANZ: Deutsche Geschichte im 19. Jahrhundert, Bd. 1: Die Grundlagen. Freiburg i. Br. 1929; Bd. 2: Monarchie und Volkssouveränität, ebd. 1933; Bd. 3: Erfahrungswissenschaften und Technik, ebd. 1934; Bd. 4: Die religiösen Kräfte, ebd. 1937.

SCHNEIDER, FRANZ: Alsdorf in der NS-Zeit. Alsdorf 2002 (Jahresblätter des Alsdorfer Geschichtsvereins 2001/2002).

SCHNOCK, H[EINRICH]: Aufzeichnungen eines Haarener Kirchenbuches aus den Kriegsjahren 1792-1795. In: Aus Aachens Vorzeit. Mitteilungen des Vereins für Kunde der Aachener Vorzeit 10 (1897) S. 33-50.

SCHOLDER, KLAUS: Die Kirchen und das Dritte Reich, Bd. 2: Das Jahr der Ernüchterung. 1934 Barmen und Rom. Berlin 1985.

DERS.: Die Kirchen zwischen Republik und Gewaltherrschaft. Gesammelte Aufsätze. Hg. v. KARL OTMAR VON ARETIN u. GERHARD BESIER. Berlin 1988.

SCHUBERT, WERNER: Französisches Recht in Deutschland zu Beginn des 19. Jahrhunderts. Köln 1977 (Forschungen zur Neueren Privatrechtsgeschichte, Bd. 24).

DERS.: Der rheinische Provinziallandtag und der Kampf um die Beibehaltung des französisch-rheinischen Rechts (1826-1845). In: REINER SCHULZE (Hg.): Französisches Zivilrecht in Europa während des 19. Jahrhunderts. Berlin 1994 (Schriften zur Europäischen Rechts- und Verfassungsgeschichte, Bd. 12) S. 123-155.

SCHULTE, ALOYS (Hg.): Tausend Jahre deutscher Geschichte und deutscher Kultur am Rhein, im Auftrage des Provinzialausschusses der Rheinlande. Düsseldorf 1925.

SCHULTEIS, CONSTANTIN: Erläuterungen zum geschichtlichen Atlas der Rheinprovinz, Bd. 1: Die Karten von 1813 und 1818. Bonn 1895 (Publikationen der Gesellschaft für Rheinische Geschichtskunde, Bd. 12, 1).

SCHULZE, HAGEN: Weimar. Deutschland 1917-1933. 3. Aufl. Berlin 1989 (Die Deutschen und ihre Nation).

SCHULZE, JÖRG: Veränderungsdruck bei Bauten der 50er Jahre. Ein Bericht über Erfahrungen in Aachen, Bonn, Düsseldorf, Köln und Krefeld. In: WERNER DURTH, NIELS GUTSCHOW (Red.): Architektur und Städtebau der fünfziger Jahre. Ergebnisse der Fachtagung in Hannover 1990: Schutz und Erhaltung von Bauten der fünfziger Jahre. Bonn 1990 (Schriftenreihe des Deutschen Nationalkomitees für Denkmalschutz, Bd. 41) S. 170-189.

SCHÜTZ, RÜDIGER: Preußen und die Rheinlande. Studien zur preußischen Integrationspolitik im Vormärz. Wiesbaden 1979.

DERS.: Von der französischen Munizipalverfassung zur Rheinischen Städteordnung von 1856. Zur Entwicklungsgeschichte kommunaler Selbstverwaltung in den Rheinlanden. In: MARGRET WENSKY (Hg.): Preußen und die rheinischen Städte. Köln, Bonn 1994, S. 37-73.

DERS.: Preußen und das französisch-napoleonische „Erbe" in den westlichen Provinzen. In: VEIT VELTZKE (Hg.): Napoleon. Trikolore und Kaiseradler über Rhein und Weser. Köln, Weimar, Wien 2007, S. 495-513.

SCHWABE, KLAUS: Die Ruhrkrise und das Rheinland. In: ZAGV 93 (1986) S. 127-142.

DERS.: Aachen am Ende des Zweiten Weltkrieges: Von der NS-Herrschaft zu den Anfängen der alliierten Besatzung. In: ZAGV 101 (1997/98) S. 321-392.

DERS.: Weltmacht und Weltordnung. Amerikanische Außenpolitik von 1898 bis zur Gegenwart. Eine Jahrhundertgeschichte. 2., durchgesehene Aufl. Paderborn, München, Wien, Zürich 2007.

SCHWARZ, HANS-PETER: Adenauer. Der Aufstieg 1876-1952. Stuttgart 1986.

SEELING, HANS: Wallonische Industrie-Pioniere in Deutschland. Historische Reflektionen [sic!]. Lüttich 1983.

DERS.: Télémaque Fortune Michiels, der Phoenix und Charles Détillieux. Belgiens Einflüsse auf die wirtschaftliche Entwicklung Deutschlands im 19. Jahrhundert. Köln 1996 (Schriften zur rheinisch-westfälischen Wirtschaftsgeschichte, Bd. 38).

SEIBT, GUSTAV: Humboldts Vermächtnis. Nachruf auf eine Idee. In: DERS.: Deutsche Erhebungen. Das Klassische und das Kranke. Springe 2008, S. 98-106.

SENELLE, ROBERT: Die Revision der belgischen Verfassung 1967-1971. Brüssel 1972.

SIMONS, KONRAD: Luisenhospital. 125 Jahre Evangelischer Krankenhausverein zu Aachen. 1867-1992. Aachen 1992.

SMETS, WILHELM: Wir bauen mit am Kölner Dom. Eine Rede, vor der am 6. November 1845 Statt gefundenen Vorstandswahl des Aachener Filial-Dombau-Vereins, in der Münsterkirche gehalten. Aachen 1846.

SPITTA, PHILIPP: Der deutsche Männergesang. In: DERS.: Musikgeschichtliche Aufsätze. Berlin 1894, S. 297-332.

SPULER-STEGEMANN, URSULA: Muslime in Deutschland. Informationen und Klärungen. 3. weitgehend veränd. Aufl. Freiburg i.Br. 2002 (Herder Spektrum, Bd. 5245).

Stadt Aachen 1955-1975. Zwanzig Jahre kommunale Arbeit. Bericht des Oberstadtdirektors. Nach Beiträgen der Ämter und Berichtsstellen zusammengestellt vom Statistischen und Meldeamt der Stadt Aachen. Aachen 1975.

STAHLBERG, GERTRUDE: Die Vertriebenen in Nordrhein-Westfalen. Berlin 1957 (Schriften des Vereins für Socialpolitik, NF Bd. 7/VIII).

STASIEWSKI, BERNHARD: Zur Auseinandersetzung der katholischen Kirche mit dem „Mythos [!] des 20. Jahrhunderts" von Alfred Rosenberg. In: KARL DELAHAYE, ERWIN GATZ, HANS JORISSEN (Hg.): Bestellt zum Zeugnis. Festgabe für Bischof Dr. Johannes Pohlschneider zur Vollendung des 75. Lebensjahres und zur Feier des 50jährigen Priesterjubiläums. Aachen 1974, S. 379-400.

STEGEMANN, OSKAR: Der Eschweiler Bergwerks-Verein und seine Vorgeschichte. Zum hundertjährigen Bestehen der Gesellschaft. München 1938.

STEIN, FREIHERR VOM: Briefe und amtliche Schriften. Neu hg. v. WALTHER HUBATSCH, Bd. 2, Teil 1: Minister im Generaldirektorium, Konflikt und Entlassung, Stein in Nassau – Die Nassauer Denkschrift, Wiederberufung (1804-1807). Neu bearb. v. PETER G. THIELEN. Stuttgart 1959.

STEINERT, JOHANNES-DIETER: Vertriebenenverbände in Nordrhein-Westfalen 1945-1954. Düsseldorf 1986 (Flüchtlinge und Vertriebene in NRW, Forschungen und Quellen, Bd. 1).

STEITZ, WALTER: Die Entwicklung des rheinisch-westfälischen Eisenbahnnetzes. In: PETER BERGHAUS, SIEGFRIED KESSEMEIER (Hg.): Köln-Westfalen 1180-1980 [Katalog zur Ausstellung im Westfälischen Landesmuseum Münster und in der Josef-Haubrich-Kunsthalle Köln], Bd. 1. Münster 1980, S. 309-318.

STEPHANY, ERICH: Der Dom zu Aachen. 20. Aufl. Mönchengladbach 1983.

DERS.: Der Aachener Dom. Liturgie und Kirchenraum. In: ZAGV 84/85 (1977/78) S. 825-851.

Sternstunden. Das Grenzlandtheater im Wandel der Zeit – eine Revue aus sechs Jahrzehnten. Aachen 2007 (Heimatblätter).

STERZL, ANTON: Der Untergang Roms an Rhein und Mosel. Krise, Katastrophe und Kompromiß im zeitgenössischen Denken. Köln 1978.

DERS.: Der weite Weg des Hugo Cadenbach. Ein deutsches Leben 1916-2000. Ein Aachener Lesebuch aus dem Luisenhospital. Aachen 2001.

STICKLER, MATTHIAS: „Ostdeutsch heißt Gesamtdeutsch". Organisation, Selbstverständnis und heimatpolitische Zielsetzungen der deutschen Vertriebenenverbände 1949-1972. Düsseldorf 2004 (Forschungen und Quellen zur Zeitgeschichte, Bd. 46).

Stolberg (Rhld.) 1945-1970. Bericht über den Wiederaufbau. Hg. v. Rat und Verwaltung. Stolberg 1971.

STREIBEL, ROBERT (Hg.): Flucht und Vertreibung. Zwischen Aufrechnung und Verdrängung. Wien 1994.

Strukturuntersuchung Nordeifel. Hg. v. Verein zur Förderung des Hotel- und Gastgewerbes e.V., Teil 1. Düsseldorf 1969.

SYDOW, HELMUT: Die Handelsbeziehungen zwischen Belgien und dem Zollverein 1830-1885. Vertragspolitik und Warenaustausch, 2 Bde., Köln, Wien 1979 (Dissertationen zur Neueren Geschichte, Bd. 4).

TAUCH, MAX: Romantisches Rheinland. Zur Interpretation von Gesang und Musik in rheinischen Städte- und Landschaftsdarstellungen des 19. Jahrhunderts. In: SIEGFRIED KROSS (Hg.): Musikalische Rheinromantik. Kassel 1989 (Beiträge zur rheinischen Musikgeschichte, H. 140) S. 39-52.

THAMER, HANS-ULRICH: Verführung und Gewalt. Deutschland 1933-1945. Berlin 1986 (Die Deutschen und ihre Nation, Bd. 5).

THOMES, PAUL: Ein Industrierevier im Umbruch. Wirtschaftliche und gesellschaftliche Strukturen im Bereich der Industrie- und Handelskammer Aachen seit dem Ende des Zweiten Weltkriegs. In: KLARA VAN EYLL, OTTO ESCHWEILER (Hg.): Wirtschaftsgeschichte der Region Aachen. Vom Ende des Zweiten Weltkrieges bis zur Gegenwart. Köln 2000, S. 11-56.

DERS.: Vom Sterben einer Boomindustrie. Der Steinkohlebergbau des Aachener Reviers nach dem Zweiten Weltkrieg. In: HANS-WALTER HERRMANN (Hg.): Acht Jahrhunderte Steinkohlenbergbau. Namur 2002, S. 389-401

DERS.: 1804-2004. 200 Jahre mitten in Europa. Die Geschichte der Industrie- und Handelskammer Aachen. Aachen 2004.

TIEDAU, ULRICH: Die Rechtslage der deutschsprachigen Bevölkerung in Belgien nach dem Zweiten Weltkrieg, in: MANFRED KITTEL [u. a.] (Hg.): Deutschsprachige Minderheiten 1945. Ein europäischer Vergleich. München 2007, S. 435-522.

TIGGEMANN, ROLF: Die kommunale Neugliederung in Nordrhein-Westfalen. Möglichkeiten und Grenzen der Anwendung landesplanerischer Entwicklungskonzeptionen und Instrumentarien auf das Zielsystem der Gebietsreform. Meisenheim 1977 (Sozialwissenschaftliche Studien zur Stadt- und Regionalpolitik, Bd. 2).

TILGNER, WOLFGANG: Volk, Nation und Vaterland im protestantischen Denken zwischen Kaiserreich und Nationalsozialismus (ca. 1870-1933). In: HANS ZILLESSEN (Hg.): Volk – Nation – Vaterland. Der deutsche Protestantismus und der Nationalismus. 2. Aufl. Gütersloh 1970, S. 135-171.

TOOREN, EDUARD u. BARBARA LERSCH: Bürgermeister Dr. Engelbert Regh. Ein national-liberaler Kommunalpolitiker in einer deutschen Kleinstadt während der NS-Zeit. Aachen 1982 (Heimatblätter, Jg. 38).

TREES, WOLFGANG: Schmuggler, Zöllner und die Kaffeepanzer. Die wilden Nachkriegsjahre an der deutschen Westgrenze. Aachen 2002.

TREITSCHKE, HEINRICH VON: Deutsche Geschichte im Neunzehnten Jahrhundert, 5 Bde., Leipzig 1879-1894, 5. Aufl. ebd. 1908.

TREUE, WILHELM: Wirtschaftszustände und Wirtschaftspolitik in Preußen 1815-1825. Stuttgart, Berlin 1937 (Vierteljahrschrift für Sozial- und Wirtschaftsgeschichte, Beiheft 31).

TÜMMLER, HANS: „Deutschland, Deutschland über alles". Zur Geschichte und Problematik unserer Nationalhymne. Köln, Wien 1979.

TURCK, MARTIN: Das Reiff-Museum der Königlich Technischen Hochschule Aachen als Institution zur Förderung der Moderne. In: DIETER BREUER (Hg.): Die Moderne im Rheinland. Ihre Förderung und Duchsetzung in Literatur, Theater, Musik, Architektur, angewandter und bildender Kunst 1900-1933. Vorträge des Interdisziplinären Arbeitskreises zur Erforschung der Moderne im Rheinland. Köln 1994, S. 383-438.

Urkunden über die Volksbefragung in den Kreisen Eupen und Malmedy. Berlin 1921.

VAN DEN BOOGARD, JAC, LUISE CLEMENS, ARMIN HEINEN [u. a.]: Grenz-Controle/Grens-Kontrolle. Aachen, Eupen, Maastricht – Oral Histories. Hg. v. dem Lehrstuhl für Neuere und Neueste Geschichte der RWTH Aachen. Remscheid 2008.

VELTZKE, VEIT (Hg.): Napoleon. Trikolore und Kaiseradler über Rhein und Weser. Köln, Weimar, Wien 2007.

VIEHÖVER, HEINZ: Eschweiler Lokalgeschichte der NS-Zeit. Wesentliche Einflüsse auf die politische Meinungsbildung der Bevölkerung 1933-1939. Hg. v. Eschweiler Geschichtsverein. Eschweiler 2002.

VIEHÖVER, HEINZ u. BRUNO ZIMMERMANN: Erinnerungen an Gustav Matheisl: Von 1949 bis 1961 Musiker und Lehrer am Städt. Gymnasium St. Michael in Monschau. In: Das Monschauer Land. Jahrbuch 35 (2007) S. 165-168.

VOLKMANN, HEINRICH: Wirtschaftlicher Strukturwandel und sozialer Konflikt in der Früh-industrialisierung. Eine Fallstudie zum Aachener Aufruhr von 1830. In: PETER CHRISTIAN LUDZ (Hg.): Soziologie und Sozialgeschichte. Aspekte und Probleme. Opladen 1973 (Kölner Zeitschrift für Soziologie und Sozialpsychologie, Sonderheft 16) S. 550-565.

VOLLMER, BERNHARD: Volksopposition im Polizeistaat. Gestapo- und Regierungsberichte 1934-1936. Stuttgart 1957 (QDZ, Bd. 2).

VOPPEL, GÖTZ: Die Aachener Bergbau- und Industrielandschaft. Eine wirtschaftsgeographische Studie. Wiesbaden 1965 (Kölner Forschungen zur Wirtschafts- und Sozialgeographie, Bd. 3).

VOSSEN, STEPHAN: NSDAP und kommunale Verwaltung in Würselen, Bardenberg und Broichweiden. Die Träger der nationalsozialistischen Herrschaft (1929-1944). In: MARGRET WENSKY, FRANZ KERFF (Hg.): Würselen. Beiträge zur Stadtgeschichte, Bd. 2. Köln 1995, S. 45-100.

WÄCKERS, ANTON JOSEF: Erlebte und gelebte Kirche von Aachen. Erinnerungen aus den Jahren 1929-1978. Aachen 1995.

WAGNER, IRIS: Die „Schwarze Schmach am Rhein". Rassistische Diskriminierung zwischen Geschlecht, Klasse, Nation und Rasse. Münster 2007.

WANDERSLEB, HERMANN: Bismarck als Regierungsreferendar in Aachen 1836/1837. In: ZAGV 56 (1935) S. 159-189.

WARTENBERG, WOLFRAM: Impulse für den Strukturwandel einer europäischen Region: Nationalpark Eifel. Sankt Augustin 2006 (Kommunalpolitik, Materialien für die Arbeit vor Ort, Nr. 33).

WEBERSKIRCH, KLAUS: Anarcho-Syndikalisten an der Wurm. Ein fast vergessenes Kapitel der Geschichte des Aachener Raumes nach dem Ersten Weltkrieg. Aachen 1999 (Heimatblätter, Jg. 52).

WEHLER, HANS-ULRICH: Deutsche Gesellschaftsgeschichte, Bd. 2: Von der Reformära bis zur industriellen und politischen „Deutschen Doppelrevolution" 1815-1845/49. München 1987; Bd. 3: Von der „Deutschen Doppelrevolution" bis zum Beginn des Ersten Weltkrieges 1849-1914. Ebd. 1995; Bd. 4: Vom Beginn des Ersten Weltkriegs bis zur Gründung der beiden deutschen Staaten 1914-1949. Ebd. 2003.

WEIMAR, KLAUS: Schneider/Schwerte und die Germanistik und Ludwig Jäger. In: Merkur 53, 2 (1999) S. 445-453.

WEINFURTER, STEFAN: Canossa – Die Entzauberung der Welt. München 2006.

WEISS, LOTHAR: Wahlen im 19. und 20. Jahrhundert. Bonn 2006 (Geschichtlicher Atlas der Rheinlande, Beiheft V/6-8).

WEISWEILER, WILHELM: Geschichte des rheinpreußischen Notariates, 2 Bde., Essen 1916-1925.

WERDING, MARTIN: Gab es eine neoliberale Wende? Wirtschaft und Wirtschaftspolitik in der Bundesrepublik Deutschland ab Mitte der 1970er Jahre. In: VfZ 56 (2008) S. 303-321.

Werksiedlungen im Aachener Revier. Dokumentation zur Wanderausstellung. Hg. v. Lehrstuhl für Planungstheorie an der RWTH Aachen. Aachen 1988.

WERNER, MATTHIAS: Zwischen politischer Begrenzung und methodischer Offenheit. Wege und Stationen deutscher Landesgeschichtsforschung im 20. Jahrhundert. In: PETER MORAW, RUDOLF SCHIEFFER (Hg.): Die deutschsprachige Mediävistik im 20. Jahrhundert. Ostfildern 2005 (Vorträge u. Forschungen, Bd. 62) S. 251-364.

WEVER, JOHANNES: „Zum Segen der Gemeinde“. Der Beitrag der Bekenntnisgemeinde zur Geschichte der Evangelischen Gemeinde Aachen (1933-1945). Titz-Rödingen 2007.

WICK, LUKAS: Islam und Verfassungsstaat. Theologische Versöhnung mit der politischen Moderne? Würzburg 2009 (Kultur, Recht und Politik in muslimischen Gesellschaften, Bd. 12) (philos.-hist. Diss. Bern 2007).

WIESEMANN, JÖRG: Steinkohlenbergbau in den Territorien um Aachen 1334-1794, 2 Bde., Aachen 1995 (Aachener Studien zur älteren Energiegeschichte, Bd. 3 u. 4).

DERS.: Steinkohlenbergbau um Aachen. Vom 14. Jahrhundert bis zur napoleonischen Zeit. Fotoexkurs in die Zeit unserer Väter. Aachen 1997 (Heimatblätter, Jg. 50).

DERS.: Der Aachener Steinkohlenbergbau – Ende einer Tradition und Chance für die Zukunft. In: KLARA VAN EYLL, OTTO ESCHWEILER (Hg.): Wirtschaftsgeschichte der Region Aachen vom Ende des Zweiten Weltkriegs bis zur Gegenwart. Köln 2000, S. 200-219.

WILHELM, JÜRGEN u. FRANK GÜNTER ZEHNDER: Der Rhein. Bilder und Ansichten von Mainz bis Nijmwegen. Köln 2002.

WINIWARTER, VERENA u. MARTIN KNOLL: Umweltgeschichte. Eine Einführung. Köln, Weimar, Wien 2007.

WINKLER, HEINRICH AUGUST (Hg.): Die deutsche Staatskrise 1930-1933. Handlungsspielräume und Alternativen. München 1992 (Schriften des Historischen Kollegs, Bd. 26).

WOLF, HELFRIED: Grevenbroich, Würselen und Eschweiler. Entwicklungs- und Struktur-Vergleich dreier linksrheinischer Mittelstädte. Aachen 1977 (Aachener geographische Arbeiten, H. 11).

WOLF, HUBERT u. CLAUS ARNOLD (Hg.): Der Rheinische Reformkreis. Dokumente zu Modernismus und Reformkatholizismus 1942-1955, 2 Bde., Paderborn, München, Wien, Zürich 2001.

WREDE, ADAM: Eifeler Bauernleben in Sitte und Brauch. In: ALFRED HERRMANN (Hg.): Eifel-Festschrift zur 25jährigen Jubelfeier des Eifelvereins.. Bonn 1913, S. 392-423.

WURZEL, THOMAS: Die Reichsabtei Burtscheid von der Gründung bis zur frühen Neuzeit. Geschichte, Verfassung, Konvent, Besitz. Aachen 1984 (Veröffentlichungen des Stadtarchivs Aachen, Bd. 4).

WYNANDS, DIETER P. J.: Clara Fey (1815-1894). In: Rheinische Lebensbilder, Bd. 9. Köln 1982, S. 179-198.

DERS.: Geschichte der Wallfahrten im Bistum Aachen. Aachen 1986 (Veröffentlichungen des Bischöflichen Diözesanarchivs Aachen, Bd. 41).

DERS. (Hg.): Der Aachener Marienschrein. Eine Festschrift. Aachen 2000.

DERS.: Kleine Geschichte Aachens. 4. vollst. veränd. Aufl. Aachen 2000.

ZAPP, IMMO: Die wirtschaftliche Bedeutung der Steinkohle für Würselen im 19. und 20. Jahrhundert. In: MARGRET WENSKY, FRANZ KERFF (Hg.): Würselen. Beiträge zur Stadtgeschichte, Bd. 1. Köln 1989, S. 271-323.

Zehn Jahre Aufbau in Aachen. Bericht über die Verwaltung der Stadt Aachen vom 1.10.1944 bis Oktober 1954 (hg. v. Oberstadtdirektor). Aachen 1954.

ZENDER, MATTHIAS: Räume und Schichten mittelalterlicher Heiligenverehrung in ihrer Bedeutung für die Volkskunde. Die Heiligen des mittleren Maaslandes und der Rheinlande in Kultgeschichte und Kultverbreitung. Düsseldorf 1959, 2. erw. Aufl. 1973 (Veröffentlichung des Instituts für geschichtliche Landeskunde der Rheinlande an der Universität Bonn).

DERS.: Das Volksleben in den Rheinlanden. In: FRANZ PETRI, GEORG DROEGE (Hg.): Rheinische Geschichte, Bd. 3: Wirtschaft und Kultur im 19. und 20. Jahrhundert. Düsseldorf 1979, S. 759-862.

ZERLETT, ROLF: Josef Grohé (1902-1987). In: Rheinische Lebensbilder, Bd. 17. Köln 1997, S. 247-276.

ZIERDEN, JOSEF: Mordsappetit auf Eifelkrimis. Literarische Spurensuche in der Eifel. In: Eifel-Jahrbuch 2004, S. 74-78.

ZUNKEL, FRIEDRICH: Der Rheinisch-Westfälische Unternehmer 1834-1879. Ein Beitrag zur Geschichte des deutschen Bürgertums im 19. Jahrhundert. Köln, Opladen 1962 (Dortmunder Schriften zur Sozialforschung, Bd. 19).

Zwei Jahrhunderte deutschsprachige Zeitung in Ostbelgien. Eupen 2007.

Verzeichnis der Karten und Abbildungen

Soweit die genannten Werke im Quellen- und Literaturverzeichnis verzeichnet sind, finden sich dort die vollständigen bibliographischen Angaben; die Titel der Zeitschriften finden sich im Verzeichnis der Siglen und Abkürzungen. Der Abdruck von Karten, Gemälden und Fotografien erfolgt mit Genehmigung von Autoren, Verlagen, Archiven und Museen.

SEITE

50 150 Jahre Landkreis Aachen. Aachen 1966, S. 181.

52 Sammlung Lauscher.

56 Sammlung Lauscher.

57 Will Hermanns: Heimatchronik der Kur- und Kronstadt Aachen. Köln 1953, S. 167.

58 Sammlung Lauscher.

62 Sammlung Lauscher.

63 Hantsche: Atlas zur Geschichte des Niederrheins, Nr. 55 (Karte Harald Krähe).

64 Heimatblätter 48. Jg. (1993) Heft 1-2, S. 31 (Foto: Günter Marenberg).

65 150 Jahre Landkreis Aachen. Aachen 1966, S. 33

67 Foto: Frenz 2009.

68 Kölnisches Stadtmuseum (Reprografie Rheinisches Bildarchiv).

70 Heinrich Ambros Eckert, Heinrich Maria Dietrich Monten, F. Schelver: Das deutsche Bundesheer in characteristischen Gruppen entworfen und nach der Natur gezeichnet., München und Würzburg 1841-1843.

75 Reprografie: Frenz.

77 Will Hermanns: Heimatchronik der Kur- und Kronstadt Aachen. Köln, 1953, S 111.

81 www.wikipedia.de

86 Bergengrün: Hansemann (Foto: Joseph Albert, München 1862).

92 Sammlung Lauscher.

97 Josef Wolffram, Adolf Klein (Hg.): Recht und Rechtspflege in den Rheinlanden. Köln 1969, S. 339

105 Ernst Thrasolt: Dr. Carl Sonnenschein. Der Mensch und sein Werk. München 1930.

107 Festschrift des MGV Herzogenrath zum 100jährigen Jubiläum 1956.

109 Foto: Horegard, Stadtarchiv Aachen.

111 Heimatblätter 20. Jg. (1964) Heft 3, S. 65 (Foto: Archiv der Heimatblätter).

114 Briefe: Sammlung Frenz.

115 Foto Wehrleiter Keller: Reprografie Frenz.

117 Reprografie: Frenz.

119 Kreisarchiv Aachen (Landesvermessungsamt, 1955).

123 ZAGV 76 (1964) S. 514f.

124 Sammlung Frenz.

125 Stadtarchiv Aachen.

127 Hermanns: Stadt in Ketten, S. 205.

129 Hantsche: Atlas zur Geschichte des Niederrheins, Nr. 73 (Karte Harald Krähe).

133 Archiv der Heimatblätter.

135 Foto: Walter Scheibler (1920), Sammlung Lauscher.

137 Handbuch 1927 über den Landkreis [Aachen] (Anzeigenteil).

139 Festschrift 75 Jahre St. Josef-Schützenbruderschaft Rollesbroich am 10. und 11. Mai 1975.

149 Foto: Sammlung Dr. Herbert Ruland, Autonome Hochschule der Deutschsprachigen Gemeinschaft (Eupen).

153 Heimatblätter 38. Jg. (1982) Heft 1-4, S. 48 (Foto: Archiv Tooren).

155 Archiv der Heimatblätter.

157 Sammlung Frenz.

159 Sammlung Frenz.

SEITE	
166	Foto: Frenz 2009.
170	Bruno Selung: Heiligtumsfahrt Aachen 1937. München-Gladbach 1937.
171	Bruno Selung: Heiligtumsfahrt Aachen 1937. München-Gladbach 1937.
175	Heimatblätter 34. Jg. (1978) Heft 1-2, S. 34 (Foto: Stadtarchiv Würselen).
176	Archiv des Kreises Aachen.
177	Heimatblätter 34. Jg. (1978) Heft 1-2, S. 16 (Karte: Stadtarchiv Aachen).
184	Stadtarchiv Aachen (Foto: Ann Bredohl-Lepper).
187	Hantsche: Atlas zur Geschichte des Niederrheins, Nr. 79 (Karte Harald Krähe).
195	Heimatblätter 16. Jg. (1960) Heft 4, S. 84 (Foto: Sepp Linckens).
197	Heimatblätter 17. Jg. (1961) Heft 2, S. 44 (Foto: Brammertz).
199	Heimatblätter 19. Jg. (1963) Heft 4, S. 34 (Foto: Sabottka).
201	Heimatblätter 16. Jg. (1960) Heft 4, S. 85 (Foto: Paulus).
202	Foto: Andreas Hermann, Aachen.
204	ZAGV 77 (1965) S. 209.
207	Foto: Frenz.
212	Fotos: Algirdas Milleris u. Cinram GmbH, Alsdorf.
217	Foto: Frenz.
218	Werksfoto Schmetz, Herzogenrath.
221	150 Jahre Landkreis Aachen. Aachen 1966, S. 181.
223	Heimatblätter, 22. Jg. (1966) Heft 2, S 43 (Foto: Schwarzer, ca. 1966); aktuelles Foto: Frenz, 2008.
225	Archiv der Heimatblätter.
227	Fotos: Frenz.
228	Kreisarchiv Aachen.
231	Heimatblätter 27. Jg. (1971) Heft 3-4, S. 65 (Foto: Kreisarchiv Aachen).
233	Heimatblätter 27. Jg. (1971) Heft 3-4, S. 97 (Karte: Kreisarchiv Aachen).
236	Heimatblätter 11. Jg. (1955) Heft 1, S. 9 (Bild: Kreisarchiv Aachen).
237	Archiv der Kreisheimatblätter (Foto: Algirdas Milleris, 2003).
241	Foto: Wolfgang Tscherner, Aachen, 2001
243	Heimatblätter 34. Jg. (1978) Heft 1-2, S. 40 (Foto: Dr. J. Thomé).
247	Handbuch des Bistums Aachen, 1994, S. 1299.
250	Foto: Frenz.
257	Foto: Frenz 2008.
263	Foto: Dr. Stefan Schmitz, Roetgen.
265	Foto: Frenz 2009.
267	Foto: Frenz 2009.
269	Fotos: Frenz 2009.
271	Foto: Wolfgang Sevenich, Herzogenrath, 2001.
273	StädteRegion Aachen 2008.
275	Foto: Frenz 2009.
277	StädteRegion Aachen.
283	Foto: Frenz 2003.
285	Grenzlandtheater Aachen (Foto: Klaus Herzog).

Ortsregister

Personenregister

Zum Autor

Matthias Pape, Studium (Geschichte, deutsche Philologie, Musikwissenschaft, Öffentliches Recht) in Köln, Wien, Bonn; Promotion 1987 in Bonn, Habilitation für frühneuzeitliche und neueste Geschichte 1998 in Karlsruhe; lehrte an den Universitäten Bonn, Karlsruhe, Mainz, seit 2002 am Historischen Institut der RWTH Aachen.

Pape hat Monographien verfaßt über Johannes von Müller, den Staatsmann des Alten Reichs und Geschichtsschreiber der Goethezeit (Johannes von Müller – Seine geistige und politische Umwelt in Wien und Berlin 1793-1806. Bern, Stuttgart 1989), über eines der schwierigen Nachbarschaftsverhältnisse der Bundesrepublik (Ungleiche Brüder – Österreich und Deutschland 1945-1965. Köln, Wien, Weimar 2000) und über die Wirkungsgeschichte Johann Sebastian Bachs im 19. Jahrhundert (Mendelssohns Leipziger Orgelkonzert 1840. Ein Beitrag zur Bach-Pflege im 19. Jahrhundert. Wiesbaden 1988).

In sechzig Aufsätzen und Beiträgen hat der Autor ebenso politik-, ideen- und verfassungsgeschichtliche wie wissenschafts-, rezeptionsgeschichtliche und ästhetische Themen untersucht und dargestellt.